MABEL COLLINS

LICHT AUF DEN PFAD

KOMMENTAR VON A. BESANT UND C. W. LEADBEATER

ÜBERSETZUNG DER 7. ENGLISCHEN AUFLAGE

F. HIRTHAMMER VERLAG

Der Übersetzung lag die siebente englische Auflage von 1981 des
Theosophical Publishing House, Adyar, zugrunde.

Titel der englischen Ausgabe:
TALKS ON THE PATH OF OCCULTISM
VOLUME III: **LIGHT ON THE PATH**

Übersetzung: Hannelore Huber

Durchsicht und Korrektur: Erwin Stier

Grafik des Umschlags: Klaus Wagner

ISBN 3-88721-087-5
© 1991 F. Hirthammer Verlag GmbH
Frankfurter Ring 247, D-8000 München 40

Inhaltsübersicht

Vorwort

Licht auf den Pfad ist eines der ganz großen Kleinode der theosophischen Literatur. Es ist zur Unterweisung der Aspiranten, Schüler und initiierten Jünger bestimmt und soll ihnen Lebensregeln an die Hand geben, an die sie sich halten können.

Die zweimal 21 Lehrsprüche in Teil I und II enthalten hohe okkulte Wahrheiten und sind nicht leicht zu verstehen. Deshalb werden sie hier zusätzlich mit Kommentar und Erläuterungen von Annie Besant und C. W. Leadbeater dargeboten.

Diese Kommentare und Erläuterungen sind Aufzeichnungen von Vorträgen, die von den Zuhörern zu verschiedenen Zeiten und an unterschiedlichen Orten gemacht wurden, vor allem in Adyar, London und Sydney. Alle, die davon erhältlich waren, wurden gesammelt und geordnet. Dann wurden sie zusammengefaßt und Wiederholungen wurden ausgesondert.

Von Anleitungen dieser Art heißt es:

„Es genügt nicht, von diesen Lehren zu sagen, sie seien wahr und schön; sie müssen sehr genau befolgt werden, wenn sie dem Menschen helfen sollen. Der bloße Anblick der Nahrung wird den Hungrigen nicht sättigen; er muß seine Hand ausstrecken und muß essen. Ebenso genügt es nicht, des Meisters Wort nur zu hören; du mußt selbst tun, was er sagt, mußt jedes Wort beachten, jeden Wink befolgen..."

Das Werk übergebe ich der Öffentlichkeit mit dem gleichen Wunsch, den Annie Besant im Vorwort zur englischen Ausgabe so ausgedrückt hat:

„Möge dieses Buch einigen unserer jüngeren Brüder helfen, mehr von diesen unschätzbaren Lehren zu verstehen. Je mehr sie studiert und gelebt werden, desto mehr wird in ihnen gefunden werden."

DER VERLEGER

TEIL I

Diese Regeln sind für alle Jünger geschrieben. Beachte Sie!

Ehe die Augen sehen können, dürfen sie der Tränen nicht mehr fähig sein.

Ehe das Ohr hören kann, muß es seine Empfindlichkeit verloren haben.

Ehe die Stimme in Gegenwart der Meister sprechen kann, muß sie die Macht verloren haben zu verwunden.

Ehe die Seele in Gegenwart der Meister stehen kann, müssen ihre Füße im Blute des Herzens gewaschen sein.

1. Ertöte den Ehrgeiz.

Ehrgeiz ist der erste Fluch, der große Versucher des Menschen, der über seine Mitmenschen hinauswächst. Er ist die einfachste Form, Belohnung zu suchen.

Fortwährend werden Menschen von Intelligenz und Kraft durch ihn von ihren höheren Möglichkeiten abgelenkt.

Doch ist er ein notwendiger Lehrmeister. Seine Erfolge werden beim Genusse zu Staub und Asche; wie Tod und Entfremdung zeigt er schließlich dem Menschen, daß für sich selbst zu arbeiten auf Enttäuschung hinarbeiten heißt.

Aber obgleich diese erste Regel so einfach und leicht erscheint, gehe nicht schnell an ihr vorüber. Denn die Laster des gewöhnlichen Menschen machen eine feine Umwandlung durch und erscheinen in veränderter Gestalt im Herzen des Jüngers wieder.

Es ist leicht zu sagen: „Ich will nicht ehrgeizig sein", aber es ist nicht so leicht zu sagen: „Wenn der Meister in meinem Herzen liest, wird er es vollkommen rein finden."

Der echte Künstler, der nur aus Liebe zu seinem Werke schafft, steht manchmal fester auf der rechten Bahn als der Okkultist, welcher wähnt,

er habe seine Interessen vom eigenen Ich abgewendet, der aber in Wirklichkeit nur die Grenzen der Erfahrung und des Begehrens ausgedehnt und sein Interesse auf Dinge übertragen hat, die seiner größeren Lebensauffassung entsprechen.

Derselbe Grundsatz gilt auch für die beiden folgenden scheinbar einfachen Lehren. Verweile bei ihnen und laß dich nicht durch dein eigenes Herz täuschen. Denn jetzt auf der Schwelle kann ein Fehler gebessert werden; trägst du ihn aber mit dir weiter, dann wird er wachsen und reifen und du mußt bei seiner Vernichtung bitter leiden.

2. Ertöte den Wunsch nach Leben.

3. Ertöte den Wunsch nach Behagen.

Arbeite, wie die arbeiten, welche ehrgeizig sind. Schätze das Leben wie die, welche es begehren. Sei glücklich wie die, welche dem Glücke leben.

Suche im Herzen den Ursprung des Übels und vertilge es. Im Herzen des ergebenen Jüngers gedeiht es ebenso wie im Herzen der Menschen des Begehrens. Nur der Starke kann es vernichten. Der Schwache muß sein Wachsen, seine Früchte, seinen Tod abwarten. Es ist eine Pflanze, die durch Zeitalter lebt und sich ausbreitet. Sie blüht, wenn der Mensch Erfahrungen aus zahllosen Leben gesammelt hat. Wer den Pfad der Macht betreten will, muß dieses Ding aus seinem Herzen reißen. Dann wird ihm das Herz bluten und das ganze Leben des Menschen wird aufgelöst erscheinen. Diese Feuerprobe muß ertragen werden. Sie kommt vielleicht beim ersten Tritt auf der gefahrvollen Leiter, welche zum Pfade des Lebens führt, sie kommt vielleicht erst beim letzten. Aber bedenke, o Jünger, daß sie ertragen werden muß, und setze alle Kräfte deiner Seele für diese Aufgabe ein. Lebe weder in der Gegenwart noch in der Zukunft, sondern im Ewigen. Dort kann dieses Riesenunkraut nicht gedeihen. Schon durch den Gedanken an das Ewige wird dieser Fleck auf dem Dasein ausgelöscht.

5. Ertöte jedes Gefühl des Getrenntseins.

Doch stehe allein und abgesondert, weil nichts, was verkörpert ist, nichts, was sich der Trennung bewußt ist, nichts, was außerhalb des Ewigen ist, dir helfen kann.

Glaube nicht, daß du abseits von den bösen Menschen oder von den törichten Menschen stehen kannst. Sie sind du selbst, wenn auch in geringerem Grade als dein Freund oder dein Meister. Wenn du den Gedanken des Getrenntseins von irgendeinem bösen Ding oder Menschen in dir groß werden läßt, schaffst du dadurch ein Karma, das dich an das Ding oder den Menschen binden wird, bis deine Seele erkennt, daß sie nicht für sich allein sein kann.

Bedenke, daß die Sünde und die Schande der Welt deine Sünde und Schande sind, denn du bist ein Teil von ihr; dein Karma ist unlösbar mit dem Gesamtkarma verwoben.

Und ehe du Wissen erlangen kannst, mußt du durch alle Stätten gegangen sein, durch unreine sowohl wie durch reine. Darum bedenke, daß das befleckte Gewand, vor dessen Berührung du zurückschreckst, gestern vielleicht das deine gewesen ist oder morgen deines werden kann. Und wenn du dich mit Grauen von ihm wendest, wird es, wenn es auf deine Schultern geworfen wird, nur um so fester an dir haften. Der Selbstgerechte bereitet sich selbst sein Bett aus Schlamm. Enthalte dich, weil es recht ist, enthaltsam zu sein, nicht damit du dich selbst rein erhältst.

6. Ertöte den Wunsch nach Sinnesleben.

Lerne aus dem Erleben durch die Sinne und beobachte sie, weil du nur so mit der Erlernung der Wissenschaft der Selbsterkenntnis beginnen und den Fuß auf die unterste Sprosse der Leiter setzen kannst.

7. Ertöte den Hunger nach Wachstum.

Wachse wie die Blume wächst: Unbewußt, doch eifrig bemüht, ihr Innerstes der Luft zu öffnen. So mußt du vorwärts streben, um deine Seele dem Ewigen zu öffnen. Das Ewige aber muß es sein, das deine Kraft und Schönheit hervorruft, nicht der Wunsch nach Wachstum. Denn in dem einen Falle entfaltest du dich in der Fülle der Reinheit, im anderen Falle verhärtest du dich durch das ungestüme Begehren nach persönlicher Größe.

9. Begehre nur, was in dir ist.

Denn in dir ist das Licht der Welt – das einzige Licht, das sich auf den Pfad ergießen kann. Wenn du unfähig bist, es in dir wahrzunehmen, ist es nutzlos, anderswo danach zu suchen.

10. Begehre nur, was über dir ist.

Es ist über dir, weil du, wenn du es erreichst, dich selbst verloren hast.

11. Begehre nur, was unerreichbar ist.

Es ist unerreichbar, weil es ewig zurückweicht. Du wirst in das Licht eingehen, die Flamme aber wirst du nie berühren.

13. Begehre glühend Kraft.

Und die Kraft, welche der Jünger begehren soll, ist jene Kraft, die ihn in den Augen der Menschen wie ein Nichts erscheinen läßt.

14. Begehre inbrünstig Frieden.

Der Friede, den du begehren sollst, ist jener heilige Friede, den nichts stören kann und in dem die Seele wächst wie die heilige Blume auf den stillen Gewässern.

15. Begehre vor allem Besitz.

Aber dieser Besitz darf nur der reinen Seele angehören und muß daher in gleichem Maße der Besitz aller reinen Seelen sein, so daß nur das Ganze, wenn es vereint ist, ihn als besonderes Eigentum besitzt. Hungere nach solchem Besitz, den die reine Seele halten kann, damit du Reichtümer sammeln kannst für jenen vereinten Geist des Lebens, der dein einzig wahres Selbst ist.

17. Suche den Weg.

Diese drei Worte erscheinen vielleicht zu unbedeutend, um allein zu stehen. Der Jünger sagt vielleicht: „Würde ich mich überhaupt in diese Gedanken vertiefen, wenn ich nicht den Weg suchte?" Doch gehe nicht hastig weiter. Halte inne und überlege eine Weile. Ist es der Weg, den du begehrst, oder schwebt dir in deinen Visionen der undeutliche Ausblick auf große Höhen vor, die du ersteigen, oder auf eine große Zukunft, die du erreichen möchtest? Sei gewarnt! Der Weg muß um seiner selbst willen gesucht werden, nicht im Hinblick darauf, daß deine Füße ihn wandeln sollen.

Zwischen dieser Regel und der siebzehnten der zweiten Folge besteht ein Zusammenhang. Wenn nach Zeitaltern des Ringens und nach vielen Siegen der letzte Kampf gewonnen, das letzte Geheimnis erfragt worden ist, bist du für einen weiteren Pfad vorbereitet.

Wenn das letzte Geheimnis dieser großen Lehre enthüllt ist, eröffnet sich in ihm das Mysterium des neuen Weges – eines Pfades, der über alle menschliche Erfahrung hinausführt und der gänzlich jenseits aller menschlichen Wahrnehmung oder Vorstellung liegt. Bei jedem dieser Punkte sollte man lange verweilen und wohl überlegen. Bei jedem dieser Punkte ist es nötig, gewiß zu sein, daß der Weg um seiner selbst willen gewählt wird. Der Weg und die Wahrheit kommen zuerst, dann folgt das Leben.

18. Suche den Weg durch Einkehr nach innen.

19. Suche den Weg durch kühnen Fortschritt nach außen.

20. Suche ihn nicht bloß auf *einer* Straße. Es gibt für jedes Temperament einen Weg, der ihm als der wünschenswerteste erscheint. Aber der Weg wird nicht durch Hingebung allein gefunden, noch bloß durch religiöse Vertiefung, noch allein durch feurigen Fortschritt, durch selbstaufopferndes Wirken oder aufmerksames Beobachten des Lebens; allein kann keines den Jünger mehr als einen Schritt weiterbringen. Alle Sprossen sind notwendig, um die Leiter zusammenzusetzen.

Wenn ein Laster des Menschen nach dem anderen überwunden wird, wird jedes zu einer Sprosse in seiner Leiter. Die Tugenden des Menschen sind Sprossen, in der Tat notwendige, die wir durchaus nicht entbehren können. Aber obgleich sie eine leichte Atmosphäre und eine glückliche Zukunft schaffen, sind sie nutzlos, wenn sie alleinstehen.

Die ganze Natur des Menschen muß weise genützt werden von dem, der den Pfad zu betreten wünscht.

Jeder Mensch ist für sich selbst bedingungslos der Weg, die Wahrheit und das Leben. Aber nur dann, wenn er sein ganzes Einzelwesen fest erfaßt und durch die Kraft seines erweckten geistigen Willens erkennt, daß diese seine Individualität nicht er selbst ist, sondern das Ding, welches er mit Schmerzen zu seinem eigenen Gebrauch geschaffen hat, und mit dessen Hilfe er, indem sein Wachstum langsam seine geistige Erkenntnis entwickelt, das Leben jenseits des individuellen Seins zu erreichen bezweckt. Wenn er weiß, daß sein wunderbar zusammengesetztes Einzelleben nur zu diesem Zweck besteht, dann wahrlich – und nur dann – ist er auf dem Wege.

Suche den Weg, indem du in die geheimnisvollen leuchtenden Tiefen deines eigenen innersten Wesens tauchst. Suche ihn, indem du jegliche Erfahrung prüfst und die Sinne gebrauchst, um das Wachstum und die Bedeutung des individuellen Seins zu verstehen, sowie die Schönheit und Unergründlichkeit jener anderen Gottesteile, die neben dir ringen und die menschliche Rasse bilden, zu der du gehörst. Suche ihn durch Vertiefung in die Gesetze des Daseins, in die Gesetze der Natur, in die Gesetze des Übersinnlichen und suche ihn, indem deine Seele sich tief verneigt vor dem umflorten Sterne, der in dir funkelt. Sein Licht wird stetig stärker werden, wenn du auf ihn achtest und ihn verstehst. Dann wisse, daß du den Anfang des Weges gefunden hast. Und wenn du das Ende gefunden hast, wird sein Licht plötzlich das unendliche Licht werden.

Suche den Weg, indem du alle Erfahrungen prüfst; doch bedenke, daß ich damit nicht sage: „Gib den Verlockungen der Sinne nach, um ihn kennenzulernen." Solange du noch kein Okkultist geworden bist, kannst du dies tun, aber nicht nachher. Wenn du den Pfad gewählt und ihn betreten hast, kannst du diesen Versuchungen nicht ohne Beschämung nachgeben. Doch kannst du sie wägen, beobachten und sie prüfen und mit zuversichtlicher Geduld der Stunde harren, da sie dich nicht länger berühren werden.

Aber verurteile nicht den Menschen, der erliegt; strecke deine Hand nach ihm aus, als einem Bruderpilger, dessen Füße vom Schlamme schwer geworden sind! Bedenke, o Jünger, daß die Kluft, wie groß sie zwischen dem Gerechten und dem Sünder auch sein mag, größer ist zwischen dem Gerechten und dem Menschen, der Wissen erlangt hat; sie ist unermeßlich zwischen dem Gerechten und dem Menschen, der auf der Schwelle der Göttlichkeit steht. Darum sei wachsam, daß du dich nicht zu früh für ein von der Menge getrenntes Etwas hältst.

Wenn du den Anfang des Weges gefunden hast, wird der Stern deiner Seele sein Licht zeigen, und bei diesem Lichte wirst du gewahren, wie groß das Dunkel ist, in dem es leuchtet. Sinn, Herz und Verstand sind alle finster und umnachtet, bis der erste große Kampf gewonnen ist. Verliere nicht deinen Mut und werde bei dem Anblick nicht bange; halte deine Augen fest auf das kleine Licht gerichtet und es wird wachsen. Aber laß diese innere Finsternis dir helfen, die Hilflosigkeit derer zu verstehen, die noch kein Licht gesehen haben, deren Seelen noch in tiefem Dunkel sind.

Tadle sie nicht, weiche nicht vor ihnen zurück, sondern versuche ein wenig von dem schweren Karma der Welt zu heben; leih deinen Beistand den wenigen starken Händen, welche die Mächte der Finsternis davor zurückhalten, völligen Sieg zu erlangen.

Dann trittst du in eine Gemeinschaft der Freude, die zwar schwere Mühe und tiefes Leid, aber auch große und immer mehr wachsende Seligkeit bringt.

21. Erwarte das Erblühen der Blume in der Stille, die dem Sturme folgt, nicht vorher.

Während der Sturm andauert, während der Kampf tobt, wird sie wachsen, wird emporschießen, wird Zweige und Blätter treiben und Knospen bilden. Aber erst, wenn die ganze Persönlichkeit des Menschen aufgelöst und zerschmolzen ist – erst wenn sie von dem Gottesteil, der sie erschaffen hat, nur mehr als ein Werkzeug zu wichtigen Versuchen und Erfahrungen betrachtet wird – erst wenn die ganze Natur sich ergeben hat und ihrem höheren Selbst gehorsam geworden ist, kann sich die Blüte öffnen. Dann wird eine Ruhe eintreten, wie sie in den Tropfen einem schweren Regen folgt, in der die Natur so schnell am Werke ist,

daß man ihr Wirken sehen kann. Solch eine Ruhe wird über den gequälten Geist kommen. Und in diesem tiefen Schweigen wird das geheimnisvolle Ereignis eintreten, welches beweisen wird, daß der Weg gefunden
worden ist. Nenne es mit welchem Namen du willst – es ist eine Stimme,
die da spricht, wo niemand sprechen kann, es ist ein Bote, der da
kommt, ein Bote sonder Form noch Stoff, es ist die Blüte der Seele, die
sich geöffnet hat. Durch kein Gleichnis kann es beschrieben werden,
aber man kann es fühlen, es suchen und erwünschen selbst im Wüten des
Sturmes.

Die Stille mag nur einen Augenblick dauern oder tausend Jahre währen, aber sie wird enden. Doch wirst du ihre Kraft mit dir tragen. Wieder
und wieder muß der Kampf ausgefochten und gewonnen werden. Nur
eine Pause lang kann die Natur stille sein.

Das Öffnen der Blüte ist der erhabene Augenblick, in dem die Er-
kenntnis erwacht; mit ihr kommt Vertrauen, Wissen und Gewißheit. Die
Ruhepause der Seele ist der Augenblick des Wunders, und der folgende
Augenblick der Befriedigung, das ist das Schweigen.

Wisse, o Jünger, daß jene, die durch das Schweigen gegangen sind, die
seinen Frieden gefühlt und seine Kraft erhalten haben, sich danach sehnen, daß auch du hindurchgehen mögest.

Darum wird der Jünger, wenn er fähig ist, in die Halle des Lernens einzutreten, dort immer seinen Meister finden.

Jenen, die da bitten, soll gegeben werden. Obgleich aber der gewöhnliche Mensch fortwährend bittet, wird seine Stimme nicht gehört. Denn
er bittet nur mit seinem Verstand und die Stimme des Verstandes wird
nur auf der Ebene gehört, auf welcher der Verstand tätig ist. Darum sage
ich: Nicht bevor die ersten einundzwanzig Regeln beherrscht sind, werden jene, die da bitten, erhalten.

Lesen, im okkulten Sinne, heißt, mit den Augen des Geistes lesen.
Bitten heißt, den inneren Hunger fühlen, die Sehnsucht geistigen Verlangens. Fähig sein zu lesen bedeutet, die Kraft erlangt zu haben, wenigstens in geringem Grade diesen Hunger zu befriedigen.

Wenn der Jünger bereit ist zu lernen, dann wird er angenommen, bestätigt und erkannt. So muß es sein, denn er hat seine Lampe angezündet und sie kann nicht verborgen bleiben.

Aber es ist unmöglich zu lernen, bevor der erste große Kampf gewonnen wurde. Der Verstand mag Wahrheiten erkennen, aber der Geist kann sie nicht aufnehmen.

Ist der Jünger aber durch den Sturm gegangen und hat den Frieden erlangt, dann ist Lernen immer möglich, selbst wenn er schwanken, zögern und sich vom Wege abwenden sollte. Die Stimme der Stille bleibt ihm, selbst wenn er den Pfad gänzlich verließe. Eines Tages wird sie doch wieder ertönen, sie wird ihn auseinanderreißen und seine Leidenschaften von seinen göttlichen Anlagen trennen. Unter Schmerzen und verzweiflungsvollen Rufen seines niederen Ichs wird er dann zurückkehren.

Darum sage ich: Friede sei mit dir. Nur zu den geliebten Jüngern, die wie Er selbst sind, kann der Meister sagen: „Meinen Frieden gebe ich Euch."

Auch unter jenen, welche die Weisheit des Ostens nicht kennen, sind einige, zu denen dies gesagt werden kann und zu denen es von Tag zu Tag immer rückhaltloser gesagt werden kann.

△   Betrachte die drei Wahrheiten. Sie sind gleich.

Dies sind die ersten Regeln, die an den Wänden der Halle des Lernens geschrieben stehen. Jene, die bitten, sollen erhalten. Die zu lesen begehren, sollen lesen. Die zu lernen begehren, sollen lernen.

Friede sei mit dir.

TEIL II

Aus der Stille, die Frieden ist, wird eine tönende Stimme sich erheben. Und diese Stimme wird sagen: Es ist nicht gut; du hast geerntet, nun mußt du säen. Und da du weißt, daß diese Stimme die Stille selbst ist, wirst du gehorchen.

Du, der du nun ein Jünger bist, fähig zu stehen, fähig zu hören, fähig zu sehen, fähig zu sprechen, der du Begehren überwunden und Selbsterkenntnis erlangt hast, der du deine Seele in ihrer Blüte gesehen und sie erkannt und die Stimme der Stille gehört hast – gehe zur Halle des Lernens und lies, was dort für dich geschrieben steht.

Stehen können heißt, Vertrauen haben; hören können heißt, die Tore der Seele geöffnet haben.

Sehen können heißt zur Fähigkeit des Wahrnehmens gelangt sein.

Sprechen können heißt, die Kraft erworben haben, anderen zu helfen.

Begehren überwunden haben heißt, gelernt haben, wie das irdische Ich gebraucht und beherrscht werden soll; Selbsterkenntnis erworben haben heißt, sich in die innere Festung zurückgezogen haben, von der aus der persönliche Mensch unvoreingenommen betrachtet werden kann.

Deine Seele in ihrer Blüte gesehen haben heißt, innerlich für einen Augenblick jene Verklärung geschaut haben, die einst aus dir mehr als einen Menschen machen wird.

Erkennen heißt, die große Aufgabe vollbringen, in das strahlende Licht zu schauen, ohne die Augen zu senken und ohne vor Schreck zurückzuweichen wie vor einer gespenstischen Erscheinung. Dies widerfährt manchem, und dadurch geht ihm der fast schon errungene Sieg verloren.

Die Stimme der Stille hören heißt verstehen, daß die einzig wahre Führung von innen kommt; zur Halle des Lernens gehen heißt, die Stufen erreichen, auf der Lernen möglich wird. Dann werden dort viele Worte für dich geschrieben stehen, geschrieben in feurigen Buchstaben, die leicht für dich zu lesen sind. Denn wenn der Jünger bereit ist, dann ist auch der Meister bereit.

1. Stehe abseits im kommenden Kampfe; und wenn du auch kämpfst, sei du nicht der Krieger.

Er ist du selbst, aber du bist nur endlich und dem Irrtum ausgesetzt, Er ist ewig und irrt nicht. Er ist die ewige Wahrheit. Wenn Er einmal in dich eingezogen und dein Krieger geworden ist, wird Er dich niemals ganz verlassen und an dem Tage des großen Friedens wird Er eins mit dir werden.

2. Schau aus nach dem Krieger und laß Ihn in dir kämpfen.

Schau aus nach Ihm, sonst könntest du im Fieber und Hasten des Gefechtes an Ihm vorübereilen und Er wird dich nicht erkennen, wenn du Ihn nicht erkennst. Wenn dein Ruf Sein lauschendes Ohr erreicht, dann wird Er in dir kämpfen und die dumpfe Leere in dir füllen. Und wenn dies geschieht, dann kannst du durch den Kampf kühl und unermüdet gehen, beiseite stehen und Ihn für dich kämpfen lassen. Dann wird es dir unmöglich sein, auch nur einen Schlag vergeblich zu tun.

Jedoch, wenn du Ihn nicht suchst, wenn du an Ihm vorübereilst, dann gibt es keinen Schutz für dich. Dein Kopf wird wirr, dein Herz unsicher werden und in dem Staub des Schlachtfeldes werden Gesicht und Sinne dir versagen und du wirst deine Freunde nicht von deinen Feinden unterscheiden.

3. Nimm Seine Befehle zum Kampfe an und gehorche ihnen.

Gehorche Ihm, nicht als ob er ein Feldherr wäre, sondern als wäre Er du selbst, und als wären Seine Worte die Äußerung deiner geheimen Wünsche; denn Er ist du selbst, jedoch unendlich weiser und stärker als du.

5. Lausche dem Liede des Lebens.

Das Leben selbst hat Sprache und schweigt nie. Und seine Stimme ist kein Schrei, wie du, der du taub bist, wähnen magst: sie ist Gesang. Lerne daraus, daß du ein Teil der Harmonie bist; lerne daraus, den Gesetzen der Harmonie zu gehorchen.

Suche danach und lausche ihm zuerst in deinem eigenen Herzen. Anfangs sagst du vielleicht: „Dort ist es nicht; wenn ich suche, finde ich nur
Mißklang." Blicke tiefer. Wenn du wieder enttäuscht bist, halte eine
Weile inne und suche noch tiefer. In jedem Menschenherzen klingt eine
natürliche Melodie, gibt es eine heimliche Quelle. Sie mag verdeckt,
gänzlich verborgen und verstummt sein – aber sie ist da. Auf dem tiefsten
Grunde deines Wesens wirst du Glauben, Hoffnung und Liebe finden.

Wer das Böse wählt, lehnt es ab, in sein Innerstes zu blicken, verschließt sein Ohr der Melodie seines Herzens sowie die Augen vor dem
Lichte seiner Seele. Dies tut er, weil er es leichter findet, seinen Begierden zu leben. Aber auf dem Grunde allen Lebens fließt der mächtige
Strom, der nicht aufgehalten werden kann, die großen Wasser sind wirklich dort. Finde sie, und du wirst erkennen, daß jedes Geschöpf, selbst
das elendste, ein Teil davon ist, wie sehr es sich dieser Tatsache auch verschließen und sich eine trügerische, äußere Schreckgestalt erbauen mag.

In diesem Sinne geschieht es, wenn ich dir sage: Alle Wesen, unter denen du dich vorwärts ringst, sind Teile des Göttlichen. Und so trügerisch
ist der Schein, in dem du lebst, daß es schwer zu erraten ist, wo du die
liebliche Stimme im Herzen anderer zuerst entdecken wirst. Wisse aber,
daß sie sicher in dir selber ist. Dort suche sie, und hast du sie einmal vernommen, wirst du sie auch leichter um dich her erkennen.

6. Bewahre im Gedächtnis die Melodie, die du vernimmst.

Nur Bruchstücke des hohen Liedes gelangen an dein Ohr, solange du
nur Mensch bist. Aber erhalte es getreu, wenn du ihm lauschest, so daß
nichts verlorengeht von dem, was dich erreicht, und bemühe dich, daraus die Bedeutung des Geheimnisses, das dich umgibt, zu erfassen. Mit
der Zeit wirst du keines Lehrers mehr bedürfen. Denn so wie das Einzelwesen Stimme hat, so hat auch das Stimme, worin das Einzelwesen lebt.

7. Lerne daraus die Lehre von der Harmonie.

Du kannst nun aufrecht stehen, fest wie ein Fels inmitten des Auf-
ruhrs, dem Krieger gehorchend, der du selbst bist und dein König. Am
Kampfe nur so weit beteiligt, um sein Geheiß zu tun, bist du um dessen
Aushang nicht länger besorgt; denn nur das eine ist wichtig, daß der

Krieger siege; und du weißt, daß er nicht unterliegen kann. So stehend, kühl und wach, gebrauche das Hörvermögen, das du durch Leid und Leidvernichtung erworben hast.

9. Betrachte ernsthaft alles Leben, das dich umgibt.

Betrachte das beständig wechselnde und sich bewegende Leben, das dich umgibt, denn die Herzen der Menschen haben es gestaltet; und indem du ihr Wesen und Wollen kennen lernst, wirst du allmählich fähig werden, das größere Wort des Lebens zu lesen.

10. Lerne, verständnisvoll in die Herzen der Menschen zu blicken.

Erforsche die Herzen der Menschen, damit du erkennst, was die Welt ist, in der du lebst und von der du ein Teil sein willst.

Von einem vollkommen unpersönlichen Gesichtspunkte aus, sonst ist dein Blick gefärbt. Darum muß Unpersönlichkeit zuerst verstanden werden.

Die Erkenntniskraft ist unparteiisch: Niemand ist dein Feind, niemand dein Freund; einer wie der andere ist dein Lehrer. Dein Feind wird zu einem Geheimnis, das ergründet werden muß, selbst wenn es Jahrtausende dauern sollte, denn der Mensch muß verstanden werden.

Dein Freund wird zu einem Teil von dir, einer Erweiterung deiner selbst, ein Rätsel, schwer zu lösen. Nur ein Ding ist noch schwerer zu erkennen – dein eigenes Herz. Erst wenn die Bande der Persönlichkeit gelöst sind, kann das tiefe Geheimnis des Selbstes erschaut werden.

Erst wenn du abseits von ihm stehst, wird es sich deinem Verständnis offenbaren, dann, und nicht früher, kannst du es erfassen und leiten. Dann, und nicht früher, kannst du all seine Kräfte gebrauchen und sie einem würdigen Dienste weihen.

11. Betrachte am ernstlichsten dein eigenes Herz.

12. Denn durch dein eigenes Herz kommt das eine Licht, welches das Leben erleuchten und es deinen Augen klar machen kann.

13. Sprache kommt nur mit Wissen. Erlange Wissen und du wirst Sprache erlangen.

Es ist unmöglich, anderen zu helfen, ehe du nicht selbst etwas eigene Sicherheit erworben hast.

Wenn du die ersten einundzwanzig Regeln gelernt hast und mit entwickelten Kräften und befreitem Sinn in die Halle des Lernens eingetreten bist, dann wirst du finden, daß in dir ein Born ist, aus dem Sprache hervorquellen wird.

Nach der dreizehnten Regel kann ich dem, was bereits geschrieben ist, keine Worte mehr hinzufügen.

Meinen Frieden gebe ich dir. △

Diese Anmerkungen sind nur für jene geschrieben, denen ich meinen Frieden geben, für jene, welche mit dem inneren Sinne ebenso wie mit dem äußeren lesen können, was ich geschrieben habe.

14. Nachdem du den Gebrauch der inneren Sinne erlangt, die Begierden der äußeren Sinne besiegt, die Wünsche der Einzelseele überwunden und Wissen erlangt hast, bereite dich nun, o Schüler, den Weg wirklich zu betreten. Der Pfad ist gefunden: Mache dich bereit, ihn zu wandeln.

15. Erfrage von der Erde, der Luft und dem Wasser die Geheimnisse, die sie für dich bergen.

Die Entfaltung deiner inneren Sinne wird dich befähigen, dies zu tun.

16. Erfrage von den Heiligen der Erde die Geheimnisse, die sie für dich bewahren.

Der Sieg über die Begierden der äußeren Sinne wird dir das Recht dazu geben.

17. Erfrage von dem Innersten, dem Einen, sein letztes Geheimnis, das es für dich durch alle Zeiten hütet.

Der große und schwere Sieg, das Bezwingen der Wünsche der Einzelseele ist das Werk von Zeitaltern; erwarte daher seinen Lohn nicht, ehe du die Erfahrungen von Zeitaltern gesammelt hast. Wenn die Zeit gekommen ist, diese siebzehnte Regel zu erlernen, steht der Mensch auf der Schwelle, um mehr als Mensch zu werden.

18. Das Wissen, welches nun dein ist, ist nur darum das deine, weil deine Seele eins geworden ist mit allen reinen Seelen und mit dem Innersten. Es ist ein anvertrautes Gut, mit dem der Höchste dich belehnt hat. Verrätst du es, mißbrauchst du dein Wissen oder vernachlässigst du es, dann ist es selbst jetzt noch möglich, daß du von der Höhe, welche du erreicht hast, herabstürzst. Selbst auf der Schwelle weichen Große noch zurück, unfähig, die Last der Verantwortlichkeit zu tragen, unfähig, weiter zu gehen. Darum sieh mit Ehrfurcht und Bangen diesem Augenblick entgegen und sei auf den Kampf vorbereitet.

19. Es steht geschrieben, daß für den, der auf der Schwelle der Göttlichkeit steht, kein Gesetz gegeben werden kann, daß es für ihn keinen Führer geben kann.

Doch, um den Jünger zu erleuchten, mag das letzte Ringen also beschrieben werden:

Halte dich fest an dem, was weder Stoff noch Dasein hat.

20. Lausche nur jener Stimme, welche lautlos ist.

21. Schaue nur auf das, was für den inneren und den äußeren Sinn gleich unsichtbar ist.

Friede sei mit dir.

TEIL I

LICHT AUF DEN PFAD

1
Einleitung

A. B.: Bei „Licht auf den Pfad" handelt es sich um eine Anzahl verschiedener okkulter Abhandlungen, die sich in der Obhut der großen Lehrer befinden und bei der Unterweisung von Jüngern benutzt werden. Es ist Teil des *„Buches der Goldenen Regeln",* in dem viele in verschiedenen Weltzeitaltern geschriebene Abhandlungen zusammengefaßt sind, die aber ein charakteristisches Merkmal gemeinsam haben, nämlich, daß sie okkulte Wahrheit enthalten. Daher sind diese anders als gewöhnliche Bücher zu studieren. Das Verständnis dieser Abhandlungen hängt von der Aufnahmefähigkeit des Lesers ab. Wird davon irgendeine für die Welt veröffentlicht und wörtlich genommen, so werden nur verzerrte Aspekte dieser Lehren wahrgenommen.

Eindeutig für die Beschleunigung der Entwicklung jener bestimmt, die sich auf dem Pfade befinden, werden in diesem Buch Ideale in den Vordergrund gestellt, die weltliche Menschen kaum zu akzeptieren bereit sind. Nur soweit wie ein Mensch fähig und bereit ist, die Lehre zu leben, wird er in der Lage sein, diese zu verstehen. Praktiziert er sie nicht, bleibt sie für ihn ein versiegeltes Buch. Jede Anstrengung, die Lehre zu leben, wirft Licht darauf. Bemüht sich der Leser darum jedoch nicht, so wird er nicht nur einen sehr geringen Nutzen daraus ziehen, sondern sich gegen das Buch wenden und behaupten, es sei unbrauchbar.

Diese Abhandlung zerfällt ganz natürlich in bestimmte Abschnitte. Gegeben wurde sie der Welt durch Meister Hilarion, einen der zur Weißen Loge *) gehörenden großen Lehrer – einen Meister, der in den gnostischen und neuplatonischen Bewegungen eine große Rolle spielte, eine der großen Persönlichkeiten, die Versuche unternahm, das Christentum am Leben zu erhalten. Häufig inkarnierte er in Griechenland und Rom, und er befaßt sich ganz besonders mit der Lenkung der Entwicklung der westlichen Welt. Empfangen hat er das Buch, wie es uns vorliegt, von dem Venezianischen Meister, einem der großen Lehrer, von denen HPB als von Chohans sprach.

---

*) Das bezieht sich nicht auf die Farbe, sondern ist ein für die Bruderschaft der vervollkommneten Menschen gebrauchter Begriff (der Verfasser).

Fünfzehn der kurzen Regeln, die Sie im ersten Teil dieses Buches finden, sowie 15 im zweiten Teil sind uralt und in ältestem Sanskrit geschrieben.

Diesen kurzen als Basis für die Unterweisung von Jüngern dienenden Sätzen fügte der Chwhan andere Sätze hinzu, die nun Bestandteil des Buches sind und immer mit den erstgenannten zusammen gelesen werden müssen, weil es sich dabei um Ergänzungen handelt, ohne die der Leser in die Irre geführt werden könnte.

Alle Regeln in beiden Teilen des Buches außer den 30 kurzen Aphorismen wurden von dem Chohan geschrieben, der diese Meister Hilarion gab. Die folgende Tabelle gibt die 15 kurzen Regeln in Teil I so wieder, wie sie in dem sehr alten Manuskript vorhanden waren. Die Nummer zu Anfang jeder Regel (in römischen Ziffern) ist die ursprüngliche, während es sich bei der Nummer am Ende (in arabischen Ziffern) um die im neuzeitlichen Buch angegebene handelt.

Wie aus der Tabelle (die sich nur auf Teil I des Buches bezieht) ersichtlich, enthält diese die Regeln 4, 8, 12, 16, 20 und 21 nicht, und zwar aus dem Grund, weil diese nicht zum ältesten Teil des Buches gehören. Jene Regeln sowie die einleitenden und abschließenden Kommentare sind der Teil des Buches, der von dem Größeren, der sie dem Meister gab, hinzugefügt wurde. Zusätzlich sind vom

I	Ertöte den Ehrgeiz	1
II	Ertöte den Wunsch nach Leben	2
III	Ertöte den Wunsch nach Behagen	3
IV	Ertöte jedes Gefühl des Getrenntseins	5
V	Ertöte den Wunsch nach Sinnesleben	6
VI	Ertöte den Hunger nach Wachstum	7
VII	Begehre nur, was in dir ist	9
VIII	Begehre nur, was über dir ist	10
IX	Begehre nur, was unerreichbar ist	11
X	Begehre glühend Kraft	13
XI	Begehre inbrünstig Frieden	14
XII	Begehre vor allem Besitz	15
XIII	Suche den Weg	17
XIV	Suche den Weg durch Einkehr nach innen	18
XV	Suche den Weg durch kühnen Fortschritt nach außen	19

Meister Hilarion selbst stammende Anmerkungen vorhanden. Das Buch in der ursprünglichen Ausgabe von 1885 enthielt folgende drei Teile: die Aphozismen aus dem alten Manuskript, die Zusätze des Chohans und die Anmerkungen Meister Hilarions. Diese wurden sämtlich von Mabel Collins niedergeschrieben. Der Meister war selbst der Übersetzer des Buches und übertrug dieses in ihr Gehirn. Er war die Hand, die die Feder führte. Danach erschienen im „Lucifer" unter dem Titel „Kommentare" einige von Mabel Collins unter dem Einfluß des Meisters geschriebene Artikel, die außerordentlich wertvoll und des Lesens und Studiums wert sind.

Wenden wir uns nun dem Buch selbst zu, so finden wir zunächst folgende Aussage:

Diese Regeln sind für alle Jünger geschrieben. Beachte Sie!

Hier wird ein Unterschied gemacht zwischen der Welt und den Jüngern. Das Wort Jünger muß in zweifacher Bedeutung verstanden werden: dem des nicht initiierten und des initiierten. Beim sorgfältigen Lesen des Buches bemerken wir zwei unterschiedliche Arten der Unterweisung, die in dieselben Worte gekleidet sind. Jeder Satz hat eine zweifache Bedeutung, wovon die eine für den weiter, die andere für den weniger Fortgeschrittenen bestimmt ist. Diese werden wir zu skizzieren versuchen, wenn wir zu den einleitenden Erklärungen kommen.

Der zweite Teil der Abhandlung scheint vollkommen für den initiierten Jünger bestimmt zu sein, die erwähnte Dualität zieht sich aber durch den ersten Teil des Buches hindurch.

Viele Personen, die sich noch nicht der Jüngerschaft nähern, mißverstehen diese Regeln vollkommen und kritisieren diese häufig als ein hochgestecktes Ideal, das schwer erreichbar ist und es an Mitleid fehlen läßt. Das ist immer so, wenn ein Ideal präsentiert wird, welches für den Leser zu hoch ist. Keiner Person wird durch ein noch so edles Ideal geholfen, wenn es keine Anziehung auf sie ausübt. Es ist eine praktische Übung für uns beim Umgang mit Menschen, daß wir ihnen nur solche Ideale vor Augen führen, die anziehend auf sie wirken. Bei allen Büchern dieser Art ist das, was ein Mensch herausholt, gleich dem, was er hineinlegt; d. h., sein Verständnis ist abhängig von seiner eigenen Empfänglichkeit für die darin enthaltenen Gedankengänge. Selbst materielle Dinge existieren für uns nur dann, wenn wir Organe entwickelt haben, die darauf reagieren können.

Deshalb wirken heutzutage Hunderte von Schwingungen auf uns
ein, die zu beachten wir unfähig sind. Sir William Crookes hat das
einmal sehr schön am Beispiel der Elektrizität erläutert, d. h., wie
begrenzt unser Wissen bezüglich der Elektrizität war und welche
großen Fortschrittsmöglichkeiten wir deshalb in dieser Wissenschaft
hatten. Er sagte, es würde für uns einen enormen Unterschied
bedeuten bzw. unsere Vorstellungen revolutionieren, wenn wir für
elektrische Schwingungen empfängliche Organe hätten anstatt
Augen, die auf Lichtschwingungen reagieren. In trockener Luft
würden wir nichts gewahr werden, weil diese Elektrizität nicht leitet.
Ein Glashaus wäre undurchlässig, ein gewöhnliches Haus aber
durchlässig. Ein Silberdraht sähe aus wie ein Loch oder ein Tunnel in
der Luft. Was wir von der Welt wissen, beruht somit auf unserer
Empfänglichkeit für Schwingungen. So ähnlich ist es auch mit der
Wahrheit: Sind wir für eine Wahrheit nicht empfänglich, so ist es
keine Wahrheit für uns. Befassen wir uns also mit von Okkultisten
geschriebenen Büchern, so können wir deren Gedanken nur in der
Relation zu unserem eigenen spirituellen Fortschritt erfassen. Jeder
Teil ihrer Gedankengänge, der zu subtil oder zu hoch für uns ist, geht
einfach an uns so vorbei, als gäbe es ihn nicht.

Durch Meditation kann viel mehr aus diesem Buch herausgeholt
werden als durch reines Lesen. Sein größter Wert liegt darin, daß es
uns Anweisungen für unsere Meditation gibt. Wählen Sie einen
einzelnen Satz und meditieren Sie dann darüber; bringen Sie den
niederen Verstand zum Schweigen und erwecken Sie das innere
Bewußtsein, das direkt mit dem Denken in Kontakt kommt. So kann
man von Vorstellungen des konkreten Verstandes zu einer direkten
Wahrnehmung der Wahrheit hingelangen. Meditation befähigt uns
somit, im Gehirn eine große Menge von direkter Kenntnis der
Wahrheit zu erlangen, die das Ego in seinen eigenen Welten gewann.
Dennoch wird ein Mensch, der meditiert, aber nicht liest oder
keinem Lehrer Gehör schenkt, das nur sehr langsam erreichen, wenn
er auch mit Sicherheit auf der spirituellen Ebene Fortschritte machen
wird. Hätte er den zusätzlichen Vorteil gehabt, zu lesen oder einem
Lehrer zuzuhören, so würde er weitaus schneller Fortschritte
machen. Das Hören von Vorträgen oder das Studium (von Büchern)
kann das Gehirn des Schülers entsprechend einstimmen, so daß er
durch Meditation mehr Wissen erlangt. Für einen Menschen, der nur
Vorträge hört oder liest und nicht meditiert, ist jedoch kaum ein
Fortschritt möglich und seine Entwicklung geht außerordentlich
langsam vonstatten. Beides sollte kombiniert werden. Viel Medita-

tion und hin und wieder Vorträge hören oder Lesen wird einen
Menschen in der Tat weit bringen.

C. W. L.: Auf der Titelseite der im Jahre 1885 veröffentlichten
Ausgabe von „Licht auf den Pfad" wird dieses Buch folgendermaßen
beschrieben: Eine für den persönlichen Gebrauch jener geschriebene Abhandlung, denen die östliche Weisheit unbekannt ist, die
sich aber deren Einfluß zu öffnen wünschen. Das Buch selbst beginnt
aber mit der Aussage, daß es sich dabei um für alle Schüler
geschriebene Regeln handelt. Letztere Beschreibung ist sicher die
genauere, wie die Geschichte des Buches zeigen wird.

Wie es uns gegenwärtig vorliegt, wurde das Buch von Meister
Hilarion an Mabel Collins diktiert – eine in theosophischen Kreisen
wohlbekannte Dame, die seinerzeit mit Mme. Blavatsky in der
Redaktion des „Lucifer" zusammenarbeitete. Meister Hilarion wiederum hatte es von seinem eigenen Lehrer empfangen, jenem
Großen, der von Schülern der Theosophie manchmal der Venezia-
ner genannt wird. Aber selbst dieser war nur Autor eines Teiles des
Buches. Das Buch hat drei Phasen durchlaufen; lassen Sie uns in der
richtigen Reihenfolge darauf eingehen.

Es ist selbst jetzt nur ein schmales Bändchen. In seiner ersten
Form, in der wir es sahen, war es aber noch dünner. Es handelt sich
dabei um ein Palmblatt-Manuskript, unschätzbar alt, so alt, daß
selbst vor der Zeitwende die Menschen schon vergessen hatten,
wann und von wem es geschrieben wurde. Man betrachtet das
Wissen um seinen Ursprung als im Nebel der prähistorischen Vorzeit
verlorengegangen. Es besteht aus zehn Blättern und auf jedes Blatt
wurden nur drei Zeilen geschrieben; denn bei Palmblatt-Manuskrip-
ten verlaufen die Zeilen entlang der Seite und nicht quer darüber hin
wie bei uns. Jede Zeile ist in sich vollkommen: ein kurzer Lehrspruch. Bei der Sprache, in der die Zeilen geschrieben wurden,
handelt es sich um eine archaische Form des Sanskrit.

Der Venezianische Meister übersetzte diese Aphorismen vom
Sanskrit ins Griechische und zwar zum Gebrauch für seine alexandri-
nischen Schüler, deren Meister Hilarion in seiner Inkarnation als
Jamblichus einer war. Die Aphorismen wurden von ihm aber nicht
nur übersetzt, sondern er fügte auch gewisse Erklärungen hinzu.
Man tut gut daran, diese zusammen mit dem Original zu studieren.
Blicken wir z. B. auf die ersten drei Lehrsätze, so werden wir
feststellen, daß der Absatz 4, der darauf folgt, eindeutig als Kommentar dazu gedacht ist. Also sollten wir das folgendermaßen lesen:
„Ertöte den Ehrgeiz, aber arbeite, wie die arbeiten, welche ehrgeizig
sind. Ertöte den Wunsch nach Leben, schätze aber das Leben wie

die, die es begehren. Ertöte den Wunsch nach Behagen, aber sei
glücklich wie die, welche dem Glücke leben."

Genauso bilden die Regeln 5, 6 und 7 eine Gruppe, gefolgt von
Lehrspruch 8, der ein Kommentar des Chohans ist. Und so geht es im
Buch weiter. Diese Dreiergruppen sind nicht zufällig so zusammen-
gestellt worden, sondern absichtlich. Bei einer Überprüfung werden
wir merken, daß in jedem Fall zwischen den drei Regeln eine gewisse
Verbindung besteht. Nehmen wir z. B. die drei zusammengefaßten
Regeln betreffs des oben erwähnten Punktes der Reinheit des
Herzens und Standhaftigkeit des Geistes. Man kann sagen, dabei
gehe es darum, was der Mensch mit sich selbst zu tun hat, was seine
Pflicht sich selbst gegenüber ist, wenn er sich auf die Arbeit
vorbereitet.

Die zweite Gruppe von drei Lehrsätzen (und Kommentar) (Nr. 5
bis 8) sagt aus, daß wir jedes Gefühl des Getrenntseins, jeden
Wunsch nach Sinnesleben und jeden Hunger nach Wachstum zu
ertöten haben. Diese Lehrsätze enthalten die gesellschaftliche
Pflicht des Menschen seinen Mitmenschen gegenüber. Der Mensch
muß erkennen, daß er einer unter vielen ist. Er muß bereit sein,
eigennützige und gesonderte Freuden aufzugeben. Er muß den
Wunsch nach persönlichem Wachstum ertöten und für das Wachstum des Ganzen arbeiten.

In den nächsten drei Lehrsätzen (und Kommentar) (9 bis 12) wird
uns gesagt, was wir wünschen sollen − das, was in uns ist, was über
uns ist und was unerreichbar ist. Hierbei geht es eindeutig um die
Pflicht des Menschen gegenüber seinem höheren Selbst. Dann
folgen Aphorismen (13 bis 16) über das Begehren nach Kraft,
Frieden und Besitz. Hierbei handelt es sich um Begehren, die uns für
die Arbeit auf dem Pfad tauglich machen. Die nächste Gruppe von
Regeln (17 bis 20) sagt dem Aspiranten, wie er den Weg zu suchen hat.

Die Regeln, die jetzt die Nummern 4, 8, 12 usw. tragen, sind
Erklärungen und weitere Ausführungen des Venezianischen Meisters. Diese bilden zusammen mit den Original-Aphorismen das
Buch, wie es zuerst im Jahre 1885 veröffentlicht wurde; denn der
Meister Hilarion übersetzte es vom Griechischen ins Englische und
zwar in dieser Form. Kurz nachdem es gedruckt worden war, fügte er
eine Anzahl höchst wertvoller eigener Anmerkungen hinzu. Für die
erste Ausgabe wurden jene Anmerkungen auf separaten Seiten
gedruckt, die gummiert waren, so daß man sie am Anfang und am
Ende des kleinen, gerade aus der Druckerpresse gekommenen
Buches, einfügen konnte. Bei den weiteren Auflagen wurden diese
Anmerkungen dann an den entsprechenden Stellen eingesetzt.

Die wunderschöne kleine Abhandlung über Karma, die am Ende des Buches zu finden ist, stammt ebenfalls aus der Hand des Venezianischen Meisters und war bereits bei der ersten Auflage Bestandteil des Buches.

Das Manuskript in altertümlichem Sanskrit, das die Grundlage für „Licht auf den Pfad" bildete, wurde auch ins Ägyptische übersetzt, und viele Erläuterungen des Venezianischen Meisters klingen mehr wie ägyptische als indische Lehren. Deshalb wird der Schüler, der sich bis zu einem gewissen Grad in den Geist jener alten Zivilisation hineinzuversetzen vermag, das zum Verständnis dieses Buches als sehr hilfreich empfinden. Die Lebensumstände, mit denen wir es im alten Ägypten zu tun hatten, unterscheiden sich von unseren heutigen total. Es ist fast unmöglich, diese den jetzigen Menschen verständlich zu machen. Gelingt es uns jedoch, uns in die Geisteshaltung jener alten Zeit zu versetzen, so werden wir sehr viel Zusätzliches bemerken, das uns sonst, so fürchte ich, entgeht.

Wir haben die Gewohnheit, von unserem heutigen Intellekt zu groß zu denken, und sind stolz, uns des Fortschrittes gegenüber den alten Zivilisationen rühmen zu können. Zweifellos gibt es auch gewisse Dinge, in denen wir weiter sind als jene; in anderer Beziehung haben wir aber keineswegs deren Stufe erreicht. Vielleicht ist der Vergleich jedoch ein wenig unfair, denn bis jetzt ist die unsrige ja eine sehr junge Zivilisation. Gehen wir in der Geschichte Europas und besonders in der Geschichte Englands um 300 Jahre zurück, so stoßen wir auf Gegebenheiten, die wirklich als sehr unzivilisiert zu bezeichnen sind. Vergleichen wird diese 300 Jahre inklusive der 150 Jahre unserer wissenschaftlichen Entwicklung, die in der Geschichte unserer Zivilisation eine so große Rolle spielte, mit den 4000 Jahren, während der die ägyptische Zivilisation praktisch eine unveränderte Blütezeit erlebte, so erkennen wir sofort, daß unsere Zivilisation eine vergleichsweise geringe Sache ist. Jede Zivilisation, die 4000 Jahre lang andauerte, hatte Gelegenheit, alle möglichen Experimente zu versuchen und Ergebnisse zu erzielen, die wir noch nicht erreichten. Deshalb ist es nicht fair, unsere am Anfang stehende Zivilisation mit den großen auf dem Zenit ihrer Entwicklung befindlichen Zivilisationen zu vergleichen.

Unsere fünfte Unterrasse hat keineswegs ihren höchsten Punkt oder ihre größte Herrlichkeit erreicht. Wenn dieser Punkt erreicht wird, so wird das, verglichen mit allen anderen Zivilisationen, einen gewissen Fortschritt bedeuten, besonders in bestimmten Beziehungen. Diese Entwicklung wird ihre eigenen Merkmale haben, von denen uns einige vielleicht weniger erfreulich erscheinen werden als

die früherer Zivilisationen; aber im Ganzen gesehen wird es sich
dabei um einen Fortschritt handeln, denn die aufeinanderfolgenden
Rassen sind wie die Gezeiten, wenn die Wellen ans Land kommen.
Jede Welle kommt und geht, und die nächste kommt dem Lande
etwas näher. Alle haben ihren Anstieg, ihren Höhepunkt und ihren
Abstieg. Bei uns steigt die Flut noch, deshalb gibt es bei uns in
bestimmten Beziehungen noch nicht diese festverwurzelten Verhält-
nisse, wie sie in einigen der älteren Zivilisationen vorhanden waren.
Leider sind wir noch weit entfernt von der Verwirklichung der
Selbstlosigkeit und dem Gefühl, daß die Gemeinschaft als Ganzes
das Wesentliche ist und nicht die individuellen Belange. In einigen
der älteren Zivilisationen ist das in einem Ausmaß praktiziert
worden, das uns heutzutage als eine Art Utopie erscheint. Andererseits wachsen wir aber in den Besitz von Kräften hinein, die jene
älteren Völker nicht besaßen. In der frühen Geschichte Roms gab es
eine kurze Periode, während der „nichts für die Beteiligten und alles
für den Staat" war, wie Macaulay es ausdrückte. Der zu den
Menschen Taorminas sprechende Pythagoras sagte diesen, daß der
Staat mehr als Vater und Mutter sei, mehr sogar als Frau und Kind,
und daß jedermann jederzeit bereit sein müsse, seine eigenen
Gedanken, Gefühle und Wünsche zugunsten der Allgemeinheit
aufzugeben – zugunsten der ‚res publica' – das ist die Ausgangsform
des Wortes ‚Republik' – zugunsten des gemeinschaftlichen Wohls
oder Wohlseins des Ganzen, wofür jedermann bereitwillig seine
persönlichen Interessen opfern sollte. Auch in England gab es zur
Zeit der Königin Elisabeth I. eine solche Periode echten patrioti-
schen Gefühls und entsprechender Aktivitäten.

Damit will ich nicht sagen, daß im alten Ägypten oder im alten
Griechenland bzw. sonst irgendwo in der Welt sämtliche Menschen
selbstlos waren. Absolut nicht, aber alle Gebildeten hatten ein viel
größeres Gesichtsfeld, eine viel gemeinschaftlichere Lebensauffassung, als wir sie haben. Man dachte in viel größerem Maß an den
Staat und viel weniger an das persönliche, individuelle Wohlergehen
oder den eigenen Fortschritt. Zu einer solchen Lebensauffassung
werden auch wir hingelangen. Tun wir das, so können wir diese
Einstellung viel perfekter realisieren als irgendeine der alten Rassen
und eine Entwicklung erreichen, die bei den älteren Rassen nicht
vorhanden war.

Gelänge es uns also, uns in die alte ägyptische Lebensanschauung
zurückzuversetzen, würden wir „Licht auf den Pfad" viel besser
verstehen können. Der Schüler tut gut daran, sich beim Studium
dieses Buches darum zu bemühen, so daß ihm aus dem Hineinverset-

zen in die Lage derer, die das Buch in den vergangenen Zeiten studierten, eine Hilfe erwächst.

Jenen von uns, die sich durch entsprechende Übung an ihre vergangenen Leben zurückerinnern, fällt das leicht. Ich erinnere mich an meine eigene letzte Inkarnation in Griechenland, während der ich an den Eleusinischen Mysterien teilnahm, bzw. an ein viel früheres Leben, in dem die ägyptischen Mysterien, von denen einige Überbleibsel noch in der Freimaurerei existieren, eine große Rolle spielten. Daher bin ich in der Lage, aus Büchern wie diesem mehr Nutzen zu ziehen als ich es ohne Erinnerungen an Vorinkarnationen könnte. Selbst Eindrücke aus der Vergangenheit, die ein gewisses Gefühl der damaligen Atmosphäre vermitteln, stellen eine große Hilfe dar. Ägyptisch oder indisch, in unserer theosophischen Literatur gibt es keine kostbareren Edelsteine, kein Buch, das ein sorgfältiges und ins Detail gehendes Studium reicher belohnen würde.

Wie bereits erklärt, war „Licht auf den Pfad" die erste von drei Abhandlungen, die in unserer theosophischen Literatur eine einzigartige Stellung einnehmen; denn darin sind Anweisungen jener, die den Pfad beschritten haben, für jene enthalten, die ihn zu beschreiten wünschen. Ich erinnere, daß uns der verstorbene Swami T. Subba Row einst erzählte, daß die Unterweisungen in diesen Abhandlungen vielschichtige Bedeutungen haben, daß sie immer und immer wieder als Richtlinien auf den verschiedenen Stufen zu gebrauchen seien. Zunächst einmal sind sie jenen Aspiranten nützlich, die den Probepfad beschreiten. Auf einer höheren Stufe beginnen sie dann für jenen von vorn, der sich durch das Portal der ersten der großen Initiationen hindurch auf den eigentlichen Pfad begeben hat. Und dann wiederum, wenn die Adeptschaft erreicht wurde, heißt es noch einmal, daß dieselben Unterweisungen in einem noch höheren Sinne als Richtlinien für jenen dienen können, der zu noch größerer Vervollkommnung vorwärtsdrängt. Jenem also, der diese Lehre in ihrem ganzen mystischen Gehalt verstehen kann, ist klar, daß uns dieser Leitfaden weiter als jeder andere bringt.

In diesen Büchern, die eindeutig zum Zwecke der beschleunigten Entwicklung jener geschrieben wurden, die sich auf dem Pfade befinden, werden Ideale präsentiert, die weltliche Menschen gewöhnlich nicht zu akzeptieren bereit sind. Selbst unter Schülern mag es einige geben, die erstaunt sind über die Form, in der uns diese Lehre gegeben wird. Die einzige Möglichkeit, diese Lehre zu verstehen, ist die, diese als gegeben hinzunehmen und zu versuchen, sie zu leben. In „Zu Füßen des Meisters" heißt es, es sei nicht genug,

zu sagen, die Abhandlung sei poetisch und schön. Will man Erfolg
haben, so muß man genau das tun, was der Meister sagt, auf jedes
Wort achten und jeden Hinweis annehmen. Das gilt gleichermaßen
für dieses Buch. Jemand, der nicht versucht, gemäß dieser Lehre zu
leben, wird ständig darin auf Dinge stoßen, gegen die er sich sträubt,
mit denen er überhaupt nicht übereinstimmt. Versucht er jedoch, die
Lehre zu leben, so wird ihm schließlich deren Bedeutung klarwer-
den. Jede aufrichtige Bemühung, die Lehre wirklich zu leben, wirft
immer Licht darauf, und nur auf diese Weise läßt sich diese
unschätzbar kostbare Perle richtig würdigen.

Solche Bücher enthalten eine große Menge mehr an Bedeutung,
als durch Worte übermittelt werden kann. Deshalb holt man aus
einem solchen Buch weitgehend das heraus, was man einbringt: Man
bringt die Kraft ein, einen gewissen Teil der Botschaft in sich
aufzunehmen, und nur jenen Teil gewinnt man daraus. Es ist daher
nicht genug, solche Bücher nur zu lesen oder auch nur zu studieren,
man muß darüber auch meditieren. Nimmt man die Passagen, die ein
wenig schwierig klingen, die rätselhaften, mystischen, paradoxen
Aussagen, und denkt darüber nach und meditiert darüber, so hat
man viel mehr davon − auch wenn sich das oft kaum ausdrücken
läßt.

Ich versuche zum Ausdruck zu bringen, wie es mir bezüglich dieser
verschiedenen Punkte erging, was sie mir bedeuteten, bin mir dabei
aber ständig bewußt, daß ich die Bedeutung, die sie für mich haben,
nicht vollkommen übermitteln kann. Ich weiß, daß ich sehr häufig
nicht die ganze Bedeutung, wie ich sie im Kopfe habe, zum Ausdruck
bringen kann. Versuche ich das in Worte zu kleiden, so klingt das
ziemlich alltäglich und trotzdem liegt für mich unendlich viel mehr
Bedeutung darin. Vielleicht erkenne ich diese in meinem Mentalkörper. Dasselbe trifft für jede Stufe zu. Zusätzlich zu dem, was wir mit
dem Mentalkörper wahrnehmen können, gibt es noch mehr, das nur
mit dem Kausalkörper oder durch Intuition erfaßt werden kann. Was
immer wir ausdrücken, immer gibt es noch etwas Tieferes, das in uns
als Knospe vorhanden ist und zur Blüte kommt. Daß der Mensch nur
ein Ausdruck des Ewigen ist und nichts außerhalb des Ewigen uns
Beistand leisten kann, ist wahr − und es ist die Wahrheit, die die drei
Autoren dieses Buches unerschütterlich und nachdrücklich betonen.

2
Die vier einleitenden Lehrsätze

**Ehe die Augen sehen können, dürfen sie der Tränen nicht mehr
fähig sein.**

A. B.: Das ist der erste der vier Lehrsätze, die die vier vorbereiten-
den Qualifikationen für den eigentlichen Pfad beschreiben. Dabei
geht es um wahres Seh-, wahres Hör-, wahres Sprech- und wahres
Stehvermögen in der Gegenwart des Meisters, was heißen soll,
wahres Vermögen, der Menschheit unter seiner Anleitung zu
dienen.

Dieser und die folgenden drei Leitsätze sind für zwei Klassen von
Jüngern gedacht. In der ersten Klasse sind jene, die sich auf dem
Probepfad befinden und deshalb gelehrt werden, sich all dessen zu
entledigen, was wir als Persönlichkeit bezeichnen. Diese einleitenden Anweisungen sollen ihnen zeigen, daß sie damit zu beginnen
haben, das niedere Selbst zu zerstören. In der zweiten Klasse
befinden sich jene, die bereits initiiert sind. Von ihnen wird noch
mehr verlangt. Sie haben sich ihrer Individualität zu entledigen, des
reinkarnierenden Egos, so daß ihr Leben am Ende des Pfades
vollkommen unter der Herrschaft der Monade steht. Daran können
wir sehen, daß jeder dieser vier Leitsätze so verstanden werden
kann, daß er die Persönlichkeit oder Individualität berührt und
entsprechend der Position des Schülers, der diese Lehre bis zu ihrer
letzten Bedeutung hin lebt, ist auch der Standpunkt, von dem aus er
sie versteht.

Es ist der Mühe wert, zu bemerken bzw. zu erinnern, daß diese
Leitsätze auf andere Weise ebenfalls von zwei Standpunkten aus
betrachtet werden können. Diese Lehren stammen von Meistern der
Weißen Loge *); aber diejenigen, die der schwarzen Magie auf der
dunklen Seite des Lebens nachgehen und von uns manchmal Brüder
des Schattens oder der Dunkelheit genannt werden, folgen genau
denselben Leitsätzen. Es gibt zwei Möglichkeiten, zu erreichen, daß
die Augen der Tränen nicht mehr fähig sind. Gemäß dem Motiv des

---

*) Der Leser sei daran erinnert, daß Bezeichnungen wie „weiß" und „dunkel" sich
nicht auf die Farbe beziehen, sondern auf die lichten und dunklen Seiten des Lebens.

Aspiranten wird der Pfad sein, auf dem er wandelt. Der eine Weg ist der desjenigen, der bestrebt ist, ein Schüler der dunklen Seite zu werden. Dieser wird den Leitsatz so auffassen, als lehre er vollkommene Gleichgültigkeit gegenüber Freude und Schmerz dadurch, daß das Herz hart und jedes Mitempfinden vermieden wird. Jedermann, der versucht, dadurch der Tränen unfähig zu werden, daß er jedes Gefühl ertötet, unternimmt Schritte in Richtung auf den dunklen Pfad hin. Der Mensch auf dem anderen Pfade wird nur insofern der Tränen unfähig, als sein eigenes persönliches Leid betroffen ist. Seine eigene niedere Natur bewegt ihn nicht, gegenüber den Gefühlen anderer ist er aber vollkommen wach. Gleichgültig gegenüber den Leiden anderer kann der Mensch nur auf seine eigene Gefahr hin werden.

In folgender Tabelle werden die zwei Wege gegenübergestellt. Der grundlegende Unterschied zwischen den zwei Wegen ist der, daß der erste ausschließlich auf Getrenntheit hin ausgerichtet ist und sein Ende in einem Zustand absoluter Isolation hat, während der zweite beständig auf Vereinigung hinzielt und in einem Zustand vollkommener Einheit endet.

Der dunkle Pfad	Der weiße Pfad
sperrt alles Leidempfinden aus	verstärkt die Empfindungskraft soweit, bis sie für jede Schwingung anderer empfänglich ist
errichtet eine Mauer um den Betreffenden herum, um alles Leid auszusperren	reißt jede Mauer oder Schranke nieder, die trennt und den Betreffenden von den Gefühlen und Leiden anderer fernhält
zieht das Leben grundlegend zusammen (engt es ein)	erweitert das Leben (dehnt es aus), weil man versucht, sich in die Leben der anderen zu ergießen
führt zum Tode, zur Vernichtung bzw. Avichi	führt zum Leben, zur Unsterblichkeit bzw. Nirvana

Der Aspirant auf dem weißen Pfad hat allmählich all das in sich zu eliminieren, das für das empfänglich ist, was ihn von der äußeren Welt her an Schmerz erreicht und ihn berührt, alles, was ihn durch seine Persönlichkeit erschüttert, alles Leid und Kummer jeder Art, die auf ihn einwirken, weil es sein persönliches Selbst betrifft. Er muß einen Punkt erreichen, wo er unfähig ist, seines eigenen gesonderten Interesses wegen Leid zu empfinden. Es hat sein Ziel zu sein, seine kamische Hülle (Kama-Rupa) vollkommen zu einem Bewußtseinsträger des höheren Selbst zu machen mit keinem unabhängigen Eigenleben. Für diese Hülle dürfen weder Anziehungen noch Abneigungen existieren, weder Verlangen noch Wünsche – all das muß vernichtet werden. Damit soll aber nicht die verkehrte Vorstellung weitergegeben werden, daß die Hülle zu zerstören sei, sondern diese darf nicht länger um ihrer selbst willen für Eindrücke aus der äußeren Welt empfänglich sein. Nur das gesonderte Leben muß ertötet werden, die Hülle jedoch ist für den Gebrauch im Dienste an der Menschheit aufrechtzuerhalten.

Diese vom Jünger in seinem Charakter herbeizuführende Wandlung zeigt sich deutlich in der Beschaffenheit der Hülle. Beim gewöhnlichen Jünger verändert diese ständig ihre Farben. Wurde sie jedoch geläutert und von allem Sonderleben gereinigt, so bleibt sie ein farbloser und strahlender Bewußtseinsträger, der nur von aus dem inneren Leben herrührenden Spiegelungen beeinflußt wird. Die Hülle hat dann keine eigene Farbe, sondern nur jene, die auf sie vom höheren Selbst geworfen wird, sie ähnelt dem Schein des Mondes auf Wasser – ein perlender Glanz, in dem ein gewisses, aber kaum als Farbe zu bezeichnendes Spiel vorhanden ist. Diese Veränderung findet nur ganz allmählich im Astralkörper des Jüngers statt, während er an der schwierigen Aufgabe arbeitet, empfindsam für den Kummer seiner Mitmenschen zu werden, jedoch mehr und mehr unempfindlich gegenüber alles ihn selbst Berührende. Es wäre ein leichtes für ihn, jedes Gefühl zu ertöten, aber einerseits ständig empfindsamer für die Gefühle anderer zu werden und sich gleichzeitig nicht mehr zu gestatten, daß irgendwelche persönlichen Gefühle aufkommen, ist eine viel schwierigere vor dem Aspiranten liegende Aufgabe. Beim Arbeiten daran wird er feststellen, daß die egoistischen Gefühle beim Umwandeln in selbstlose unauffällig verschwinden.

Die Qualität und Echtheit seines Mitempfindens kann der Jünger prüfen, indem er festzustellen versucht, ob er das Leid anderer auch dann empfindet, wenn es sich seiner Aufmerksamkeit nicht aufdrängt. Sieht man eine Person leiden oder stößt auf einen Fall großer Grausamkeit, so empfindet man zweifellos Schmerz, wird aber derselbe Schmerz empfunden, wenn man die Person nicht vor Augen hat? Unser Mitempfinden ist eine außerordentlich kümmerliche Sache, wenn es nur durch den Anblick des Leidens hervorgerufen wird. Schicken Sie eine Person in eine Großstadt wie London. Der Betreffende mag von dem um ihn herum geschauten Leid zutiefst berührt sein, hält er sich dann aber wieder woanders auf, so wird er das Elend, dessen Zeuge er war, vergessen und vollkommen glücklich sein. Der Jünger hat zu lernen, so zu leben, als wäre jenes Leid in seiner Gesamtheit für ihn alle Zeit gegenwärtig. Dieses zu mindern muß das Motiv seiner Arbeit sein.

Niemand hat die Stufe erreicht, auf der er für den in „*Die Stimme der Stille*" gesprochenen großen Schmerzensschrei empfänglich ist, bevor es nicht sein Lebensmotiv wurde, der Menschheit zu helfen, egal ob er das Leid vor Augen hat oder nicht, denn das ist eines Jüngers wahre Motivation. Der beste Weg, sich von der Persönlichkeit zu befreien, unempfindlich in bezug auf seine persönlichen Freuden und Leiden, der Tränen unfähig zu werden ist der, den Verstand über das Leid der Welt und die Wege zur Linderung nachdenken zu lassen. Dadurch erreicht man, daß das persönliche Selbst seinen ihm gemäßen Platz neben dem größeren Selbst der großen Waise Menschheit einnimmt.

Erlebt der Jünger die Initiation und beginnt, das buddhische Bewußtsein zu entwickeln, so nimmt seine Unfähigkeit zu Tränen einen neuen Charakter an. Er fängt dann an, das Wort Evolution zu verstehen, zu erkennen, daß das beim Menschen die Entfaltung der höheren Triade bedeutet. Dann beginnt er, den wahren Sinn und Zweck des Leidens und des Schmerzes zu verstehen. Allmählich wird er der Tränen unfähig, weil er die Bedeutung des Leidens für jene erkennt, die es durchzumachen haben, denn er sieht, daß das für den mit Schmerz konfrontierten Menschen eine Notwendigkeit zur Höherentwicklung seiner Seele ist. Es ist wahr, daß der Mensch, hätte er in der Vergangenheit weise gehandelt, dieses Leiden hätte vermeiden können, denn das Leid ist, sofern es nicht durch seine gegenwärtigen Torheiten hervorgerufen wird, das Ergebnis seines Karmas aus der Vergangenheit. Der praktische Aspekt der Sache ist aber der, daß der Mensch töricht war und sich dafür entschieden hat, anstatt durch Weisheit, durch diese Art der Erfahrung zu lernen, weil er sich nicht immer dazu entschloß, nach bestem Wissen zu handeln. Nun leidet er und der Schmerz bringt ihm Weisheit für die Zukunft und fördert dadurch seine Entwicklung.

Erkennt er dies, so erreicht der Jünger einen Zustand, in dem er als von höchstem Mitgefühl erfüllt, jedoch ohne Bedauern, beschrieben werden kann. Zum Empfinden von Bedauern kommt es nur dann, wenn das Bewußtsein vom buddhischen Leben unerleuchtet ist. Erfährt er das buddhische Bewußtsein, so nimmt das Mitempfinden des Jüngers enorm zu, sein Bedauern aber schwindet, und beim weiteren Aufstieg macht ihn der größere Weitblick der Tränen

unfähig, denn angesichts des bittersten Leidens, für das er empfänglich zu werden und dieses in sich zu fühlen lernt, erkennt er ebenso
dessen Zweck und Absicht. An dem Leid kann er in vollem Maße
teilhaben, jedoch ohne den geringsten Wunsch, daß es anders sein
sollte als es ist. Der Wunsch, das Leid möge schwinden, bevor es
seine Aufgabe erfüllt hat, kann nur dann nicht vorhanden sein, wenn
das Bewußtsein buddhisch erleuchtet ist. Dieser Zustand wurde als
Christusstufe beschrieben. Das Gesetz ist gut und der Wille des
Höchsten ist vollkommen. Leiden wirkt für einen vollkommenen
Ausgang, deshalb ist der Jünger von Zufriedenheit und Genugtuung
erfüllt. Er spürt das Leiden, empfindet deswegen aber überhaupt
keinen Kummer oder Bedauern.

Erreicht der Jünger diese Stufe, so ist sein Bewußtsein Teil des
Lebens der Welt geworden. Denkt er an sich als „Ich", dann als Teil
jenes „Ichs", in dem alle anderen „Ichs" ebenso existieren. Nun gibt
es für ihn nichts, das außerhalb oder getrennt von ihm wäre, er
identifiziert sich mit dem einen großen Leben, in welchem Stadium
es sich auch immer befinden mag, wann immer es der Hilfe bedarf.
Er verliert vollkommen das in der Welt so allgemein verbreitete
Empfinden, daß einige Menschen sich außerhalb befinden. Er ist in
allem und mit allen.

Dieses Einheitsempfinden bedeutet einen enormen Unterschied
bezüglich der Hilfe, die ein Mensch der Welt zu geben vermag. Hilft
er jemandem, so fühlt er dessen Kummer als seinen eigenen und
nicht als die Schwierigkeiten einer anderen von ihm getrennten
Person. Er sieht diese genauso wie jene Person, deshalb hilft er
anstatt von außen von innen her. Zwischen der von einem Außenste-
henden und der von innen her gebotenen Hilfe besteht ein riesiger
Unterschied: Bei ersterem handelt es sich um einen provisorischen,
fremden Beistand, während aber die von innen her gewährte Hilfe
die Lebenskräfte des Menschen steigert.

Diese Stufe kann der Jünger nur erreichen, weil er das Mitempfinden kultivierte, weil er gelernt hat, sich mit den Freuden und Leiden
anderer zu identifizieren, weil er sein eigenes Leben zu einem allen
gemeinsamen machte. Ohne das wäre der Verlust des Getrenntheitsgefühls unerreichbar. Die einzige Unfähigkeit zu Tränen, die der
Jünger zu kennen hat, ist jene, die ihn unempfindlich gegen solche
Dinge macht, die sein persönliches Selbst berühren; er bleibt jedoch
gegenüber all dem, was die anderen Seelen um ihn herum betrifft,
höchst empfindlich.

C. W. L.: Bezüglich der ersten vier Leitsätze in diesem Buch, die mit „Bevor die Augen sehen können, müssen sie der Tränen unfähig sein" beginnen, erklärte Dr. Annie Besant, daß man diese auch vollkommen falsch verstehen kann. Dann sind sie für den Schwarzmagier genauso akzeptabel wie für uns. Der Schwarzmagier würde sie so auslegen, daß er jedes Gefühl zu ertöten, sich mit Mauern zu umgeben und den Kummer und die Sorgen der Welt auszusperren habe. Das ist genau das Gegenteil der Belehrung, die dem Schüler auf dem weißen Pfad gegeben wird. Dieser wird gelehrt, seine Empfindungskraft zu erhöhen, bis er schließlich ein vollkommenes Mitempfinden bezüglich der Leiden seiner Mitmenschen erreicht.

Wir hören eine ganze Menge über Schwarzmagier, aber ich glaube, nur wenige Leute wissen viel über sie. Mir sind viele Vertreter dieser Gattung begegnet und daher kann ich behaupten, etwas über ihre Art und ihre Methoden zu wissen. Einige davon sind sehr interessante Personen, aber keineswegs wünschenswerte Bekanntschaften. Unter dem allgemeinen Begriff Schwarzmagier werden verschiedene Typen zusammengefaßt. Z. B. praktizieren die Neger in Afrika und auf den Westindischen Inseln und wahrscheinlich auch die Ureinwohner Australiens eine ganze Menge an unbedeutender schwarzer Magie. Das ist eine armselige Sache; sie geben selbst zu, daß das in bezug auf Weiße nicht funktioniert. Man hat von gewissen Fällen gehört, wo es ihnen gelungen war, Weiße dazu zu bringen, sich höchst unwohl zu fühlen. Man muß aber hinzufügen, daß das wahrscheinlich auf die Art des von jenen Personen geführten Lebens zurückzuführen war, wodurch das ermöglicht wurde. Solche Magie hängt bezüglich ihres Erfolges zum Großteil von der Furcht der Leute ab, auf die die Zauberformeln angewandt werden. Trotzdem handelt es sich dabei um eine nur zu reale Sache, wenn auch in ihrer schwächsten Form. Diese primitiven Menschen haben gewisse Drogen, sie wissen, wie man hypnotisiert, und besitzen Macht über einige Erdgeister der niederen Klassen und ähnliche Wesenheiten. Sie bringen es zustande, Krankheit bei einem Menschen oder in seiner Familie bzw. in seinen Herden hervorzurufen oder seine Gärten und Äcker zu verfluchen, so daß diese keinen Ertrag bringen, obgleich sie sich im letzteren Falle auch nicht scheuen, ihrer Magie manchmal mit Salpeter nachzuhelfen.

Es gibt eine andere Reihe von Menschen, etwas höher gestellte, die okkulte Künste zu eigenen Zwecken praktizieren. Diese haben eine gewisse Menge über Okkultismus gelernt − manchmal sogar allerhand − sie gebrauchen ihre Kräfte aber selbstsüchtig. Oftmals bringen sie es auf diese Weise zustande, zu Geld oder einer bestimm-

ten Position zu kommen und sich in dieser Position bis zum Lebens-
ende zu halten. Nach ihrem Tode unternehmen sie manchmal den
Versuch, dasselbe Verhalten beizubehalten, haben damit aber ziemlich schlechten Erfolg, und ihre Pläne brechen zusammen. Früher
oder später werden sie von allem im Stich gelassen oder enttäuscht,
und sie fallen in einen ziemlichen Elendszustand zurück. Ein solches
Leben bedeutet für das Ego einen deutlichen Rückschritt.

Noch ein anderer und fortgeschrittener Typus von Schwarzmagi-
ern begehrt nichs für sich selbst. Er versucht nicht Geld oder Macht
bzw. Einfluß oder ähnliches zu gewinnen und wird dadurch sogleich
viel machtvoller. Er führt ein reines und selbstbeherrschtes Leben,
genauso wie einer unserer Leute es vielleicht tut, aber er hat sich das
Sondersein zum Ziele gesetzt. Er möchte auf höheren Ebenen
bewußt bleiben, frei von der Absorption in den Logos. Mit Schrek-
ken blickt er auf das, was für uns die größte Glückseligkeit bedeutet.
Er möchte seine eigene Position, so wie sie ist, aufrechterhalten.
Darüber hinaus behauptet er, er könne dies, der menschliche Wille
sei stark genug, dem kosmischen Willen bis zu einem gewissen Punkt
zu widerstehen.

Mir sind solche Menschen begegnet; und Dr. Besant, die immer
versucht, selbst die unwahrscheinlichsten Seelen zu retten, hat sich
ein- oder zweimal in den Sinn gesetzt, Menschen, die sich in diese
Verfassung gebracht hatten, zu einer Sinnesänderung zu bewegen
und sie zu unserer Auffassung zu bekehren, jedoch ohne viel Erfolg,
wie ich fürchte. Manchmal sagt sie zu solchen Menschen: „Sie
wissen, wie das Ende aussieht. Sie kennen die Naturgesetze nur zu
gut und Sie sind intelligent genug, um zu übersehen, wohin Sie Ihr
Weg führt. Es ist nur zu gewiß, daß Sie am Ende einen Zusammenbruch erleiden werden. Wenn dieses Manvantara endet, wenn diese
Planetenkette vorüber ist, werden Sie, ob Sie das nun wollen oder
nicht, in den Logos auf höheren Stufen absorbiert und wie wird dann
Ihr Zustand aussehen?"

„Das können Sie nicht so genau wissen", ist die Antwort, „trotzdem geben wir zu, daß das, was geschehen wird, wohl so sein wird.
Aber ehrlich gesagt ist uns das egal. Mit unserem gegenwärtigen
Zustand sind wir sehr zufrieden. Wir sind imstande, unsere Individualität gegen jedes Bestreben, uns in den Logos zu ziehen, für eine
sehr lange Zeit aufrechtzuerhalten, ja sogar bis zum Ende des
Manvantara. Ob uns das danach auch noch gelingen wird, wissen wir
nicht, und das ist uns auch egal. Ob das so sein wird oder nicht –
jedenfalls haben wir unsere Zeit gehabt."

Das ist ein bestreitbarer Standpunkt und derjenige, der ihn

einnimmt, mag nicht im eigentlichen Sinne ein guter Mensch zu sein, er braucht aber auch kein schlechter im herkömmlichen Sinne des Wortes zu sein. Bestimmt ist in seiner Natur eine große Menge satanischen Hochmuts vorhanden; in bezug auf andere Menschen ist er aber nicht notwendigerweise boshaft oder bösartig. Trotzdem ist er völlig gewissenlos. Jeden, der ihm zufällig in den Weg gerät, würde er beiseitefegen mit weitaus weniger Rücksicht als wir sie gegenüber einem Moskito walten lassen würden. Einem Menschen, der ihm nicht im Wege steht, kann er ein ganz guter Freund sein und in seiner Natur muß nichts aktiv Böses vorhanden sein. Er ist keineswegs ein Monster des Bösen, sondern ein Mensch, der für sich ein bestimmtes Verhalten angenommen hat und auf Kosten all dessen, das für uns Fortschritt bedeutet, entsprechend handelt. Das ist alles, was wir mit Recht gegen ihn vorbringen können. Wir sind sicher, daß er in einem großen Desaster enden wird, er ist sich dessen nicht so sicher und in jedem Falle ist er bereit, dem die Stirn zu bieten.

In der Regel sind solche Menschen selbstgenügsam und mißtrauen und verachten alle anderen. Das ist immer charakteristisch für jeden, der sich auf dem dunklen Pfade befindet – er hat recht und alle andern irren sich. Er sieht auf jeden anderen Menschen herab. Manchmal ist von einer schwarzen Bruderschaft die Rede. So etwas gibt es nicht. Unter den Betreffenden könnte keine wahre Bruderschaft bestehen. Man verbündet sich aber gelegentlich angesichts einer drohenden Gefahr oder falls einer der Pläne der Betreffenden von irgend etwas bedroht ist. Bestenfalls handelt es sich dabei um ein loses Bündnis, schrecklich, furchtbar nur aufgrund der ungeheuren Macht, die einige der Schwarzmagier besitzen. Hin und wieder geschieht es, daß die von einigen unserer Meister für die Evolution verrichtete Arbeit ihre Bahnen kreuzt, dann werden sie zu fürchterlichen Feinden. Unsere Meister können sie nicht berühren – ich glaube, das muß sie sehr ärgerlich machen – manchmal bekommen sie aber einen Schüler dieser Meister unter ihren Einfluß und verursachen den Meistern etwas Verdruß oder Enttäuschung – wenn wir einmal annehmen wollen, daß ein Meister Enttäuschung empfinden könnte.

Der Grund für all die an uns herangetragenen Warnungen, uns vor diesen Leuten in acht zu nehmen, ist der, daß wir merken werden, daß diese uns manchmal in die Irre zu führen versuchen. Mme. Blavatsky, die sehr viel über Schwarzmagier wußte und einen gesunden Respekt vor ihnen hatte, vermittelte eher den Eindruck, bei ihnen handle es sich um verführerische Dämonen, die im Bösen um des Bösen willen triumphieren. Das würde nur auf jene auf einer niedrigeren Stufe zutreffen. Die Mächtigeren unter ihnen würden es als ziemlich unter ihrer Würde empfinden, in irgend etwas anderem als ihren eigenen Plänen zu triumphieren, die immer völlig selbstsüchtig sind, wodurch manchmal gewissen Leuten eine Menge Leid verursacht werden kann. Sie sind genauso gelassen und in sich ruhend und leidenschaftslos wie der Jünger eines Meisters, eigentlich in noch größerem Maße, weil sie absichtlich alle Empfindungen ertötet haben. Sie würden keinen Menschen nur um des Bösen willen verletzen, würden aber − wie ich bereits sagte − beim Verfolgen eines ihrer Ziele, wobei sein Vorhandensein ihnen dazwischenkommt, nicht zögern, ihn aus dem Weg zu fegen. Jene, deren Arbeit es ist, Menschen astral beizustehen, treffen manchmal auf deren Opfer und in dem Fall zieht der Hilfe leistende Mensch häufig den entschlossenen Widerstand des Schwarzmagiers auf sich selbst.

Nun aber zurück zu unserem Hauptthema. Es ist sehr schwierig zu lernen, für Gefühle empfänglich zu sein, aber trotzdem seiner Persönlichkeit nicht zu gestatten, sich irgendwie zu bekunden − ein vollkommenes Mitgefühl bezüglich der Empfindungen anderer zu haben und trotzdem frei von eigenen zu sein. Angesichts des Leidens anderer sind viele Menschen sehr aufgewühlt, haben sie das Leiden jedoch nicht direkt vor Augen, so vergessen sie es. Viele der reicheren Leute einer Stadt wie London z. B. sind tief berührt, wenn man ihnen das schreckliche Leiden in den Slums zeigt. Sie werden auf der Stelle alles in ihrer Macht liegende tun, um in den paar Fällen, die sie vor Augen haben, Abhilfe zu schaffen. Dieselben Leute gehen aber der Jagd, dem Angeln und Vergnügen nach und vergessen vollkommen dabei, daß überhaupt Leid existiert. In diesem Falle wird der Schmerz nur teilweise wegen des Leids anderer Personen empfunden, zum größeren Teil handelt es sich dabei bloß um den persönlichen Schmerz, Zeuge dieses Leids zu sein. Diese Art des Mitempfindens ist eine armselige Sache − es ist überhaupt kein echtes Mitempfinden.

Wenn uns das Leiden der Menschheit völlig bewußt wird, so verlieren wir allmählich das eigene aus den Augen. Wir vergessen, daß wir persönliche Leiden haben, weil wir sehen, daß die Leiden der Menschheit so groß sind und daß das, was unserem Los anfällt, letzten Endes nur unser Teil der allgemeinen Bürde ist. Ein Mensch, der zu dieser Geisteshaltung fähig ist, hat bereits in sehr großem Maße seine Persönlichkeit transzendiert. Er grämt sich noch um der Menschheit, aber nicht mehr um seiner selbst willen. Er ist der

Tränen unfähig geworden, soweit seine eigenen persönlichen Freuden und Leiden betroffen sind.

Die Leiden anderer genau beurteilen zu wollen, ist keine einfache
Sache. Dr. Besant und ich untersuchten vor einigen Jahren die Frage
der Schmerzeinwirkung auf verschiedene Menschen, die erlebten,
was von der äußeren Welt als derselbe physische Schmerz betrachtet
wird. Wir stellten dabei fest, daß im Extremfall jemand vielleicht
tausendmal mehr als ein anderer litt, und daß man im gewöhnlichen
Leben häufig Schmerz hundertmal mehr als jemand anders empfinden kann. Zeigt jemand Anzeichen dafür, daß er leidet und ein
anderer nicht, so darf daraus nicht geschlossen werden, daß letzterer
notwendigerweise tapfer oder philosophischer sei. Das muß nicht so
sein. Wir untersuchten die Frage des verschiedenen Personen durch
die Schmach des Gefangenenlebens zugefügten Ausmaßes des Leidens. Einigen Personen bedeutet das praktisch gar nichts, für andere
jedoch höchst intensives mentales und gefühlsmäßiges Leiden. Es ist
also zwecklos, zu sagen „ich fühle dieses oder jenes nicht und daher
dürfen andere Personen das auch nicht empfinden". Man weiß nicht,
bis zu welchem Grade oder in welchem Umfang andere empfinden.
Ich habe festgestellt, daß viele Dinge, die mir nicht das Geringste
ausmachen, anderen trotzdem ernsthaften Schmerz bereiten, während das bei anderen Dingen genau umgekehrt war, wie z. B.
unerfreulichen Geräuschen, die häufig für jene Schmerz bedeuten,
die ihre feineren Sinne entwickeln. Ich habe Dr. Besant in einem
Zustand äußerster Pein erlebt, als ein großer Wagen mit Munition
mit großem Geklirre an dem Hause, wo sie in der Avenue Road in
London weilte, vorbeifuhr. Das soll natürlich nicht heißen, daß sie
die Kontrolle über ihre Nerven verlor. Sie hat oft erklärt, daß der
Schüler, während er seine Empfindungsfähigkeit zu erhöhen hat,
gleichermaßen sein Nervensystem zu kontrollieren habe, damit er
ohne Zurückschrecken alles ertragen kann, was an Schmerz oder
Unruhe immer auf ihn zukommen mag.

**Ehe das Ohr hören kann, muß es seine Empfindlichkeit verloren
haben.**

A. B.: Gegenüber den Meinungen anderer über ihn muß der Jünger,
soweit das seine eigenen Gefühle betrifft, vollkommen unempfindlich werden. Denkt oder spricht man gut über ihn, so darf ihn das
nicht stolz machen, wenn schlecht, so darf er nicht niedergedrückt
sein. Gleichzeitig darf er nicht unempfindlich gegenüber den Meinungen anderer sein, soweit das die sie hegenden Menschen betrifft.

Deshalb darf er bezüglich der Eindrücke, die er auf andere macht, nicht sorglos sein, denn stößt er diese durch sein Verhalten ab, so verliert er seine Macht, ihnen zu helfen.

Im Laufe seines Fortschreitens entwickelt der Jünger seine psychischen Kräfte und so wird ihm bewußt, was andere über ihn denken. Er lebt dann in einer Welt, in der er alles über ihn Gesagte hören kann, und er kann jede Art der Kritik im Geiste der anderen erkennen. Diesen Punkt erreicht er, wenn er sich über alle Kritik erhoben hat und von den Meinungen anderer nicht mehr berührt wird. Viele Leute sind sehr darauf erpicht, das Hellsehen zu entwickeln, bevor sie dieses Stadium erreicht haben. Erkennen sie aber diese Tatsache, so verliert das astrale Bewußtsein, das sie so sehr begehrten, für sie seinen Reiz.

C. W. L.: Man darf nicht glauben, daß die unschmeichelhafte Bemerkungen über sich hörende entwickelte Person höchst unempfindlich dagegen ist, weil sie sich in bezug auf das Gefühl der Erbitterung besonnen zusammenrafft und sagt: „Das alles ist sehr schrecklich, ich weigere mich aber, mich darum zu sorgen, ich werde darauf überhaupt nicht achten." Zweifellos durchlebt der Mensch eine solche Phase, sehr bald erreicht er aber ein Stadium, in dem er sich tatsächlich überhaupt nicht darum sorgt, in dem ihm das nicht mehr bedeutet als das Zwitschern der Vögel oder die in den Bäumen zirpenden Zikaden – sie mögen etwas Lästiges sein, das ist aber auch alles. Er sucht sich nicht mehr eine einzelne Zikade heraus und lauscht auf deren Ton allein, noch wendet er sich dem Gedanken oder dem Wort irgendeiner Person zu, die etwas Dummes sagt.

Wir alle müssen diese Stufe zu erreichen versuchen. Wir bringen das Menschen ständig nahe, weil das die Haltung unserer Meister ist, in deren „Welt" wir einzutreten versuchen. Es mag sehr richtig gedacht werden: „Wie können wir hoffen, zu einer Haltung wie die der Großen hinzugelangen?" Natürlich gelingt das niemandem sofort, wir müssen uns das aber zum Ziel setzen und versuchen, diesem so nahe zu kommen wie wir können. Die eine wirklich sehr einfache Möglichkeit ist die, einfach nicht im mindesten darauf zu achten, was andere Leute sagen.

Haben wir es zu einer solchen Haltung gebracht, so ist der nächste Schritt, an das schlechte Karma zu denken, das diese Leute dadurch erzeugen, daß sie über uns verkehrt denken oder sprechen. Wir mögen das dann um ihretwillen bedauern und aus diesem Grunde ist es richtig, wenn wir uns darum bemühen, nicht mehr Veranlassung für törichte und geringschätzige Bemerkungen zu geben als es sich ergibt — nicht deshalb, weil uns das etwas ausmachen würde, sondern weil das schlechtes Karma für jene bedeutet, die sich darin ergehen.

Ehe die Stimme in Gegenwart der Meister sprechen kann, muß sie die Macht verloren haben zu verwunden.

A. B.: Der Jünger muß in sich all das verlieren, wodurch jemand anderem Schmerz bereitet werden kann. In den früheren Stadien muß er lernen, aus seiner Rede all das zu entfernen, was Schmerzen verursachen kann — nicht nur rauhe Kritik oder unfreundliche Rede, sondern jede Form des Wortes, das einen anderen dadurch verletzt, daß es eine Herabsetzung durchblicken läßt oder die Aufmerksamkeit auf einen Fehler in seinem Charakter lenkt. Es ist wahr, daß sich manche Menschen in einer Position befinden, wo es manchmal zu ihrer Pflicht gehört, jemand anderen auf seinen Fehler aufmerksam zu machen. Es ist aber eine falschverstandene Auffassung, daß ihn das berechtigt, der anderen Person dabei Schmerz zuzufügen. Macht man diesen in einer vollkommmen freundlichen Weise darauf aufmerksam, so ist das Element des Verwundens nicht gegeben. Wenn immer Sprache verwundet, so geschieht das durch eine Unvollkommenheit bei der Pflichterfüllung. Der angebliche Helfer versäumte es, sich mit der angesprochenen Person zu identifizieren, er gibt nur von außen Rat, und deshalb tut das weh. Hätte er in bezug auf die andere Person ein Einheitsempfinden gehabt und versucht zu helfen, während er gleichzeitig so fühlt wie diese, so hätte er das Gemüt der anderen Person auf mitfühlende Weise angesprochen. Durch das Bewußtsein seines Mitgefühls wäre beim anderen seine edlere und großzügigere Seite geweckt worden und in dem Falle hätte der Rat keine verwundende Wirkung gehabt. Ist es Ihre Pflicht, einen anderen zu kritisieren, und Sie merken, daß ihn das verwundet, so blicken Sie in sich hinein, um die Unvollkommenheit zu finden, die die Wunde verursachte. Wollen wir die Macht zu verwunden verlieren, so muß die gesonderte Individualität aufgegeben werden. Empfinden wir uns als ein Leben, so wird es uns unmöglich, irgend jemandem oder irgend etwas Leid zuzufügen, weil es Teil unserer selbst ist. Das erreicht man, indem man damit beginnt, allmählich die Rede zu läutern, indem man mit den hervorstechendsten Fehlern anfängt.

C. W. L.: Jeder, der sich dem Meister zu nähern wünscht, muß bereits die Lust am Verwunden anderer durch seine Rede aufgegeben haben. Es besteht aber immer noch die Möglichkeit, unbeabsichtigt und unbewußt zu verletzen aufgrund des Bedürfnisses nach Empfindungsfähigkeit. Schreiten wir weiter voran und erheben unser Bewußtsein auf eine höhere Stufe, so werden wir mehr und mehr erkennen, wie Dinge andere treffen. Jene, die viele Jahre Meditation praktizierten, werden feststellen, daß sie empfindsamer geworden sind, einen gewissen Fortschritt in Richtung Einheit erzielten, und daher verstehen sie die Leute um sich herum einfach ein wenig besser als jene, die solche Bemühungen nicht unternommen haben. Manchmal hören wir, daß jemand so etwas wie eine unglückliche Bemerkung von sich gibt − in guter Absicht und ohne daß ihm auffällt, daß daran etwas verkehrt ist und daß die Bemerkung jemand anderen verwundet. Wir, die wir durch Gedanken und Studieren bzw. unser Bemühen, das höhere Leben zu leben, unsere Sinne gerade ein wenig geschärft haben, fühlen instinktiv, wie die dritte Person die Bemerkung aufnimmt. Wir empfinden, daß es sich dabei um eine unglückliche Bemerkung handelt, und wünschen, diese wäre in irgendeiner anderen Form vorgebracht worden.

Ein Meister könnte unmöglich etwas sagen, das andere verletzt. Er mag es notwendig finden, etwas in der Art eines Tadels oder einer Zurechtweisung vorzubringen, er würde das aber immer auf solche Weise tun, daß der Mensch vom Gesagten nicht verwundet wird. Manchmal hat ein Jünger pflichtgemäß streng zu sein und durch sein eigenes Mitgefühl ist er versucht, der Aufgabe auszuweichen. Behauptet aber das höhere Selbst seine Vorherrschaft, so wird er, wenn es unbedingt erforderlich ist, ernst sprechen, aber trotzdem gelassen, kritisch und ohne Unwillen.

Ehe die Seele in Gegenwart der Meister stehen kann, müssen ihre Füße im Blute des Herzens gewaschen sein.

A. B.: Hinter diesem Satz steht eine sehr lange okkulte Tradition, die der Welt auf vielerlei Art dargelegt wurde. Das hat mit der Lehre des Opfers zu tun, die sich noch in verschiedenen Religionen in unterschiedlichen Formen zeigt, obwohl im allgemeinen dabei deren wahre Bedeutung verlorengegangen ist. Der hier gebrauchte Ausdruck steht in Verbindung mit dem, was manchmal als Blutopfer und Blutbund bezeichnet wird, wovon unter den von sehr alten Rassen abstammenden Stämmen die seltsamsten Spuren zu finden sind.

Bei der Überprüfung vergangener Leben stießen wir auf einen Vorfall, der hier zum Zwecke der Erläuterung der hinter dem Blutopfer stehenden Idee geschildert werden kann. Vor sehr langer

Zeit war der jetzige Meister Morya ein großer König. Er hatte einen
einzigen Sohn –die jetzige H. P. Blavatsky – der sich in der Obhut
des Hauptmanns der Garde – Colonell Olcott – befand. Eines
Tages, als der Junge allein mit dem Kapitän war, stürzten einige
Verschwörer herein, die es darauf abgesehen hatten, ihn zu erschla-
gen. Sie hätten ihn auch getötet, aber der Hauptmann warf sich
dazwischen und rettete den Jungen auf Kosten seines eigenen
Lebens. Der Jugendliche wurde nur niedergeschmettert, der Hauptmann aber lag sterbend über ihm, und wie sich das Blut aus seiner
Todeswunde ergoß, tauchte er seinen Finger hinein und berührte
damit die Füße des Königs. Der König fragte: „Was kann ich für
Dich tun, der Du Dein Leben für mich und meinen Sohn gegeben
hast?" Der sterbende Hauptmann erwiderte: „Gewähre, daß Euer
Sohn und ich Euch in anderen Leben und für alle Zeiten dienen
dürfen." Da sagte der Herrscher: „Um des Blutes willen, das für
mich und die Meinen vergossen wurde, das Bündnis zwischen uns
soll niemals gebrochen werden." Im Laufe der Zeit wurde der König
ein Meister und das Bündnis zwischen ihnen blieb bestehen. Es reifte
zu dem des Bandes zwischen Meister und Jünger und es wird für
immer weiterbestehen. Indem er das Leben seines Körpers opferte,
schuf der Hauptmann eine Bindung, die ihm das wahre Leben
schenkte, das der Jünger vom Meister erhält.

Diese Geschichte erwähne ich, weil sie eine große Wahrheit
erläutert. Genau in dem Maße, wie wir stark genug sind zu opfern,
was immer für uns das Leben bedeutet, das Lebensblut des Niedrigeren zu Füßen des Höheren zu verströmen, wird in Wirklichkeit das
Leben gewonnen, nicht verloren. Sämtliche Entwicklungen der
jungen Menschheit erfolgten durch das freiwillige Opfer des niedrigeren Lebens zugunsten des höheren. Wird das Opfer vollständig
gebracht, so stellt man fest, daß das Leben, anstatt verlorengegangen
zu sein, unsterblich geworden ist. Das äußere Zeichen des Opfers
war für Menschen eine Hilfe, das Prinzip besser zu verstehen. Es
lenkte deren Aufmerksamkeit auf die fundamentale Wahrheit, daß
nur dann, wenn das niedere Leben zugunsten des höheren geopfert
wird, es seine evolutionsgemäße, wahre Erfüllung findet. Auf dieser
Wahrheit basierten ursprünglich die in vielen Religionen zu findenden Opfer. So kommt es eigentlich zu dem als Blutbund bezeichne-
ten. Das niedrigere Leben wird zugunsten des höheren geopfert, und
das Höhere akzeptiert das Niedrigere und erhebt es durch die
unzerstörbare Verbindung zwischen ihnen.

Der Jünger muß seine Füße im Blut des Herzens waschen. Er muß
alles, was er liebt und schätzt, was er als sein tiefstes Leben erachtet,

zum Opfer bringen. Er verliert es aber nur, um sein höheres Leben zu finden. Gewöhnlich ist kein wirkliches Blutvergießen erforderlich, obgleich auch das manchmal notwendig wird, sondern es handelt sich dabei um ein symbolisches Blutvergießen, soweit es den Schüler betrifft, weil er den Verlust empfindet. Er opfert buchstäblich all das, woraus für ihn das Leben besteht, und es hat den Anschein, als gäbe er ohne zukünftige Möglichkeit der Wiedergewinnung alles völlig auf. Die große Prüfung bezüglich der Vollkommenheit des Opfers des Jüngers findet statt, um festzustellen, ob die Seele stark genug ist, sich freiwillig ins Nichts zu werfen, das Herzblut ohne Hoffnung auf Lohn vollkommen zu vergießen. Ist der Jünger dazu nicht stark genug, so ist er nicht bereit dafür, in der Gegenwart des Meisters zu stehen. Kann er aber das, was er als sein Leben kennt, vollkommen wegwerfen, so wird er gemäß den Zeugnissen der Vergangenheit und der Gültigkeit des Gesetzes das Leben in einem stärkeren und höheren Leben als das, welches er ablegte, wiederfinden. Nur wenn dieses Opfer gebracht wird, findet sich der Jünger im höheren Leben in der Gegenwart der Meister stehend. Das Ausmaß seiner Opferkraft, ohne es zu empfinden, ist dann der Grad seiner Stärke.

C. W. L.: Die Bedeutung dieses Satzes ist, daß der Mensch, der in der Gegenwart der Meister zu stehen wünscht, das niedere Selbst zugunsten des höheren opfern muß. Die Füße der Seele, die Persönlichkeit auf der Erde, müssen im Herzblut der Gefühle gewaschen werden, bevor das höhere Leben gewonnen werden kann.

Das ist ein uneingeschränktes Lebensgesetz. Das kleine Kind hat großes Vergnügen an seinen Spielzeugen, bald aber wird es zu einem Jugendlichen heranreifen und den niedlichen Spielsachen entwachsen sein. Es legt diese dann beiseite, damit Fertigkeiten in höheren Sportarten gewonnen werden. Geht der Jugendliche aufs College, so wird er vielleicht so manches Mal ein Spiel in frischer Luft aufgeben, das ihm viel lieber wäre, um über seinen Büchern zu arbeiten. Zu anderen Zeiten legt er etwas beiseite, das er viel lieber lesen würde, um griechische Verben auswendig zu lernen oder andere anscheinend uninteressante und nicht sehr sinnvolle Studien zu betreiben. Trainiert er für ein Rennen oder einen Ruderwettkampf, so muß er die Freude an gutem Essen opfern und einfach und karg leben, bis das Rennen vorüber ist.

Auf dem okkulten Pfad erscheinen viele Vergnügen in Verbindung mit der äußeren Welt als Zeitverschwendung. Es gibt Fälle, wo der Abschied davon eine echte Anstrengung bedeutet, wenn ein Ruf des höheren Lebens ergeht, und der Aspirant folgt diesem Ruf bis zu einem gewissen Grade auf Kosten der niederen Natur. Das Niedere ist dann zu beseitigen, um das Höhere zu gewinnen. Später aber wird die Anziehungskraft des Niederen völlig verschwunden sein. Hat der Mensch erst einmal völlige Erkenntnis des Höheren, so hört das Niedere einfach für ihn zu existieren auf. In vielen Fällen aber muß er das Niedere beseitigen, bevor er wirklich in die Herrlichkeit, Freude und Schönheit des spirituellen Lebens eintreten kann.

Ich kannte viele Menschen mit guten Gelegenheiten, die gerade an diesem Punkt zurückschreckten und scheiterten, weil sie nicht bereit waren, all das aufzugeben, was sie vorher genossen und anscheinend keinen Lohn dafür erhielten. Manchmal fürchtet sich ein Mensch, etwas loszulassen, bevor er das nächste ergreifen kann und hält sich am Niederen fest. Das befriedigt ihn aber nicht, weil er das Höhere geschaut hat. Alles auf den Ruf des Meisters hin aufzugeben − man fragt sich, ob man das zu tun vermöchte, man hat immer gedacht und gehofft, daß man es tun würde. Kommt es aber zu dem Punkt, kann man das dann wirklich vollständig und freudig vollbringen? Viele arbeiten Jahr um Jahr und fragen sich, warum sie nicht zum Ziele gelangen, warum sie sich nicht unter jenen befinden, die der Meister sehr nahe zu sich heranziehen kann. Der Grund dafür ist immer derselbe: Die Persönlichkeit in irgendeiner Form hält sie zurück. Alles aufzugeben − das ist nicht eine Sache, von der man ständig wieder abtrünnig werden kann. Es geht weder an, einen Tag aufgeben zu wollen und am nächsten Tag zu versuchen festzuhalten, noch hat man das mit Stolz zu tun, in der Haltung: „Ich habe alles aufgegeben". Das ist ganz verkehrt, es sollte mit Selbstverständlichkeit geschehen und freudig. Die erfolgreiche Person wird merken, daß es für sie, kommt der Augenblick, nichts anderes zu tun gibt, als die große Entsagung zu vollbringen.

3
Die erste Regel

Ertöte . . .

A. B.: Der Ausdruck „ertöte" erscheint zu Anfang der ersten sechs
kurzen Regeln. Es ist wichtig, ihn nicht mißzuverstehen. Es gibt zwei
Möglichkeiten, sich von einem schlechten Gedanken, einer schlechten Angewohnheit oder einer schlechten Handlung zu befreien.
Lassen Sie uns zunächst den Gedanken betrachten; denn wurde
dieser beseitigt, so ist es einfach, die anderen beiden Dinge folgen zu
lassen.

Nehmen wir einmal an, einem Menschen kommt ein schlechter
Gedanke in den Sinn. Er stellt fest, daß dabei die Tendenz zur
Wiederholung gegeben ist. Im allgemeinen neigt der Betreffende
dann zunächst einmal dazu, mit dem schlechten Gedanken zu
kämpfen, seine Energie dagegenzusetzen und ihn gewaltsam hinaus-
zuwerfen, genauso wie er mit einem physischen Feind umginge. Er
möchte den schlechten Gedanken aus seinem Sinn entfernen, deshalb packt er ihn bei den Schultern und wirft ihn hinaus.

Das ist nicht der beste Weg, weil dabei das überall in der Natur
wirkende große Gesetz, daß Aktion und Reaktion gleich und
entgegengesetzt sind, außer acht gelassen wird. Nehmen Sie einen
Ball und werfen sie ihn gegen eine Wand. Er wird zurückprallen und
Sie treffen, sanft, wenn sie ihn sanft werfen, jedoch mit großer Kraft,
wenn sie ihn gewaltsam dagegen schleuderten. Dasselbe Prinzip ist
überall wirksam. Angenommen, Sie werfen einen Gedanken gewaltsam aus Ihrem Sinn hinaus, so wird es zu einer entschiedenen
Reaktion kommen. Das Zurückprallen wird Ihnen eine deutliche
Empfindung von Erschöpfung bescheren und der Gedanke kann zu
ihnen mit gesteigerter Kraft zurückkehren. Die Kraft, die Sie
veräußerten, hat dann als Gedanke Form angenommen und ist zu
Ihnen zurückgekehrt und Sie müssen den Kampf wiederholen. So
gesehen mag ein Mensch in einigen Fällen Wochen und Monate oder
gar jahrelang kämpfen; trotzdem bessert sich dadurch nichts. Dennoch ist es aber möglich, mit der Zeit auf diese Weise schlechte
Gedanken zu töten, obgleich Sie damit auch eine große Menge Ihrer
eigenen Kraft und Energie, Ihrer Gedankenkraft töten, so daß das

Resultat des Kampfes eine gewisse Härte und fehlende Empfindlichkeit eines Bereiches des Mentalkörpers sein wird.

Die andere Möglichkeit des Ertötens ist die, den schlechten
Gedanken durch einen genau entgegengesetzten guten zu ersetzen.
Zunächst überlegen Sie sich die Sache genau und entscheiden, was
das Gegenteil, der genaue Gegensatz des schlechten Gedankens ist.
Den neuen Gedanken formulieren Sie ruhig in Ihrem Sinn und genau
in dem Moment, wenn Ihnen der schlechte Gedanke in den Sinn
kommt, ersetzen Sie diesen durch den guten Gedanken. Auf diese
Weise können Sie Stolz durch Güte, Zorn durch Zuneigung, Angst
durch Bewunderung, niedrige materielle Wunschgedanken durch
Gedanken der Reinheit, Erhabenheit, Ehrerbietung und ähnlichem
ersetzen oder Sie verweilen mit hingebungsvollen Gedanken beim
Mentalbild des Meisters als jemandem, der diese gute Eigenschaft
besitzt, und wenn Sie so an ihn denken, vergessen Sie sich selbst.

Der menschliche Geist ist nicht imstande, sich auf zwei verschiedene Dinge gleichzeitig zu konzentrieren. Richten Sie Ihre Aufmerksamkeit auf den guten Gedanken, so ist die Folge davon, daß
der schlechte Gedanke ohne Gewaltanwendung Ihrerseits vertrie-
ben wird. Auf diese Weise wird keine mentale Energie verschwendet
und es geht keine Vitalität verloren. Der gute Gedanke gewinnt
schnell an Kraft und der Geist wird für Attacken des schlechten
Gedankens undurchdringlich und unempfänglich für ihresgleichen.
So haben Sie praktisch das Schlechte dadurch ertötet, daß Sie das
gegenteilige Gute intensivierten und vitalisierten. Es ist so, als
saugten wir das Leben aus dem schlechten Gedanken und lassen
diesen als leere Schale zurück. Schlechte Gedanken werden am
effektivsten dadurch ertötet, daß man sie der Lebenskraft beraubt.

Somit haben wir zwei Möglichkeiten des Ertötens; erstere nach
Art und Weise des Todes, die zweite nach Art und Weise des
Wachstums. Das erstgenannte Verfahren wird hauptsächlich von
jenen angewandt, die beginnen, auf dem linken Pfad zu wandeln, die
sich gegen den Weg des göttlichen Willens wenden. Letztere ist die
Methode der Entwicklung gemäß dem göttlichen Plan. Es steht uns
frei uns für eine dieser großen Straßen zu entscheiden. Alles in der
Welt befindet sich in der Entwicklung und bewegt sich auf dem einen
oder dem andern dieser Pfade.

Jene Teile der Welt, in denen Ishvara sein Bild (image − also im
Sinne von seiner Vorstellung von sich selbst) entwickelt, haben einen
gewissen freien Willen, der darin besteht, daß sie imstande sind, mit
dem göttlichen Willen oder abseits davon als gesonderte Individuen
zu arbeiten. Jene, die mit Ihm arbeiten, wandeln im Grunde auf dem

rechten Pfade. Jene aber, die vorsätzlich das gesonderte Selbst gewählt haben, schicken sich an, den linken Pfad zu beschreiten. Im Grunde genommen kann man sagen, daß alles, was zur Isolation führt, dem Menschen eine Ausrichtung nach dem linken Pfad hin gibt, alles zur Einheit Führende nach dem rechten. Menschen auf dem linken Pfad ertöten das Mitempfinden, die Zuneigung und Liebe, weil sie merken, daß diese Eigenschaften Trübsal bringen und ihnen auch bei der Machtgewinnung im Wege stehen. Daher wird der Ertötungsprozeß gewöhnlich von jenen gewählt, die Macht und die anderen ihnen erstrebenswert erscheinenden Dinge zu gewinnen wünschen – zur dauerhaften Schaffung bzw. des Vergnügens am gesonderten Selbst. Hinsichtlich des Wohles des Ganzen sind diese dabei unbekümmert, sie sind einzig und allein auf ihren eigenen individuellen Fortschritt und Gewinn bedacht. Gewaltsam töten sie jene ganze Seite ihrer eigenen Natur, deren Empfindsamkeit ein Hindernis auf dem Pfade der Macht darstellen würde. Sie ertöten auch die Liebe, weil diese dem Schmerz einen Zugang bietet. Es ist weitaus leichter, durch das Ertöten von Liebe gleichgültig zu werden, als durch ständig zunehmende Empfindungsfähigkeit.

Der uns gelehrte Weg aber ist jener, der zur Einheit führt, der Pfad, auf dem der Jünger empfänglich für jeden Schmerzensschrei wird, wie so nachdrücklich in „*Die Stimme der Stille*" gelehrt wurde. Der Jünger muß sein Leben steigern, nicht es verringern, er muß sich dem Gesetz unterwerfen und nicht dagegen ankämpfen. Dann natürlich wird das Gesetz mit ihm sein. Seine Methode ist der in Japan gelehrten Kunst des Ringkampfes ähnlich, wobei der Sieg durch Flexibilität gegenüber seinem Gegner errungen wird. Man bleibt seinem Gegenspieler gegenüber ständig flexibel, im entscheidenden Augenblick aber dreht man sich so, daß sich die Kraft des Gegners gegen ihn selbst auswirkt. Das ist die Eigenart des Yoga des rechten Pfades. Darüber sagt Sri Krishna in der Gita: „Dabei gibt es weder eine Kraftvergeudung noch eine Gesetzesübertretung."

C. W. L.: Lehrt man sie, ein Begehren zu ertöten, so beginnen viele Menschen mit einem gewaltsamen Angriff auf das Unerwünschte. Sie möchten eine gewisse schlechte Eigenschaft ertöten, deshalb wenden sie sich sehr heftig, ja fast ärgerlich dagegen. Ein Ergebnis dieser Bemühung ist, daß innen und außen alle möglichen Kräfte in Bewegung gesetzt werden, die in die entgegengesetzte Richtung zielen und zum größtmöglichen gewaltsamen Widerstand führen. Daraus ergibt sich ein heftiger Kampf. Ist ein Mensch dabei entschlossen genug, so bleibt er am Ende Sieger, in vielen Fällen aber

wird er eine große Menge seiner eigenen Kraft und Energie bzw.
Gedankenkraft verschwenden und aus dem Kampf ermüdet und
erschöpft hervorgehen.

Ich kann bezeugen, daß die Methode, eine schlechte Eigenschaft
durch eine gute zu ersetzen, viel besser funktioniert, denn ich habe
beide versucht. Dabei handelt es sich um eine Art ethischen Jiu Jitsu,
wobei man die Kraft der feindlichen Macht für sich selbst verwendet.
Man greift weniger den Feind an als daß man seine ganze Aufmerksamkeit auf die entgegengesetzte Tugend richtet. Neigt jemand z. B.
dazu, schnell aufgebracht und erregt zu sein, so sollte er nicht hart
dagegen ankämpfen, sondern lieber ständig an Ruhe, Frieden und
praktische Lebensweisheiten denken. Nach kurzer Zeit hat sich
dieser Gedanke durch Gewohnheit gefestigt, und der Betreffende
wird merken, daß der alte Ärger und die mangelnde Ruhe verschwunden sind, ohne daß er einen verzweifelten Kampf dagegen
führte. Umgibt er sich mit Gedankenformen wie „sei nicht reizbar"
usw., so haben diese immer noch die Färbung der Reizbarkeit und
nicht die erwünschte Rückwirkung auf ihn. Denkt er jedoch ganz
stark „sei ruhig, sei sanft, sei friedlich", so erzeugt er für Frieden
zweckmäßige bzw. für Frieden und Harmonie wirkende Schwingungen. Wir wollen nicht mit einer Untugend die andere bekämpfen,
sondern diese ganz unbeachtet lassen und die entgegengesetzte
Tugend entwickeln. Tut man das, so wird die Wirkung ebenso gut
sein, und wir erreichen das mit weitaus weniger Anstrengung.

Wir sagen: „Ertöte das Begehren", aber nicht: „Ertöte die
Gefühlsregungen". Die höheren Gefühlsregungen sind immer zu
unterstützen, und je stärker sie sind, desto besser. Besonders trifft
das für Liebe und Hingabe zu, die man mit Bedacht kultivieren
sollte. Erlebt der Mensch einen solchen großen Gefühlsansturm, so
dehnt sich seine Aura aus. Sein Astralkörper wird dabei vielleicht
zehnmal so groß als er es normalerweise bei einer durchschnittlichen
Person ist und noch größer, wenn der Betreffende wirklich die
höheren Bewußtseinsträger zu gebrauchen weiß. Ist die heftige
Gemütswallung vorüber, so zieht sich die Aura wieder zusammen,
jedoch nicht so wie vorher. Wurde sie so weit ausgedehnt, so bleibt
sie zumindest ein wenig größer als vorher. Die erste Wirkung der
Ausdehnung ist eine Verdünnung des Astralkörpers, aber sehr rasch
zieht dieser mehr astrale Materie in sich hinein, um den größeren
Raum auszufüllen, so daß seine fast normale Dichte wiederherge-
stellt wird.

Der Astralkörper wird unbedingt zum Mitempfinden mit anderen
Menschen gebraucht und seine weitere Funktion ist die eines Spie-

gels in bezug auf den buddhischen Körper. Bei einer entwickelten Person zeigt sich, außer den von höheren Ebenen reflektierten, keine Farbe im Astralkörper und bei den widergespiegelten Farben handelt es sich um zarteste Farbtöne.

Das höhere Selbst ist mit der Persönlichkeit auf dreierlei Weise verbunden. Der höhere Verstand (mind/Manas) wird im niederen widergespiegelt. Buddhi oder die Intuition spiegeln sich um eine Stufe niedriger als der Verstand im Astralkörper. Es besteht auch die Möglichkeit einer Verbindung zwischen Atma und dem physischen Gehirn. Letztere ist am schwierigsten zu verstehen. Sie zeigt eine ungeheure Willenskraft, die sich ohne Erwägung der zum Ziel führenden Mittel in Bewegung setzt. Das ist die Methode des ersten Strahls, zu dem Dr. Besant gehört. Sie besitzt jene große Entschlußkraft, wenn etwas zu geschehen hat, ohne sich vorher mit dem Überdenken der anzuwendenden Methode aufzuhalten. Die Grenzen des menschlichen Willens kennen wir nicht. Es heißt, daß Glaube Berge versetzen und sie ins Meer stürzen kann. Ich weiß nicht, ob es irgend einen besonderen Zweck gibt, dem das dienlich wäre, allerdings habe ich aber sehr wunderbare, durch den menschlichen Willen hervorgebrachte Ergebnisse gesehen und ich weiß nicht, wo die Grenzen jener Kraft liegen. Durch reine Willensanwendung werden besonders auf der höheren Ebene unbeschreibliche Dinge zustandegebracht. Als ich mich mit dem Studium der Materialisierung zu befassen hatte, mußte ich gemäß meiner Weise, Fortschritt zu erzielen, genau lernen, wie das zu geschehen hat — es handelt sich dabei um einen komplizierten Vorgang, der eine große Menge an Wissen über die verschiedenen zusammenzubringenden Elemente und wie man das am besten bewerkstelligt erfordert. Ich kannte aber eine Person, die darüber überhaupt nichts wußte, es aber durch die ungeheure Kraft des Willens geradewegs dahin brachte und dasselbe Ergebnis erzielte, ohne all die komplizierten Dinge zusammenzubringen, die notwendig waren, und ohne die geringste Ahnung, wie das vonstatten ging. Dieser Wille ist eine der in uns allen vorhandenen latenten göttlichen Kräfte, aber nur bei sehr wenigen Menschen tritt sie ohne eine lange Phase sorgfältigen Übens hervor.

Ich glaube, für die meisten Menschen ist der leichteste der drei Wege, eine Verbindung mit dem höheren Selbst herzustellen, den höheren und niederen Verstand zusammenzubringen, daß man vom konkreten zum abstrakten Denken übergeht oder von der Analyse zur Synthese. Ich kannte aber Fälle, wo jemand imstande war, das buddhische Bewußtsein zu erreichen, ohne überhaupt die Verbindungen zwischen Mental- und Kausalkörper zu stören. Kann das

erreicht werden, so habe ich aus höherer Quelle gehört, ist diese
Vereinigung des buddhischen und des Astralkörpers der kürzeste
aller Wege zum Ziel. Die Fähigkeit dazu wird aber nur als Folge
großer Leiden in Vorinkarnationen gewonnen. Jene, deren Weg das
ist, erheben sich durch die Intensität ihrer Liebe und Hingabe in den
buddhischen Bewußtseinsträger und schaffen dort eine Verbindung,
bevor sie den niederen Verstand zu so etwas wie einer Stufe
entwickelt haben, auf der er mit dem höheren Verstand zusammen-
finden kann und bevor sie den Kausalkörper selbst entwickelten.
Selbstverständlich sind diese zwei Körper zu entwickeln, man kann
sie nicht ignorieren. Der Aspirant wirkt auf den niederen Verstand
vom Astralkörper aus ein, entwickelt diesen und lernt alles, was zu
lernen ist aufgrund seiner Liebe und Hingabe. Der Schüler liebt
seinen Meister so intensiv, daß er seinetwegen alles Erforderliche
lernen und somit entwickeln wird, was an Intellekt nötig ist. Er wirkt
auch auf den Kausalkörper von oben ein und läßt die buddhische
Vorstellung in ihn einfließen. Dadurch zwingt er ihn, diese soweit
zum Ausdruck zu bringen, wie er das auf seine Weise zu tun vermag.

1. Ertöte den Ergeiz.

A. B.: Nun wenden wir uns der ersten Regel zu, die sich besonders
mit dem Ehrgeiz befaßt. Der unentwickelte Mensch ist in starkem
Maße von Sinnesreizen gefesselt, er wünscht sich physischen Luxus
und körperliche Genüsse. Er fühlt keinen Ehrgeiz in Form von
Machtstreben, bis der Verstand hochentwickelt und die intellektuelle Kraft sehr stark geworden ist. Das Merkmal des Intellekts ist das
„Ich", das versucht, daß sich der Mensch als etwas Gesondertes
betrachtet und in ihm unweigerlich den Wunsch erweckt, Macht
auszuüben, weil dieses Verlangen die Selbstbehauptung der individuellen Seele ist. Er fühlt sich allen um sich herum überlegen und das
zeigt sich als Begehren nach physischer Autorität. Daraus resultiert
die Versuchung, gesellschaftliche und politische Macht zu suchen
und zu ergreifen. Im politischen und gesellschaftlichen Bereich ist
Ehrgeiz die große treibende Kraft, denn der Mensch, der durch
seinen Intellekt Einfluß auf seine Mitmenschen gewonnen hat, ragt
als Führer hervor. Das ist eine Position, die Weihrauch für die Nase
des stolzen und überheblichen Menschen bedeutet.
      Dann beginnt der Mensch, äußere Machteinwirkung auf Personen
zu verschmähen und ihm kommt die Erkenntnis einer subtileren Art
von Macht. Nun wünscht er keine Gesetze mehr zu erlassen in bezug

auf physische Autorität, sondern er verspürt die subtilere Sehnsucht, zu dominieren und die Köpfe der Menschen zu regieren. Das ist intellektueller Ehrgeiz, der Ehrgeiz, ein geistiger Führer zu sein. Dieser Ehrgeiz würde niemanden motivieren, der nicht in hohem Maße den Intellekt entwickelte.

Später, wenn der Mensch diesem Verlangen entwachsen ist, zeigt sich der Ehrgeiz in noch subtilerer Form erneut, und zwar dann, wenn der Mensch ins spirituelle Leben übertritt. Er denkt dann über den spirituellen Fortschritt so, als habe er ihn um seinetwillen erreicht, weil er wachsen, verstehen und vorwärtskommen möchte. Der alte Ehrgeiz hält ihn noch fest und dieser ist noch gefährlicher, weil er höherer und subtilerer Art ist. Deshalb macht der Meister in seinem Kommentar zu diesem Lehrspruch die bemerkenswerte Anmerkung, daß der echte Künstler, der aus Liebe zu seinem Werk schafft, manchmal fester auf der rechten Bahn steht als der Okkultist, welcher wähnt, er habe seine Interessen vom eigenen Ich abgewendet, der aber in Wirklichkeit nur die Grenzen der Erfahrung und des Begehrens ausgedehnt und sein Interesse auf Dinge übertragen hat, die seiner größeren Lebensauffassung entsprechen. Der Okkultist ist an die Ziele seines Ehrgeizes in dieser Inkarnation nicht mehr gefesselt, dennoch braucht sein Ehrgeiz nicht gestorben zu sein. Ihm liegt nicht mehr daran, ein Getzgeber oder Herrscher der Menschheit zu sein und auch kein Schiedsrichter in der Gedankenwelt der Menschen, aber er hat das Verlangen, in der spirituellen Welt fortgeschritten zu sein. Er erkennt, daß er Leben um Leben vor sich hat, und sein Ehrgeiz weitet sich auf seine größere Lebensauffassung bezüglich des höheren Lebens aus. Er sehnt sich immer noch danach, der Erste zu sein, ein Sondersein zu führen, etwas zu sein, was andere nicht sind und auch das ist zu überwinden.

Spricht man zu jenen, die Teil des universellen Lebens zu sein wünschen, so ist das erste, was man ihnen sagen muß, zu ertöten, was zum Sondersein führt. Es wäre jedoch nutzlos, dem durchschnittlichen Menschen etwas derartiges als Ideal hinzustellen. Dieser vermag nicht gleich vom weltlichen Leben, in dem er voll aktiv ist, ins spirituelle hineinzuspringen und trotzdem nichts mehr in Verbindung mit dem persönlichen oder individuellen Selbst zu unternehmen. Sagen sie einem durchschnittlichen weltlichen Menschen, er habe den Ehrgeiz zu ertöten und er tut das wirklich, so wird die Wirkung keine wünschenswerte sein, weil er in Lethargie verfallen und gar nichts tun wird.

Angenommen, ein Mensch ist weiter als der eben geschilderte, er befindet sich auf dem Probepfad — wie sollte dieser die Regel

bezüglich des Ehrgeizes verstehen? Am klügsten so, daß er das Wort
„Ertöten" auf die niedere Art des Ehrgeizes anwendet; er sollte es
vor allem in der Bedeutung von Umwandlung verstehen. Vom
Ehrgeiz bezüglich weltlicher Dinge sollte er sich befreien, aber etwas
Höheres vor sich hinstellen, in bezug auf das er ehrgeizig sein kann.
Das wäre das Begehren nach spirituellem Wissen und Wachstum.
Auf der geschilderten Stufe verliert der Mensch den Ehrgeiz nicht
völlig. Er tritt in ein Zwischenstadium ein und wird große Fortschritte machen, wenn er sich die Erlangung spirituellen Wissens und
das Ziel, den Meister zu finden bzw. schließlich selbst Meister
werden zu wollen, zum Ziele setzt. In Wirklichkeit ist auch das alles
Ehrgeiz, es hilft aber dem Betreffenden, viele der niederen Fesseln
abzustreifen, die seine Persönlichkeit umgeben.

Diese vom Jünger zu ertötende Form des Ehrgeizes hatte in
früheren Entwicklungsstadien ihren Zweck. Sie war ein Mittel, die
Persönlichkeit des Menschen zu festigen und standhaft zu machen.
In den früheren Phasen wuchs der Mensch durch seine Absonde-
rung. Damals war diese für die Entwicklung des physischen und
mentalen Körpers erforderlich, damit Konkurrenzkampf und
Gefecht möglich waren. All jene Phasen des Kampfes und Gefechts
waren notwendig, um die Individualität aufzubauen, um den Menschen stark zu machen, damit er sein eigenes Ich behaupten könne.
Er mußte einen von der von außen kommenden Aggression
geschützten Platz haben, wo er seine Stärke entwickeln konnte. Er
benötigte auch solche weltliche Position, wie sie der Ehrgeiz sucht,
genauso wie Sie ein Baugerüst brauchen, wenn Sie ein Haus errichten wollen. In den früheren Entwicklungsstadien hatte der Ehrgeiz
viele Zwecke − um Mauern zu errichten und diese dicker zu machen,
um den Willen zu stärken und einem schrittweisen Aufstieg des
Menschen zu dienen. Ein Mensch, in dem der Ehrgeiz vorherrscht,
ertötet auch das sexuelle und andere niedere Verlangen, weil diese
ihn bei seinem intellektuellen Wachstum und Machtstreben hindern.
In seinen frühen Entwicklungsstadien brauchte der Mensch somit
den Ehrgeiz als Mittel zum Wachstum.

Einem weltlichen Menschen würden Sie nicht sagen: „Ertöte den
Ehrgeiz", weil der Ehrgeiz ihn stimuliert und seine Fähigkeiten
zutage fördert. Als Jünger aber muß der Mensch ins spirituelle
Leben hineinwachsen, er hat sich von den von ihm in früheren
Stadien errichteten Mauern zu befreien. Genauso wie nach dem
Hausbau das Gerüst zu entfernen ist, besteht der spätere Teil der
menschlichen Entwicklung darin, die Mauern durchlässig zu
machen, so daß alles Leben sie durchdringen kann. Deshalb sind

diese Regeln für den Schüler bestimmt, nicht aber für den weltlichen
Menschen.

C. W. L.: Im unentwickelten Menschen zeigt sich Ehrgeiz als
Begehren, sagen wir, nach Wohlstand, so daß er sein heftiges
Verlangen nach physischem Luxus und 'körperlichen Genüssen
befriedigen kann. Später, wenn er den Intellekt entwickelt, wird er in
bezug auf Macht ehrgeizig. Selbst dann, wenn der Mensch den
Ehrgeiz nach Macht und den erstrebenswerten Positionen dieser
Welt überschritten hat und selbstlos zum Wohle der Menschheit
arbeitet, bleibt häufig noch der Ehrgeiz zurück, ein Ergebnis seiner
Arbeit sehen zu wollen.

Viele Menschen widmen ihre Zeit ganz bereitwillig und ernsthaft
guten Taten, sie möchten aber, daß andere das auch bemerken und
ihnen bestätigen, was für gute und nützliche Menschen sie sind.
Auch das ist Ehrgeiz, verglichen mit anderen Formen des Ehrgeizes
sicherlich milderer Art, aber immer noch persönlich, und alles
Persönliche steht dem Jünger im Wege. Das niedere Selbst ist
vollkommen zu zerstören. Das ist mühsam, denn die Wurzeln sitzen
tief. Reißt man sie heraus, so bleibt der Mensch blutend zurück und
empfindet das so, als wäre alles, was das Leben ausmacht, aus ihm
gewichen.

Haben wir uns vom Verlangen, die Früchte unserer Arbeit sehen
zu wollen, befreit, so besitzen wir immer noch das Begehren nach
Anerkennung in einer höheren Form. Wir sind, vielleicht, noch
ehrgeizig in bezug auf Liebe, wir möchten beliebt sein. Beliebt zu
sein, die Liebe seiner Mitmenschen anzuziehen − das ist gut und
richtig für einen Menschen, weil ihm das eine zusätzliche Kraft in die
Hand gibt. Dadurch vermag er mehr zu tun als es ihm sonst möglich
wäre. Ihn umgibt auch eine angenehme Atmosphäre, die alle
möglichen Arbeiten erleichtert. Das jedoch im Sinne von Ehrgeiz zu
begehren, ist auch eine von uns zu vermeidende Sache. Wir dürfen
uns mit Recht freuen, wenn wir auf Liebe stoßen, das ist gut und
richtig, das ist gutes Karma. Ist das aber nicht so, so dürfen wir nicht
ehrgeizig danach streben. Wir können uns keines Menschen bemäch-
tigen und sagen, du sollst mich lieben, du sollst mich anerkennen.
Sind seine Gefühle entsprechend, so wird er uns lieben; sind sie es
nicht, so kann er das nicht und nur so zu tun als ob, wäre das
Allerschlimmste.

Über all diese in der gewöhnlichen Welt anzutreffenden Stufen des
Ehrgeizes haben wir uns zu erheben. Aus Freude am Geben müssen
wir geben, sei es nun Arbeit oder etwas Materielles oder Liebe oder

Hingabe. Was immer es auch sei, wir müssen freiwillig und herzlich geben und niemals dürfen wir dabei an eine Gegenleistung denken. Das ist die einzig wahre Liebe, nicht jene Form der Liebe, die immer fragt: „Wie liebt mich der oder der?" Die richtige Haltung wäre: „Was kann ich tun, um mich zu Füßen desjenigen, den ich liebe, zu verströmen? Wie kann ich ihm nützen? Was kann ich für ihn tun?" Nur dieses Gefühl hat Anspruch auf einen so großen Namen wie Liebe. All das ist uns bestens bekannt, aber wir müssen es auch in die Tat umsetzen. Uns erscheint das manchmal schwierig, weil immer noch ein letzter Rest des niederen Selbst zu beseitigen ist.

Für den gewöhnlichen Menschen − vielleicht selbst für jenen, der sich dem Pfad nähert − wäre es, so glaube ich, gut, diese Regel in gewissem Maße einzuschränken und zu sagen: „Ertöte den niederen Ehrgeiz". Es ist nicht ratsam, vor einen gerade beginnenden Menschen ein Verhaltensideal hinzustellen, das er erst nach vielen Jahren der Anstrengung zu erreichen hoffen kann. Zeigt ein Mensch weltliche Formen des Ehrgeizes, so kann man nicht von ihm erwarten, daß er diese sofort alle auf einmal fallen läßt und dann nichts hat, was er an ihren Platz stellen könnte. Das wäre ihm kaum möglich und es ist auch zweifelhaft, ob eine so plötzliche Änderung gut für ihn wäre. Zunächst muß er den Ehrgeiz umwandeln. Lassen Sie ihn, wenn er will, zunächst ruhig ernsthaft Wissen begehren; begehren, im Okkulten und in der Selbstlosigkeit Fortschritte zu erzielen; lassen Sie ihn begehren, nahe an den Meister heranzurücken und als Schüler erwählt zu werden.

Die meisten von uns kennen solches Verlangen. Wir bezeichnen das aber als Aspiration und diese andere Bezeichnung dafür scheint zugleich eine völlige Veränderung unseres Verhaltens zu bedeuten. Aber natürlich bleibt auch das immer noch Begehren. Wir werden eine Stufe erreichen, wo auch solches Begehren verschwinden wird, weil wir absolut sicher sein werden, daß der Fortschritt allein von unseren Anstrengungen abhängt, und dann werden wir nicht länger irgend etwas begehren. Der Meister sagte einst: „Begehre nichts, Begehren ist Schwäche. Wolle!" Denken Sie in bezug auf eine Eigenschaft, die Sie zu entwickeln wünschen, nicht: „Ich hätte diese gern", sondern sagen Sie: „Ich werde sie haben". Gehen Sie dann hin und entwickeln die gewünschte Eigenschaft. Das ist die einzige vom Menschen einzuschlagende Richtung, denn es liegt einzig und allein in seiner Hand, gemäß seiner Wahl etwas zu tun oder zu lassen.

Zunächst geht es dabei um eine Umwandlung. Von jenen, die sich dem Pfade nähern, sollte das Begehren nach spirituellem Wachstum nicht länger in sich genährt werden, wenn es auch jene Zwischenstufe

gibt, auf der das ganz normal ist. Wir Schüler müssen auf eine Stufe
gelangen, wo wir unser spirituelles Wachstum als etwas Selbstver-
ständliches betrachten. Wir müssen alle unsere Kräfte darauf richten
zu versuchen, anderen zu helfen. Zuerst braucht der Mensch ein
persönliches Motiv, dann gelangt er allmählich dahin, sich selbst zu
vergessen und seine Fortschritte dem Meister zuliebe zu machen, um
diesem zu gefallen. Schließlich lernt der Mensch, daß er einfach ein
Kanal für die großen göttlichen Kräfte ist und ein guter Kanal zu sein
hat und sich bezüglich der Wirkung überhaupt nicht zu sorgen
braucht. Seine einzige Sorge ist die, daß von seiner Seite aus kein
Hindernis vorhanden ist, das dem Ausdruck des Göttlichen durch
ihn im Wege steht − einem so vollkommenen Ausdruck, wie es ihm
nur möglich ist. Er sorgt sich deswegen nicht im mindesten, er
begehrt nicht, daß seine Kraft in dieser oder jener Richtung benutzt
werde, sondern er ist einfach ein Werkzeug in Gottes Händen, damit
er gebraucht werde, wozu und wie und wo immer Gott es will.

Natürlich können wir ein solches Verhalten nur stufenweise
erreichen; wir sollten uns das als anzustrebende Geisteshaltung aber
immer vor Augen halten. Beginnen müssen wir damit, uns selbst zu
vergessen, rigoros das Selbst auszumerzen. Was aber, wenn wir nicht
den Fortschritt erzielen, von dem wir glauben, er stehe uns nach so
vielen Jahren des Denkens und Studierens zu − oder was, wenn
Menschen, denen wir helfen, nicht für unsere Hilfe dankbar sind −
und gewöhnlich sind sie das nicht? All das ist ohne Belang. Lassen
Sie uns uns selbst ganz vergessen und die Arbeit tun, und lassen Sie
uns vollkommen gleichgültig in bezug auf Belohnung sein. Karma
wird dafür sorgen, wir brauchen keine Furcht zu haben. Die großen
Gesetze des Universums werden nicht geändert werden, um gegen
einen von uns ungerecht sein zu können. Wir können ganz sicher
sein, sie arbeiten immer mit derselben Waage und sie arbeiten
gerecht − auch dann, wenn erst nach vielen Tagen. *Vergessen Sie
sich selbst* − das ist der erste und letzte Ratschlag auf dem okkulten
Pfad − einen anderen Weg gibt es nicht. Wie hart das auch immer
erscheinen mag, es muß geschehen und es muß vollkommen geschehen.

Nun kommen wir zu der ersten Anmerkung Meister Hilarions, die
der ersten Regel angegliedert ist. Ich behandle diese Stück für Stück.
Sie beginnt folgendermaßen:

**Ehrgeiz ist der erste Fluch, der große Versucher des Menschen,
der über seine Mitmenschen hinauswächst. Er ist die einfachste
Form, Belohnung zu suchen.**

Das ist ziemlich merkwürdig ausgedrückt, aber eindeutig wahr.
Die erste Versuchung, die an einen Menschen herantritt, wenn er in
gewisser Weise ein wenig über andere hinausgewachsen ist, ist die,
von sich selbst groß zu denken. Das führt bei ihm zum Entschluß,
noch weiter über die andern hinauswachsen zu wollen, damit er die
Freude an seinem Stolz in noch höherem Maße genießen kann.

**Fortwährend werden Menschen von Intelligenz und Kraft durch
ihn von ihren höheren Möglichkeiten abgelenkt.**

Wie zutreffend das ist, kann niemand wissen, der nicht hellsichtig
ist. Jene, die Schüler der Meister sind, pflegen, so glaube ich,
notwendigerweise alle Menschen, die sie treffen, mehr oder weniger
vom Gesichtspunkt ihrer etwaigen Jüngerschaft aus zu betrachten.
Man sieht jemanden, der augenscheinlich in gewisser Weise ein guter
Mensch ist. Der erste Gedanke, der einem dabei in den Sinn kommt,
ist: Wie nahe ist er dem Punkt, wo er Schüler des Meisters wird? Für
uns bedeutet es den allergrößten Lohn, das vom Menschen zu
erreichende allerkostbarste Stück seines Emporkommens überhaupt, wenn er zu der Stufe gelangt, auf der er dafür würdig ist, daß
sich einer der Großen seiner annimmt, damit seine zukünftige
Entwicklung gesichert ist. Die Erlangung der geistigen Fähig- und
Fertigkeiten ist danach nur noch eine Frage der Zeit und natürlich
auch der Ausdauer bzw. viel harter Arbeit.
    Obgleich es wohl wahr ist, daß für jedes menschliche Wesen
Fortschritt nur eine Frage der Zeit ist, handelt es sich dabei bei vielen
menschlichen Wesen eindeutig um sehr viel Zeit, daß man sie ‚en
bloc' betrachtet, sozusagen als Masse Mensch behandelt. In dem
Moment aber, wo ein Mensch sich der Stufe nähert, auf der es
denkbar wird, daß ein Meister sich seiner annimmt, wird er auch ein
Gegenstand höchsten Interesses für die Schüler des Meisters. Es ist
immer deren Wunsch, ihm bis zu dem Punkt voranzuhelfen, wo ein
tatsächlicher Kontakt möglich wird.
    Man sollte immer dabei bedenken, daß das nur eine Frage des
Verdienstes in der Sache ist, daß es dabei keine Favorisierung gibt.
In dem Augenblick, wo es für den Meister lohnend ist, soviel Energie
aufzuwenden wie erforderlich ist, um den Betreffenden zu unterrich-
ten, wird er das tun. Das ist für ihn aber nur dann lohnend, wenn er
durch den Betreffenden mehr Arbeit zu leisten imstande ist als allein
mit derselben auf andere Arbeit gerichteten Energie.
    Wir begegnen einer Menge von Leuten, die sich nicht weit von
diesem Punkt entfernt zu befinden scheinen. Auf diese oder jene

Weise sind sie gut und einige davon sind auf ganzer Linie so
vielversprechend, daß es uns so erscheint, als seien sie mit ein wenig
mehr Energie in der richtigen Richtung sicherlich für die Jüngerschaft tauglich – und dann stellen wir enttäuscht fest, daß daraus
nichts wird, und die Betreffenden verbringen ihr Leben in herkömm-
licher Weise. Ganz besonders stellte ich das bei Jungen und Mädchen
fest, unter denen ich immer nach vielversprechenden Fällen Ausschau hielt. Es gibt viele junge Leute, die dem Punkt ziemlich nahe
sind, wo sie – würde ihre Energie nur in die richtigen Bahnen
gelenkt werden – für einen solchen Fortschritt fürwahr sehr gut
geeignete Personen wären. Trotzdem versäumen sie es, die Gelegenheit zu ergreifen. Sie werden in den Wettbewerb des gewöhnlichen
Lebens hineingezogen und geraten in eine Welt niederer Gedanken
– nicht schlechter Gedanken, das will ich damit nicht sagen, obgleich
auch das manchmal der Fall sein kann, aber sie geraten in eine Art
Strudel ziemlich weltlicher Gedanken. Das ihnen gesetzte Ziel ist
gewöhnlich, Erfolg auf irgendeine materielle Art zu haben – große
Ingenieure zu werden oder große Anwälte oder in der Führungs-
spitze einer Handelsfirma erfolgreich zu sein.

Seitens ihrer Eltern wird nicht nur eine weltliche Karriere von
ihnen erwartet, sondern der allgemeine Meinungstrend in der
Öffentlichkeit beeinflußt sie in dieser Richtung und es ist sehr
schwierig, sich dem Einfluß der öffentlichen Meinung zu entziehen.
Diese übt ständig und in alle möglichen Richtungen hin Druck auf
uns aus und so kommt es dazu, daß solche für die höhere Sache
beinahe bereiten jungen Leute diese selten erreichen. Stattdessen
schlagen sie eine sehr achtungswerte und nützliche Laufbahn ein –
aber das ist eben nicht die höhere Sache. Ich habe einige Fälle
verfolgt, die mir besonders hoffnungsvoll erschienen. Dabei stellte
ich fest, daß manchmal in einer Anzahl von Inkarnationen dem Ego
dieselbe Sache passierte. Für ein Dutzend oder 20 Inkarnationen
waren die Betreffenden beinahe bereit dafür, innerhalb absehbarer
Zeit den großen Schritt zu unternehmen, aber jedesmal haben sie
sich davon abgewandt und praktisch war es immer weltlicher Ehrgeiz, der sie von ihren höheren Möglichkeiten ablenkte.

Wenn Meister Hilarion sagt, daß Menschen mit Intelligenz und
Kraft fortwährend durch Ehrgeiz von ihren höheren Möglichkeiten
abgelenkt werden, muß er, so glaube ich, dabei an ganz ähnliche wie
die gerade von mir geschilderten Fälle gedacht haben, denn jene,
denen die höheren Möglichkeiten offenstehen, müssen notwendigerweise Menschen von Intelligenz und Kraft sein und keine Durchschnittsmenschen. Der Meister sagt nicht, daß Ehrgeiz ihr Leben

ruiniere, sondern nur, daß für sie höhere Möglichkeiten existieren, von denen sie abgelenkt werden. Sicherlich ist es für einen Jungen nicht schlecht, wenn er ein großer Ingenieur, ein großer Anwalt oder ein großer Arzt werden möchte. Das sind alles wunderbare Berufe, es gibt aber eben andere Dinge, die noch nützlicher sind. Würde er die nützlichere Richtung erkennen und wählen, so wäre das sicher besser für ihn. Wir können nicht sagen, weltliche Arbeit sei schlecht, sondern nur soviel, daß es bessere Arbeit gibt. Spricht man von besserer Arbeit, so mißbilligt man keinen jener Berufe bzw. deren Wert für die Welt. Man meint nur, daß äußerst gebildete Menschen mit durchschnittlichen Fähigkeiten solche weltlichen Pflichten auf sich nehmen könnten und dabei mehr oder weniger erfolgreich sein würden, während aber nur jene, die vom okkulten Gesichtspunkt aus betrachtet eine Entwicklung hinter sich haben, sich mit Erfolg auf den schmalen und schwierigen Pfad okkulter Ausbildung begeben können. Jene, die diesen Pfad beschreiten, vermögen mehr Gutes zu tun als selbst jener Mensch, der es in irgendeiner anderen Richtung zu hohen Würden oder Auszeichnungen bringt. Einem Kind, das den okkulten Pfad beschreiten möchte und dazu augenscheinlich auch fähig ist, sollte also niemand im Wege stehen.

Doch ist er ein notwendiger Lehrmeister. Seine Erfolge werden beim Genusse zu Staub und Asche; wie Tod und Entfremdung zeigt er schließlich dem Menschen, daß für sich selbst zu arbeiten auf Enttäuschung hinarbeiten heißt.

Der Mensch, der erreicht, was er so lange und so ernsthaft begehrte, stellt später häufig fest, daß es nicht genau das ist, was er erhoffte. Menschen, die planen, eine hohe Position zu erreichen, merken, daß Macht in hohem Grade Illusion ist, daß sie in allen Richtungen gehemmt wird – wie im Falle des Lord Beaconsfield. Es ist möglich, daß er hätte Besseres tun können, hätte er seine ganze Energie auf die Beschäftigung mit bzw. Verbreitung des Okkultismus gerichtet. Heutzutage werden seine Werke nicht mehr viel gelesen, sie lassen aber seine okkulten Kenntnisse erkennen, wie z. B. seine bezaubernde Geschichte „Alroyd".

Aber obgleich diese erste Regel so einfach und leicht erscheint, gehe nicht schnell an ihr vorüber. Denn die Laster des gewöhnlichen Menschen machen eine feine Umwandlung durch und erscheinen in veränderter Gestalt im Herzen des Jüngers wieder.

Für den Jünger gibt es spezielle Versuchungen, spezielle Schwierigkeiten. Der Durchschnittsmensch ist stolz – vielleicht auf eine bestimmte Sache, die er kann. Der Schüler des Meisters weiß aber sehr wohl, daß er auf keinen erreichten Fortschritt stolz sein darf. Da er den Meister kennt, kann er das eigentlich auch gar nicht gut sein, denn von jenen, die die Meister wirklich kennen, fällt alles Stolzempfinden ab. Er mag in der Lage sein, viele Dinge zu tun, die andere nicht können, trotzdem befindet er sich aber fortwährend in Gegenwart eines oder vieler anderer, die sehr deutlich mehr können als er. Und so ist – um den Schülern der Meister Gerechtigkeit widerfahren zu lassen – bei diesen Stolz nicht oft anzutreffen. Dennoch ist die ganze Sache äußerst verzwickt. Der Schüler wird, wenn er nicht aufpaßt, merken, daß er darauf stolz ist, nicht stolz zu sein, stolz darauf festzustellen, wie bescheiden er ist, trotz all der schönen Dinge, die er zu denken, tun und sagen vermag. Oder vielleicht versucht er, sich nach vorn unter jene zu drängen, die dem Meister dienen, weil er in seinem Stolz glaubt, er könne die Arbeit am besten tun und seine Gegenwart an der Spitze sei notwendig. In „Erste Schritte im Okkultismus" sagte Mme. Blavatsky aber: „Niemand kann denken, ich bin besser oder dem Meister gefälliger als meine Mitjünger und ein Schüler des Meisters bleiben." Und Dr. Besant sagte einst: „Eine der ersten Regeln für den Okkultisten ist die, so bescheiden wie möglich zu sein, so daß seine Persönlichkeit sowenig Aufmerksamkeit wie nur möglich erregt."

Jene, die den Okkultismus studieren, aber noch keine Schüler sind, können leichter in den Irrtum des Stolzes verfallen. Das ist eine große Schwierigkeit für jene, die psychische Kräfte entwickeln. Sie merken, daß sie so vieles zu sehen vermögen, was anderen nicht sichtbar ist; vor ihnen liegt so vieles offen, was anderen unbekannt ist, so daß sie sich ihren Mitmenschen überlegen zu fühlen beginnen. Sehr häufig hat das katastrophale Auswirkungen. Begegnen wir Menschen mit psychischen Kräften, die großen Stolz zeigen, so können wir, wie ich glaube, grundsätzlich davon ausgehen, daß es sich bei ihnen um nicht geschulte Personen handelt, daß sie, obgleich sie die höheren Kräfte entwickeln, noch nicht mit den Meistern in Kontakt gekommen sind, denn das Nichtvorhandensein von Stolz ist ein sicheres Zeichen für jenen, der seine Lektion gründlich lernt.

Es ist leicht zu sagen: „Ich will nicht ehrgeizig sein", aber es ist nicht so leicht zu sagen: „Wenn der Meister in meinem Herzen liest, wird er es vollkommen rein finden."

Das ist eine ganz andere Sache. Wir können uns so leicht einreden, daß wir nicht ehrgeizig, niemals egoistisch, niemals gereizt sind. Wir können uns viele Dinge einreden, mit seinem alles sehenden Auge sieht der Meister aber, wie es wirklich ist und nicht den Anstrich, den wir uns bei unserer Selbstbetrachtung geben bzw. den Glanz, in den wir uns hüllen.

Der echte Künstler, der nur aus Liebe zu seinem Werke schafft, steht manchmal fester auf der rechten Bahn als der Okkultist, welcher wähnt, er habe seine Interessen vom eigenen Ich abgewendet, der aber in Wirklichkeit nur die Grenzen der Erfahrung und des Begehrens ausgedehnt und sein Interesse auf Dinge übertragen hat, die seiner größeren Lebensauffassung entsprechen.

Zynische Leute mögen dazu bemerken, daß es in diesem Sinne den echten Künstler überhaupt nicht gibt. So ist es aber nicht. Ich bin sowohl in England als auch in Frankreich sehr oft mit Künstlerkreisen in Berührung gekommen und obwohl es unter Künstlern im allgemeinen sehr viel Neid und Bedürfnis nach freigebiger Anerkennung gibt, war mir doch mehr als ein Künstler bekannt, der aus Liebe zu seiner Kunst lebte und arbeitete und nicht um des Vorteils willen. Weil er mit dieser Einstellung arbeitete, ließ er viele offensichtlich gute Chancen hinsichtlich weltlichen Vorankommens ungenutzt, weil er glaubte, daß er, hätte er sie genutzt, dadurch seiner Arbeit untreu gewesen wäre. Ein Mensch, der seiner Kunst zuliebe so zu handeln bereit ist, hat bei der Beseitigung des niederen Selbstes bereits einige Fortschritte erzielt. Es mag eine höhere Form egoistischen Ehrgeizes im Hintergrund stehen, hat er jedoch den Ehrgeiz in bezug auf weltlichen Wohlstand und Erfolg verloren, so hat er jedenfalls bei der Beseitigung des reinen niederen Selbstes bereits eine beträchtliche Strecke zurückgelegt.

Es gibt eine Stufe, auf der der Okkultist alle mit der Persönlichkeit in Verbindung stehenden Wünsche besiegt, sich über den durchschnittlichen menschlichen Ehrgeiz erhoben hat, aber immer noch ehrgeizig in bezug auf seine gesonderte Individualität oder sein Ego ist und meistens an sein Vorankommen denkt, anstatt an das Gute, das er für andere zu tun vermag. So ist es gut möglich, daß ein Künstler, der das eigennützige Denken gänzlich zum Opfer brachte, weitaus fester auf dem rechten Pfad steht, obgleich er nichts vom Okkultismus weiß, als ein Okkultist.

Derselbe Grundsatz gilt auch für die beiden folgenden scheinbar einfachen Lehren. Verweile bei ihnen und laß dich nicht durch dein eigenes Herz täuschen ...

Hier nimmt der Meister Bezug auf die Regeln 2 und 3, die wir im nächsten Kapitel behandeln werden. Hiernach haben wir den Wunsch nach Leben und Behagen zu ertöten. Der Meister warnt uns, achtsam hinsichtlich aller drei Regeln zu sein, denn der Verstand ist außergewöhnlich, ja sogar diabolisch geschickt, Entschuldigungen zu ersinnen, alle möglichen Gründe für das zu finden, was wir zu tun wünschen. Wir mögen uns nicht für besonders gescheit halten oder intellektuell, betrachten wir aber rückwirkend die für unser Tun erfundenen Entschuldigungen, so müssen wir gewöhnlich zugeben, daß wir in dieser Beziehung erstaunliche Fähigkeiten an den Tag legten.

... Denn jetzt auf der Schwelle kann ein Fehler gebessert werden; trägst du ihn aber mit dir weiter, dann wird er wachsen und reifen und du mußt bei seiner Vernichtung bitter leiden.

C. W. L.: Das ist der Schluß der langen Anmerkung Meister Hilarions zu Regel 1. Je mehr ein Mensch auf dem Pfade okkulter Entwicklung vorankommt, desto tiefer wird er einen noch nicht ausgemerzten Fehler vergraben. Angenommen, es handelt sich dabei um Selbstsucht, den größten und am weitesten verbreiteten Fehler, denn dieser ist die Wurzel so vieler anderer Übel. Alle äußeren Anzeichen dafür mag der Mensch beseitigt haben und sich für vollkommen frei davon halten, aber trotzdem kann der Fehler noch unbesiegt sein.

Je weiter er auf dem Pfade kommt, desto tiefer wird sich der Fehler verbergen. Inzwischen erhöht er allmählich die Schwingungen seiner Bewußtseinsträger immer mehr, so daß alle seine Eigenschaften, egal ob nun guter oder schlechter Art, beträchtlich gesteigert werden. Ist eine schlechte Eigenschaft vorhanden − deren Existenz kann sowohl dem Betreffenden selbst als auch seinen Freunden verborgen bleiben − so wird diese immer stärker und stärker und ganz unerwartet muß diese eines Tages zum Durchbruch kommen und sich zeigen. Dann wird diese, eben weil der Betreffende beträchtliche Fortschritte gemacht hat, weitaus größeres Unheil anrichten als es in einem früheren Stadium der Fall gewesen wäre, und bei der Vernichtung der schlechten Eigenschaft wird er ziemlich viel leiden müssen.

A. B.: Der Mensch auf dem Pfade hat seine Arbeit gründlich zu tun. Zu Anfang können Fehler leicht korrigiert werden. Befreit sich aber der Jünger in den frühen Stadien seiner spirituellen Ausbildung nicht vom Begehren nach Macht, so wird es immer stärker und stärker. Reißt er es auf der physischen, astralen und mentalen Ebene nicht aus, sondern läßt es auf der spirituellen Ebene des Egos Wurzeln schlagen, so wird es sich als sehr schwer vernichtbar erweisen. Einmal so im Kausalkörper festgesetzter Ehrgeiz wird von Leben zu Leben fortgetragen. Die physischen, astralen, mentalen Körper sterben und der Mensch bekommt neue; der Kausalkörper aber stirbt bis zum Ende des Kalpas nicht. Deshalb sollte sich der Schüler davor hüten, spirituellen Ehrgeiz den Kausalkörper berühren zu lassen und in diesen das Element des das Leben mehr und mehr einengenden Sonderseins einzupflanzen.

Arbeite wie die arbeiten, die ehrgeizig sind.

A. B.:   Diesen Satz habe ich von seinem Platz im Buch fortgenommen, wo er zu Anfang der Regel 4 erscheint, um ihn hier zu erläutern, denn hierfür ist er besonders zutreffend. Es handelt sich dabei um den Kommentar des Chohan zu Regel 1. Wir beginnen in jedem Falle immer zuerst mit der Regel und dann mit der vom Chohan dazu gegebenen Erläuterung. Fügt man diese zusammen, so ergibt sich die Bedeutung. Somit lesen wir:
1. Ertöte den Ehrgeiz, arbeite aber wie jene, die ehrgeizig sind.
2. Ertöte den Wunsch nach Leben, achte aber das Leben wie jene, die es begehren.
3. Ertöte den Wunsch nach Behagen, sei aber glücklich wie die, welche dem Glücke leben.
Der Wunsch nach Macht, Leben und Glück bildet die Antriebskräfte in der Welt. Das sind die Belohnungen, die Ishvara der Welt darbietet, wodurch bewirkt wird, daß die Evolution ihren Lauf nimmt. Durch all sein Ringen um solche Dinge fördert der Mensch seine Qualitäten zutage und bewirkt seine Entwicklung. Angenommen, all das wäre plötzlich nicht mehr vorhanden – ein Mensch verliert allen Ehrgeiz, jeden Wunsch nach Leben und Glück. Diese Phase durchlebt der Mensch, bevor die Sehnsucht nach dem spirituellen Leben vollkommen in ihm erwacht. Das wird als vairagya bezeichnet und ist die Folge von Übersättigung. Der Mensch hat seine Macht genossen und festgestellt, daß ihn das nicht glücklich macht, er hat nach Macht gestrebt und sie ergriffen, die Wirkung davon bedeutet jedoch, wie er nun feststellt, nur eine Enttäuschung

für das innere Ego. Es ist nicht das, was er davon erhoffte, und es befriedigt ihn nicht. Nehmen Sie z. B. den Fall des letzten Kaisers von Rußland, der auf dem Gipfel menschlicher Macht stand, der er vollkommen müde war und von ganzem Herzen wünschte, davon befreit zu sein. Es ist nicht ungewöhnlich in der Geschichte, daß ein Mensch, der uneingeschränkte Macht ausübt, eine Anwandlung von vairagya erlebt und sein Amt niederlegt.

Die Folge davon ist ein Zusammenbruch, ein Nachlassen aller Antriebskraft, durch die er bis zu dem betreffenden Punkt hingelangte. Dann läßt der Mensch den Kopf hängen und sagt: „Warum sollte ich mich noch länger anstrengen? Ich wünsche keine Macht, warum sollte ich mich also bemühen? Ich wünsche nicht zu leben, warum also sollte ich weiterleben? Ich wünsche kein Behagen, es befriedigt mich nicht, warum sollte ich also irgend etwas tun, um es zu erlangen?"

Für uns lautet die Frage: Wie kann ein solcher Mensch zu erneuter Aktivität angeregt werden, damit er weiterwächst und seine Entwicklung vollendet? Wie kann man ihn aus diesem Zustand des Zusammenbruchs aufrütteln? Das kann nur dadurch geschehen, daß man das göttliche Leben, das durch Geben lebt und nicht durch Nehmen, in ihm zur Tätigkeit anregt. Jetzt befindet er sich am kritischen Punkt seiner Laufbahn. Klammert er sich weiterhin an das gesonderte Selbst, so werden seine künftigen Leben voller Überdruß und Widerwillen sein. Ist es möglich, in ihm den Wunsch nach dem wahren Leben zu wecken, das darin besteht, sich im Dienste zu verströmen, anstatt daß er sich auf selbstsüchtige Untätigkeit beschränkt?

In dieser geschilderten Verfassung ist der Mensch eine unwürdige Kreatur in der Welt — für sich und alle anderen nutzlos. Bevor er in diesen Zustand geriet, war er eine hilfreiche Kraft für die allgemeine Entwicklung der Welt, weil er von solchen Dingen angezogen wurde, die auf normale Menschen einen Reiz ausüben. Im Zustand seines völligen Zusammenbruches und der Nutzlosigkeit, in den er durch den Verlust der gewöhnlichen niederen Antriebskraft verfiel, ergeht an ihn ein besonderer Appell — ein Appell, der ihn an den drei Punkten, wo er seine Antriebskraft verlor, trifft.

An einen sich in solcher Verfassung befindlichen Menschen ergeht das Gebot: „Arbeite wie jene, die ehrgeizig sind." Es ist an den ersten Lehrsatz „Ertöte den Ehrgeiz" angegliedert, der allein genommen zur Lethargie führen würde. Ist das gesonderte Selbst ertötet und der Mensch hat keine Motivation zur Arbeit, so ergeht der Ruf an ihn: „Arbeite wie die arbeiten, die ehrgeizig sind." Dann

folgt das zweite Gebot: „Schätze das Leben wie die, welche es
begehren" und das dritte: „Sei glücklich wie die, welche dem Glück
leben." Das sind die drei Gebote zu Beginn des neuen Lebens, die
drei neuen Motive, die die drei alten ersetzen. Der Mensch liegt da
wie tot. Das Leben der Form (das äußere Leben) ist tot. Nun muß er
das Leben des Bewußtseins erwecken – das geschieht durch diese
drei Appelle. Er muß erneut zu arbeiten beginnen, nun aber muß es
der spirituelle Mensch sein, der lebt und arbeitet, während die
Persönlichkeit wie eine Maschine funktioniert. Er muß lebendiger
sein als je zuvor, obgleich der Wunsch nach Leben, Glück und Macht
vernichtet wurde. Das ist die Antwort auf seine Frage: „Warum soll
ich arbeiten?"

Findet ein Mensch die Antwort nicht, so verbleibt er in dem toten
Zustand und wächst nicht weiter. Maschinenbaustudenten ist das als
‚toter Punkt' bekannt, als Punkt des Gleichgewichts, wo keine
vorantreibende Kraft angreift. Die höheren Kräfte halten sich mit
den niederen die Waage und haben die frühere Selbstsucht des
Betreffenden und seinen Ehrgeiz zerstört, sie sind aber noch nicht
stark genug, ihn zu veranlassen, entsprechend energievoll und
zielbewußt mit der neuen Ausrichtung voranzuschreiten. Dieses
Gleichgewicht ist nicht Ziel der Entwicklung. Welche neuen Motive
können dem Menschen gegeben werden, um ihn aus seinem Zustand
wachzurütteln und zu aktivieren? Es gibt nur eine Möglichkeit, die
Seele von innen her aufzurütteln: seine Identifikation mit dem
Leben Ishvaras in der Welt und sein Handeln als Teil dieses
Lebens zu betrachten, anstatt mit Begehren nach den Früchten
seines Tuns.

Es gibt keinen besseren Kommentar zu diesem Satz als jenen, den
Sie im dritten Gesang der Bhagavad-Gita finden, wo Gründe dafür
genannt werden, warum ein Mensch arbeiten soll, nachdem er die
herkömmlichen Antriebskräfte, das Verlangen nach den Früchten
seines Tuns verloren hat:

> Der Mensch, der sich als Teil des Alls begreift
> und Freude, Friede und Beseligung
> findet in diesem höchsten Selbst, der wirkt,
> doch nicht gezwungen, nicht mehr, weil er muß.
>
> Er selbst gewinnt für sich nichts, wenn er wirkt,
> und nichts verliert er, wenn er müßig ist.
> Er braucht nicht bei den Menschen Rat und Schutz
> für Eigenwünsche, eigenen Gewinn.

Drum tue deine Pflicht als freier Mensch!
Doch nur wer fort und fort aus inn'rem Trieb
die Pflicht tut, der erlangt das höchste Ziel.

Dschanaka und die alten Weisen all,
durch Tat erlangten sie Vollkommenheit. –
Um Selbstzucht und der Ordnung gleiches Maß
zu fördern bei den Menschen, wirke du!

Bei dem hier Beschriebenen handelt es sich um eine noch höhere
Stufe als die des Menschen, an den wir jetzt denken. Wir haben nur
den Anfang jenes Pfades betrachtet, der zur vollkommenen
Erkenntnis des Selbstes führt. Das hier genannte Motiv trifft aber auf
den von uns geschilderten Menschen zu. Er hat die Nichtigkeit des
Nichtselbstes erkannt und ist in der Lage, auf den Appell des einen
Selbstes zu reagieren. Er ist bereit, seine Arbeit unter das Motto
„Zugunsten der Welt" zu stellen. Ein solcher Mensch könnte nun
daran denken, nach spirituellem Wissen zu suchen, aber nicht, damit
er selbst dadurch weise und groß werde, sondern weil der Welt
dadurch geholfen wird. Das wird allmählich zu seinem Ziel – etwas
außerhalb seines eigenen gesonderten Selbstes.

Schließlich wird er auch die Motivation durch das erhabenere
Verlangen fallenlassen und nur noch wünschen, ein Werkzeug des
Höheren zu sein und Ishvaras Willen zu tun. Er wird dann lernen,
daß er auch spirituelles Wissen nicht zu begehren hat, nicht selbst
Meister werden zu wollen, sondern einfach nur ein Instrument für
das höhere Leben zu sein hat. Der Mensch, der somit aktiv ist wie
jene, die ehrgeizig sind, jedoch mit der Motivation, ein Kanal für das
höhere Leben zu sein, befreit sich von den letzten Resten des
Ehrgeizes. Seine Tatkraft verschmilzt nun mit dem Willen des
Logos, das wird das Motiv für seine Arbeit.

In den vorstehend zitierten Versen der Gita erklärt Sri Krishna,
wie ein Mensch tätig zu sein hat, um das höchste Ziel zu erreichen,
die Gegenwart und Macht des Göttlichen zu erkennen. Er fährt dann
fort und zeigt, daß solche Kenntnisse und Erkenntnisse zu einer
größeren Aktivität, als sie vorher jemals gekannt wurde, führen. Er
erklärt, daß alles durch die aktive Tätigkeit Ishvaras aufrechterhalten wird:

Sieh mich! In keinem Weltkreis bin ich mehr
durch Pflicht gebunden an ein Werk – kein Ziel,
das mir noch irgend zu erlangen blieb.
Doch bin ich immer tätig. Wär ich's nicht,
so würden bald die Menschen meiner Spur
nachfolgend irren, rechtem Wege fern.

> Wenn ich ermüdete, verging das All.
> Zugrunde ginge meine Kreatur;
> das allgemeine Chaos bräche ein.

Er ist für das Wohl der Welt tätig, damit sich das Rad des Universums drehe, und das einzige Motiv für Seine Tätigkeit ist, daß die Welt wachse und sich entwickle, bis der Zyklus vollendet ist.

Sri Krishna fährt dann fort und zeigt die Gründe auf, aus denen der Mensch tätig sein soll, nämlich zugunsten und zur Erhaltung der Welt und der Menschheit. Nun, wo er sich nicht mehr mit den einzelnen Formen identifiziert, muß er sich mit dem einen Leben identifizieren, das sich, um zur Vollkommenheit zu gelangen, in einzelnen Leben fortsetzt. Identifiziert er sich so mit dem einen Leben, so sollte er ausschließlich zum Wohle und zur Erhaltung seiner Kameraden und der ganzen Welt tätig sein — damit alles sich Bewegende und sich nicht Bewegende das ihm bestimmte Ziel erreiche, das in Ishvaras Denken Vorhandene werde, obgleich sie (die Kameraden) im manifestierten Leben nicht jenen Punkt erreichten. Das ganze Universum Ishvaras existiert in vollkommener Weise in Seinem Denken, und allmählich und stufenweise läßt Er dieses Denken in Materie Gestalt annehmen. Jene, die das als Teil Seines Lebens erkennen, müssen so tätig sein, wie Er es für die vollkommene Manifestation Seiner Gedanken ist, damit das Rad des Lebens sich dreht, bis dieses Drehen vollendet ist.

Daraus folgt nicht notwendigerweise, daß der Mensch mit dieser lauteren und spirituellen Motivation an Gott glaubt oder über Ihn nachsinnt. Auf jeden Fall aber empfindet er das göttliche Leben in der Welt und reagiert darauf bzw. dient ihm mit äußerster Hingabe. Das war z. B. bei meinem alten Freund Charles Bradlaugh so, dessen Glaube an Gott nicht das war, was man zu seiner Zeit darunter verstand. Trotzdem war er aber immer bereit, Leid und Gefahr ins Auge zu sehen und seinen Körper als Brücke über einen Abgrund zu legen, damit andere darüber zu einem höheren Leben gelangen mögen.

Trotzdem dürfen jene, die sich des Willens Ishvaras so bewußt wurden, daß dieser ihr Lebensmotiv darstellt, die Köpfe anderer, die das noch nicht erkannt haben und aus Begehren heraus handeln, nicht verwirren. Sri Krishna fährt fort:

> Nein! Wenn der Tor sein trübes Einzel-Ich
> mit seinem Werk verbindet und verstrickt,
> so soll der Weise, aller Banden frei,
> der Welt Befreiung und Glückseligkeit

allein im Auge, seine Arbeit tun.
Doch soll er nicht den Werkgebundenen
in Zweifel stürzen, daß er läßt vom Werk.
So soll er selbst emsig tätig sein
und auch die andren spornen an ihr Werk.

Der spirituelle Mensch muß sich in die Arbeit der Welt stürzen und ein Exempel statuieren, weil andere dem Beispiel Weiser nacheifern. Jemand, zu dem die Masse Mensch aufblickt, stellt ein Vorbild dar, das bei den anderen zu Aktivität führt. Wird jemand gleichgültig bezüglich seines Tuns, so werden die Bewunderer ebenfalls in Gleichgültigkeit verfallen. Wenn seine Gleichgültigkeit auch aus einem anderen Beweggrund resultiert, so wissen sie das nicht und es ist für sie ganz natürlich, sein Motiv mißzuverstehen. Bei der Masse Mensch würde die Gleichgültigkeit aus Tamas heraus erwachsen und ihre Weiterentwicklung verhindern.

Jemand mag sagen, ich möchte hier oder in Swarga keine Erfolge erzielen. Warum sollte ich versuchen, anderen auf dem zu solchen Freuden führenden Weg zu helfen, warum sollte ich versuchen, sie in solchen Richtungen zur Tätigkeit anzuregen, die ich für nutzlos halte, damit sie Wertloses erlangen? Warum sollte ich meine Aktivität auf etwas richten, dessen Erlangung nicht wünschenswert ist? Die Antwort ist völlig klar. Solche Früchte der Tätigkeit sind für die Masse Mensch absolut notwendig. Begehren sie diese Freuden der Welt, dieses Behagen und den Ehrgeiz, also jene Dinge, die sie zur Tätigkeit bewegen, nicht, so kommt ihre Entwicklung zum Stillstand. Suchen sie hier keine Freuden, mag Swarga ihr Motiv sein. Auf irgendeine Weise müssen sie zur Bewegung, zum Wachstum, zur Entwicklung ermuntert werden. Redet man ihnen ein, diese Dinge seien nutzlos, so werden sie sich nicht entwickeln.

Für die Entwicklung der Menschheit ist es daher wichtig, mit gutem Beispiel voranzugehen, indem die Arbeit gründlich und absolut gut erledigt wird. Das ist nicht der Fall, wenn ein Mensch aus Begehren heraus tätig ist. Obgleich der Mensch in dem Falle ein bewundernswertes Beispiel für Energie und Ausdauer geben mag, so ist in seiner Tätigkeit doch eine Spur von Eigennutz vorhanden, wodurch sein Beispiel ein unvollkommenes wird. Er mag mit großer Genauigkeit arbeiten, ist aber für sich selbst tätig. Er tut in Wirklichkeit nicht sein Bestes, weil er dabei nicht völlig an die Arbeit denkt, sondern teilweise an den Erfolg, den sie ihm bringt.

Das Wirken Gottes ist vollkommen, damit die Welt sich weiterdrehe. Wir sollten also im selben Geiste tätig sein. Wir müssen besser arbeiten als der beste weltliche Mensch, weil unser Motiv das des

Gottesdienstes bzw. des Dienstes am Menschen und nicht das
unseres Vorteils ist. Wir arbeiten um der Menschheit willen. Wir
laufen nicht umher, um uns Tätigkeiten um des Tätigseins willen zu
suchen. Viele Menschen arbeiten somit aus Freude an der Tätigkeit,
weil sie, wenn sie untätig sind, sich nicht lebendig fühlen, sondern
sehr langweilen. Das ist ein Zustand, der sehr weit entfernt von dem
des selbstgenügsamen Menschen ist. Dieser langweilt sich nie, sucht
nie nach einem Ausweg in die Tätigkeit. Er arbeitet, weil das seine
Pflicht ist, und hat kein Verlangen nach Tätigkeit, wenn keine Pflicht
gegeben ist. Im vierten Gesang der Gita sagt Sri Krishna zum Thema
Tätigkeit, falsche Tätigkeit und Untätigkeit folgendes:

> Was heißt denn Ruhe? Was ist Tätigkeit?
> Weise und große Philosophen selbst
> sind hier im Irrtum. Meine Lehre zeigt
> das Werk, das allem Unheil dich entreißt.
> Wie schwer ist es zu sondern diese drei:
> die Tat, die Ruhe, die Untätigkeit.
> Wie tief verborgen ist der Pfad der Tat.
> Wer in der Tätigkeit die Ruhe sieht
> und in der Ruhe sieht die Tätigkeit,
> der ist der Weise. Alles wahre Tun,
> nur solches Jogins haben es vollbracht.

Selbst Weise sind, so heißt es, in bezug auf die Grenzen all dieser
Dinge verwirrt. Die richtige Tätigkeit ist Pflicht, jene, in der der
Mensch das Leben Ishvaras an dem Platz, wo er steht, zum Ausdruck
bringt. Dabei hat er ein Kanal oder ein Mittler zu sein und muß mit
dem Wissen, der Genauigkeit und Vollkommenheit arbeiten, die der
nicht Ehrgeizige zeigt. Vergleichen Sie seine Arbeit mit der eines
Ehrgeizigen, so werden sie sehen, daß sie genauso gut, nein, sogar
noch besser in der Ausführung ist, weil sie in einer Haltung absoluter
Selbstaufgabe und vollkommener Ausgeglichenheit geleistet wurde.
   Sehen Sie jemanden, der zwar das Verlangen nach den Früchten
seiner Tätigkeit verloren hat, aber nicht in dieser Haltung arbeitet,
der weniger tut als er müßte, mit weniger Energie, weniger Interesse
und weniger Pünktlichkeit tätig ist, weil er keine persönlichen
Motive mehr hat, dann haben sie einen Menschen vor sich, der nicht
die Pflicht zur Tätigkeit lernte, bevor er an der Untätigkeit Gefallen
fand. Bezüglich gewisser Leute sagte man mir: „Diese Menschen
beginnen mit der Untätigkeit, bevor sie aktiv wurden — durch
intellektuelles Erkennen der Wertlosigkeit der Früchte der Tätigkeit, bevor sie den Punkt erreichten, wo sie selbstlos hätten arbeiten
können. Sie sind weder gute weltliche Menschen, da sie aufgehört

haben, entsprechend zu handeln, noch sind sie spirituelle Menschen, die ihre Tatkraft für die Entwicklung der Menschheit einsetzen."

Es gibt zwei Arten des Lebens, die ein Mensch führen kann, der den Zustand erreicht hat, daß er an den Früchten seiner Tätigkeit keinen Gefallen mehr findet. Er kann sich in einen Dschungel zurückziehen, um in der Isolation zu leben, oder er kann inmitten der Angelegenheiten der Menschen tätig sein. Ist er genügend entwikkelt, um auf der mentalen oder spirituellen Ebene tatkräftig wirken zu können, so mag für ihn ein Leben physischer Inaktivität das Beste sein. Jener hilft der Welt so viel mehr als er es inmitten der geschäftigen Welt tun könnte. Trotzdem wird ein solcher Mensch häufig von seinem Meister zurückgesandt werden, um sein letztes Leben in der Welt zu verbringen. Dann wird er ein von seiner Tätigkeit unbeflecktes Leben führen, der Welt ein Beispiel wahrer Tätigkeit geben, ein Leben wahrer Aktivität führen — mit all der Energie, die der ehrgeizige Mensch aufbringen kann.

Lebt ein Mensch in der Welt das spirituelle Leben, so ist äußerlich gewöhnlich nicht zu erkennen, ob er vom Begehren oder von der Pflicht getrieben wird. Es gibt aber einen Test, der nie versagt, durch den man seine Motivation immer selbst beurteilen kann: In welcher Weise ist man berührt, wenn man mit den Früchten seiner Tätigkeit konfrontiert wird? Ist die geringste Spur von Ehrgeiz in die Arbeit eines Menschen eingedrungen, so wird er im Falle eines Mißerfolges Enttäuschung zeigen bzw. eine gehobene Stimmung im Erfolgsfall. Bedeutet das Mißlingen keinerlei Leid für ihn, so hat sich kein persönliches Element in die Arbeit eingeschlichen, denn war er tätig, weil Ishvara wirkt, zum Wohle der Menschheit, so weiß er, daß das Mißlingen nicht Ishvaras Fehlschlag ist, sondern daß sein Mißerfolg Teil Seines Planes ist. Vom Standpunkt Ishvaras aus betrachtet ist ein Mißlingen unmöglich, und im menschlichen Leben ist Mißerfolg häufig genauso nötig für den endgültigen Erfolg, wie es Erfolg ist.

Ob ein Mensch tatsächlich als Teil Seines Lebens tätig ist, zeigt sich in seiner völligen Zufriedenheit — egal ob er nun erfolgreich ist oder ob ihm eine Sache mißlingt. Ist diese Zufriedenheit vollkommen, d. h. ohne einen Schatten von Unzufriedenheit, so hat der Betreffende tatsächlich zum Wohle der Menschheit gearbeitet. Dann bindet die Arbeit ihn nicht und er hat das Problem Untätigkeit inmitten von Tätigkeit gelöst. Er hat den Gebrauch der Bewußtseinsträger und Gunas gelernt, ohne sich damit zu identifizieren. Gewöhnlich halten die Gunas den Menschen in Bewegung; der Mensch auf dem Pfad jedoch gebraucht die Gunas. Die meisten Menschen werden von den Kräften der Natur umhergetragen, sie sind in dem Maße tätig, wie jene Kräfte aktiv sind. Der Mensch auf dem Pfad aber betrachtet jene Kräfte als Arbeitsinstrument und – hinter ihnen stehend – gebraucht sie. Der Ehrgeizige wird von den Gunas getrieben, wenn er zu arbeiten glaubt; derjenige aber, der sie transzendiert hat, lenkt sie auf der von Ishvara vorgezeichneten Straße der Evolution und identifiziert sich nicht damit. Das also lehrt die Gita.

> . . . Denn sein Herz hängt nicht am Lohn.
> In sich zufrieden, keinem untertan,
> wenn er auch wirkt, sein „Ich" ist nicht im Tun.
> Wer nichts für sich mehr anzusammeln braucht
> und selbstbeherrscht sein eitel Wünschen läßt,
> des Körper handelt; er bleibt ohne Schuld.
> Fröhlich mit dem, was ihm das Glück beschert,
> neidlos, sich gleich in Glück und Mißerfolg,
> besieget er der Zweiheit Wechselspiel.
> Was er auch tut, gebunden wird er nicht.
> Erlöst, im Wissen fest, bringt er die Tat
> als Opfer dar, das still und unerkannt
> zum Himmel aufsteigt und im Rauch vergeht.

Der Mensch also, der sich auf dem Punkt des Gleichgewichtes, der Neutralität befindet, muß einige Mittel entdecken, um die höheren Kräfte in sich zu verstärken, so daß diese ihn zu einem Leben spiritueller Tätigkeit anspornen. Er muß von der Meditation Gebrauch machen, er muß alle Gemütsbewegungen, die immer er besitzen mag, zu benutzen versuchen, er muß wohlüberlegt jede Gelegenheit zum Dienst ergreifen. Er muß sich in Bewegung halten, ohne jeden Wunsch nach Bewegung und sogar entgegen dem Verlangen, sich nicht zu bewegen. Er muß sich bewegen. Kann er jemanden finden, den er verehrt, dessen Beispiel ihn zur Tätigkeit inspiriert, so wird das eine große Hilfe für ihn bedeuten, über diese Zwischenstufe hinwegzugelangen, wo er sonst erst einmal für die Evolution ausfallen könnte. Erwacht der Wunsch in ihm, jemandem, den er bewundert, Freude zu bereiten, so kann er das dazu benutzen, sich voranzubringen, bis er die vorwärtstreibende Kraft Ishvaras Leben verspürt und somit die Gefühlsregungen benutzt, um sich über seinen Zustand des Zusammenbruches hinweg bzw. darüber hinaustragen zu lassen.

C. W. L.: Der Mensch, der für sich den Ehrgeiz abgelegt hat, wird dann gelehrt, so zu wirken wie jene, die ehrgeizig sind. Gewöhnlich gibt es drei vom Menschen zu durchlaufende Stadien. Zunächst ist da

einmal die Tätigkeit zwecks weltlichen Erfolges. Dann folgt die
Stufe, auf der der Mensch zwar immer noch für den Erfolg tätig zu
sein beginnt, nun jedoch für den überirdischen. Das wird uns von den
verschiedenen Kirchen sehr häufig vor Augen gehalten. Wir müssen
diese Welt aufgeben, um für immer im Himmel zu leben. Wir werden
ganz nahe bei Gottes Thron stehen usw. Viele Menschen durchlaufen diese Phasen, wobei sie erst einmal zwecks weltlichen und dann
zwecks überirdischen Erfolges tätig sind. Einige davon erzielen
dabei einigen Fortschritt, weil sie ihrem Gott zuliebe wirken. Viele
Christen z. B. arbeiten um der Liebe Jesu willen, und das ist
bewundernswert, weil es selbstlos ist. Das ist eine höhere Stufe als
die, auf der man um des persönlichen Erfolges willen tätig ist — auch
wenn das Ziel der Bemühungen überirdischer Lohn sein mag.
   Es gibt eine noch höhere Stufe und zwar jene, die Arbeit um der
Arbeit willen zu tun. Von den meisten Menschen wird das aber noch
nicht verstanden. Viele Künstler sind so tätig. Es gibt viele Künstler,
die in ihrer jeweiligen Sparte um der Kunst willen schaffen. Es ist,
wie ein großer Künstler sagte: „Ich singe — einfach weil ich es muß."
Damit meinte er, er müsse dem Ausdruck verleihen, was durch ihn
als Botschaft an die Welt übermittelt werden soll. Ein anderer, der
das genauso empfand, sagte, er schätze seine Gedichte nicht, weil sie
von ihm seien, sondern weil sie es nicht sind. So gibt es also einige,
die um der Kunst willen tätig sind und nicht um ihretwillen oder ihres
Ruhmes wegen, nicht, um andere Menschen zu erfreuen; selbst nicht
deshalb, Gott zu gefallen in dem Sinne, wie diese Vorstellung
gewöhnlich verstanden wird, sondern weil sie sich der durch sie der
Welt zu übermittelnden Botschaft bewußt sind. Damit hat man eine
hohe Stufe erreicht.
   Dann gibt es noch die höchste Stufe, auf der ein Mensch wirkt, weil
er Teil der Gottheit ist, und als Teil von Ihm ersehnt er die Erfüllung
des göttlichen Planes. Menschen täuschen sich manchmal und glauben, dafür tätig zu sein, während sie noch eine beträchtliche Atmosphäre niederer Ideen um sich herum haben. Wir können uns
diesbezüglich immer prüfen — am besten vielleicht, wenn uns etwas
mißlingt, was uns allen von Zeit zu Zeit passiert. Wie unsere Dr.
Besant oft erklärte: Wirken wir wirklich eindeutig und bewußt als
Teil der Gottheit, als Teil des Ganzen, so berührt uns irgendein
Mißlingen, das uns passiert, überhaupt nicht, weil wir wissen, daß
Gott nichts mißlingen kann. Wenn sich zur gegenwärtigen Zeit eine
gewisse Tätigkeit als Mißerfolg erweist, so liegt das im Plan und ist
somit notwendig und deshalb in Wirklichkeit kein Mißerfolg. Von
Seinem Standpunkt aus betrachtet, kann es überhaupt keinen Mißer-

folg geben, so daß wir nicht im mindesten mit Sorge erfüllt sind. Die einzige Frage, die sich ergibt, wäre die, ob es unser Fehler war; haben wir aber unser Bestes getan, und die Sache ist immer noch ein Mißerfolg, so wissen wir, daß alles gut ist.

Betrachtungen wie diese dürfen uns jedoch nicht veranlassen, unachtsam oder gleichgültig gegenüber dem Faktor Zeit zu werden. Es ist Teil unserer Arbeit, andere von dem Grundsatz der Untätigkeit zum Pfad des Dienens zu bekehren. Selbst ein einziger Erfolg in dieser Richtung bedeutet, daß für die Welt ein deutlicher Vorteil erzielt wurde. Was immer ist, ist gewiß das Beste, aber nur dann, wenn wir unser Bestes getan haben. Versäumt es aber jemand, bei seinem Teil an der Arbeit sein Bestes zu tun, so ist dann, was ist, nicht das Beste, weil es besser sein könnte. Nur dann, wenn wir wirklich absolut alles getan haben, haben wir das Recht, darin Zuflucht zu nehmen. „Nun, ich habe alles getan, was ich kann, wenn ich trotzdem nicht erfolgreich bin, so beuge ich mich jener Kraft, die größer ist als meine." Ich bin ganz sicher, daß das, was getan wurde, trotzdem nicht verloren ist; was immer all den Menschen passieren mag, im Endeffekt wird es sich tatsächlich als das für sie Beste erweisen.

Es mag nur eine Illusion sein, aber eine sehr machtvolle − der hohe philosophische Standpunkt, daß es unwesentlich ist, ob Sie etwas jetzt oder in einer Million von Jahren erhalten. Ich sehe die Sache so, daß mir das nicht egal ist, daher glaube ich, daß es anderen Menschen ebenso ergeht. Wenn wir sie dazu bringen können, die frühere Gelegenheit zum Fortschritt zu ergreifen, so tun wir wirklich etwas Großes für sie. Welchen Unterschied das, auf die großen Zeiträume gesehen, für den Logos bedeutet, in dem sich alles in Bewegung befindet, vermag ich nicht zu sagen. Es ist aber höchstwahrscheinlich Sein Wunsch, daß wir uns entwickeln. Wenn Er wünscht, daß das geschehe, so muß Er ebenso wünschen, daß es so bald wie möglich geschehen soll. Wir handeln eindeutig nach Seinem Willen, wenn wir auf dem zur vollkommenen Vereinigung mit Ihm führenden Pfade vorwärtsdrängen und anderen auf diesem Pfade helfen, so daß ich nicht einzusehen vermag, daß es egal ist, ob Menschen in dieser Welt- oder Kettenperiode in den Strom treten oder bis zur nächsten warten. Ich werde alles tun, was ich kann, um Menschen zu helfen, diesen Schritt in diesem Leben zu tun.

Ein anderer Test wäre vielleicht zu prüfen, ob wir bereit sind, jede Arbeit zu verrichten, die Seine Arbeit ist − ob wir bereit sind, hohe Dienste genauso gut wie niedere zu tun. Für Ihn gibt es bei der fortschreitenden Entwicklung weder hoch noch niedrig, obgleich ein

Teil Seines Planes sich auf einem höheren, ein anderer auf einem niedrigeren Punkt in dieser Entwicklung befinden mag. Das ist der Drehung des Rades sehr ähnlich. Beim Drehen nähert sich ein Teil des Rades dem Scheitelpunkt, aber gleichzeitig bewegt sich alles andere mit. Unsere Arbeit muß dem Ganzen voranhelfen, muß jeden Teil des Rades vorantreiben. Auf allen Stufen ist das Leben göttlicher Natur, auf einigen Stufen ist es mehr entfaltet als auf anderen — im Menschen mehr entfaltet als im Tier, im Tier mehr als in den Pflanzen, in den Pflanzen mehr als in den Mineralien — das Leben aber ist überall göttlich. Helfen wir also irgendeinem Teil davon, so unterstützen wir den göttlichen Plan. Das Höhere oder Niedere ist die Form, in die das Leben gegossen wurde, die Form gestattet eine größere oder geringere Entfaltung, aber das Leben ist *ein* Leben. Das muß gewiß Teil Seines Gesichtspunktes sein, der von unserem Ausblick sehr verschieden ist — die Vorstellung, daß in Wirklichkeit alles Leben ein und dasselbe ist. Von jenem Gesichtspunkt aus betrachtet gibt es weder hoch noch niedrig, denn das Ganze befindet sich zusammen in Bewegung. Das ändert nichts an der Tatsache, daß es einige gibt, in denen das Leben mehr entfaltet ist, die zu größerer Hilfeleistung imstande sind und andere, die nur auf niedrigerer Ebene Hilfe zu geben vermögen. Die Hauptsache ist dabei, daß jene, die feststellen, daß das, was sie am besten tun können, gewöhnlich als niedere Arbeit bezeichnet wird, sich nicht im mindesten entmutigen lassen sollten, denn auch sie treiben dasselbe Rad voran, sie helfen bei der Entfaltung desselben göttlichen Lebens.

4
Regeln 2−4

2. Ertöte den Wunsch nach Leben.

Schätze das Leben wie die, welche es begehren.

A. B.: Diesen und den nächsten Lehrsatz haben wir schon bis zu
einem gewissen Grade betrachtet. Dieselben allgemeinen Prinzipien
bei der Aussage, man habe den Ehrgeiz zu ertöten, solle aber
dennoch wie jene arbeiten, die ehrgeizig sind, sind auch für diese
beiden Lehrsätze zutreffend. Der Jünger muß sich von dem Wunsch
nach persönlichem Leben freimachen − von all dem, was das
persönliche Selbst stärkt und der Befriedigung seines persönlichen
Begehrens gehorcht. Nicht länger darf er sich an dem reinen
Vergnügen erfreuen, sein eigenes Leben dadurch zu erweitern, daß
er mehr und mehr äußere Dinge in dieses einbezieht.

Auf der ganzen Welt sind Menschen anzutreffen, die begierig nach
einem reicheren Leben suchen; sie ergreifen es mit vielerlei Arten
von Gier, mühen sich ab und kämpfen für mehr und noch mehr von
dem, was ihren lüsternen und rohen Vorstellungen entspricht. Sie
erzeugen dadurch große Mengen von persönlichem und gesellschaft-
lichem Leid. Der Jünger aber hat sich von diesem Wunsche nach
Erweiterung seines individuellen und getrennten Lebens zu
befreien. Er muß in das höhere Leben eintreten und nur noch den
einen Wunsch haben, dort im Universum zugegen sein zu wollen, wo
und wann immer er als ein Ausdruck des einen Lebens gebraucht
wird. In diesem Universum gibt es viele Dinge zu tun. Wurde
jeglicher Wunsch nach einem getrennten, individuellen Leben transzendiert und sind alle persönlichen Vorlieben geschwunden, so
bestimmt das, was zur Zeit gerade erforderlich sein mag, die
Entscheidung des spirituellen Menschen. Wo immer Hilfe benötigt
wird, ist der Arbeitsplatz für eine solche befreite Seele; dem
Menschen ist nur noch daran gelegen, ein Werkzeug zu sein, wo
immer dieses Werkzeug benötigt werden mag. Für ihn ist sein Leben
nur als Teil des Universellen Lebens von Nutzen und wertvoll.

Der Mensch, der den Wunsch nach Leben verloren hat, erreicht
einen Gefahrenpunkt − es besteht die Gefahr, daß er das Leben

schließlich als wertlos betrachtet, weil die vom Leben gebotenen Dinge für ihn ohne Wert sind. Gegenüber seinen Mitmenschen könnte er eine geringschätzige Haltung einnehmen. Er könnte auf diese herabblicken und sie als Narren verachten, über sie verächtlich reden und deren Motive für erbärmlich halten. Eine solche Haltung in bezug auf die anderen Menschen ist ganz natürlich, jedoch voller Gefahren und im Grunde böse. Sie zeigt, daß der Betreffende nicht die Erkenntnis des Selbst hat, obgleich er das Nicht-Selbst als solches erkannt haben mag. Blickt er auf irgendein Leben herab, egal, wie unentwickelt dieses sein mag, so vergißt er dabei, daß jene Manifestation ein Teil Ishvaras ist, und für ihn ist deshalb die Botschaft wichtig und dringend: „Schätze das Leben wie jene, die es begehren."

Fragt er, warum er voller Achtung darauf blicken soll, so lautet die Antwort: weil es göttlich ist. Es befindet sich in einem Stadium, in dem Ishvara arbeitet, einem Stadium, das Ishvara genau so wichtig ist wie die höhere Stufe, auf der sich der Betreffende nun selbst befindet. Sprechen wir von hoch und niedrig, so immer vom Standpunkt der Evolution und der Zeit aus betrachtet — der Folge von Veränderungen, aus denen sich die Zeit zusammensetzt. Ishvara betrachtet seine Welt nicht auf diese Weise, für Ihn gibt es nichts Großes und nichts Kleines, nichts Hassens- und nichts Liebenswertes. Alles befindet sich auf einer gewissen Stufe auf einer Straße, auf der alle zum selben Ziele wandeln. Der Jünger darf also nicht in den Fehler verfallen, irgendein Leben geringzuschätzen und zu mißachten, weil sich dieses in einem Stadium befindet, das wir als niedrige Entwicklungsstufe betrachten. Jedes Ding ist an seinem Platze gut und richtig. Die Anerkennung dieser fundamentalen Wahrheit bedeutet, daß der Mensch seine Mitmenschen lieben muß und lernen muß, sich um diese als Teil des in der Entwicklung befindlichen universellen Lebens zu kümmern.

Angenommen, ein Mensch auf einer niedrigen Stufe ist dumm, sinnlich, träge, außerordentlich wenig reizvoll, so liegt die mangelnde Anziehungskraft in der Erscheinungsform begründet, nicht in dem Leben. Uns blendet die Form. Weil unser Herabschauen auf einen andern, unser Abwenden von ihm ein Zeichen unserer Überlegenheit ist, resultiert daraus ein Überlegenheitsgefühl, dessen Folge Verachtung ist. In Wahrheit ist aber die einzige Sache, in der wir überlegen sind, die Entwicklung der Form. Das innerste Wesen und der Geist sind dasselbe. Des anderen Entwicklungsmöglichkeiten sind dieselben wie unsere und vom Mittelpunkt aus betrachtet ist er dasselbe wie wir. Der Mensch auf dem Pfade versucht deshalb, die

Dinge sowohl vom Zentrum als auch von der Peripherie her zu
betrachten. Er muß das Leben achten und erkennen, daß das Leben
Ishvaras das einzige Leben ist; in der gewählten Form manifestiert
sich Ishvara eine gewisse Zeitlang und ist diese für Ishvara gut genug,
so ist sie das für uns ganz bestimmt.

Im Universum muß es Erscheinungsformen auf allen möglichen
Wachstumsstufen geben. Keine davon ist höher oder niederiger, alle
sind gleich. Unterschiede gibt es, wenn wir uns selbst im Entwicklungsprozeß befinden, keine Unterschiede jedoch, wenn wir daraus
entwachsen sind. Haben wir unser Interesse daran aufgegeben und
alle Fragen der Form und Frucht abgeworfen, dann können wir das
Leben in all seinen Erscheinungsformen achten. Der teilweise
entwickelte Mensch, aufs engste verknüpft mit den Formen, ist
bereit, jenen zu helfen, die ihm vergleichsweise nahestehen und ihn
für seine Mühe entschädigen können. Er wird nicht geneigt sein,
jenen zu helfen, die heruntergekommen sind. Der Mensch aber, der
vom Standpunkt Ishvaras aus hilft, hilft allen. Es ist seine Pflicht zu
helfen, wo immer die Betreffenden sich befinden mögen. Seine
Tätigkeit muß die Tätigkeit Ishvaras sein. Er hilft jenen, die ihm in
den Weg kommen, egal ob diese nun hoch oder niedrig stehen
mögen. Er achtet das Leben in ihnen allen und hilft dort, wo Hilfe
erforderlich ist. Er gestattet sich keine Verwirrung durch die Tatsache, daß in dem Hilfebedürftigen die Fülle des Lebens nicht gegenwärtig ist. Er weiß, daß er das Werk Ishvaras voranbringt, so daß das
Leben sichtbar werden kann, und er arbeitet, um dies offenbar
werden zu lassen. Er läßt sich nicht durch den Gedanken irreführen,
sich im Selbst zu befinden, sei alles. Er arbeitet dafür, daß sich das
Leben manifestieren kann, daß er das Leben achtet und liebt. Und so
vermeidet er gänzlich die Gefahr der Verachtung, die sonst die
Entfaltung des Lebens in ihm verhindern und eine Mauer der
Getrenntheit aufrichten würde.

Hierin liegt ein ungeheurer Unterschied bezüglich der Art und
Weise, wie ein durchschnittlicher Mensch das Leben betrachtet und
jemand, der im Ewigen lebt. Letzterer sieht das Leben mit allen
seinen Möglichkeiten, jenen Möglichkeiten, die für ihn nun in Sicht
sind, wenn auch noch unentwickelt, denn er lebt im Ewigen. Wird
das Leben von diesem Standpunkt aus betrachtet, so wird es in der
Herrlichkeit seiner Erfüllung geschaut. Unterhalb jenes Zustandes
sehen wir es nur auf einer bestimmten Stufe, in der Zeit und nicht in
der Ewigkeit und deshalb achten wir es nicht so, wie wir es tun
sollten. Die befreite Seele aber, die im Ewigen lebt, schaut es, wie es
wirklich ist. Obgleich der Betreffende die Stufe schaut, wie sie zu

einer bestimmten Zeit erreicht wurde, vermag er keine Abneigung zu empfinden, weil er weiß, daß diese Stufe vollkommen normal ist.

Das praktische Ergebnis hiervon ist, daß je höher ein Mensch steht er um so toleranter gegenüber allem Leben ist, und desto größer ist sein Erbarmen mit allem. Er nähert sich sozusagen dem Erbarmen des Logos selbst an.

In dem Maße, wie ein Mensch in sich den Wunsch nach Leben vernichtet, d. h. den Wunsch des getrennten Selbst, und dennoch das Leben wie jene achtet, die es begehren, beginnt er jenes Ewigkeitsgefühl zu erlangen, das ihn befähigt, Leben, egal in welcher Form sich dieses auch zeigen mag, zu achten. Ihm wird dann jede Verachtung für jene, die unter ihm stehen, unmöglich, er erkennt alles an dem Platze, wo es sich befindet, als Ausdruck des Vollkommenen Lebens.

C. W. L.:   Hier können wir, wie im Falle der vorangegangenen Regel, die Lehre auf zwei verschiedenen Ebenen verstehen. Zweifellos muß der Anfänger das Verlangen nach einer Art äußeren Lebens eher als jedes andere ertöten und zwar das, was die zu verrichtende Arbeit beeinträchtigen würde. Ein Mensch, der Schüler eines Meisters wird, muß vollkommen bereit sein das zu tun, was immer ihm in den Weg gestellt wird, hierhin oder dorthin zu gehen, diese oder jene Sache zu verlassen und sich dabei keinen gefühlsmäßigen Stimmungen hinzugeben.

Denkt er: „Ich verrichte diese Art von Arbeit, ich mache sie gut und möchte sie weiterhin tun", so mag er in Leid geraten, weil er eitel wird. Angenommen, er wird von der Arbeit abberufen und mit etwas Neuem konfrontiert, so hat er das mit ungetrübter Heiterkeit zu akzeptieren. Die Veränderung mag vorgenommen werden, weil diese neue Arbeit wichtiger ist oder weil er, nachdem er lernte, wie man die eine Sache tut, etwas Neues zu lernen hat.

Einmal ganz abgesehen von der besonderen Erziehung des Schülers stellen wir häufig fest, daß die evolutionären Kräfte auf diese Weise arbeiten. Jedermann behagt es, das zu tun, was er gut kann, die evolutionären Kräfte aber möchten den Menschen rundum entwickeln. Häufig nehmen sie ihn von dem, was er gut kann, fort und führen ihn an eine andere Aufgabe heran, die er noch nicht so gut zu bewerkstelligen vermag, weil er eine neue Fähigkeit entwickeln soll. Gelingt ihm das zunächst nicht, so muß er solange daran arbeiten, bis es ihm gelingt. So arbeitet im allgemeinen die Evolution und dasselbe Prinzip findet auch bei der Erziehung der Meisterschüler Anwendung. Können diese eine Sache gut, so werden sie für eine gewisse Zeit dabei belassen, dann bekommen sie jedoch ganz plötzlich eine Aufgabe in ganz anderer Richtung und haben gleichermaßen bereitwillig auch die andere Arbeit zu verrichten. So ist gewiß der Wunsch, der einer bestimmten Art physischen Lebens vor jeder anderen den Vorzug gibt, zu ertöten.

Auf höherer Stufe trifft das gleiche in bezug auf das Ego zu. Der Jünger weiß, blickt er auf vergangene Inkarnationen zurück, daß sich sein Ego auf gewissen Bahnen entwickelt. Er hat aber bestimmte Qualitäten entwickelt und kann, vom Standpunkt der Individualität aus betrachtet, in diesen Richtungen erfolgreich sein. Plötzlich mag er davon fortgenommen werden. Die Individualität, das Ego, muß akzeptieren, was im Verlaufe der Schulung an es herantritt. Auch dort müssen wir frei von jedem Gefühl sein, diese Arbeit oder jene Art und Weise sei besser. Das wird uns klar, wenn wir Menschen begegnen, die zu anderen Strahlen oder zu einem anderen Typus gehören. Wir halten unseren Strahl und unseren Typus für den besten. Theoretisch würden wir zugeben, daß die anderen genauso gut wie unser eigener sein müssen, aber nur sehr wenige von uns können herzliche Sympathie für den anderen empfinden. Folglich mag jener, der z. B. in philosophischer oder wissenschaftlicher Richtung arbeitet, es als etwas unangenehm empfinden, seine Aktivitäten auf künstlerische Arbeiten oder zeremonielle Dienste zu richten. Es ist schwierig, unseren Neigungen eine Wendung zu geben und sie frei in andere Richtungen fließen zu lassen. Das ist aber eines der Dinge, die wir, wenn notwendig, zu tun lernen müssen.

Sobald ein Mensch Einheitsempfinden hat, erlangt er die leidenschaftslose Lebensanschauung bezüglich aller Dinge. Alle Arbeitsrichtungen sind dann für ihn in der Tat gleich − nicht daß er mit derselben Leichtigkeit in all den verschiedenen Richtungen zu arbeiten vermöchte, aber er sieht, daß alle zum selben Punkt führen. Der unentwickelte Mensch kann das nicht verstehen. Immer glaubt er, der Mensch, der den höheren Standpunkt einnimmt, sei kalt und hart und gefühllos, und zwar deswegen, weil der niedriger stehende Mensch an sich denkt und alle möglichen Arten von persönlichen Befriedigungen sucht, während der andere Mensch lediglich an die zu verrichtende Arbeit denkt und dorthinein all seine Energie fließen läßt. Wenn einst der Arbeitsplan des Logos am menschlichen Horizont aufdämmern wird, wird für den Menschen nichts anderes mehr von Belang sein; er wird seine ganze Energie in den Plan hineinwerfen und was immer das beste für jene Arbeit ist zu tun versuchen − selbst in bezug auf die kleinsten Details des alltäglichen Lebens.

Er spannt sozusagen einen Stern vor seinen Wagen, stellt Ideale vor sich hin, die sehr hoch sind und sehr weit außerhalb des gewöhnlichen Verständnisses liegen. Dabei ist es gänzlich unvermeidlich, daß ihn die Menschen, die die Dinge noch vom persönlichen Standpunkt aus betrachten, mißverstehen müssen. Leidet er an diesem Mißverstandenwerden, so ist dabei immer noch ein kleiner Anflug von Persönlichem vorhanden; es geht ihm immer noch darum, verstanden zu werden, aber selbst das muß er aufgeben. Er muß von der Hoffnung Abschied nehmen, daß seine Bemühungen gewürdigt werden, und erkennen, daß es keinen Unterschied macht, ob diese Anerkennung finden oder nicht. Alles was zählt ist, daß die Arbeit getan wird. Rechnen uns die Menschen unsere Arbeit nicht hoch an, so ist das egal; lassen Sie uns diese nur so vollkommen wie möglich tun. Wir werden die Wertschätzung des Meisters finden – soviel ist sicher, aber selbst das darf nicht das Motiv für unsere Handlungen sein. Unser Motiv dafür ist, daß das, was wir tun, Gottes Arbeit ist. Da wir eins mit Ihm sind, ist was er will, unser Wille und unsere höchste Freude und unser Vorrecht ist der Versuch, in seinem Sinne zu handeln.

Erkennen wir, daß alles Leben göttlicher Natur ist, so werden wir natürlich alle Manifestationen des Lebens respektieren. Wir, die wir unvollständig sehen, respektieren das Leben nicht immer in all seinen Formen und all seinen Manifestationen. Uns erscheinen viele dieser Manifestationen in hohem Maße unerwünscht und deshalb ist eine Tendenz gegeben, diese mit Verachtung zu betrachten. Das ist immer ein Fehler. Um uns herum sehen wir, von unserem Gesichtspunkt aus betrachtet, viel verkehrt Laufendes. Oft ist das wirklich so. All das, was wir an Selbstsucht, Habgier und unbeherrschtem Begehren in der Welt sehen, ist gewiß verkehrt – in dem Sinne, als es eben sehr viel besser wäre, diese Dinge wären anders. So darüber zu denken, bedeutet für uns überhaupt keinen Fehler, denn das ist eine Tatsache. Gestatten wir uns jedoch, Verachtung bezüglich der Personen zu empfinden, die sich auf jener Stufe befinden, so gehen wir dabei weiter als wir das Recht dazu haben. Die Entwicklungsstufe der Betreffenden ist der Grund für eine solche Erscheinung und gerade durch diese lernen sie.

Sehen wir einen Menschen, der Selbstsucht und Habgier sowie mangelnde Selbstbeherrschung zeigt, so sagen wir: „Wie schade!" Dennoch kann man nur in dem Sinne von „schade" sprechen, wie wir sagen könnten, es sei schade, daß ein kleines vierjähriges Kind noch nicht zum Erwachsenen herangewachsen ist. Gestatten wir uns Unbeherrschtheit oder Habgier und Selbstsucht, so mögen wir eine

Art Verachtung unserer selbst empfinden, weil wir es besser wissen. Diese Empfindung wäre aber bezüglich irgendeines anderen Menschen falsch. Sieht es so aus, als hätte er es besser machen können, so hat er wahrscheinlich seine Möglichkeiten nicht genutzt. In dem Falle sollte er uns leid tun und wir sollten ihm zu helfen versuchen, sofern wir es können, die bessere Seite zu sehen, die höheren Möglichkeiten. Es ist aber der größte Fehler, uns von ihm zu distanzieren, wenn es uns auch nicht immer gelingen mag, bezüglich der Dinge, die er tut, keine Abneigung zu empfinden. Betrinkt sich z. B. ein Mensch, so deshalb, weil er sich eben auf dieser Stufe befindet. Daher ist es für ihn möglich, einer solchen Versuchung nachzugeben, anstatt diesbezüglich standhaft zu sein, wie er es hätte sein sollen. In vielen Fällen hat er das vielleicht versucht, schaffte es bisher jedoch noch nicht. Alles, was wir tun können, um ihm zu helfen, sollte sein, ganz und vollkommen zu seiner Verfügung zu stehen. Wir dürfen ihm gegenüber aber keine Abneigung empfinden. Das ist die alte christliche Vorstellung, wonach wir die Sünde hassen dürfen, den Sünder jedoch bedauern müssen, denn sonst verhalten wir uns schlimmer als dieser, weil wir den Sinn für Bruderschaft verlieren sowie unser Vermögen, Hilfe zu leisten, zerstören.

Hinter allem steht das eine Leben, und wir müssen dieses selbst in jenen Manifestationen respektieren, die uns nicht gefallen und die wir für nicht wünschenswert halten. Wir dürfen niemals vergessen, daß es dabei um Göttliches geht. Werden Dinge getan, die sehr ungöttlich sind, so ist es manchmal sehr schwierig, das nicht zu vergessen; dennoch müssen wir es versuchen. Das ist die alte Vorstellung vom verborgenen Leben, wie sie uns vor tausenden von Jahren in den ägyptischen Mysterien gelehrt wurde. Danach war das verborgene Leben in jedem Menschen vorhanden und wie tief dieses auch immer vergraben sein mochte und wie wenig es sich auch zeigte, wir hatten immer daran zu denken, daß es vorhanden war, auch dann, wenn wir es nicht zu sehen vermochten.

Nach dieser Lehre konnte das verborgene Licht in uns nicht auf den anderen scheinen und sofort das verborgene Licht in ihm wecken. Hätten wir jedoch genügend Geduld und wären ausreichend eindringlich, so müßten wir die Antwort irgendwann und irgendwie einmal hervorrufen. Heutzutage wird diese Lehre etwas anders formuliert, aber sie ist wie damals gleichermaßen gültig.

Der im Ewigen lebende Mensch sieht sowohl was sein wird als auch was jetzt ist und betrachtet er eine höchst unerwünschte Manifestierung von Leben, so sagt er: „Ja, gegenwärtig vom Standpunkt der Zeit aus betrachtet, sehe ich die Sache eben so, wie sie jetzt ist, als eine niedrige, unwürdige Manifestation – eines Tages aber wird das göttliche Leben darin erblühen." Viele Menschen bedenken nicht, welch eine trügerische Sache die Gegenwart ist. Bereits wenn wir daran denken, ist sie vergangen. Wir sagen, die und die Sache existiert zur Zeit, und während wir noch diese Worte äußern, ist der gegenwärtige Augenblick bereits zur Vergangenheit geworden. In Wirklichkeit gibt es gar keine Gegenwart, sondern nur so etwas wie eines Messers Schneide zwischen Vergangenheit und Zukunft. Gegenwart ist eigentlich bloß ein Ausdruck, den wir aus Bequemlichkeit gebrauchen, die Sache selbst bewegt sich jeden Augenblick der Zeit. Wir müssen die Zukunft in die Gegenwart hineinlesen und sehen, was sein wird. Könnten wir nur für ein paar Momente aus diesen Körpern und Gehirnen in ein im ganzen höheres Leben gelangen und von oben darauf blicken, würden wir die Sache verstehen können wie sie ist. Wir würden erkennen, daß wir, wenn wir an die Zukunft denken, diese für die Gegenwart leichter erreichbar machen würden. Betrachten wir einen Menschen, der eindeutig sündigt, und denken wir an seine Sünde, so verstärken wir damit seine Verstrickung in die Sünde noch mehr. Blicken wir jedoch auf ihn mit Gedanken an die Zukunft, in der er sich aus der Sünde erhoben haben wird, so öffnen wir ihm den Weg in jene Zukunft und bringen diese mehr in seine Reichweite.

3. Ertöte den Wunsch nach Behagen.

Sei glücklich wie die, welche dem Glücke leben.

A. B.: In seinen frühen Wachstumsphasen richtet der Mensch sämtliche Anstrengungen seines Gehirns und Körpers darauf, die ihm Behagen bringenden Mittel zu erlangen. Der Wunsch nach Behagen ist das Motiv der Mehrzahl der Menschheit. Das ist ein sehr nützlicher Anreiz, um im Menschen bestimmte Qualitäten zu entwickeln. Dadurch wird er gelehrt, daß er seinen Körper beherrschen, über seine niedere Natur hinauswachsen muß und auch seine Körper zu entwickeln hat, so daß diese den Zwecken dienlich sind, darin Behagen zu empfinden.

Der Wunsch nach Behagen schwindet allmählich in dem Maße, wie immer höhere Dinge Anziehung auf den Menschen ausüben. Ein Mensch mag sich vom Wunsch nach Behagen und Freude lösen, indem er z. B. sein Interesse dem mentalen Leben zuwendet. Zunächst wird er das als Anstrengung empfinden, als schmerzhaft und als Gefühl, etwas verloren zu haben, jedoch er bevorzugt die

mentalen vor den physischen Freuden, weil er weiß, daß diese von
längerer Dauer sind. Er wird dann, während er Selbstverleugnung
übt, feststellen, daß das Gefühl, etwas verloren zu haben, immer
mehr in dem Maße abnimmt, wie die Freuden des Intellektuellen ihn
mehr und mehr anziehen, bis schließlich die niederen Wünsche
überhaupt keine Anziehung mehr auf ihn ausüben.

Auf jeder Stufe gibt es zunächst Selbstverleugnung und dann
verlieren die physischen Wunschobjekte die Anziehungskraft. Später kommt es zu derselben Änderung bezüglich der intellektuellen
Freuden. Schaut der Mensch zum spirituellen Leben auf, so schwindet allmählich die Anziehungskraft intellektueller Dinge, und von
den Freuden der mächtigen intellektuellen Kraft wird er immer
weniger angezogen. Er wird sich die intellektuellen Freuden versagen und sich jener des Geistes erfreuen. Vom Intellekt wird er sich
zurückziehen und sein Bewußtsein auf die spirituelle Stufe fixieren.

Die Zerstörung des Wunsches nach Behagen bringt auch Gefahren mit sich. Hierbei geht es um die dritte große Gefahr. Die erste
war Untätigkeit, die zweite Verachtung, und die dritte ist die
Neigung dazu, nicht glücklich zu sein, sondern weder glücklich noch
unglücklich, weder das eine noch das andere.

Wie soll der Mensch glücklich werden? Die Antwort lautet: Durch
die Erkenntnis, daß das Selbst Seligkeit ist. Im Brahma Sutras wird
gesagt, Brahman ist Seligkeit, Brahman ist Ananda. Das gilt es nun
zu erkennen. Nicht länger wird der Mensch von Freude oder
Schmerz bewegt. Freude und Schmerz haben aufgehört, ihn zu
fesseln. Entstanden sind sie aus dem Kontakt zwischen Formen, er
aber hat das Gleichgewicht erreicht. Daher kann er leicht in den
Zustand sinken, weder glücklich noch unglücklich zu sein; jedoch hat
er zu lernen, glücklich zu sein wie die, welche dem Glücke leben.

Die Seligkeit des Selbst, jene tiefe, bleibende Seligkeit, das Gefühl
der Zufriedenheit und Freude, das ist ein wesentlicher Bestandteil
des spirituellen Lebens und gleichzeitig auch der Teil, bei dem es am
schwierigsten ist, sich darüber im Bewußtsein klar zu werden. Eine
sehr auffallende Tatsache ist bei den großen Mystikern und Erlösern
der Menschen die, daß in deren Leben die Schmerzkomponente sehr
stark im Vordergrund steht. Gautama, der Buddha, verließ seine
herrlichen Paläste, Gärten und liebevollen Freunde, um das Heilmit-
tel für das Leid der Welt zu suchen. Dasselbe trifft für die Leben all
der großen Menschheitsführer zu. Vom Leid wurden sie sehr tief
berührt, davon jedoch nicht überwältigt. In jenen Menschen lebte
eine konstante Freude und das Leid ist seitens des von außen darauf
schauenden Menschen bewußt sehr übertrieben dargestellt worden.

Weil Schmerz über ihnen schwebt, weil Angst, Qual, Sorgen,
Kummer und Weh auf diese von allen Seiten her niederregnen,
werden sie natürlich als kummervoll beurteilt. Das darf man aber
daraus nicht schließen. Sie sind nicht von Kummer erfüllt, von Leid
und Not, wie sehr sie davon auch immer begleitet gewesen sein
mögen, und vermögen zu tun, was immer um der Welt willen nötig
ist. Unter all diesen Dingen schlägt ein friedvolles Herz. Daher
hören Sie sie immer sagen: „Mein Friede bleibt".

Der Jünger fühlt den Schmerz der Welt. Dem kann er nicht
entfliehen; dieser wird einen Schatten auf ihn werfen — einen
unvermeidbaren Schatten. Der ganze Schmerz der Welt muß in ihm
sein Echo finden. Er fühlt Schmerz und ständiges Mitleid mit den
Unwissenden und Leidenden, über deren Auflehnung und Empö-
rung. Auf der Stufe, die wir gerade betrachten, besteht für ihn eine
Gefahr, nämlich die, daß er aufhören könnte, für andere zu empfinden. Genau in dem Maß, wie er zu fühlen aufhört, würde er dann
seine Nützlichkeit verlieren. Die Großen fühlen hilfloses Mitleid für
die unter der Herrschaft des Karma Stehenden, Mitleid, weil sie
nicht helfen können, denn es gibt Dinge, wo sie nicht zu helfen
vermögen, wo Menschen ihre eigenen Erfahrungen machen müssen.
Trotz ihres Wissens, daß das so sein muß, und trotz ihrer absoluten
Zufriedenheit (im Sinne von Zustimmung) zum Gesetz stehen sie
abseits und beobachten dessen Wirkung und immer noch empfinden
sie Schmerz und Anteilnahme — Mitleid, in dem eine gewisse Leid-
Komponente vorhanden ist.

Das wird immer so etwas wie ein Schatten bleiben. Verliert ein
Mensch die Fähigkeit des Mitempfindens, so würde er auch die
Fähigkeit zum Helfen verlieren. In dem Maße, wie sein Leben in den
Unwissenden einfließt, fühlt er dessen Freude oder Schmerz und
erleichtert dessen Leid, indem er sich selbst empfindet.

Bei all diesem auf ihm lastenden Druck ist es immer notwendig,
daß der Jünger daran erinnert wird, daß das Selbst Seligkeit ist. Er
muß die Freudigkeit aufrechterhalten, muß in sich bewußt das
Zufriedenheits- und Glücksgefühl kultivieren. Eine Möglichkeit
hierfür ist die Meditation über die göttliche Seligkeit, der nichts zu
dieser Erde Gehörendes gleichkommt, weil sie die ureigenste Substanz und Natur des Selbst ist. Der Mensch kann diesen Aspekt nur
durch die bewußte Kultivierung von Freude und Zufriedenheit
entwickeln und dadurch, daß er auf die Welt blickt und erkennt, daß
das Böse avidya ist — Unwissenheit. Inmitten des Leids hat er
glücklich zu sein. Er muß sich selbst lehren, daß Schmerz zum
Körper gehört, während das Leben immerwährende Freude ist.

C. W. L.: Diese Regel bedeutet nicht, daß man sich evtl. lieber nicht
wohlfühlen sollte, obgleich das von vielen so verstanden wird. Von
Yogis, Eremiten und Mönchen wurde das in anderen Schriften
ähnlich ausgelegt; das ist aber absolut falsch und töricht. Im Mittelalter trugen manche Mönche härene (aus Haar) Hemden, und manche
Yogis hocken auf Nägeln und schlafen bei heißestem Wetter inmitten eines Feuerrings – das alles nur, um sich unbehaglich zu fühlen.
Das kommt dabei heraus, wenn man sich ein Thema auswählt und
dieses totlaufen läßt. In der Bhagavad-Gita wird ausdrücklich
gesagt, daß jene, die den Körper martern, auch das darin wohnende
Göttliche martern (eigentlich: den darin sitzenden Göttlichen). Ihre
Methoden bringen ihnen keine Fortschritte. Somit bedeutet diese
Regel nicht, daß wir uns nicht unbehaglich fühlen dürfen, sondern
einfach, daß wir niemals zulassen dürfen, daß unser Verlangen nach
Behagen einer von uns zu verrichtenden Arbeit im Wege steht.
Wenn das Tun dessen, was zu tun ist, uns großes Unbehagen
verursacht, dürfen wir deswegen von der Ausführung nicht Abstand
nehmen.

Uns unnötigerweise Unbehagen zu schaffen, legt uns nur Schwierigkeiten in den Weg. Es wird viel über die Tugend des Leidens
gesprochen und welche Fortschritte dadurch erzielt werden.
Betrachten wir jedoch die reinen Tatsachen, so werden wir feststellen, daß der Fortschritt erzielt wird, nachdem das Leiden vorüber ist.
Nicht das tatsächliche Leiden selbst bringt den Fortschritt, sondern
in vielen Fällen erwacht der Mensch dadurch und ihm werden
Bedingungen bewußt, die er sonst nicht genügend bemerkt hätte.
Manchmal werden dadurch Eigenschaften in ihm ausgemerzt, die
Fortschritte für ihn schwierig machten. Der Fortschritt wird jedoch
erst erzielt, nachdem das Leiden vorüber ist, weil sich der Mensch
nur dann in einer geeigneten Geistesverfassung befindet, um sich
höheren Dingen zuwenden zu können.

Wir dürfen nicht glauben, es sei eine Tugend, uns Unbehagen zu
schaffen. Im Gegenteil, fühlt sich der physische Körper wohl, so sind
wir viel besser in der Lage, an höhere Dinge zu denken. Und doch
kannte ich Leute, die hierauf hartnäckig bestanden. Z. B. ist es in
Indien, wo Meditation bestens verstanden wird, üblich, mit gekreuzten Beinen zu sitzen. Ich kannte eine Menge Weißer, die sich mit
dieser Sitzhaltung abmühten und sich selbst Schmerzen bereiteten,
indem sie versuchten, der indischen Meditationsgewohnheit zu
folgen. Dabei wird nicht verstanden, daß die Sitzhaltung mit
gekreuzten Beinen nur ein äußerlicher Aspekt ist und daß der Inder
diese Haltung nur einnimmt, weil er seit seiner Kindheit daran

gewöhnt ist. Für Leute, die daran nicht gewöhnt sind, ist es außerordentlich wirkungslos, sich zu einer für sie unbequemen Sitzhaltung zu zwingen. Pantanjalis Anweisung lautet, man solle eine „bequeme und wohltuende" Sitzhaltung annehmen.

Bezüglich der Körperhaltung während der Meditation gibt es zwei Kriterien zu beachten. Erstens sollte diese bequem sein, so daß es einem leicht fällt, diese zu vergessen, denn darum geht es dabei. Zweitens sollte die Haltung derart sein, daß wir, wenn wir in der Meditation den Körper verlassen, was jederzeit passieren könnte, unseren Körper nicht verletzen. In einem solchen Falle ist die Wirkung auf den Körper so, als seien wir in Ohnmacht gefallen. Der Inder, der auf der Erde sitzt, fällt einfach nach hinten zurück, und dabei passiert ihm gar nichts. Wenn wir meditieren, so tun wir deshalb gut daran, in einer Art Lehnstuhl zu sitzen, so daß wir, wenn der Körper bewußtlos wird, aus diesem nicht herausfallen können. Eine liegende Haltung ist meist nicht gut, weil dadurch die Neigung zum Einschlafen verstärkt wird.

Es gibt gefühlsmäßige und intellektuelle Freuden. Viele Leute, die die Vorstellung verachten, ihre physische Bequemlichkeit bedeute ihnen irgend etwas, fühlen sich doch außerordentlich unglücklich, wenn sie sich gefühlsmäßig unwohl fühlen, d. h. wenn sie glauben, ihre Emotionen fänden nicht das verdiente Echo. Viele Menschen sind übertrieben sentimental und erwarten, daß der Rest der Welt genauso zu sein habe, bzw. sind sehr verletzt, wenn das nicht der Fall ist. Solche Menschen verströmen, was sie Liebe nennen. Diese hat aber häufig den Beigeschmack von Selbstsucht. Sie verursachen alle möglichen Arten von Unruhe und tun sogar Dinge, die denjenigen, die sie zu lieben vorgeben, schaden − all das nur, um das zu bekommen, was sie als Erwiderung ihrer Zuneigung bezeichnen. Sie können nicht verstehen, daß es verschiedene Arten der Zuneigung gibt und daß es der betreffenden Person absolut unmöglich sein mag, diese Zuneigung auf dieselbe Art zu erwidern. Die Schwierigkeit resultiert aus dem nachdrücklichen Verlangen nach gefühlsmäßigem Behagen, dem wir niemals gestatten dürfen, sich in unsere eigene oder die Weiterentwicklung derjenigen, die wir lieben, einzumischen.

Gleichermaßen gibt es ein intellektuelles Behagen. Manche Leute möchten gern, daß andere genauso denken wie sie, so daß sie, mental gesehen, zufrieden sind und ohne Unruhe. Ständig haben wir mit dieser Schwierigkeit zu tun. Da ist vielleicht ein vielversprechender junger Mensch, der ein tiefes Interesse für Theosophie hegt, und z. B. in die Theosophische Gesellschaft eintreten will − seine Eltern

leisten jedoch energisch Widerstand gegen ihn. Bei dem Gedanken,
daß ihr Sohn oder ihre Tochter einen Weg einschlägt, den sie nicht
teilen können, werden sie sich intellektuell nicht wohlfühlen. Sie sind
sicher, daß sie im Recht sind, daß es außerhalb der Grenze ihrer
persönlichen Meinungen keine wirkliche Weisheit geben kann.
Wenn daher also ein Sohn oder eine Tochter anders als sie selbst
denken, so sind sie ziemlich empört, wobei sie nicht erkennen, daß
die Tatsache, daß ein Ego in ihrer Familie geboren wird, nicht
gleichzeitig bedeutet, daß dieses notwendigerweise dasselbe Temperament wie sie haben muß.

Jedes Ego hat seinen eigenen Weg, seine eigene Fähigkeit, die
Wahrheit zu verstehen; diese muß es auf seine eigene Art und Weise
erkennen. Der Versuch seitens anderer, es dazu zu zwingen, diese
auf ihre Weise zu finden, ist ein Fehler. Das gesamte innere Selbst
revoltiert dagegen. Wird auf Kinder intellektueller Druck ausgeübt,
so ist, in hunderten von Fällen, die Folge davon die, daß sie von dem,
was ihre Eltern glauben, total abfallen. Immer und immer wieder
endet z. B. der Sohn eines Priesters als Atheist, weil Vater und
Mutter ihn unklugerweise zwangen, in ihrer Richtung zu denken.
Dieser Schaden wird nur deshalb angerichtet, weil sie sich selbst
intellektuell wohlfühlen wollen. Der Jünger muß immer vorsichtig
sein, daß sein Wunsch nach gefühlsmäßigem oder intellektuellem
Behagen ihn nicht dazu bringt, sich in die Rechte anderer Menschen
einzumischen bzw. daß dieses Verlangen nicht seiner Pflicht oder der
von ihm zu leistenden Hilfe im Wege stehen darf.

Ein wesentlicher Punkt ist, daß wir glücklich sind, wie der Chohan
hier sagt, obgleich wir natürlich nicht um des Glücklichseins willen
leben. Ich glaube, viele vergessen die Pflicht des Glücklichseins. Sie
betrachten das nicht als Pflicht, obwohl das ganz eindeutig so ist. Das
ist ein notwendiger Bestandteil der Weiterentwicklung. Die Person,
die ständig traurig und deprimiert über das ist, was geschieht, macht
keine Fortschritte. Daher ist es für sie wichtig, das hier Gesagte zu
verstehen. Wie ich bereits erwähnte, ist es erforderlich, daß wir
immer feinfühliger werden, weil wir, bevor wir uns nicht in eine
solche Verfassung gebracht haben, nicht in der Lage sind, sofort auf
das kleinste Zeichen des Meisters zu reagieren. Es ist ohne Frage
schwierig, sehr feinfühlig zu sein und gleichzeitig strahlend glücklich
− trotzdem haben wir genau das zu sein. Es gibt eine ganze Menge
Dinge, die unser Mitgefühl wecken, und es ist schwierig, Mitgefühl
mit Leidenden zu empfinden, ohne gleichzeitig Kummer darüber zu
fühlen. Trotzdem hat, wie ich erklärte, der Meister ein viel größeres
Mitgefühl, empfindet aber gewiß den Kummer nicht als Leid.

Es könnte viel weniger Leiden und viel weniger Kummer geben, wenn die Menschen, die das Leid und den Kummer zu ertragen haben, in anderen Leben ganz anders gelebt hätten − vielleicht vor tausenden von Jahren. Bedenkt man aber die Tatsache, daß sie eben so lebten, so ist das, was nun geschieht, für ihre Weiterentwicklung das Beste, was geschehen kann. Wir können nicht anders, als bedauern, daß es nicht besser ist, jedoch ist nicht das, was nun geschieht, der Grund für unseren Kummer, sondern die vorausgegangenen Ereignisse, die das notwendig machten. Das klingt vielleicht etwas hart; verstehen wir jedoch, wie die Folge so ganz Teil der Ursache ist, so sehen wir, daß das, was jetzt geschieht, tatsächlich Teil der vor langer Zeit gelegten Ursache ist und daß es unter dem herrschenden göttlichen Gesetz von Ursache und Wirkung nicht anders sein kann.

All dies Leiden läßt sich jetzt nur ändern, indem neue Kräfte ins Spiel kommen. Manchmal können wir bis zu einem gewissen Grade Kummer und Leid lindern. Wenn immer wir das tun, so bedeutet das nicht im mindesten, daß wir das wirkende Gesetz aufheben; es ist keineswegs so, daß etwas nicht in Übereinstimmung mit dem Gesetz seinen Lauf nimmt, sondern wir bringen eine neue Kraft ins Spiel, die auch unter das Wirken des Gesetzes fällt und vieles mildert, was sonst die Folge des vorher Geschehenen gewesen wäre. Aber wenn wir auch manchmal lindern und helfen können, so ist es, wie ich vorher erklärte, für viele schwierig, eine vollkommen mitfühlende Haltung anzunehmen und doch die Notwendigkeit des Leidens zu erkennen, obgleich uns das bei manchen Dingen ganz gut gelingt. Angenommen, ein von uns sehr geliebter Freund muß sich einer Operation unterziehen. Natürlich bedauern wir diese Tatsache, es kommt uns dabei aber nicht in den Sinn, daß das nicht so sein muß, weil wir erkennen, daß der Zweck der Operation etwas Gutes ist. Wir vertrauen darauf, daß die Folge davon eine Besserung der Gesundheit sein wird. Deshalb − wie traurig und ängstlich wir auch sein mögen − betrachten wir dies als unglückliche, bedauerliche Notwendigkeit. Aller Kummer, alles Leiden ist nichts anderes als das, nämlich eine Operation, um gefährliche Wucherungen zu beseitigen.

Viel vom Leid der Welt kann vermieden werden, weil ein großer Teil davon nicht aus der Vergangenheit resultiert, sondern das Ergebnis des gegenwärtigen törichten Verhaltens des Menschen ist. Dinge werden falsch verstanden. Zum Beispiel gestatten wir uns häufig, uns verletzt, angegriffen oder traurig zu fühlen. Das ist kein Karma aus der Vergangenheit. In vielen Fällen stammen sieben

Achtel des Leids, dem Menschen begegnen, keineswegs von außerhalb, sondern dieses resultiert nur aus der Art und Weise, wie sie ihre Erfahrungen hinnehmen.

Die meisten Menschen, die dem Glücke leben, versuchen, dieses Glück auf verschiedene Weise zu erlangen: indem sie sich mit solchen Menschen umgeben, mit denen zusammen sie sich glücklich fühlen, indem sie nach dorthin gehen, wo sie ihr Vergnügen finden usw. Der Jünger sollte das nicht tun, weil er in der Lage sein muß, in sich selbst vollkommen glücklich zu sein – ohne Beziehung zu bestimmten äußeren Umständen. Das ist schwierig für uns, denn über viele Leben hinweg waren wir in hohem Maße der Spielball der Umstände. Beobachten wir die Menschen, so stellen wir fest, daß viele davon sich noch in diesem Zustand befinden. Die Mehrzahl der Menschen in der Welt bemüht sich sehr wenig darum, den Zustand, in dem sie sich befindet, zu verändern. Ist ihre Verfassung depressiv oder sind sie leicht gekränkt und deshalb unglücklich, so sollten sie beginnen daran zu arbeiten, diese Bedingungen zu verändern. Anstatt dessen murren sie über die sie kränkenden Personen und behaupten, es sei ihnen ganz unmöglich, mit solchen Leuten auszukommen – und doch sind jene anderen wahrscheinlich genau solche Menschen wie der Rest der Welt. Unser Glück beruht darauf, wie diese Menschen genommen werden, auf unserem Verhalten ihnen gegenüber. Hat das okkulte Studium schon einige Früchte getragen, so werden wir sagen: „Mir ist es egal, welche Haltung die andern einnehmen, das ist deren Angelegenheit, nicht meine. Ich habe dafür zu sorgen, daß ich mich nicht kränken lasse, daß ich mich nicht ärgere, daß ich eine friedvolle Verfassung aufrechterhalte, egal was diese Menschen immer tun oder denken mögen."

Man mag sagen, das sei sehr schwer zu verwirklichen, wenn die anderen aggressiv oder beleidigend sind. Ist es aber nicht ganz offensichtlich so, daß die durch die Beleidigung oder das aggressive Verhalten hervorgerufene Wirkung von der Reaktion darauf abhängt? Gestatten wir uns, uns davon berühren zu lassen, so entsteht eine Menge Unruhe. Wir zeigen unsererseits nun ein ähnliches Verhalten, und dem Betrachter erschiene das so, als sei etwas von jener Agression gerechtfertigt. Sind wir jedoch völlig ruhig, so setzt der uns kränkende Mensch sich ins Unrecht und der Betrachter sieht, daß wir nicht im Unrecht sind. Natürlich sollten wir nicht deshalb unsere Ruhe bewahren, damit es so aussieht, als seien wir im Recht, sondern wir sollten eine philosophische Haltung annehmen, weil uns solche Angriffe nicht treffen oder uns nicht beeinflussen, und somit können wir glücklich sein.

Das sieht nach einer Art negativem Glück aus, um Schmerz und Leid zu vermeiden. Wir können eine Menge mehr tun; wir, die wir versuchen, gemäß den Regeln des Okkultismus zu leben — Schüler des inneren Lebens — haben etwas von der Arbeit der Welt zu verrichten. Sicherlich vermag niemand Einblick in den Plan des Logos und die zwecks Erfüllung des Plans zu verrichtende Arbeit zu tun, ohne zu versuchen, soviel wie er vermag dafür zu tun. Die Tatsache, daß er sich mit dieser Arbeit befaßt, hält den Menschen beschäftigt und glücklich. Für Depressionen sollten wir keine Zeit haben, keine Zeit, uns wegen all der äußerlichen Dinge zu sorgen. Wenn wir die ganze Zeit über stark damit beschäftigt sind, gute Gedanken auszusenden, starke Wünsche, starke Ströme guten Willens an alles uns Umgebende, so sind wir vollauf beschäftigt und bei der Arbeit selbst glücklich.

Es ist traurig, wenn man die Menschen überall um uns herum immer erzählen hört, was sie alles unternehmen, um sich „die Zeit zu vertreiben". Sie tun dieses oder jenes, um etwas zu tun zu haben. Dieses Verhalten ist sowohl ulkig als auch bemitleidenswert, denn die Welt ist voller Gelegenheit, Gutes zu tun und edle Taten zu vollbringen. Solche Menschen halten nach den Gelegenheiten nicht einmal Ausschau. Sie versuchen lediglich, sich auf diese oder jene Weise zu amüsieren, damit sie die Zeit überbrücken — eine sehr merkwürdige Verhaltensweise.

Der Schüler des Okkultismus findet, daß er garnicht genug Zeit haben kann, um alles tun zu können, was er gern tun würde. Alle die, die wirklich zu arbeiten bereit sind, haben eine erdrückende Last von Arbeit zu bewältigen; es gibt immer mehr zu tun als ihnen möglich ist. Mrs. Besant arbeitet unermüdlich vom frühen Morgen bis sehr spät in die Nacht hinein ohne Pause und ihre Vorstellung von der Arbeit ist eine ganz andere als die des durchschnittlichen Menschen. Manche Menschen, die im Berufsleben stehen, sind bestimmt die ganze Zeit über beschäftigt, jedoch stellen sich die meisten Menschen Arbeit folgendermaßen vor: etwas tun, dann eine Pause machen und danach die Sache wiederaufnehmen und etwas mehr Zeit damit verbringen. Das würden sie als „sich intensiv der Arbeit widmen" bezeichnen. Mrs. Besant arbeitet ganz anders. Sogar während sie einer Geschichte zuhört, die ihr erzählt wird, schreibt sie weiter und weiß jedes ihr gesagte Wort, und am Ende der Geschichte ist sie vollkommen imstande zu helfen oder Rat zu geben. Sie verliert keinen einzigen Augenblick. Muß Mrs. Besant einmal an einer Bahnstation warten, so ist sie immer darauf vorbereitet, eine kleine Tasche hervorzuholen und sofort mit dem Artikel- oder Briefe-

schreiben zu beginnen. Diese Gabe hat nicht jeder, besonders kann
das auch nicht jeder, weil ein Großteil davon Forschungsarbeit ist,
die in vielerlei verschiedenen Beziehungen rasche Entschlüsse erfordert. Menschen, die für ihre Arbeit bezahlt werden, erledigen diese
nicht so. Eben weil Mrs. Besant alles, was sie tut, aus Liebe dazu
macht, ist sie imstande, soviel zu tun. Gewiß ist sie glücklich bei ihrer
Arbeit, immer ist sie bereit, den Menschen mit einem freundlichen
Lächeln zu begegnen, und dadurch ist ihr Einfluß auf alle, die mit ihr
in Kontakt kommen, von stark belebender Natur. Wir täten gut
daran, ihr in allen Schritten so weit wir es vermögen zu folgen —
dabei sollten wir uns immer an die Pflicht zum Glücklichsein
erinnern. Sind wir nicht glücklich, so tun wir nicht genug; das ist ein
sicherer Beweis dafür, daß wir Zeit verschwenden. Wir sollten zu
arbeiten beginnen, etwas tun und sofort wird das Unglücklichsein
verschwinden, weil dann dafür keine Zeit mehr vorhanden ist. Das
Interesse an der Arbeit ist so brennend und die zu bewältigende
Arbeitsmenge so groß, daß wir daran zu denken haben und keine
Zeit mehr dafür zur Verfügung steht, an irgend etwas zu denken, was
mit dem Unglücklichsein zu tun hat.

**Suche im Herzen den Ursprung des Übels und vertilge es. Im
Herzen des ergebenen Jüngers gedeiht es ebenso wie im Herzen der
Menschen des Begehrens. Nur der Starke kann es vernichten. Der
Schwache muß sein Wachsen, seine Früchte, seinen Tod abwarten.
Es ist eine Pflanze, die durch Zeitalter lebt und sich ausbreitet. Sie
blüht, wenn der Mensch Erfahrungen aus zahllosen Leben gesammelt hat. Wer den Pfad der Macht betreten will, muß dieses Ding aus
seinem Herzen reißen. Dann wird ihm das Herz bluten und das ganze
Leben des Menschen wird aufgelöst erscheinen. Diese Feuerprobe
muß ertragen werden. Sie kommt vielleicht beim ersten Tritt auf der
gefahrvollen Leiter, welche zum Pfade des Lebens führt, sie kommt
vielleicht erst beim letzten. Aber bedenke, o Jünger, daß sie ertragen
werden muß, und setze alle Kräfte deiner Seele für diese Aufgabe
ein. Lebe weder in der Gegenwart noch in der Zukunft, sondern im
Ewigen. Dort kann dieses Riesenunkraut nicht gedeihen. Schon
durch den Gedanken an das Ewige wird dieser Fleck auf dem Dasein
ausgelöscht.**

C. W. L.: Das ist der Rest der 4. Regel, der Kommentar des Chohans
zu den ersten drei Regeln.

Das riesige Unkraut ist die Irrlehre des Sonderseins — die Vorstellung des gesonderten Selbstes, die wirklich die Quelle des Bösen ist.

Wir werden angewiesen, dieses stufenweise zu ertöten. Wir werden ersucht, zunächst das niedere mit dem höheren Selbst zu vereinigen, das soll heißen, die Persönlichkeit mit der Individualität verschmelzen zu lassen. Für die meisten von uns ist das persönliche Selbst noch so nahe, daß es dazu neigt, die höheren Dinge auszuschließen. Wir müssen unseren Weg da hindurchbahnen und dieses langsam transzendieren, um uns von aller Selbstsucht vollkommen zu befreien. Dann müssen wir bei der Individualität beginnen.

Jetzt ist die Individualität, das Ego, ein herrliches Ding, aus mehreren Teilen bestehend, außerordentlich schön und wunderbar seiner Umgebung angepaßt, in der Tat ein herrliches Wesen. Dennoch müssen wir schließlich erkennen, daß selbst das Ego nur ein Instrument ist, das wir durch die Tätigkeit über viele Zeitalter hinweg schufen zwecks Weiterentwicklung der Monade. Weil wir die Vorstellung vom gesonderten Selbst in unseren früheren Entwicklungsstadien zu entwickeln hatten, befindet sich das riesige Unkraut oder dessen Saat in jedermanns Herzen. Früher oder später muß es ertötet werden, jedoch vermögen es nur die Starken zu Beginn ihrer Entwicklung in sich auszureißen. Die Schwachen müssen warten und es wachsen lassen, während sie genügend Kraft entwickeln, um es zu ertöten. Das ist für diese bedauerlich, denn je länger man dem Unkraut gestattet, sich zu behaupten, desto enger verflicht es sich mit der Natur des Menschen. Jene, die die Kraft zu sammeln vermögen, es jetzt auszureißen, werden rascher und sicherer Fortschritte erzielen. Schrecklich ist der Kampf, sich vom gesonderten Selbst zu lösen, jederzeit, er wird aber tausende Mal schwieriger sein, wenn wir ihn bis zu späteren Stufen unserer Entwicklung aufschieben. Bis dieses Unkraut nicht endgültig zerstört wurde, werden wir allen möglichen Schwierigkeiten und Gefahren ausgesetzt sein, denen wir nur entgehen können, indem wir uns hier und jetzt davon befreien. Deshalb ist es, das liegt auf der Hand, am besten, man ertötet es am Anfang.

Alle okkulten Lehrsysteme stimmen darin überein, dem Schüler nahezulegen, sich gleich zu Anfang von dieser Illusion zu befreien. Neben unserer Gewohnheit, uns als etwas Gesondertes zu betrachten, ist die im Wege stehende Schwierigkeit die, daß diese Vorstellung in der Vergangenheit die Quelle all unserer Kräfte war. Als sich das Ego zunächst als Individualität bildete, war es sehr schwach. Bis zu dem Zeitpunkt war es Teil einer Gruppenseele gewesen und die Vorstellung, eine gesonderte Individualität zu sein, war in ihm nicht stark vorhanden. Diese mußte durch das primitive Leben intensiviert werden. Des Menschen Kraft wuchs allmählich aus dem Gefühl „Ich

bin ich" heraus. In früheren Zeiten bedeutete das: „Ich bin ein
großer Kämpfer und ein flinker Läufer. Ich bin ein mächtiger
Anführer, ich kann Armeen anführen, ich kann Menschen lenken,
ich kann sie dazu bringen, das zu tun, was ich will." Später bekundete
sich das auf höherer Stufe als: „Ich habe einen mächtigen Intellekt,
ich verlasse mich auf mich selbst, ich bin stolz auf mich, ich bin ein
großer Mensch, ich kann besser denken als andere; daher habe ich
Gewalt über deren Geist, kann sie in diese oder jene Richtung
lenken." Durch das Getrenntheitsgefühl haben wir Selbstvertrauen
gelernt.

Später dann folgt eine Stufe, auf der Selbstvertrauen Vertrauen
zum Höheren Selbst bedeutet. Der Mensch vertraut dann nicht mehr
auf seine geschickte Hand, seinen flinken Fuß und seine Muskelkraft
oder auf seine intellektuellen Fähigkeiten, sondern er kommt zu der
Erkenntnis, daß es eine Kraft des Geistes gibt, die weitaus größer ist
als all diese äußerlichen Erscheinungsformen davon. Wenn diese
Stufe erreicht wurde, so erkennt der Mensch bald, daß die Kraft
seines Geistes die Kraft des dahinterstehenden Unendlichen ist, weil
sie eins mit Gott selbst ist. Somit wird unser Selbstvertrauen
schließlich zum Vertrauen auf Ihn – auf die mächtige dahinterstehende Kraft. Wir sind Er, und vertrauen wir auf Gott, so vertrauen
wir auf uns selbst, weil jeder von uns ein göttlicher Funke ist und die
Göttlichkeit in uns ist. Das brauchen wir nur zu erkennen und in uns
zu entfalten; das Selbst, auf das wir vertrauen, wird zum großen
Selbst, das alles ist.

Die Vorstellung vom getrennten Selbst ist uns in Fleisch und Blut
übergegangen und ist Teil dieses Egos, dem einzigen fortdauernden
Ding über uns, das wir bis jetzt kennen. Für uns bleibt noch zu
lernen, daß es die Monade gibt, die uns als wahres Selbst erscheinen
wird, wenn wir die Individualität abgelegt haben. Außerdem werden
wir, wenn jene Zeit kommt, weitaus klarer als es jetzt der Fall ist
sehen, daß die Monaden nur Funken des Ewigen Feuers sind. Das ist
uns jetzt theoretisch bekannt und die wahre Erkenntnis dessen
werden alle rechtzeitig erlangen – einige besitzen diese schon.
Vorher erklärte ich, daß es, wird das Bewußtsein auf den obersten
Teil des Kausalkörpers gerichtet, möglich ist, die die Monade und
das Ego verbindende Schnur nach oben zu verfolgen. Verfolgen wir
diese Verbindung in die Monade, von der wir so wenig wissen, und
blicken noch darüber hinaus, so können wir sehen und mit einer mit
keinem irdischen Wort zu beschreibenden Bestimmtheit und Sicherheit wissen, daß alles, was wir für das Selbst hielten und als zu uns
gehörig betrachteten, nicht wir sind, sondern Er; daß das was wir an

Intellekt, Hingabe oder Liebe hatten, überhaupt nicht wir waren,
sondern der Intellekt, die Hingabe, die Liebe, die Gott ist, sich durch
uns zum Ausdruck brachte. Hat ein Mensch einmal selbst diese
Erfahrung gemacht, so kann er niemals mehr derselbe sein wie
vorher, er kann sich nicht mehr auf dieselbe Weise hinunter auf den
alten persönlichen Standpunkt begeben, weil er mit überzeugender
Gewißheit weiß. Eine solche Erfahrung ist nötig, um den aus der
Entwicklung des getrennten Selbstes erwachsenen Folgen entgegen-
zuwirken, die gegenwärtig eine große Schwierigkeit darstellen und
uns viel Leid und Leiden verursachen, weil dadurch unsere Vorstellungen vom Leben verzerrt werden. Wir befinden uns in der
merkwürdigen Lage, daß unsere Selbst-Entwicklung bis zu einem
gewissen Punkt auf die Vorstellung von der Getrenntheit zurückzuführen ist. Erst dann, wenn wir diesen Punkt erreicht haben, wird das
zu einem Übel und wir haben uns davon zu befreien. Die Menschheit
hat jetzt eine Stufe erreicht, wo sie das erkennen muß. Deshalb wird
uns von allen okkulten und hohen religiösen Lehrern die Pflicht zur
Selbstlosigkeit so nachdrücklich eingeschärft. Die Menschheit als
Ganzes braucht das. Sie befindet sich noch im selbstsüchtigen
Stadium, versucht dieses und jenes um ihrer selbst willen zu erhaschen. Gegen diese Neigung muß unsere ganze Kraft aufgeboten
werden.

Gleichzeitig haben wir in dieser Beziehung sehr tolerant zu sein.
Oftmals sind wir angesichts des überall zu findenden brutalen
Egoismus ungeduldig. Das ist aber sinnlos. Jene unglücklichen
Menschen verhalten sich nur weiterhin so, wie es vor tausenden von
Jahren für ihre Entwicklung notwendig war. Wenn möglich, sollten
wir ihnen helfen. Wir sollten stets sanft und tolerant sein, jedoch sehr
bestimmt hinsichtlich der Notwendigkeit, sich von diesem Standpunkt zu befreien. Einige von uns finden den Versuch als eine Hilfe,
die Entwicklung der Menschheit als Ganzes zu betrachten und es sich
zur Gewohnheit zu machen, uns als Teil davon anzusehen. Wir
versuchen, gemäß dem uns von einem unserer Meister gegebenen
Rat zu handeln. Dieser drückte das so aus: „Gelingt es dir, in
irgendeiner Beziehung einen Schritt zu tun, erzielst du tatsächlich
einen Fortschritt, so solltest du nicht denken: „Ich habe das getan,
ich komme wirklich voran." Besser wäre, du denkst folgendes: „Ich
bin froh, daß das geschah, denn durch mich ist die Menschheit gerade
um so viel der Selbstfindung nähergerückt, gerade um so viel näher
dem Endziel, das sie nach Gottes Willen erreichen soll. Durch mich
hat die Menschheit diesen Schritt getan und die Tatsache, daß das so
ist, bedeutet einen sehr kleinen Fortschritt für jedes andere einzelne

Ding.““ So kann man an die Menschheit als Ganzes denken, so wie
man an seine Familie als Ganzes denkt, als eine Einheit, vom Baby
bis zum Großvater und bezieht so das Wohlbefinden aller mit ein.

Wir werden gelehrt, weder in der Gegenwart noch in der Zukunft
zu leben, sondern im Ewigen. Er, der im Ewigen lebt, ist der Logos,
die Gottheit. Im Ewigen lebend sieht Er die Zukunft ebenso wie die
Gegenwart, sieht die Erfüllung all dieser Dinge. Könnten wir unser
Bewußtsein zu seiner Schau erheben, wären wir imstande, so wie Er
im Ewigen zu leben. Das ist keine Sache, die wir heute oder morgen
erreichen können. Wir müssen uns unseren Weg nach dorthin
erkämpfen. Eine göttliche Unzufriedenheit ist eine Notwendigkeit
für unsere Entwicklung dahin. Mit dem erreichten Zustand dürfen
wir uns nie zufriedengeben, das würde Stagnation bedeuten. Es muß
immer unsere Absicht sein, es besser und besser zu machen und
durch das In-der-Zukunft-Leben werden wir lernen, wie man das
macht.

Gleichzeitig ist es, während wir uns stets nach vorn orientieren,
stets nach oben streben, ein Fehler, uns zu gestatten, unzufrieden
oder besorgt bezüglich vergänglicher Dinge, die unsere oder anderer
vorübergehende Verfassung betreffen, zu sein. Weiser und besser
ist, uns in die Zukunft zu versetzen und darin zu leben. Wir sollten
sagen: „Im Augenblick bin ich die und die Person mit gewissen
Fehlern und Mängeln. Ich werde diese Fehler und Mängel überwinden. Ich will auf die Zeit vorausschauen, zu der diese nicht mehr
vorhanden sein werden. Es ist eine große Sache, für das Morgen zu
leben, anstatt für das Gestern. Die Welt als Ganzes lebt für die
vergangenen Jahrhunderte und hält an alten Vorurteilen fest. Wir
sollten in die Zukunft blicken und dafür leben.

Richte dein Denken hoffnungsvoll auf die Zukunft, nicht bedau-
ernd auf die Vergangenheit. Die Gegenwart ist zum größten Teil
eine Illusion, so daß wir eigentlich nicht mit dem unzufrieden sind,
was wir gerade tun, sondern was wir gerade taten. Wollen wir
vorankommen, so müssen wir den Blick nach vorn richten. Durch
Zurückschauen werden keine Fortschritte erzielt. Würden wir auf
der physischen Ebene beharrlich so verfahren, so brauchten wir nicht
weit zu gehen und es würde uns ein Unfall passieren. Dasselbe trifft
auch für die höheren Reiche zu. Je mehr wir darüber nachdenken,
desto klarer wird uns, daß in den gerade untersuchten drei Lehrsätzen, nämlich „ertöte den Ehrgeiz, ertöte den Wunsch nach Leben,
ertöte den Wunsch nach Behagen“, alles, was den Durchschnittsmenschen zur Anstrengung treibt, vollkommen weggeschnitten
würde.

Eines Menschen Leben wird zunächst durch den Wunsch bestimmt, sich und seine Familie am Leben zu halten, seinen Kopf über Wasser zu halten. Immer hat er das Bestreben, höhere Stufen zu erreichen, er wünscht sich und seiner Familie größeres Behagen. Genau das sind die Hauptantriebskräfte für den durchschnittlichen Menschen, und es liegt auf der Hand, daß er, würden ihm diese vollkommen genommen werden, untätig werden würde – er hätte keinen Grund mehr, sich überhaupt zu regen, er wäre wie ein Holzklotz. Er würde sagen: „Wenn ich keinerlei Ehrgeiz haben soll, wenn ich den Wunsch sowohl nach Leben als auch nach Behagen aufzugeben habe – warum sollte ich dann überhaupt etwas tun?" Dann hätte er kein geeignetes Motiv mehr für irgendeine Bemühung und seine Weiterentwicklung würde dadurch zum Stillstand kommen. Es leuchtet ein, daß das Ertöten dieser Dinge für ihn eine schlechte Wirkung hätte.

Selbst der Mensch, der fast bereit ist, den Pfad zu beschreiten, der aufgehört hat, überhaupt Interesse an niederen Dingen zu haben, erreicht eine Stufe, auf der für ihn die Gefahr besteht, in Untätigkeit zu verfallen. Intellektuell ist er vollkommen davon überzeugt, daß alle die niederen Dinge es nicht wert sind, daß man sich damit befaßt. Weil diese ihn nicht länger anziehen, so fühlt er sich nicht dazu bewogen, Energie in anderer Richtung aufzubringen. Diese Erfahrung macht fast jeder im Laufe seiner Entwicklung und für eine große Anzahl von Menschen bedeutet das echten Kummer. Vom Niederen haben sie sich befreit und auf das Höhere haben sie sich noch nicht eingestellt. Sie befinden sich in einer Übergangsphase zwischen beiden, sie haben noch nicht richtig erkannt, daß die Einheit dafür die große Antriebskraft im Leben ist, jedoch haben sie genügend Erkenntnis, um zu wissen, daß die Wünsche des getrennten Selbst es nicht wert sind, sich damit zu befassen. So verharren sie in einer scheintoten Verfassung. Manchen Schülern fällt es sehr schwer, sich aus diesem Zustand aufzurütteln. Nichts ist der Mühe wert, nichts ist mehr für sie von Interesse. Sie möchten sterben und mit nichts mehr zu schaffen haben.

Der einzige Weg für einen Menschen, diesen unbefriedigenden Zustand zu überwinden ist der, etwas weiter zu gehen. Er wird dann zu sehen beginnen, daß es ein höheres und wahres Leben gibt, das höchst wert ist, gelebt zu werden. Er wird feststellen, daß er, wenn er plötzlich einen flüchtigen Blick in den göttlichen Plan tut, sich in diesen hineinstürzen möchte – anders kann er nicht. Dadurch, daß er sich mit dem Einen Leben identifiziert und als Teil dieses Lebens handelt, findet er den einen Antrieb, der ihn in Tätigkeit zu versetzen vermag. Tut er diesen einen Schritt nach vorn und beginnt er, das Leben des Selbst zu erkennen, so wird er sich, anstatt am liebsten der Vernichtung anheim zu fallen und mit nichts mehr zu schaffen haben zu wollen, danach sehnen, mehr und mehr Energie zu besitzen, um diese in dieses herrliche Werk einzubringen. Die Antriebskraft des Einen Selbst wird ihn zu weitaus größerer Aktivität als jemals vorher treiben, weil sie unendlich mächtiger ist als irgendein niederes Motiv. Der Mensch, der damit arbeitet, um die hohen Ziele der Gottheit zu erfüllen, wird unendliches Glück und unendlichen Frieden erlangen.

5
Regeln 5—8

5. Ertöte jedes Gefühl des Getrenntseins.

Doch stehe allein und abgesondert, weil nichts, was verkörpert ist, nichts, was sich der Trennung bewußt ist, nichts, was außerhalb des Ewigen ist, dir helfen kann.

A. B.: Diese Lehre wird in besonderer Absicht in diesem Buch dargeboten und ist für den Jünger bestimmt, weil er lernen muß, vollkommen allein zu stehen. Nichts, was verkörpert, was außerhalb des Ewigen ist, kann ihm helfen. Alle von Verkörpertem gebotene Hilfe ist sekundärer Art, die ihn im Augenblick der größten Notwendigkeit im Stich läßt. Aus den Biographien der großen christlichen Mystiker geht hervor, daß ein unveränderliches Merkmal in ihren Leben jenes war, daß sie sich von allen verlassen fühlten und vollkommen auf sich allein gestellt waren. Dieselbe Wahrheit kommt auch in den christlichen Evangelien zum Ausdruck, die im Symbol des Lebens Jesu eine Schilderung der Erfahrungen enthalten, die jede Seele auf den Stufen der Jüngerschaft zu durchlaufen hat. Es gibt dort zwei Szenen, die mit dieser Aussage im Zusammenhang stehen: die erste ist jene, die als Seelenqual Jesu im Garten Gethsemane bezeichnet wird, als Er feststellte, daß Seine Freunde und Anhänger selbst nicht einmal für kurze Zeit zu wachen vermochten, und Er erfuhr, daß er allein seinen Weg fortzusetzen habe. Und die zweite war der Schrei vom Kreuz: „Mein Gott, mein Gott, warum hast Du mich verlassen?" Diese Erfahrungen stehen mit der vierten der großen Initiationen im Zusammenhang, wo der Mensch auf sich allein gestellt ist und lernt, sich allein auf das innere Selbst zu stützen, zu erkennen lernt, daß er selbst nur ein Ausdruck des Ewigen in der äußeren Welt ist. Es besteht immer die Gefahr, daß der Jünger bei dieser letzten großen Prüfung zusammenbricht.

Vor dem Jünger liegt eine zweifache Aufgabe. Er muß das Gefühl des Getrenntseins ertöten, jedoch hat er zu lernen, allein zu stehen, damit er stark sei durch die göttliche Kraft in ihm. Er muß wie ein Stern am Himmel sein, der allen Licht spendet, es jedoch von

niemandem nimmt. Das kann er nur aus der Erfahrung der Isolation
heraus lernen. Dennoch ist die Empfindung der Isolation Illusion,
denn er befindet sich im Ewigen. Die Illusion ist auf das Zerbrechen
aller Formen zurückzuführen, vor der die Erkenntnis der Einheit,
des „das Ewige sein", im Bewußtsein entwickelt wird.

Dieser Aphorismus mit seinem Kommentar enthält auch andere
wichtige Gedanken. Es gibt eine Stufe, auf der der Aspirant abseits
von der gesamten Menschheit stehen muß — aufgrund seiner Schwäche, nicht seiner Stärke. Manchmal ist ein Mensch der Verfassung
der ihn umgebenden anderen Menschen, die noch das niedere, von
ihm verlassene Leben führen, so nahe, daß er spürt, daß er in deren
Gesellschaft in ihre Laster und Untugenden hineingezogen wird. Zu
solch einer Zeit ist es nützlich, sich abgestoßen zu fühlen. Obgleich
das zeigt, daß sich der Mensch noch auf einer relativ niedrigen
Entwicklungsstufe befindet, ist es doch richtig, sich danach zu
richten und deren Gesellschaft zu meiden.

Spricht ein Mensch voller Entsetzen von einem bestimmten
Laster, so können Sie sicher sein, daß ihn dieses noch in nicht allzu
ferner Vergangenheit in der Gewalt hatte. In jüngster Vergangenheit
hat es einen Kampf dagegen gegeben und sein Unterbewußtsein, aus
dem nichts entschwindet, warnt ihn nun davor. Es gibt eine Phase,
wo der Mensch höher emporgekommen ist und solche Isolation von
jenen, die noch sündigen, nicht braucht. Solange das jedoch noch
nicht der Fall ist, solange er in Gefahr ist, aus einem von außen
kommenden Impuls heraus in ein Laster zu verfallen, gründet sich
des Menschen Sicherheit darauf, vor der Versuchung davonzulau-
fen, bis er stark genug ist, sich inmitten des Lasters bewegen zu
können, ohne davon angezogen zu werden. Erst dann, wenn der
Mensch über die Anziehungskraft des Lasters hinweggelangt ist,
vergißt er gewöhnlich seine Abneigung dagegen.

Dann hat er eine Stufe erreicht, auf der er den Sünder als einen
seiner Hilfe bedürftigen Menschen betrachten muß. Schon der
Gedanke an seine eigenen Fehler in der Vergangenheit wird ihn jetzt
befähigen, anderen zu helfen. Den anderen können wir nicht helfen,
solange wir noch Gefahr laufen zu fallen, sondern erst dann, wenn
wir weder angezogen noch abgestoßen werden, wenn wir unsere
Identität mit jenen, die ringen, erkennen. Dann bedenken wir, daß
die Sünde der Welt unsere Sünde ist — die tiefsinnige Wahrheit, daß
kein Mensch vollkommen rein sein kann, während ein anderer noch
unrein ist. Solange ein Mensch Teil der Menschheit bleibt, ist deren
Leben seines. Um daraus zu entkommen, muß er sich außerhalb der
Menschheit begeben. Das Laster irgendeines Menschen ist unser

Laster, bis auch er davon befreit ist. Für die Erlösung der Welt ist diese Wahrheit total ausschlaggebend.

Jeder Jünger sollte so denken, wenn er sich in besonderen Versuchungen befindet. Er sollte erkennen, daß er der Versuchung nicht nachgeben darf, weil sein Fall einen Fall für die gesamte Menschheit bedeutet. Solches Wissen müßte ausreichen, um ihn vor Bösem zu bewahren. Angenommen, Sie versuchen, sich des Lebens der Menschheit klar bewußt zu werden, und dann versuchen Sie, eine bestimmte Schwäche zu überwinden. Sie werden dann spüren, daß Ihre eigene Überwindung keine Überwindung nur für Sie bedeutet, sondern für alle. Der ganzen Menschheit wird geholfen, weil ein Teil von ihr kämpfte und überwand. Diese Vorstellung wird Ihnen sehr oft eine große Hilfe sein. Der Kampf, wenn nicht um seiner selbst, so doch um des Ganzen willen, ist es wahrlich wert, ausgefochten zu werden.

C. W. L.: Manchmal erschweren sich Menschen diese Anweisungen noch mehr als es sein müßte und machen sie dadurch vielleicht auch ein wenig irreal, indem sie sie übertreiben. Wir müssen der Tatsache ins Auge blicken, daß es hier unten auf der physischen Ebene das Getrenntsein gibt. Wir mögen so brüderlich wie nur möglich empfinden, dennoch bleibt die Tatsache bestehen, daß im Raume unsere physischen Körper voneinander getrennt sind. Manchmal übertreiben Menschen, die diese Tatsache leugnen. Sie versuchen, die Vorstellung des Nichtgetrenntseins bis zu einem Punkt zu treiben, wo sie übertrieben wird. Okkulte Lehren sind ihrem Wesen nach immer wahrhaft vernünftig und befinden sich im Einklang mit dem gesunden Menschenverstand. Wann immer uns etwas offensichtlich Unvernünftiges dargelegt wird, so können wir sicher sein, daß irgendwo ein Fehler zu finden ist. In einigen Fällen mag uns derartiges als unvernünftig erscheinen, weil wir nicht den ganzen Sachverhalt kennen. Sind uns alle Umstände jedoch vollkommen bekannt und die Aussage hat immer noch einen unvernünftigen Anschein, so können wir daran berechtigte Zweifel hegen und auf weitere Aufklärung warten.

Wenn auch unsere physischen Körper im Raume getrennt sind, so gibt es doch in Wirklichkeit weniger Getrenntsein als es den Anschein hat. Wir alle wirken aufeinander in einem solchen Ausmaß ein, daß kein Mensch in irgendeiner Beziehung wirklich für sich allein leben kann. Leidet ein physischer Körper an einer bestimmten Krankheit, so sind alle anderen in seiner Nähe in Gefahr, sich diese Krankheit ebenfalls zuzuziehen. Leidet der Astralkörper, sagen wir einmal, an Reizbarkeit, Mißgunst, Neid, Selbstsucht usw., so ist auch das ansteckend, weil er seine Schwingungen ausstrahlt und andere in der Nachbarschaft befindliche Astralkörper müssen bis zu einem gewissen Grade von solcher Ausstrahlung beeinflußt werden. Sitzen z. B. Menschen bei einer Versammlung zusammen, so durchdringen sich die Astralkörper gegenseitig in beträchtlichem Maße, weil der Astralkörper beim durchschnittlichen Menschen ca. 45 cm über den physischen Körper hinausragt, in einigen Fällen noch weiter, so daß Menschen, obgleich sie immer noch ziemlich getrennt sind, beträchtlich aufeinander einwirken. Dasselbe trifft auf den Mentalkörper zu und selbst unsere Kausalkörper sind nach Raum und Zustand getrennt. Folglich müssen wir das Ertöten des Getrenntheitsgefühls in Übereinstimmung mit den Naturgegebenheiten verstehen.

Auf der Buddhi-Ebene gibt es keine Getrenntheit. Dort verschmelzen die Bewußtseine nicht notwendigerweise unmittelbar miteinander auf der niedrigsten Stufe, sondern sie erweitern sich allmählich immer mehr, bis wir uns, wenn wir die höchste Stufe der Buddhi-Ebene erreichen und uns auf all ihren Unterebenen voll entwickelt haben, bewußtseinsmäßig als eins mit der Menschheit empfinden. Das ist die niedrigste Ebene, auf der Getrenntheit absolut inexistent ist. In ihrer Fülle der Vollständigkeit gehört die bewußte Einheit mit allem zu der nächsten Ebene, der nirvanischen.

Angenommen, wir alle könnten das buddhische Bewußtsein gleichzeitig in uns entwickeln, dann würde jeder von uns erkennen, daß er sich zu jener Stufe aufgeschwungen hat und daß sein Bewußtsein alle anderen miteinschließt. Dennoch würde er dieses alles andere einschließende Bewußtsein als sein eigenes empfinden. Keineswegs wäre das so, als hätte man sein Individualitätsgefühl verloren, dieses würde nur viel mehr, als es je vorher der Fall war, miteinschließen. Der Mensch würde das so empfinden, als manifestiere er sich durch all die andern ebenfalls. Was wir erfahren, ist in Wirklichkeit das eine Bewußtsein, das uns alle einschließt, das Bewußtsein des Logos selbst.

Auf der nirvanischen Ebene erkennen wir höchst eindringlich, daß all das, was wir für unser Bewußtsein, unseren Intellekt, unsere Hingabe, unsere Liebe hielten, in Wirklichkeit Sein Bewußtsein, Sein Intellekt, Seine Hingabe, Seine Liebe war, die sich durch uns manifestierte, so ähnlich wie Licht, das durch eine Linse fällt. Zu dieser Erkenntnis kommt der Mensch in der Buddhi-Welt nicht völlig, jedoch auf der nächsthöheren Ebene. In den Stanzen des Dzyan heißt es in bezug auf den Menschen: „Der Funken hängt von der Flamme an dem feinsten Faden von Fohat." Das, so glaube ich, trifft auf verschiedene Stufen zu. Wir können das in der Bedeutung verstehen, daß das Ego an dem feinsten Faden von der Monade herabhängt und dieser Faden läuft durch die Buddhi-Ebene. Der dünnste Faden, den Sie sich vorstellen können, ist alles, was den durchschnittlichen Menschen auf diesen buddhischen Stufen repräsentiert. Sobald er seine Aufmerksamkeit höheren Dingen zuwendet – wenn er gewohnheitsmäßig daran denkt und danach strebt, beginnt sich der Faden zu verdicken. Allmählich wird er mehr und mehr zu einem Kabel und noch später zeigt er sich als Trichter, weil dieser sich ganz oben erweitert (ich beschreibe das jetzt so, wie ein Hellseher es wahrnehmen würde) und zum Kausalkörper hinunterreicht, der für die Zeit eine bestimmte Größe hat. Später vergrößert sich der Kausalkörper durch das Einströmen von Kräften und der Trichter wird viel größer und weitet sich sowohl unten als auch oben. Bei der ersten Initiation (für viele kommt diese Erfahrung vorher) wird der Kausalkörper völlig aufgegeben und der Mensch taucht in die Buddhi-Ebene ein. Zu jener Zeit verschwindet – wie ich vorher erklärte – der Kausalkörper vollkommen. Dieses eine Ding, das durch die Folge der menschlichen Leben hindurch, seitdem der Mensch das Tierreich verließ, so von Dauer zu sein schien, verschwindet. Geschieht das, so formt sich der Trichter zu einer Kugel. Es gibt dort mehr Dimensionen, so daß ich diesen Vorgang nicht richtig beschreiben kann, aber so erscheint das jemandem, der das zu schauen vermag.

Nachdem der Mensch die erste Initiation genommen hat, ist das Getrenntheitsgefühl eine der Schwächen, die vollkommen überwunden werden müssen, bevor der Mensch die zweite Initiation nehmen kann. Das ist die erste der zehn Sanyojana oder Fesseln, die er auf seinem Aufwärtsweg auf den Stufen des Pfades abzuwerfen hat. Durch die Erfahrung, die Teil der ersten Initiation ist, wird ihm das Abwerfen schließlich und endlich möglich werden. Er hat dann bloß so etwas wie eine leichte Fühlung mit dem buddhischen Bewußtsein. Das bedeutet nicht notwendigerweise, daß er sich, wann immer er will, in jenen Bewußtseinszustand zurückversetzen kann, sondern er hat diesen Bewußtseinszustand zumindest einmal erlebt. Nachdem er einmal die Einheit empfunden hat, weiß er, daß sie existiert, auch wenn er ohne Hilfe des Meisters unfähig sein mag, sich wieder in diesen Zustand zu versetzen. Er weiß daher, daß das Getrenntheitsgefühl eine Illusion ist. Für uns hier unten im physischen Körper ist es praktisch unmöglich, das wirklich zu begreifen. Wir sprechen immer darüber und versuchen uns einzureden, daß wir es auch empfinden, aber solange sich jemand in einem physischen Körper befindet und bis jemand nicht die höhere Erfahrung gemacht hat, glaube ich, ehrlich gesagt, nicht, daß man diesen Zustand nachempfinden kann. Wir reden uns das intellektuell ein, aber es wirklich zu erleben, ist eine ganz andere Sache.

Wenn ein Mensch auf der Buddhi-Ebene zu „funktionieren" beginnt, so betritt er diese auf deren niedrigsten Ebene. Er ist zunächst aber nicht fähig, selbst auf dieser niedrigsten Unterebene die besten Möglichkeiten auszuschöpfen. Er wird eine Fülle von Segnungen empfinden, die sich mit Worten nicht beschreiben läßt, und eine Bewußtseinserweiterung, welche im Gegensatz zu allem, was er je vorher empfand, wird ihm zweifellos den Eindruck vermitteln, die ganze Welt sei eingeschlossen. Trotzdem ist das überhaupt nicht so. Hat er sich genügend an diese höhere Ebene gewöhnt, um sie analysieren zu können, so wird er feststellen, daß die Bewußtseinserweiterung, obgleich diese sehr groß ist, keineswegs schon vollkommener oder universeller Art ist. Allmählich dehnt er den Bereich aus, den er tatsächlich schon einzunehmen vermag. Das kann man sich so ähnlich vorstellen, wie eine Armee ein erobertes Gebiet einnimmt. Auf der Buddhi-Ebene etabliert sich der Mensch zunächst und dehnt dann allmählich den Bereich, über den er tatsächlich Macht besitzt, aus, bis dieser das ganze Gebiet einschließt. Dann schreitet er mit dem Versuch voran, sein Bewußtsein auf die nächste Unterebene vorzuschieben, aber selbst nachdem er sich den Weg von Unterebene zu Unterebene gebahnt hat, bis er die höchste erreicht, hat er noch nicht notwendigerweise den Buddhi-Körper gebaut. Der Mensch, in dessen Reichweite sich durch Meditation oder Anstrengung das buddhische Bewußtsein befindet, kann sich immer in jenen Zustand erheben. Der Mensch aber, der tatsächlich einen buddhischen Bewußtseinsträger gebaut hat, hat dieses Bewußtsein immer im Hintergrund seines niederen physischen, astralen oder mentalen Bewußtseins. Das ist eine andere und besondere Errungenschaft und eine schwierige dazu, weil, um das zu erreichen, der Kausalkörper zerstört werden muß und als trennende Mauer zu vernichten ist.

Jemand, dessen Bewußtsein während der Meditation auf der Buddhi-Ebene funktioniert, stellt fest, daß, obgleich er mit dem gesamten wunderbaren Bewußtsein jener Ebene eins ist, dennoch ein kleiner Umkreis der Leere vorhanden ist, der ihn von dem Rest ausschließt. Diese kleine Schranke ist natürlich der Kausalkörper. Damit sich der buddhische Körper entwickeln kann, muß auch der Kausalkörper verschwinden. Dann empfindet der Mensch die Wirk-

lichkeit des ungehinderten Lebens auf eine hier unten unmöglich zu
beschreibende Weise. Mme. Blavatsky beschrieb diese Vorstellung
als einen Kreis, der seinen Mittelpunkt überall und seine Peripherie
nirgendwo hat — eine sehr schöne und ausdrucksstarke Umschreibung. Natürlich ist das ein Paradoxon — aber alles, was über diese
höheren Zustände ausgesagt werden kann, muß notwendigerweise
paradox klingen.

Kommt der Mensch vollkommen zur Einheitserkenntnis, so empfindet er das so, so paradox das auch klingen mag, als fülle sein
Bewußtseinsträger auf jener Stufe die gesamte Ebene aus, so als
könne er seinen Bewußtseinsbrennpunkt an jeden Ort innerhalb
dieser Ebene verlegen und trotzdem noch das Zentrum des Kreises
sein. Das ist eine völlig unbeschreibliche Erfahrung. Mit dieser
Empfindung und immer von ihr durchdrungen und begleitet, geht
ein Gefühl höchst intensiver Seligkeit einher — einer Seligkeit, von
der wir auf diesen niedrigeren Ebenen überhaupt gar keine Vorstellung haben — etwas jenseits aller Vorstellung Lebhaftes, Aktives,
Glühendes. Die meiste Seligkeit hier unten in jenen seltenen Augen-
blicken, wo wir etwas empfinden, das diesen Namen verdient,
besteht hauptsächlich aus dem Nichtvorhandensein von Schmerz.
Hier unten sind wir glücklich und selig, wenn wir für einen Moment
frei von Müdigkeit und Schmerz sind, wenn wir uns entspannen
können und empfinden, daß erfreuliche Einflüsse auf uns einwirken.
Das ist eine ziemlich negative Empfindung. Die Seligkeit der
Buddhi-Ebene ist eine im höchsten Grade intensive, aktive, lebhafte
Empfindung. Ich weiß nicht im mindesten, wie ich das beschreiben
soll. Wenn Sie sich die intensivste Aktivität, die Sie jemals spürten,
vorstellen und dann jene lebhafte und emsige Aktivität durch ein
Seligkeitsgefühl ersetzen, dieses dann irgendwie spiritualisieren, in
der höchsten Potenz auf eine im ganzen höhere Ebene übertragen,
würde Ihnen das eine gewisse Vorstellung davon vermitteln, welcher
Art die Empfindung ist.

Dabei handelt es sich um eine aktive Realität, die in ihrer Stärke
überwältigend ist. Überhaupt nichts Passives liegt darin, man ruht
dabei nicht aus. Hier unten führen wir ein Leben so voller Belastungen und Tätigkeit, daß das Ausruhen immer ein sehr hervorstechen-
der Teil unseres Lebens ist — egal wie unsere Idealvorstellungen
auch aussehen mögen. Dort jedoch gibt es nicht im mindesten das
Gefühl, daß jemand ausruht oder ausruhen möchte. Man ist eine
ungeheuere, leibhaftige Energie, die sich durch Sichverströmen
ausdrückt. Die Vorstellung des Ausruhens oder ein notwendiges
Ausruhbedürfnis befindet sich völlig außerhalb des eigenen

Bewußtseins. Was uns hier als Ausruhen erscheint, erschiene dort oben als eine Art von Negation. Wir sind eins geworden mit dem Ausdruck der göttlichen Kraft und diese göttliche Kraft ist aktives Leben. Man spricht vom Ausruhen im Nirvana, das ist jedoch nur vom niedrigeren Standpunkt aus betrachtet so. Die Intensität der Energie ist das wahre Charakteristikum dieses höheren Lebens. Das ist eine so intensiv höhere Kraft, daß sie sich keineswegs in einer Art von gewöhnlicher Bewegung zeigt, sondern eher in einem ungeheuren, unwiderstehlichen Schwung, der von unten betrachtet als Ausruhen erscheinen mag, jedoch einen Bewußtseinszustand absoluter Kraft bedeutet. Das alles läßt sich unmöglich in Worte fassen. Haben wir das erreicht, so haben wir schließlich das riesige Unkraut besiegt – den großen Feind, das Getrenntseinsgefühl. Das ist im allgemeinen die schwerste vor uns liegende Aufgabe, weil sie alles andere mit einschließt.

Erst dann, wenn der Buddhi-Körper auf allen sieben Unterebenen vollkommen entwickelt ist, gelangt der Mensch in den vollkommenen Genuß der ganzen Ebene, hat die vollkommene Fähigkeit der Identifikation mit der gesamten Menschheit erlangt, so daß er durch diese Beziehung zu erfahren vermag, was all diese Menschen denken und fühlen. Bevor das buddhische Bewußtsein erlangt wird, können wir uns darum bemühen, das Getrenntseinsgefühl abzubauen, und intellektuell läßt sich das mit großem Erfolg erreichen, aber dennoch bleiben wir außerhalb anderer im Sinne von „Nichtverstehen". Noch immer bleiben diese ein großes Mysterium, denn der Mensch ist für seine Mitmenschen das allergrößte Mysterium. Wir können für eine ziemlich lange Zeit in sehr enge Beziehung zu Menschen kommen und diese innerlich doch nicht wirklich kennen. Es mag sein, daß, bevor nicht die buddhische Stufe erreicht worden ist, kein Mensch einen anderen wirklich durch und durch kennt. Erreicht ein Mensch jene Stufe, so ist er imstande, sich hinunter in das Bewußtsein der anderen zu ergießen. Er kann dann sehen, was diese tun und warum diese gerade so handeln, wie es der Fall ist. Dort befinden sich alle Dinge innerhalb anstatt außerhalb des Menschen und er studiert diese als Teile seiner selbst. Hier unten klingt das unmöglich, aber er empfindet das so. Alle Freude der Welt ist seine Freude, ihr Leiden ist sein Leiden. Entschließt er sich, sich durch irgendeinen der Millionen von Fühlern, dem Bewußtsein anderer Menschen, mit denen er eins ist, nach unten zu begeben, so kann und wird er all das erfahren, was jene Person erlebt. Auf diese Weise liegt das Leiden der ganzen Welt innerhalb seiner Reichweite, jedoch weiß er mit absoluter Gewißheit, daß das ein erforderlicher Teil des Plans ist und daß das Leiden auf jenen höheren Ebenen nicht existiert. Er ist dadurch in keiner Weise weniger mitfühlend, doch er weiß „Brahman ist Seligkeit", er weiß, daß das Einssein mit dem Göttlichen ein Zustand unaufhörlicher innerer Freude ist. Erst dann, wenn man jene Entwicklung erreicht hat, kann man anderen umfassend helfen. Berührt ein Mensch jenes Bewußtsein, so hat er sich für eine Zeitlang von diesen niederen physischen Ebenen zurückgezogen, wo er beunruhigt oder erregt werden kann. Er ist nun selbst Teil der göttlichen Freude. Kehrt er wieder in seinen mentalen, astralen und physischen Körper zurück, so kann er mit kleinen Schwierigkeiten konfrontiert werden. Das muß nicht so sein, jedoch besteht noch immer eine große Kluft zwischen dem höheren Leben und jenem, das im physischen Körper geführt wird, wo kleine Dinge sich noch immer als störend erweisen können. Die Möglichkeit, für einen Augenblick von etwas auf der physischen Ebene beunruhigt zu werden, bleibt selbst dann noch bestehen, wenn eine sehr hohe Stufe erreicht wurde, dann jedoch lediglich oberflächlich. Dinge, unter denen Menschen in dieser Welt wirklich leiden, sind jene, die sie für hoffnungslos halten. Niemand kann jemals wieder ein Hoffnungslosigkeitsgefühl empfinden, nachdem er mit jenem höheren Bewußtsein in Berührung kam, weil wir, wenn wir absolut sicher sind, daß die Wirklichkeit immerwährende Freude ist, wissen, daß alles Leiden auf niedrigeren Stufen vorübergehend ist und daß wir selbst damit nicht konfrontiert werden würden, wären wir der Vollkommenheit näher.

Die Identifikationsfähigkeit wird nicht nur in bezug auf das menschliche Bewußtsein erlangt, sondern auch in bezug auf alles andere auf der Buddhi-Ebene. Alle Erfahrungen werden von innen heraus gemacht, anstatt von außen. Wünschen wir irgendein Objekt, irgendeinen Organismus oder das Wirken eines Naturgesetzes zu studieren, egal was auch immer, so müssen wir das bis hinauf zum bzw. einschließlich des Bewußtseins des Kausalkörpers von außen tun, darauf von außen blicken. Im Kausalkörper sind wir zu einer Untersuchung mit einem enorm erweiterten Bewußtsein imstande, mit dem Vermögen, ungeheuer mehr darüber zu wissen als es auf niedrigeren Ebenen vielleicht der Fall wäre. Kommen wir jedoch zur Buddhi-Ebene, so ist der Unterschied ein fundamentaler. Das, was wir untersuchen, ist hier Teil unserer selbst geworden. Wir untersuchen es als eine Art Symptom an uns selbst. Das läßt sich mit Worten schwer beschreiben, weil es hier unten nichts genau Gleiches gibt, jedoch gewinnt man durch das Betrachten von innen anstatt von außen her einen sehr großen Vorteil. Die Charakteristika sind so unterschiedlich, daß wir wahrscheinlich mit Recht behaupten können, daß das der erste Eindruck ist, den wir von der Art und Weise erhalten, wie Gott auf Sein Universum blickt, weil Er eben diese Erfahrung machen muß, daß das, worauf Er blickt, Teil seiner Selbst sein muß, weil es nichts gibt, das nicht Teil von Ihm wäre. Deshalb muß Sein Bewußtsein das buddhische Bewußtsein in höchster Potenz sein − mit all dem Einblick und der ganzen Herrlichkeit und Pracht, von der wir bisher noch auf keiner Ebene eine Vorstellung haben können. Man kann sehr klar verstehen, warum von jener Welt als der wirklichen gesprochen wird, von all den niedrigeren als den unwirklichen, weil der Unterschied so groß und das Verhalten so ganz verändert ist, daß irgendeine andere Art, Dinge zu betrachten, als irreal erscheint, sogar lächerlich, wenn man einmal gelernt hat, von innen her zu betrachten.

Es ist nicht so gänzlich ausgeschlossen, wie viele Schüler denken, zu jener höheren Schau zu gelangen. Einer angemessenen Anzahl von Personen gelang es in dieser Inkarnation, hier und jetzt, diese zu erlangen. Ganz bestimmt liegt das in Reichweite jener, die sich ernsthaft darum bemühen, wenn sie bereit sind, sich an die Regeln zu halten, bereit, sich jene völlige Selbstlosigkeit zueigen zu machen, die notwendig ist, denn solange sich noch irgend etwas Persönliches im Gesichtsfeld des Jüngers befindet, kann er in seinem buddhischen Bewußtsein keine Fortschritte machen, das von der Aufhebung der Persönlichkeit abhängig ist.

Die Vorstellung des Getrenntseins zeigt sich auf gewisse Art und Weise im täglichen Leben und es ist richtig, diesbezüglich wachsam zu sein. Die eine Weise, auf die Personen das sehr stark zeigen, ist durch ihren Wunsch nach Macht über andere getrennte Selbste. Die eine Hälfte der Welt versucht fortwährend, sich in die andere Hälfte einzumischen. Diese Angewohnheit ist uns so in Fleisch und Blut übergegangen, daß uns das gar nicht auffällt. Gewöhnlich betrachten wir das im Lichte von guten Ratschlägen. Bei ungefähr einem von 2 000 Fällen mag das der Fall sein, bei den meisten der anderen jedoch behaupten wir einfach unser getrenntes Selbst, indem wir versuchen, uns den anderen Personen aufzuzwingen.

Physisch versuchen wir, andere Personen dazu zu bringen, Dinge auf unsere Art und Weise zu tun und uns nachzugeben; wir versuchen unaufhörlich, sie dazu zu bewegen, gemäß unserem bestimmten Plan zu verfahren, egal, worum es sich dabei handeln mag. Weil es unser Plan ist, ist er der beste der Welt, und diesen möchten wir allen anderen aufzwingen. Dieselbe Sache finden wir auf der intellektuellen Stufe. Personen versuchen ständig, anderen ihre Meinung und ihre Vorstellungen aufzunötigen. Hat ein Mensch einen scharfen Intellekt entwickelt, so beginnt er mit Spitzfindigkeit langsam zu wünschen, andere Menschen durch eben diesen Intellekt zu beherrschen. Gerade weil sein Denkvermögen schärfer und größer wird als das anderer, versucht er dadurch ihr Denken zu formen. Es ist gut und richtig, daß wir den Wunsch haben, alles, was wir wissen, mit anderen zu teilen, daß wir ihnen darlegen, was sich für uns als so gut erwiesen hat. Aber in der Regel ist dies nicht der Hintergedanke bei dem Verlangen, das Denken anderer zu beherrschen. Gewöhnlich geht das mit einer gewissen Menge an Geringschätzung einher. Wir denken: „Diese Menschen sind wie Schafe, wir können sie überall hintreiben; wir können sie dazu bringen zu denken, was uns gefällt." Es ist in hohem Maße wahr, daß ein Mensch, der denken gelernt hat, wie wir es durch Meditation und Studium tun sollten, das Denken anderer sehr leicht beherrschen kann. Das sollten wir aber nicht tun, weil etwas wie Herrschaft über andere Menschen schlecht für deren Entwicklung und nicht gut für unsere eigene ist. So muß selbst diesem Wunsch nach intellektueller Herrschaft widerstanden werden. Er ist Teil der Untugend Getrenntsein.

Haben wir uns davon befreit, so gibt es noch eine höhere Möglichkeit in dieser Richtung — im Bereich des Spirituellen können wir auch versuchen, Personen dazu zu bringen, unseren Pfad einzuschlagen. Das steht hinter all den Bemühungen, Menschen von einer Religion zu einer anderen zu bekehren. Vielleicht ist es nicht ganz fair, das so auszudrücken, weil zumindest das Christentum von der gigantischen Verblendung ausgeht, daß, solange der Mensch nicht an seine bestimmten Losungen glaubt, er mit einem sehr unangenehmen Jenseits zu rechnen habe. Deshalb haben die Bemühungen des Christentums, andere zu bekehren, den Anstrich des Altruismus. Dabei wird vorausgesetzt: „Rechtgläubigkeit ist meine Lehre, Irrglaube deine" und „was ich glaube, ist wahr, und du hast dich dem anzupassen". Haben wir Spiritualität entwickelt, so haben wir viele Dinge gelernt, die andere nicht wissen. Es ist durchaus richtig und angebracht, unsere Lehre darzulegen, daß wir den Wunsch haben, anderen zu berichten, was wir entdeckt haben und diesen jede Gelegenheit zu geben, uns in diese Reiche höheren Denkens zu folgen. Ist das jedoch von einem Wunsch gefärbt, diese zu beherrschen, einem Wunsch, der oft gemeinsam mit vielen guten Eigenschaften anzutreffen ist, so ist dabei immer noch ein Beigeschmack des alten getrennten Selbst vorhanden und das „riesige Unkraut" ist nicht endgültig ausgerissen.

Wir haben uns auch vollkommen von dem Wunsch, andere zu

beherrschen, zu befreien, weil, solange ein Mensch für das getrennte Selbst arbeitet, er zur großen Masse getrennter Selbste gehört, die in der Evolution eine so ungeheure Bürde darstellen. In dem Augenblick, wo er die Einheit zu erkennen beginnt, hört der Mensch auf, Teil der Last zu sein, die emporzuheben ist; er beginnt, einer der Emporhebenden zu sein.

Allein und abgesondert zu stehen bedeutet, daß man von niemandem außerhalb seiner selbst abhängig sein darf, weil keine getrennte Person oder kein gesondertes Ding uns in Wirklichkeit von Nutzen sein kann. Hilfe muß in uns selbst gefunden werden. Der Meister kann uns die ganze Zeit über bei unseren Bemühungen helfen, aber selbst er vermag nicht die eigentliche Arbeit für uns zu tun. Er gibt Empfehlungen, er läßt uns auf jede Weise Hilfe zuströmen, aber bei jedem Schritt sind wir es selbst, die die Arbeit zu tun haben. Schreiten wir voran, so müssen wir lernen, anscheinend völlig allein zu stehen, ohne des Meisters direkte Hilfe, jedoch ist das eine Illusion, weil niemand jemals wirklich vom Meister getrennt sein kann und von Gott, dessen Teil der Meister ist. Doch haben wir so zu handeln, als wären wir allein, und auf gewissen Stufen unserer Entwicklung werden wir uns absolut alleine fühlen. Vermögen wir jedoch dabei den Intellekt anzuwenden, obgleich das unter solchen Umständen eine schwierige Sache ist, so erkennen wir sofort, daß wir niemals wirklich allein sein können. Wir sind Teil Gottes und können nicht aufhören, das zu sein, weil wir, wenn das der Fall wäre, überhaupt aufhören würden zu sein – wir wären ohne Bewußtsein.

Wir sind Teil von etwas, das niemals zu existieren aufhören kann. Daher ist die Vorstellung der Verlassenheit eine Täuschung. Obwohl diese auf der physischen Ebene großen Schmerz und Leiden verursacht, ist der Mensch oft am allerwenigsten allein, wenn er sich für besonders allein hält. Befindet er sich inmitten einer Menschenmenge, so können ihn die höheren Dinge weniger leicht berühren. Deshalb ist er von ihnen mehr getrennt. Halten sich diese getrennten Selbste jedoch nicht so dicht um ihn herum auf, so können die Einflüsse des nichtgetrennten Selbstes in viel höherem Maße auf ihn einwirken. So bewahrheitet sich wirklich die Aussage, wonach der Mensch dann am wenigsten allein ist, wenn er sich am meisten allein fühlt.

Es ist kaum möglich, sich irgendeine Vorstellung von dem schrecklichen Gefühl zu machen, im Universum absolut allein zu sein – ein Punkt, der im Raume treibt. Das ist der als Avichi bezeichnete Zustand, was „wellenloser Zustand" bedeutet. Das ist ein Bewußtseinszustand, wo es dem Menschen so erscheint, als stünde er außerhalb der Schwingungen des göttlichen Lebens. Es heißt, das sei die schrecklichste Erfahrung überhaupt, die ein Mensch machen kann. Das bedeutet das Ende des Schwarzmagiers, der während vieler Leben definitiv und entschlossen das Sondersein anstrebte, der sich direkt gegen die vereinigenden Evolutionskräfte stemmte. Der Meisterschüler muß lernen, selbst mit dem Schwarzmagier mitzufühlen, der unter Avichi leidet. Deshalb muß der Mensch während seiner Entwicklung jenen Bewußtseinszustand erleiden. Diesen berührt er nur für einen Augenblick, jedoch vermag er das niemals zu vergessen, und fortan wird er immer in der Lage sein, das Leiden jener zu verstehen, die für Zeitalter in einem solchen Zustand verbleiben. Wenn für uns jener Moment kommt, sollten wir daran denken, daß, was immer sein mag, Gott ist, und daß wir von Ihm nicht getrennt sein können, obgleich wir uns als getrennt von Ihm empfinden. Wir müssen erkennen, daß das eine letzte zu überwindende Täuschung ist.

Wir alle müssen allein und abgesondert stehen, weil jeder von uns zu lernen hat, auf sich selbst angewiesen zu sein und zu erkennen, daß er Gott ist, daß der göttliche Funke in ihm in Wahrheit Teil des Ganzen ist. Solange wir das noch nicht vermögen, sind wir noch nicht vollkommen zuverlässig in bezug auf die höheren Stufen der Arbeit des Meisters. Inzwischen bedeutet bei allen gewöhnlichen Arbeiten im Leben — egal ob physisch, astral oder mental — das Wissen, daß der Meister uns einhüllt und immer dicht hinter uns steht, eine sehr große Kraft und Trost. Wir verrichten jede Nacht unsere regelmäßige Arbeit auf der Astral- oder Mentalebene, wie der Fall jeweils liegt. Dabei wissen wir immer, daß die Kraft des Meisters uns schützt. Wenn wir zu irgendeiner Zeit etwas begegnen, das ungeheuer viel größer ist als wir selbst und uns zu überwältigen droht — so wie auf der physischen Ebene ein heftiger Sturm oder ein Erdbeben es tun können, so wissen wir immer, daß wir unbegrenzt seine Macht herbeiziehen können. Aber selbst das muß der Jünger ohne diese zu tun lernen, wenn die Zeit kommt, jedoch nur deshalb, um selbst ein so starkes Zentrum, wie der Meister es ist, zu werden.

Glaube nicht, daß du abseits von den bösen Menschen oder von den törichten Menschen stehen kannst. Sie sind du selbst, wenn auch in geringerem Grade als dein Freund oder dein Meister. Wenn du den Gedanken des Getrenntseins von irgendeinem bösen Ding oder Menschen in dir groß werden läßt, schaffst du dadurch ein Karma, das dich an das Ding oder den Menschen binden wird, bis deine Seele erkennt, daß sie nicht für sich allein sein kann.

C. W. L.: Dies ist der erste Teil einer langen Anmerkung Meister Hilarions. Natürlich glauben wir alle theoretisch, daß die Menschheit eine große Bruderschaft und in Wirklichkeit eine Einheit ist. Der Meister räumt hier ein, daß es bei dieser Einheit verschiedene Grade gibt, und daß daher auch verschiedene Grade von Getrenntsein existieren, daß wir in gewissem Maße mehr getrennt von den bösen und törichten Menschen als von unserem Freund oder unserem Meister sind. Die Idee von der Bruderschaft der Menschheit wird oft entstellt, um die Gleichheit des Menschen anzudeuten, die sie in Wirklichkeit nicht bedeuten kann. In jeder Familie mit vielen Brüdern muß es unter ihnen beträchtliche Altersunterschiede geben, und so ähnlich müssen unter den Mitgliedern der größeren menschlichen Bruderschaft Unterschiede in bezug auf das Alter der Seele existieren. Und genauso wie es in der physischen Familie die Aufgabe der Älteren ist, den Jüngeren zu helfen und diese zu erziehen, so müssen in der Familie der Menschheit die Älteren die Jüngeren schützen, und ihnen auf jede nur mögliche Weise helfen. Bruderschaft bedeutet Verschiedenheit, dieses unterschiedliche Alter muß gegeben sein; ebenso die Tatsache, daß viele Menschen verschiedenerlei Arbeiten verrichten.

Eines der schönsten Symbole für die Bruderschaft, dem ich begegnete, war seitens eines unserer Mitglieder die Vision eines östlichen Tempels, gestützt von vielen Hunderten von Säulen. Er sagte: Alle diese Säulen helfen den Tempel zu stützen und sind daher Symbole der inviduellen Seelen, die einen Teil des Tempels der Menschheit darstellen. Einige dieser Säulen befinden sich außen, werden gesehen und fortwährend bewundert. Sie sehen auch dem Sonnenschein und Regen ins Gesicht. Andere befinden sich weit im Innern des Säulenwaldes, die Sonne scheint überhaupt niemals direkt auf sie, niemals werden sie von vorbeigehenden Menschen bewundert. Einige dieser Säulen befinden sich an Plätzen, wo sich die Andächtigen versammeln und den ganzen Tag über an ihre Fußplatte gelehnt sitzen. Andere Säulen sind an unzugänglichen Plätzen zu finden, aber jede von ihnen ist ein wesentlicher Bestandteil des Tempels und tut ihren Dienst. Genauso ist es auch mit der Bruderschaft der Menschheit. Einige Menschen mögen meinen, sie täten eine ganze Menge, andere vielleicht wissen von keiner einzigen Gelegenheit gebotener Hilfe und doch tragen alle ihren Teil und sind genauso Säulen im Tempel wie jene, die mehr in der Öffentlichkeit stehen.

Viele unserer Schüler sind begierig auf den Anspruch, eins mit dem Meister und dem Heiligen zu sein, jedoch nicht so erpicht auf

das Einssein mit dem Kriminellen, dem Trunkenbold, dem Erfolglosen, dem Sinnlichen, dem Grausamen. Weil aber die Menschheit
eins ist, müssen wir auch mit den weniger entwickelten Menschen
eins sein, genauso wie mit den höheren. Einmal geht es dabei um
einen Teil unserer selbst, nach dem wir uns auszustrecken haben,
und zum andern aber gibt es einen Teil der Menschheit, dem wir zu
helfen versuchen müssen. Wie können wir der Menschheit helfen?
Zunächst einmal, indem wir richtig über sie denken. Schrecken wir
voller Entsetzen vor Menschen zurück, hassen wir sie, so erschweren
wir ihnen ihren Weg. Lassen wir zu, daß das natürliche und
berechtigte Empfinden in bezug auf das getane Böse unsere Haltung
gegenüber der betreffenden Person beeinflußt, so begehen wir einen
Irrtum. In manchen Fällen läßt sich das kaum vermeiden, aber wir
können uns davon immer in gewißem Maße abbringen.

Ärzte stoßen auf Fälle höchst ekelerregender, schrecklicher
Krankheiten, welche sich in so manchem Falle der Betreffende ganz
allein zugezogen hat. Aber kein Arzt, der es mit seiner Arbeit ernst
meint, denkt daran, wenn er den Patienten vor sich hat. Er schreckt
nicht mit Entsetzen vor dem Menschen zurück, sondern betrachtet
die Krankheit als einen zu bekämpfenden und zu besiegenden Feind.
Das ist ein sehr gutes Beispiel für unsere Einstellung, zu der wir beim
Umgang mit einer entwürdigten Person in der Lage sein müssen.
Zweifellos wird es aller Wahrscheinlichkeit nach so sein, daß wir bei
einem absolut entwürdigten Trunkenbold, der kaum noch einen
Willen hat, nicht viel erreichen werden, jedoch ist das entsetzte
Zurückschrecken vor ihm oder das Gefühl der Verachtung ihm
gegenüber nicht der richtige Weg, ihm zu helfen. Genauso ist es,
wenn ein Mensch ein schreckliches Verbrechen verübt. Auch dann
dürfen wir bezüglich des Verbrechens größtmögliches Entsetzen
empfinden, nicht jedoch in bezug auf den Kriminellen. Für uns ist es
schwierig, das zu trennen, aber eben das haben wir zu tun.

Es gibt noch einen anderen merkwürdigen kleinen Punkt dabei zu
berücksichtigen. Die Dinge, die uns am meisten mit Entsetzen
erfüllen, sind jene, zu denen wir selbst neigen – die uns beträchtlich
in Gefahr bringen. Ist man von der geringsten Neigung zu einem
bestimmten Verbrechen frei, so betrachtet man das ohne Entsetzen.
Erfüllt uns jedoch eine bestimmte menschliche Schwäche mit Grausen, so können wir davon ausgehen, daß es sich um einen Fehler
handelt, der für uns vor nicht allzu langer Zeit – vielleicht im letzten
oder vorletzten Leben – eine echte Gefahr darstellte.

Setzen wir uns schlechten Einflüssen aus, so haben wir uns
manchmal mit einer Schale umgeben, um diese von uns fernzuhal

ten. Das ist häufig das beste Verfahren, weil wir noch sehr menschlich sind; aber die Notwendigkeit, so verfahren zu müssen, ist in
gewissem Maße ein Eingeständnis von Schwäche. Der absolut starke
Mensch begibt sich geradewegs mitten in all diese Gefahren hinein,
sicher, daß diese ihm nichts anhaben können. Für alle von uns wäre
das jedoch nicht ratsam. Unsere Kraft ist begrenzt und indem wir
eine Kapsel bilden, können wir uns davor schützen, unnötigerweise
eine gewisse Menge der Kraft aufzubrauchen. Ein Mensch, der sich
seiner eigenen Kraft vollkommen bewußt ist, kann sich in allen
möglichen Gefahren unbehelligt bewegen, weil er seiner selbst sicher
ist. Vollkommene Stärke beseitigt jedes Zurückweichen. Wir ziehen
uns von einem Fall ansteckender Krankheit zurück, weil wir Angst
vor Ansteckung haben. Wären wir uns unserer Immunität gegen
diese Krankheit sicher, so kämen wir gar nicht auf die Idee, daß wir
uns anstecken könnten.

Die Auffassung, daß wir uns vom bösen oder törichten Menschen
für nicht getrennt halten müssen, bedeutet nicht, daß wir immer in
enger Verbindung mit solchen Menschen stehen müssen, obgleich
Kontakt manchmal nützlich ist. Es gibt viele gute Menschen, die sich
bemühen – z. B. in einer Stadt wie London – den Armen zu helfen,
indem sie unter ihnen in den Elendsvierteln wohnen. Einige unserer
Schüler sind der Meinung, daß das auch in bezug auf die bösen und
törichten Menschen unsere Pflicht sei. Aber nicht immer ist das der
beste Weg, um zu helfen. In dieser Beziehung können wir vom
Verhalten der Meister lernen. Die Großen kommen nicht hinunter
und leben in den Slums unserer Großstädte. Warum nicht? Aus
einem Grunde: Sie wären nicht imstande, ihre Arbeit für die
Menschheit fortzusetzen. Fast die ganze Zeit würde der Meister
benötigen, um einen Ort zu reinigen, wo er arbeiten könnte, und die
Menge erledigter Arbeit würde auf vielleicht einen hundertsten Teil
dessen reduziert werden, was sonst möglich wäre.

So ist es, was uns betrifft, nicht im mindesten notwendig, daß wir
uns den schlimmsten Bedingungen aussetzen. Im Gegenteil, häufig
können wir effektiver helfen, indem wir uns nicht auf diese Weise
hindern. Befindet sich ein Mensch inmitten einer besonders unerfreulichen Menschenmenge, die vielleicht mit rohen Gefühlen ange-
füllt ist oder Leidenschaftsausbrüchen, so kann er eine Kapsel um
sich herum bilden und sich damit vor dem schlechten Einfluß
schützen; in bezug auf die Menschenmenge aber kann er, während er
mit seiner Abschirmung beschäftigt ist, nicht allzuviel tun. Hielte er
sich andererseits von der Gruppe entfernt auf, so könnte er mehr
Kraft auf diese ausströmen. Selbst dann, wenn eine Menge unent-

wickelter Menschen von einer rohen Leidenschaft mitgerissen wird, kann von höheren Ebenen aus sehr wenig darauf eingewirkt werden, weil die auf eine Menschenmenge, die sich in einer solchen Verfassung befindet, ausgeströmte Kraft kaum einen Einfluß zu haben vermag. Deshalb brauchen wir uns nicht eher in eine schlechte Umgebung zu begeben, bis wir klar erkennen, daß wir hier definitiv Gutes tun können, obgleich wir natürlich immer unser Bestmögliches zu tun haben, wenn wir uns in einer solchen Umgebung befinden. Ich habe z. B. von Predigern gehört, die in Kneipen gingen und dort religiöse Handlungen begannen, und es hat Fälle gegeben, wo ein solcher kühner Schritt tatsächlich Erfolg hatte. Natürlich gab es auch viele Fälle, wo solch eine Prozedur in einem Fiasko endete. Bei solchen Dingen, ebenso wie während eines Krieges, kann ein sehr kühner und offensichtlich waghalsiger Schritt gelegentlich ein gutes Ende nehmen, aber gewöhnlich läßt sich durch vernünftiges Verhalten mehr erreichen.

Bedenke, daß die Sünde und die Schande der Welt deine Sünde und Schande sind, denn du bist ein Teil von ihr; dein Karma ist unlösbar mit dem Gesamtkarma verwoben.

Hier unten erkennen wir das nicht, erreichen wir jedoch die Buddhi-Ebene, so sehen wir, daß das tatsächlich eine Wahrheit darstellt. Dort empfinden wir „Ich bin Teil dessen, was die Menschheit nicht vermeiden kann; in ihr existiert etwas, das für mich eine Schande ist", und das empfinden wir so, weil wir es als Bestandteil der Menschheit verursacht haben. Andererseits haben wir an allem Guten, das getan wurde, unseren Anteil. Wenn ein Mensch einen Schritt vorwärts gemacht hat, empfinden wir das als Triumph für alle, durch ihn ist die Menschheit als Ganzes Ihrem Ziele etwas nähergekommen.

Und ehe du Wissen erlangen kannst, mußt du durch alle Stätten gegangen sein, durch unreine sowohl wie durch reine. Darum bedenke, daß das befleckte Gewand, vor dessen Berührung du zurückschreckst, gestern vielleicht das deine gewesen ist oder morgen deines werden kann. Und wenn du dich mit Grauen von ihm wendest, wird es, wenn es auf deine Schultern geworfen wird, nur um so fester an dir haften. Der Selbstgerechte bereitet sich selbst sein Bett aus Schlamm. Enthalte dich, weil es recht ist, enthaltsam zu sein, nicht damit du dich selbst rein erhältst.

Diese Passage, mit der Meister Hilarions Anmerkung endet, ist häufig mißverstanden worden. Einige Personen haben sie in der Bedeutung ausgelegt, daß jedes Individuum zu einer gewissen Zeit alle möglichen Sünden begangen haben müsse. Das ist jedoch nicht damit gemeint, weil der kluge Mensch aus den Erfahrungen anderer etwas lernt. Haben wir gesehen, wie jemand sich verbrannte, weil er seine Hand ins Feuer hielt, so brauchen wir unsere Hand nicht auch ins Feuer zu halten, um sicher zu sein, daß das nicht ratsam ist. Genauso brauchen wir nicht alle möglichen Verbrechen zu verüben, um uns ein Urteil darüber bilden zu können. Wir alle haben uns auf irgendeiner Entwicklungsstufe aus einem primitiven menschlichen Zustand erhoben und die verschiedenen Lebensstadien zwischen jenem und unserem jetzigen Zustand durchlaufen, aber es gibt keinen Grund zu der Annahme, daß wir unsere Sache in jedem Stadium schlecht machten. Es gibt einigen Grund zur Annahme, daß die meisten von uns im Verlaufe unserer langen Reihe von Leben die verschiedenen Arten von Fehlern, die einem menschlichen Wesen möglich sind, ausprobiert haben, aber gewiß haben wir nicht jede Einzelheit durchlebt. Kam man mit einer bestimmten Art von Üblem in Berührung, so steht dies, wie ich glaube, für die kluge Seele als Erfahrung für eine große Reihe von ähnlichen Fehlern.

Es gibt noch eine andere Bedeutung. Jeder Mensch schaut, wenn er das buddhische Bewußtsein erreicht, aus jenem Blickwinkel und erlebt alles, was andere erleben.

Wir denken an die Herrlichkeit und Wunder des buddhischen Bewußtseins, weil es uns mit den Meistern vereint. Wir dürfen aber nicht vergessen, daß es uns auch mit dem Lasterhaften und Kriminellen in Einklang bringt. Deren Empfindungen müssen genauso wie die Herrlichkeit und der Glanz des höheren Lebens erfahren werden. Sind wir also imstande, die Buddhi-Ebene zu berühren, so können wir Erfahrungen der niedrigeren und unerfreulichen Aspekte des Lebens gewinnen, indem wir uns in das Bewußtsein des Menschen versetzen, der sich gerade in einer solchen bestimmten Phase befindet. Als Lektionen brauchen wir das nicht zu tun, weil wir bereits hypothetisch wissen, daß das für uns unmögliche Dinge sind. Wir müssen aber über ausreichende Erfahrungen verfügen, um vollkommen mitfühlend sein zu können, sonst können wir anderen nicht helfen. Die vollkommen mitfühlende Person kennt intuitiv die Schwierigkeiten und Versuchungen anderer und ist somit erfüllt von Liebe selbst für den auf Abwege Geratenen. Durch Mitgefühl macht er das „befleckte Gewand" zu seinem eigenen. Geben wir endgültig die Getrenntheit auf und haben die Einheit erkannt, so werden wir

feststellen, daß wir in das göttliche Leben aufgegangen, damit
verschmolzen sind, und eine liebevolle Einstellung gegenüber jedem
unserer Mitmenschen ist die einzige uns mögliche, egal, ob diese nun
höher oder niedriger stehen mögen.

6. Ertöte den Wunsch nach Sinnesleben.

**Lerne aus dem Erleben durch die Sinne und beobachte sie, weil du
nur so mit der Erlernung der Wissenschaft der Selbsterkenntnis
beginnen und den Fuß auf die unterste Sprosse der Leiter setzen
kannst.**

A. B.: Der Jünger muß das Sinneserleben in sich beobachten, so daß
er daraus einige Selbsterkenntnis gewinnt. Zu solcher Selbsterkenntnis kann er nur durch das Beobachten seiner eigenen Gedanken
gelangen. Die erste Folge des Versuches, die eigenen Gedanken zu
studieren, heißt, abseits von ihnen zu stehen, diese von sich zu
trennen. Eben durch die Tatsache, daß Sie versuchen, Ihre eigenen
Gedanken zu untersuchen, ist Ihr Leben von ihnen abgezogen
worden, um für den Augenblick die gewohnheitsmäßig bestehende
Identifikation Ihrerseits mit Ihren Gedanken aufzuheben. Ein
Mensch identifiziert sich nicht mit dem Objekt seines Studierens,
nicht mit der Sache, die er betrachtet. Unter den Schülern Shankara-
charyas gibt es ein Sprichwort, wonach Subjekt und Objekt niemals
dasselbe sein können. So werden gerade durch das Bestreben, etwas
zu studieren, die Formen geschwächt und schon dadurch gewinnen
Sie Freiheit.
    Eng verbunden mit diesem Rat ist die Anweisung, die Erfahrun-
gen zu prüfen. Der Zweck dabei ist der, daß der Mensch dadurch den
Zustand erfahren kann, in dem er nicht länger davon beeinflußt ist.
Beobachtet ein Mensch sein eigenes Erleben durch die Sinne, um
daraus zu lernen, so kann er die Sinnesempfindung erfahren und
gleichzeitig vermag er damit aber etwas Höheres zu tun. Er kann
diese Kraft abschätzen, ohne sich ihr auszuliefern, zu unterwerfen.
Es werden auch Zeiten kommen, zu denen der Jünger, der diese
Beobachtung der Sinnesempfindungen praktiziert, feststellen wird,
daß die schlafenden Sinnesempfindungen in ihm wiedererweckt
werden.
    Wir alle haben Erinnerungen an die Vergangenheit, von denen
man sagen kann, daß sie an uns als unsere toten Selbste hängen.
Dabei besteht die Gefahr, daß diese von außerhalb wieder lebendig
gemacht werden. Wiederbelebt werden können sie durch die Berüh-

rung mit den Gedankenformen anderer Menschen in derselben Richtung oder auch durch die vorsätzliche Einwirkung irgendeiner Kraft, die für unsere Läuterung wirkt oder uns entweder von der dunklen oder der weißen Seite her prüft. Angenommen, das tote Selbst eines Menschen wird wieder lebendig gemacht. Dann empfindet er das, was gewöhnlich als Macht der Versuchung bezeichnet wird. Der Jünger, der studiert hat, wie das vor sich geht, erkennt, was passiert ist; er schätzt die Kraft des wiedererweckten Gedankens ab und sagt zu ihm: „Du bist nicht mein lebendiges Selbst. Du bist bloß mein Ich aus der Vergangenheit − weiche also von mir."

In einem Moment der Versuchung ist es manchmal hilfreich, wenn man erkennt, daß es sich bloß um die wiederbelebte Vergangenheit handelt. Dann sagen Sie mit Recht: „Das bin nicht ich". Sie betrachten das dann als außerhalb von Ihnen befindlich, nicht als Bestandteil Ihres Seins oder Ihrer Aktivität und Sie wissen, daß Sie das nicht festzuhalten oder zu beflecken vermag. In der aus diesem Wissen heraus erwachsenden beharrlichen Zuversicht liegt ein großes Element der Stärke. Sie wissen, daß Sie natürlich an die Zeit heranrücken, zu der Sie diese Versuchung nicht einmal mehr empfinden werden. Allmählich wird sie nicht mehr die Macht haben, Sie überhaupt zu beeinflussen.

Durch denProzeß des vorsätzlichen Abwägens seiner eigenen vergangenen Empfindungen und GedankWn tötet der Jünger die allerletzte Möglichkeit einer belebenden Kraft in jenem toten Selbst. Das ist in der „Stimme der Stille" gemeint, wenn es in bezug auf das Begehren heißt: „Gib acht, damit es nicht von den Toten aufersteht". Die alten Empfindungen und Gedanken sind nicht dann erledigt, wenn sie bloß außer Sicht begraben wurden, sondern erst dann, wenn sich das allerletzte Bruchstück davon bis zum Ende ausgewirkt hat, wenn der Mensch die Empfindungen und Gedanken betrachtet und mit vollkommener Klarheit sieht, was sie sind und daß sie nicht Teil seiner selbst sind. Durch dieses ruhige Studieren tötet er sie dann, ohne daß eine Wiederbelebung möglich ist.

C. W. L.: Zunächst haben wir zu lernen, das Wirken der Sinnesempfindungen in uns von außerhalb zu beobachten. Solange wir von ihnen fortgerissen werden, können wir daraus gar nichts lernen, weil wir ihre Sklaven sind. Können wir uns jedoch darüber erheben und darauf hinunterblicken und an sie als an etwas unserer Vergangenheit Zugehöriges denken, so sind wir in der Lage, diese Vorgänge zu beobachten und zu studieren.

Wellen von Sinnesempfindungen fluten über die ganze Welt, und wir müssen diese zu verstehen lernen, um in der Lage zu sein, anderen zu helfen. Aber wir vermögen das natürlich nur dann zu tun, wenn wir selbst nicht mehr davon regiert werden. Zweifellos ist das zum großen Teil eine Temperamentßfrage, jedoch stellt es für viele eine der größten Schwierigkeiten dar, daß Emotionen sie umschwirren. Bis jetzt wissen sie noch nicht so genau, wie sie diese völlig beherrschen können. Das ist so ähnlich, als würde man Brechern trotzen und diese zu meistern versuchen. Der Mensch kann kein Ding regieren, das ihn immer und immer wieder umwirft und fortreißt; aber die Menschen erkennen nicht, daß die Emotion in Wirklichkeit keine solche äußerliche Kraft wie diese ist, sondern daß diese in einem selbst ist und völlig unter Kontrolle zu bringen ist, wenn man weiß, wie man das macht.

Das macht man so, indem man gleich zu Anfang die Emotion in festen Griff bekommt. Eine Welle von Zorn, Depression, Neid oder einer anderen dieser Leidenschaften nimmt in einem Moment ihren Anfang und wächst rasch zu einem sehr großen Ding heran. So plötzlich tritt sie auf und die Menschen sind so sehr daran gewöhnt, das als das Selbst zu betrachten, daß sie das für den Augenblick nicht richtig erkennen und dem darum nicht sofort Einhalt gebieten, die Welle stoppen und sagen: „Das bin ich nicht, ich weigere mich, fortgerissen zu werden, ich stehe fest." Denken wir daran, uns rechtzeitig so zu verhalten, verschwindet die Emotion prompt. Die meisten Menschen fassen den Entschluß, sich nicht davon überwältigen zu lassen, indem sie ganz ruhig bleiben. Leider ist es aber so, daß Sie der Gefühlswelle, wenn diese sich mit einem Schwung über sie ergießt, im Augenblick nicht widerstehen möchten. Die Seele im Innern ist nicht sofort wach gegenüber der Gefahr, so daß sie es zuläßt, weggerissen und mit den Gemütsbewegungen oder dem Gefühl identifiziert zu werden. Deshalb müssen wir lernen, dies genau im Moment des Hereinbrechens abzufangen. Lassen wir die Zügel schleifen, so ist es eine sehr schwierige Sache, dem Gefühl, wenn es in vollem Gange ist, plötzlich Einhalt zu gebieten, wenngleich das manchmal auch eine andere Person für uns zu tun vermag. Hinterher, wenn wir uns daran erinnern, bedauern wir es dann. Am besten ist der Versuch, das Gefühl jedesmal ein wenig früher zu beherrschen. Können wir es erst einmal unterdrücken, bevor es im vollem Schwunge ist, so besteht die Wahrscheinlichkeit, daß wir imstande sein werden, das danach ständig zu tun.

Zuerst ist das nur so schwierig, weil der Mensch als ein Selbst seinen Rechten bei so vielen vorausgegangenen Gelegenheiten entsagte, daß er aus der Gewohnheit hinausgeriet, seine Rechte zu

behaupten. Verteidigt er diese jedoch erst einmal im kritischen
Moment, so wird er feststellen, daß er dies immer und immer wieder
zu tun vermag, weil das Elemental, das die Ursache der Schwierigkeiten ist, sich zu fürchten und zu erkennen beginnen wird, daß es
nicht alles, so wie es dies will, mitreißen kann. Zunächst ist es einmal
ganz davon überzeugt, so wie ein Hund, der auf einen Menschen
zustürzt, bellt und knurrt, weil er glaubt, dieser fürchte sich. Dreht
sich der Mensch jedoch nicht um und rennt nicht davon, so zögert der
Hund und beginnt, unschlüssig zu werden. Das Elemental hat nicht
die Intelligenz eines Hundes. Es mag nicht wissen, daß wir stärker
sind als es. Weiß es das nicht, so aber nur deswegen nicht, weil wir
uns nicht behauptet haben. Wir sollten das Elemental wissen lassen,
daß wir sein Meister sind. Spürt es das erst einmal, so wird es gleich
zu Anfang zögern, seine Welle zu starten. Gebieten Sie ihm zu
Beginn Einhalt, dann wird es keine weiteren Schwierigkeiten mehr
geben.

Auch durch das Beobachten des Erlebens durch die Sinne bei
anderen Menschen haben wir zu lernen. Auf diese Weise kommen
wir zu einem Verstehen der menschlichen Natur. Wir können
gewahr werden, wie andere Menschen sich unter dem Einfluß von
Emotionen zum Narren machen, und wenn wir sehen, wie schlecht es
in ihnen aussieht und wieviel Leid ihnen das offensichtlich verursacht, lernen wir jeden Anflug derselben Sache in uns zu zügeln.
Natürlich ist es viel einfacher, Dinge bei anderen gewahr zu werden
als bei uns, wenn wir außerhalb als Betrachter stehen. Wir sollten
jedoch nicht auf andere Menschen blicken, um diese zu kritisieren
und ihre Fehler herauszupicken, sondern nur gewahr werden, was
wir von ihnen lernen können. Sehen wir sie eindeutig nicht gemäß
ihren besten und höchsten Möglichkeiten leben − wegen einer
Leidenschaft oder Emotion oder eines empfundenen Widerwillens
− so können wir mental davon Notiz nehmen, ohne dabei im
mindesten zu empfinden, daß wir besser als sie sind. Wir können
denken: „Hätte mir nicht dasselbe passieren können? Ich will darauf
achten, daß das nicht geschieht." So können wir, ohne in die
Gewohnheit des Kritisierens zu verfallen, was immer schlecht ist, aus
den Fehlern anderer lernen. Sehen wir eine andere Person in
Kummer geraten, egal wie leid uns dies auch tun mag, so kann es
nicht schaden, wenn wir folgendermaßen denken: „Laß mich nicht
auch in den Abgrund fallen, es ist genug, daß eine Person das tat."

Riesige Gefühlswellen überfluteten die Welt während des Krieges. Darunter befand sich eine ungeheure Menge an Abneigung und
Haß gegen die Völker, mit denen wir uns im Krieg befanden. Es ist

nicht im mindesten meine Absicht, die von diesen begangenen
Greueltaten zu verteidigen. Ich weiß, daß diese verübt wurden, weil
ich selbst – astral – einen Großteil davon gesehen habe, was mich
mit Scham für die Menschheit erfüllte. Keinesfalls möchte ich jene
Tatsachen ableugnen, diese beschönigen oder entschuldigen, jedoch
lag in dem großen Gefühlssturm gegen jene, die die Verbrechen
begangen, auch eine große Gefahr und viel Schaden. Die Verant-
wortlichen für die Greueltaten waren jene, die sie begangen, und
jene, aufgrund deren Befehle sie begangen wurden – nicht aber die
ganze Nation. Ganz gewiß ist auch von Engländern in der Vergangenheit viel Schlimmes getan worden, womit wir uns nicht gern
identifizieren wollen – und das ist in jeder Nation so gewesen . . .
Ebensowenig wie in Rede oder Handlung, dürfen wir uns im Denken
zu Ungerechtigkeiten hinreißen lassen.

Unsere Feinde gingen vorsätzlich daran, den Haß gegen uns zu
schüren. Das mag vielleicht, als einer der Tricks der Kampagne, in
dieser Zeit wirkungsvoll gewesen sein. Man mag festgestellt haben,
daß es sich bezahlt machte, indem man Rekruten und Geld usw.
bekam, jedoch war das ein ernster moralischer Fehler. Dadurch
setzte man sich ganz entschieden ins Unrecht, was alle höheren
Aspekte der Angelegenheit anbelangt. Aber in einem solchen Fall ist
die Gefahr gegeben, daß auch wir Haß empfinden. Im Kampf gegen
das Böse muß man absolut entschieden sein, diesen bis zum äußersten auszufechten und trotzdem vollkommen frei von so etwas wie
Haßgedanken zu sein. Denken Sie daran, daß Buddha sagte: „Haß
hört niemals durch Haß auf." Im Gegenteil, der Haß wird dadurch
noch geschürt.

Hört man von schrecklichen an Frauen und Kindern begangenen
Greueltaten, so kann man nichts anderes als entschiedene Empö-
rung empfinden. In einem solchen Gefühl der Entrüstung gegen
solche Übeltaten liegt nichts Böses. Das ist eine schreckliche Angelegenheit und alle rechtschaffenen Menschen werden und sollten so
etwas entschieden brandmarken ohne irgendeine Art von Beschöni-
gung oder Entschuldigung. Es wäre aber ein großer Fehler, den
unglücklichen Menschen zu hassen, der das Verbrechen begeht. Er
ist viel mehr zu bedauern als zu tadeln. Es ist jedoch unsere Pflicht, es
ihm unmöglich zu machen, solche Dinge noch einmal zu tun. Unser
Verhalten sollte so sein, wie ein Mensch es gegenüber einem wilden
Tier an den Tag legen würde, das seine Kinder angreift. Er würde
ihm nicht mit Haß begegnen, sondern es aus dem Wege schaffen. Die
unglückliche Person, die solche Dinge tat, sollte uns außerordentlich
leid tun, weil wir erkennen, wie das Karma davon aussehen muß. Es

ist schrecklich, daß Frauen und Kinder niedergemetzelt werden,
noch schrecklicher vielleicht für die Verwandten als für die Opfer
selbst. Am allerschlimmsten ist es jedoch für jene, die das Verbrechen begehen. Jene sind am meisten zu bemitleiden, weil ihre Leiden
am Ende weitaus schrecklicher sein werden.

Soweit es in unserer Macht steht, werden wir Schritte unternehmen, um zu verhindern, daß das, was getan wurde, noch einmal
geschieht. Wir dürfen jedoch keinen Haß empfinden. Hierbei geht es
um noblesse oblige. Wir stehen eindeutig oberhalb der Art und
Weise von Personen, die solche Dinge tun, wir sind ihnen in der
Entwicklung um Zeitalter voraus, und wir stehen soweit von ihnen
entfernt, wie sie vom Tierreich. Weil das so ist, müssen wir unsere
höhere Entwicklung zeigen, indem wir nicht die Leidenschaft des
Hasses teilen.

Die Wirkung von Sinneserleben können wir nur studieren, wenn
wir davon abrücken, wenn wir außerhalb davon stehen und die
Empfindung zu beherrschen und daraus zu lernen versuchen. Wir
dürfen uns in keinen Strudel des allgemeinen Empfindens fortreißen
lassen, sondern wir müssen zu erkennen versuchen, wo der Fehler
liegt, und tun, was wir können, um ihn zu berichtigen. Viele
Menschen, die sich unter dem Einfluß einer furchtbaren Leidenschaft befinden, halten uns für ziemlich gleichgültig und kalt. Es ist
sogar möglich, daß sie meinen, uns fehle es an Patriotismus, wenn
wir uns weigern zu hassen. Das ist natürlich unlogisch. Befinden sich
Menschen jedoch unter dem Einfluß großer Haßwellen, so denken
sie nicht folgerichtig. Wir können ihnen erklären, daß man vom
Patriotismus nicht aufgefordert wird, andere Länder zu hassen, aber
manchmal wird nicht eingesehen, daß wir unser eigenes Land lieben
können, ohne zum Haß eines anderen verpflichtet zu sein. Unsere
Haltung gegenüber diesen Dingen ist sehr ähnlich jener, die wir
gegenüber dem Kummer kleiner Kinder annehmen sollten. Ein Kind
zerbricht eine Puppe, bricht in Tränen aus und zeigt leidenschaftlichen Schmerz. Wir tun alles, was wir können, um mit dem Kind
mitzuempfinden, aber wir verhalten uns ziemlich philosophisch, wir
teilen nicht den leidenschaftlichen Schmerz. Wir sind nicht verzweifelt, weil eine Puppe entzwei ist oder weil diese oder jene geringfügige Angelegenheit sich im Schulleben eines Kindes ereignet haben
mag. Wir wissen, daß es eine Zukunft gibt, und daß, verglichen mit
dieser Zukunft, all diese kleinen Dinge nur vorübergehend und nicht
von großer Wichtigkeit sind, wenn auch schrecklich für das Kind.
Wir würden unsere Pflicht versäumen, würden wir nicht unser
Mitempfinden zeigen, jedoch wären wir töricht, wenn wir genauso

empfinden würden, wie das Kind es tut – wir würden kindisch handeln.

Ganz genauso ist es mit dem Menschen, der eine philosophische Einstellung anzunehmen lernt. Er hat Mitempfinden mit den Menschen, die so leidenschaftlich erregt über solche Dinge sind, er selbst jedoch ist nicht aufgeregt. Ebenso wie man dem Kinde sagt: „Nun ja, macht doch nichts, alles wird wieder gut und wieder schön", so sollten wir jenen, die unter diesen Emotionen in Aufwallung geraten, sagen: „Wenn du es nur glauben würdest, alles kommt wieder in Ordnung und alles wird wieder gut werden." Sagen wir so etwas, so hält man uns für bar jeden Mitgefühls, aber das ist vollkommen unwahr. Oft finden wir es schwierig, Erstaunen darüber zu vermeiden, wie Menschen so blind sein können. Wir finden sie in wilder Erregung über Dinge, die ohne die geringste Bedeutung sind. Oft handelt es sich dabei um Menschen mit ausgezeichneten Fähigkeiten. Sie sehen diese aber nicht und gestatten sich, von rasenden Wogen des Begehrens überwältigt zu werden. Dasselbe taten wir vor Tausenden von Jahren, vielleicht. Deshalb lernen wir, geduldig zu sein, Verständnis zu haben dafür, daß das eine Evolutionsstufe ist, wenn auch keine wünschenswerte. So müssen jene von uns, die noch Gefahr laufen, sich Emotionen auszuliefern, sich bremsen und sagen: „Vor 20 Leben wäre das vielleicht entschuldbar gewesen, nun jedoch ist die Zeit für so etwas vorüber." Sehen wir im Alltagsleben einen Menschen reifen Alters, der sein Leben und seine ganze Zeit für Vergnügungen wegwirft, so wissen wir, daß das vor 20 Jahren in Ordnung gewesen wäre, nun jedoch sollte er an die ernsteren Dinge des Lebens denken. Genauso sollten wir auf eine Stufe gelangt sein, wo unsere Emotionen die höheren Gemütsbewegungen sind, wo wir die eine große Idee von der Arbeit haben, die wir nach Gottes Willen tun sollten.

7. Ertöte den Hunger nach Wachstum.

Wachse wie die Blume wächst: Unbewußt, doch eifrig bemüht, ihr Innerstes der Luft zu öffnen. So mußt du vorwärts streben, um deine Seele dem Ewigen zu öffnen. Das Ewige aber muß es sein, das deine Kraft und Schönheit hervorruft, nicht der Wunsch nach Wachstum. Denn in dem einen Falle entfaltest du dich in der Fülle der Reinheit, im anderen Falle verhärtest du dich durch das ungestüme Begehren nach persönlicher Größe.

A. B.: Im späteren Wachstumsstadium wird der Jünger sich als in das Ewige ausdehnend empfinden und dessen Schönheit mehr und mehr erkennen. Bevor jene Stufe erreicht ist, ist er aufgrund der Größe und Erhabenheit dessen, was er bereits erreicht hat, noch in Gefahr. Hält er sein Wachsen als zum getrennten Selbst gehörig und denkt er, er selbst werde groß, so wird er wahrscheinlich fallen. Der einzige Weg, diese Gefahr zu vermeiden, ist der, sich vom Wunsche, groß zu sein, zu befreien, nicht dem Begehren nach Wachstum um seiner selbst willen nachzugeben. Denn befindet sich der Jünger auf der höheren Stufe menschlicher Entwicklung, so muß er gleichgültig dagegen sein, ob er wächst oder nicht. Nur um das göttliche Leben und den göttlichen Willen hat er sich zu kümmern und nur an die Freude hat er zu denken, die anderen daraus erwachsen kann, wenn sie dieses ebenfalls in ihrem Leben willkommen heißen.

C. W. L.: Wir müssen wachsen, wie die Blume es tut. Warum? Weil die Blume selbstlos wächst, absolut altruistisch. Sie wächst nicht, um sich zur Schau zu stellen, sondern damit ihre Art durch ihren Tod bedeutender werde. Die Blüte existiert nicht, damit sie Früchte für sich selbst erlange, weil die Früchte erst kommen, wenn die Blüte tot ist. Ihre ganze Entwicklung geschieht nicht für sie selbst, sondern für die zukünftigen Pflanzen. So müssen auch wir nicht dadurch vorwärtskommen, daß wir an uns denken, sondern dadurch, daß wir um des Wohles der anderen willen streben. Die große Idee, Helfer im Werk des Logos zu sein, muß uns vorwärtsziehen. Für die Erlangung aller Tugenden und Kräfte müssen wir einfach deshalb arbeiten, um nützlicher in seinem Dienst sein zu können.

Vergessen wir uns in selbstloser Arbeit, so wachsen wir als Teil des Ganzen, und somit „entfalten wir uns in der Fülle der Reinheit".

6
Regeln 9 bis 12

C. W. L.: Soweit wie wir in diesem Buch gekommen sind, hatten wir immer die negative Seite der Dinge vor Augen. Uns wurde erklärt, wir haben gewisse Wünsche zu ertöten. Nun aber kommen wir zur positiven Seite und erfahren, was wir begehren dürfen, ja, begehren müssen. Es mag uns merkwürdig erscheinen, daß uns geraten wird, irgend etwas zu begehren. Jene, die die indische Literatur studiert haben, werden sich erinnern, daß dies ein Punkt ist, bei dem selbst die Upanischaden voneinander abweichen. Eine Upanischad mißbilligt Begehren aller Art und folgert, daß es sogar zu vermeiden ist, das Rechte zu begehren, weil wir von der Bevorzugung dieses oder jenes gänzlich frei zu sein haben. Eine andere jener großen Schriften besagt, daß wir Fortschritt begehren müssen. Es wird darin ausgeführt, daß, sofern alle anderen Wünsche bis auf das Begehren nach Wachstum der Seele besiegt sind, keine Möglichkeit mehr für den Menschen für Kummer und Schmerz besteht. Diese beiden Aussagen können wir in Einklang bringen, wenn wir die erste in der Bedeutung verstehen, daß immer noch eine Spur von Getrenntheitsgefühl vorhanden ist, sofern wir den Wunsch haben, selbst an der höheren Arbeit der Welt als ein getrenntes Selbst mitzuwirken und dabei an uns denken und die großen Dinge, die wir tun können. Sind wir aber imstande, uns als Teil der Menschheit zu verstehen und erwerben wir unseren Fortschritt für die Menschheit, von der wir Teil sind, und kein Gedanke an das eigene Selbst ist mehr vorhanden, so haben wir unseren Wunsch auf eine andere Stufe emporgehoben und zu einer Aspiration geläutert, die durchaus wünschenswert ist.

9. Begehre nur, was in dir ist.

Denn in dir ist das Licht der Welt — das einzige Licht, das sich auf den Pfad ergießen kann. Wenn du unfähig bist, es in dir wahrzunehmen, ist es nutzlos, anderswo danach zu suchen.

Der in diesem Kommentar zum Ausdruck gebrachte Gedanke ist allen Religionen gemeinsam, wenn er auch in verschiedene Worte

gekleidet ist. Wir finden ihn im Christentum, aber in der Regel
scheinen nur die christlichen Mystiker ihn verstanden zu haben. Das
kommt in dem wunderschönen Vers von Angelus Silesius zum
Ausdruck:

Und würde Christus tausendmal in Bethlehem. geboren,
und nicht in Dir, so bist Du ewiglich verloren.
Das Kreuz von Golgatha kann dich nicht von dem Bösen,
so es nicht auch in Dir wird aufgericht, erlösen.

Die Bedeutung ist leicht zu erkennen. Glaubt ein Mensch nicht an
seine eigene innewohnende Oöttlichkeit, so gibt es für ihn keine
Hoffnung auf Fortschritt, weil er dann nichts in sich hätte, an dem er
arbeiten könnte, nichts, das ihn zu irgend etwas Höherem emporheben würde. Weiß er jedoch, daß er das wunderbare Christusprinzip
in sich trägt, dann erkennt er, daß das Entfalten jener Göttlichkeit
nur eine Zeitfrage ist und daß sein Teil an dem Werk darin besteht,
seine äußeren Bewußtseinsträger in Harmonie zu bringen, so daß
diese innere Herrlichkeit hindurchzustrahlen vermag. Das ist die
Bedeutung der Worte „Christus in Dir, die Hoffnung auf ewige
Seligkeit". Die Zuversicht, die wir in uns tragen, ist der göttliche
Funke. Der Mensch, der sich zu glauben weigert, daß er diesen
göttlichen Funken in sich trägt, blockiert sich den Weg mit einem
unüberwindlichen Hindernis, bis er seinen Irrtum erkennt.

Es ist in der Tat wahr, daß die Erlösung nur durch den Christus
erlangt werden kann − nicht einen Menschen, der lebte und starb,
sondern durch das Christus-Prinzip in uns. In uns ist unser Erlöser.
Das ist die wahre christliche Lehre, zu deren Untermauerung wir
viele Texte anführen könnten. Der Grund für all die verschiedenen
Weisen, auf die die moderne Darstellung des Christentums − wenn
man das so ausdrücken kann − in die Irre ging und sich lächerlich
machte, liegt im Mißverstehen jener erhabenen Vorstellungen. Man
sollte sich immer daran erinnern, daß der Ausgangspunkt des
Christentums die wunderbare gnostische Philosophie war; jedoch
weigerten sich die Unwissenden unter den Anhängern, irgend etwas
jenseits ihres Verständnisses liegendes oder etwas, das ein jahrelan-
ges Studium erfordert, um es verstehen zu können, in ihre religiösen
Schemata einzubeziehen. So vertrieb man die großen gnostischen
Weisen als Ketzer. Bei der Religion wandte man die hier ungeeig-
nete Methode des Mehrheitsbeschlusses an − mit schrecklichen
Ergebnissen.

Ursprünglich besaß das Christentum höchst wunderbare Darstellungen der Philosophie − der einen Philosophie, die hinter allen
Religionen steht. Als die Evangeliumserzählung, die als Allegorie

gedacht war, zu einem pseudo-historischen Lebensbericht eines Menschen verflacht wurde, wurde die Religion unverständlich. Folglich sind alle Texte, die sich in Wirklichkeit auf die höhere Seite der Dinge beziehen, verzerrt worden, und natürlich stimmen diese nicht mit der hinter den Vorstellungen liegenden Wahrheit überein. Weil das Christentum viele seiner eigenen ursprünglichen Lehren vergessen hat, ist es heutzutage üblich, in Abrede zu stellen, daß es jemals irgendwelche esoterischen Lehren besessen haben könnte. Es sind jedoch ausreichend Beweise vorhanden, um den vorurteilslosen Schüler davon zu überzeugen, daß dieses höhere Wissen existierte und den Aposteln und Kirchenvätern gut bekannt war. Ich kann an dieser Stelle hierauf nicht erschöpfend eingehen. Es möge genügen, den Leser daran zu erinnern, daß Origines, der größte der Kirchenväter, die Existenz der geheimen Lehren behauptet. Er unterscheidet zwischen dem „allgemeinen unvernünftigen Glauben", der zu dem führt, was er als „somatisches Christentum" bezeichnet, und dem spirituellen Christentum. Mit „somatischem Christentum" meint er den auf der Evangeliumserzählung basierenden Glauben und fügt hinzu, daß das für die Masse eine sehr gute Lehre sei, der spirituelle Christ jedoch die Gnosis habe und daher wisse, daß alle darin angeführten Ereignisse − die Geburt, die Taufe, die Erleuchtung, die Kreuzigung, die Auferstehung und die Himmelfahrt − sich nicht nur einmal an einem bestimmten Ort ereigneten, sondern Stufen im spirituellen Leben jedes christlichen Menschen im Laufe seiner Entwicklung sind.

Die Religion der modernen Orthodoxie beruht noch immer auf dem einfältigen Glauben der unentwickelten Masse und man fährt hartnäckig fort zu verleugnen, was jetzt noch in Form weniger unschätzbarer Fragmente der gnostischen Lehren vom ehemals erhabenen Erbe übriggeblieben ist. Nachdem man die höhere Auslegung verloren hat, unternimmt man die verzweifelte Anstrengung, die niedere Auslegung in eine verständliche Form zu bringen. Das ist aber nicht möglich. Schüler der Theosophie haben das Wissen, das sie in die Lage versetzt, all diese seltsamen Lehren zu interpretieren und den Sinn und die Schönheit selbst in den plumpen Äußerungen des Straßenpredigers zu erkennen, weil sie verstehen, was er meinen würde, verstünde er nur ein wenig mehr von den Dingen, über die er spricht.

Was wir also zu begehren haben, ist das, was immer in uns ist. Woanders werden wir es nicht finden. Genau mit denselben Ideen hatten wir es vor vielen Zeitaltern im alten Ägypten zu tun. Dort machte man „das verborgene Licht" und „die verborgene Aufgabe" zum Mittelpunkt all seiner religiösen Vorstellungen. „Das verborgene Licht" war das in jedem Menschen vorhandene Licht, und „die verborgene Aufgabe" jene, wodurch der Mensch befähigt wird, das Licht zu offenbaren, es in sich hervorzubringen und dann dessen Entwicklung in anderen zu fördern. Das war der Kardinalspunkt des damaligen Glaubens – daß das Licht vorhanden ist, egal wie sehr verdeckt dieses auch immer sein und wie hoffnungslos die Sache auch erscheinen mag. Unsere Aufgabe ist, die Schleier wegzuziehen und das Licht hervorleuchten zu lassen.

Häufig begehen Menschen den Fehler, woanders danach zu suchen. Sie sagen: „Wir möchten, daß die Meister uns helfen; wir möchten, daß die Meister uns emporziehen." Ich aber sage mit größter Ehrfurcht und Respekt, daß der Meister das nicht kann; der Logos selbst vermag das nicht zu tun. Der Meister kann uns sagen, wie wir uns selbst emporheben können. Der Vorgang verläuft genau analog dem der Entwicklung unserer Muskelkraft. Niemand vermag das für einen anderen zu tun, besitzt er jedoch das Wissen, so kann er berichten, wie man das selbst zu bewerkstelligen vermag. Das ist die ganze Hilfe, die man von außen bekommen kann. Eine andere Person kann uns berichten, daß sie bestimmten Regeln folgte bzw. Übungen machte und dabei feststellte, daß das gute Ergebnisse brachte. Der Meister oder der fortgeschrittene Schüler kann zweifellos auch Kraft auf uns ausströmen, die unsere Arbeit erleichtert, aber das ist auch alles. Das ist auf dem ganzen Wege immer dasselbe. Verspüren wir nicht in uns die Fähigkeit, für die Schönheit und Herrlichkeit der Natur empfänglich zu sein, so wird diese Schönheit und Herrlichkeit an uns vorbeigehen. Können wir Gott nicht in uns gewahr werden, so ist es zwecklos, Ihn außerhalb von uns zu suchen. Haben wir uns als Teil von Ihm erkannt, so wird der Gott in uns dem Gott außerhalb von uns antworten und wir werden beginnen, in Seinem Werk wirklich nützlich zu sein, was schließlich unser oberster Lebenszweck ist.

10. Begehre nur, was über dir ist.

Es ist über dir, weil du, wenn du es erreichst, dich selbst verloren hast.

C. W. L.: Das ist wiederum eine Aussage, die ihre Parallele in der christlichen Lehre hat. Christus selbst sagt ganz schlicht: „Wer sein Leben findet, der wird es verlieren, und wer sein Leben verliert um meinetwillen, der wird es finden" (Matthäus 10,39). Das geschieht immer und immer wieder auf verschiedenen Stufen. Denken Sie an den weltlichen Menschen, der sein Durchschnittsdasein führt, das zum Großteil ein Leben in seinen Emotionen bedeutet – in manchen Fällen so ziemlich in den niederen Emotionen. Sobald er die höhere Seite der Dinge zu verstehen beginnt, erkennt er, daß es etwas Höheres und Edleres als das Bisherige gibt. Er stellt aber auch fest, daß er, solange er nicht bereit ist, das niedere und gröbere Leben abzulegen, nicht wirklich das höhere ergreifen kann; er muß das Niedere verlieren, damit er das Höhere gewinnen kann.

Auf der nächsten Stufe wird der Mensch in hohem Maß in seinem Verstand lebendig. Er erkennt, daß es letzten Endes unedel ist, sich von den Gezeiten der Leidenschaften herumwirbeln zu lassen und daß der Verstand die Gefühle auswählen und beherrschen und nur solche zulassen sollte, denen er um seines Fortschritts willen zustimmt. Nach kurzer Zeit gerät er über diesen Zustand hinaus und merkt, daß auch der Verstand nicht etwas völlig Zufriedenstellendes ist, sondern daß es noch ein höheres Leben als das des Verstandes gibt. So beginnt er allmählich im Ego zu leben und alles von diesem Standpunkt aus zu betrachten, was einen sehr großen Fortschritt bedeutet. Aber schließlich ist ihm auch das nicht genug. Er erkennt, daß es eine hinter jener Stufe liegende Einheit gibt, und so fängt er an, einige Erfahrungen der buddhischen Ebene zu machen. Berührt er diese, so wird ihn nichts Darunterliegendes jemals wieder zufriedenstellen.

Selbst dieses wunderbare buddhische Bewußtsein wird, wenn es soweit ist, überschritten werden. Jenseits davon befindet sich das Bewußtsein der atmischen Ebene – Nirvana. Darüber und jenseits davon wiederum ist die Monade. Jene, die noch keine Adepten sind, schauen die Monade als dreifachen Geist, wie sie sich auf der Ebene unterhalb ihrer eigenen manifestiert. Bei Erreichung der Adeptschaft jedoch werden Monade und Ego eins geworden sein und sich als Monade, dem göttlichen Funken, bewußt sein.

Auf jeder dieser Stufen haben wir das Gefühl, daß wir von der Wahrheit Besitz ergriffen haben und in das wahre Leben eingetreten sind. Bald aber erkennen wir, daß es etwas noch Höheres gibt, etwas wiederum um so viel Höheres als sich jenes über unserer bisherigen Erfahrung befand. Auf dem ganzen Aufwärtsweg müssen wir das Niedrigere fallen lassen, bevor wir wirklich das Höhere gewinnen können. Das heißt, wir müssen das Leben, das wir kennen, verlieren, bevor wir das höhere Leben, das wir zu erlangen hoffen, erreichen. Beim Erreichen jeder Stufe stellen wir fest, daß wir das Selbst, das wir vorher kannten, verloren, weil wir es überschritten haben. Wir haben es verloren, indem wir ein höheres Selbst fanden.

In den Büchern steht geschrieben, daß wir mit dem Logos verschmelzen werden. Nur darüber, wie das endgültig aussieht, wissen wir nichts, aber einige von uns vermögen aus ihren persönlichen Erfahrungen heraus soviel zu sagen, daß bei der Seelenentwicklung viele solche Verschmelzungen auf verschiedenen Stufen stattfinden und bei jeder davon erscheint das so, als würden wir vollkommen eins mit dem Höchsten werden, das wir erreichen können. Dennoch verlieren wir bei alledem niemals irgend etwas von unserem wahren Selbst. Schwingen wir uns, sagen wir einmal, zum buddhischen Bewußtsein empor und verlieren den Kausalkörper, so haben wir das niedere Leben verloren, aber jenes war niemals mehr als eine sehr unzulängliche Manifestierung eines sehr kleinen Teils von uns. Alles, was wir während der langen Serien von Leben gewannen, ist noch vorhanden. Was wir abgeworfen haben, ist nur die äußere Form, in der sich unsere verschiedenen Eigenschaften zum Ausdruck brachten. Die Eigenschaften haben wir noch, auf höherer Ebene, wo diese mit größerer Brillanz hervorstrahlen: Die Form aber, in die sie gegossen waren, ist verschwunden. Weil die Menschen ständig das Leben mit der Form gleichsetzen, erscheint es vielen so, als bliebe beim Verlust der Form nichts mehr übrig. Im Gegenteil: nichts, was gewonnen wurde, geht jemals verloren.

11. Begehre nur, was unerreichbar ist.

Es ist unerreichbar, weil es ewig zurückweicht. Du wirst in das Licht eingehen, die Flamme aber wirst du nie berühren.

C. W. L.: Das bedeutet nicht, daß das von uns angestrebte höhere Leben unerreichbar sei, sondern daß wir, haben wir einen Gipfel erreicht, immer eine andere Bergspitze dahinter erblicken. Wir nähern uns immer und immer mehr dem Göttlichen, werden eins mit Ihm Stufe für Stufe, aber die Flamme, Sein wahres Bewußtsein, werden wir nie berühren. Es gibt viele Stufen auf dem Weg und diese werden, je höher wir uns emporschwingen, immer unbeschreiblicher in ihrer Schönheit. Zu welcher Höhe wir unser Bewußtsein auch immer erheben mögen, in welche unbeschreibliche Herrlichkeit wir auch immer emporgelangen können, wir schauen dahinter immer wieder etwas noch Herrlicheres. Die Flamme weicht immer zurück. Soweit irgendein Wissen, das wir besitzen, reicht, ist jene Kette der wachsenden Herrlichkeit und Schönheit endlos. Wahrscheinlich ist es aber ziemlich sinnlos, darüber zu spekulieren. Buddha sagte vor langer Zeit, es sei nutzlos, von Anfang und Ende zu sprechen, weil „Schleier um Schleier sich heben wird, aber Schleier um Schleier dahinter zu finden sein muß".

Könnte ich nur jedem so vollkommen und lebendig, wie ich sie selbst empfinde, die Gewißheit der vor uns liegenden Entwicklung nahebringen, ihre wunderbare Herrlichkeit und Schönheit und Kraft und Weisheit und Liebe, wie sie Schritt für Schritt immer größer wird und hier unten immer und immer unbeschreiblicher und immer und immer herrlicher und schöner und wahrer oben. Die Straße dorthin führt durch die Selbstlosigkeit. Nur wenn wir uns aus dem niederen Selbst in das höhere Leben emporschwingen, in das ausgedehntere universelle Selbst, öffnet sich der Weg. Herrlichkeit und Glanz, die der Mensch dann erlangt, sind keine Grenzen gesetzt.

7
Regeln 13 bis 16

13. Begehre glühend Kraft.

C. W. L.: Hierzu lautet der Kommentar des Chohans folgendermaßen:

Und die Kraft, welche der Jünger begehren soll, ist jene Kraft, die ihn in den Augen der Menschen wie ein Nichts erscheinen läßt.

Die Kraft, die uns in den Augen der Menschen wie ein Nichts erscheinen läßt, ist die Kraft der Bescheidenheit bei der Arbeit – diese zu tun, ohne dafür irgendeine Anerkennung zu suchen. Viele Menschen möchten im Vordergrund stehen. Oft wird das bloß als eine Art harmloser Eitelkeit betrachtet, jedoch bedeutet es, daß die Betreffenden das niedere Selbst noch nicht vergessen haben.

Der Jünger sucht keine Anerkennung für irgend etwas von ihm Getanes; er trachtet danach, die Arbeit fertigzustellen und kümmert sich dabei nicht darum, ob er oder ein anderer für die Verrichtung der Arbeit Anerkennung findet. Muß er sich selbst in den Vordergrund stellen und Leute um sich sammeln, so tut er das, jedoch nicht, weil er dafür Anerkennung sucht. Er weiß, daß es weitaus besser ist, sich möglichst im Hintergrund zu halten.

Es ist immer am besten, überhaupt nicht an Resultate zu denken, sondern unser Bestes zu tun und uns zu vergessen. Alle okkulten Lehren weisen auf diese eine fundamentale Tatsache hin: Vergiß das niedere Selbst und begib dich an die Arbeit. Manche Menschen denken ständig an ihr eigenes Vorankommen. Immerhin ist es besser, seinen spirituellen Fortschritt im Auge zu haben als weltlichen Reichtum zu begehren. Egoismus ist das aber immer noch, nur in verfeinerter Form. Nach meinen eigenen Erfahrungen würde ich sagen, daß für das Vorankommen die allerbeste Methode die ist, den eigenen Fortschritt ganz zu vergessen und sich einfach dem Werk des Meisters zu weihen. Tut man das, so kommt alles andere von allein. Das ist die alte, im Evangelium zum Ausdruck kommende Wahrheit: „Trachtet am ersten nach dem Reich Gottes und seiner Gerechtig-

keit, so wird euch solches alles zufallen" (Matt. 6,33). Das ist
vollkommen richtig; diese anderen Dinge stellen sich ein. Trachten
wir nicht nach Fortschritt, so werden wir plötzlich merken, daß wir
wirklich vorangekommen sind, und auch das ist gut.

Erkennt ein Mensch zum erstenmal, welcher Art das Leben im
Kausalkörper wirklich ist, so begreift er auch, wie sehr nützlich er auf
jener Stufe sein könnte, in wie viele Richtungen sich dort seine
Aktivitäten erstrecken könnten, und er mag wohl geneigt sein zu
fragen: „Ist es nicht besser, ich tue diese neue und herrliche sich mir
eröffnende Arbeit?" Ich habe mir zur Gewohnheit gemacht, den Rat
des Meisters zu suchen oder seinen Wunsch zu erfragen, wann immer
sich mir großartige Gelegenheiten boten. Trotzdem bestand die
Möglichkeit, daß es noch besser wäre, diese nicht zu ergreifen. Ich
sagte dann: „Meister, was wünscht du, daß ich tue?" Oft antwortet
er: „Das muß du selbst entscheiden." Dann kann man nur sein
eigenes, bestmögliches Urteilsvermögen anwenden. Für solche Fälle
kann keine Regel aufgestellt werden. Man sollte immer geneigt sein,
das Höhere zu versuchen; es darf aber nicht vergessen werden, daß
wir wieder und wieder gewarnt werden: „Laß nicht das Begehren
deiner eigenen Entwicklung irgendeiner nützlichen Arbeit, die du
tun kannst, im Wege stehen. Zu deiner Entwicklung wird es zur
rechten Zeit kommen." Danach habe ich mich immer gerichtet, und
ich glaube, das ist die sicherste Methode.

Durch in solchem Geiste der Selbstvergessenheit verrichtete
Arbeit erlangen wir die Kraft, die uns wie ein Nichts in den Augen
der Menschen erscheinen läßt. Lassen Sie uns, wenn nötig, gern
Demütigungen hinnehmen, weil all das nur eine Hilfe ist, die
Persönlichkeit ganz aus den Augen zu verlieren, und das ist am
dringendsten nötig. Bieten sich Gelegenheiten, so müssen wir diese
ergreifen, sollten dabei aber immer denken: „Nicht mein Werk ist es,
es ist des Meisters Werk." Es ist egal, welcher von jenen, die sich zum
Meister bekennen, das Privileg genießt, ein bestimmtes Stück Arbeit
für ihn zu tun. Wir haben darauf zu achten, daß wir keine Gelegenheit verpassen, irgendeinen Teil seiner Arbeit zu tun.

Wir sollten begreifen, daß es bei des Meisters Werk nichts Kleines
oder Großes gibt, sondern daß aus seiner Sicht alles ihm Darge-
brachte, egal wie gering es auch sein mag, so wichtig ist wie das, was
in den Augen der Welt als weitaus größere Leistung erscheint. Wir
neigen ein wenig dazu, das tun zu wollen, was wir für die größere
Aufgabe halten. Das ist deshalb so, weil wir nicht erkennen, daß alle
Teile der Arbeit gleichermaßen notwendig sind. Stellen Sie sich für
einen Augenblick vor, wie der Meister mit seinem so ungeheuer

höheren Grad an Kraft und Wissen auf das Ganze niederblicken muß. All diese kleinen Arbeiten werden sehr winzig erscheinen, aber jede davon fügt sich an ihrem Platz ein.

All die hier unten so kompliziert, wenn nicht unbegreiflich erscheinenden Lebensprobleme werden viel simpler, betrachtet man sie von einer höheren Ebene aus. Dasselbe trifft auch für viel niedrigere Stufen zu. Untersucht man mikroskopische Lebewesen, wie z. B. das Leben in einem Wassertropfen, so findet man komplizierte und beeindruckende Lebensformen. Je weiter man sich in diese außerordentlich kleinen Dinge vertieft, desto mehr entdeckt man deren erstaunliche Kompliziertheit. Man fragt sich dabei, wie wohl diese Welten sogar für die Gottheit eine einfache Sache sein können, und doch ist es so, denn sogar wenn wir von dem höchsten uns erreichbaren Aussichtspunkt hinabblicken, erkennen wir, daß alle diese wunderbaren Auswirkungen durch die Bildung aller möglichen Umwandlungen und die Kombination der sieben Kräfte des Einen Lebens hervorgebracht werden. Dabei sind nur wenige und einfache Faktoren im Spiel. Deshalb: Je höher man gelangt, desto mehr kann man verstehen. Was hier unten unmöglich erscheint zu begreifen, erweist sich, wird es von höheren Stufen aus betrachtet, durchaus erreichbar.

Wir dürfen, so glaube ich, mit Ehrfurcht logischerweise annehmen, daß der Logos die Gesamtheit seines Systems gleichzeitig überblicken und sehen kann, was in jedem entlegendsten Winkel davon vor sich geht. Das ganze System in seiner Vielfalt muß unmittelbar einleuchtend sein — etwas, das man sozusagen auf einem Blatt Papier darstellen könnte. Für den Manu und den Bodhisattva muß die uns verwickelt oder sogar verworren erscheinende Aufgabe der Entwicklung und Leitung der menschlichen Rassen ziemlich klar und unkompliziert sein.

Unsere Aufgabe ist, dem Meister in unserem kleinen Bereich zu dienen. Um die Einzelheiten haben wir uns zu kümmern, nicht er. Was er wünscht ist, daß das ganze Werk gut vorangebracht wird. Alles was wir dazu beizutragen vermögen, ist unser Teil daran. Jene, die ihm in Gedanken näherstehen und durch eine solche Verbindung etwas mehr in seine diesbezügliche Art und Weise hineingewachsen sind, werden immer eifrig bemüht sein, alles zu tun was von Nutzen zu sein scheint, egal wie simpel es auch sein mag. Wir können vielleicht einen kleinen Brief schreiben, der eines Menschen augenblickliches Leben verändert, oder wir mögen einen Vortrag halten und versuchen, die Ansichten von ein paar hundert Leuten zu ändern und damit keinen Erfolg haben. Der kurze Brief ist ein genauso wirkliches Stück Arbeit. Einige von uns mögen so beschäftigt sein, daß sie persönlich nichts tun können. In dem Falle verdienen sie wahrscheinlich Geld und könnten so vielleicht etwas Geld geben, um anderen jene Arbeit zu ermöglichen. Es gibt für jedermann eine große Menge kleiner Möglichkeiten, etwas zu tun. Ohne Nutzen ist es, mit der Vorstellung auf eine große Gelegenheit zu warten, daß wir diese, bietet sie sich uns, zu ergreifen bereit sein werden. Die Wahrscheinlichkeit der Bereitschaft ist für uns weitaus größer, wenn wir uns angewöhnen, immer die kleinen Dinge zu tun, die uns jetzt möglich sind.

Ein Mensch, der ohne jede Rücksicht auf seine eigenen Interessen arbeitet und immer bereit ist, im Hintergrund zu bleiben, wird von der Welt unvermeidlicherweise mißverstanden. Man versteht und bewundert einen Menschen mit starkem Willen, der sich aufmacht, um sich einen Namen zu gewinnen, Eindruck zu machen, und sich in den Vordergrund drängt. Ein solcher Mensch gilt in den Augen der Welt als erfolgreich, er hat der Welt gezeigt, daß er ein starker Mensch ist. Der Okkultist mag in Wirklichkeit weitaus mächtiger sein, er würde seine Kraft aber nicht auf diese Weise zeigen. Im allgemeinen versucht er, sich zurückzuhalten. Er weiß, daß eine der größten Fähigkeiten jene ist, zu wissen, wann man die göttliche Kraft ihr Werk tun lassen muß, ohne diese zu verderben oder zu behindern, indem man sich ihr in den Weg stellt. Das scheint so einfach zu sein und trotzdem zeigt die Tatsache, daß es Hunderte von Arbeitern gibt, die das nicht vermögen, welche große Schwierigkeiten das tatsächlich darstellt.

Der weltliche Mensch ist geneigt, den Okkultisten als eine Person mit keiner besonderen Willenskraft zu betrachten, als jemanden, der immer bereit ist, nachzugeben. Das ist er auch, was die unbedeutenden Dinge des Lebens anbelangt. Er läßt anderen ihre Art und Weise, ihren Willen in bezug auf Dinge, die nicht wichtig sind. Er ist sogar bereit, sich bis zu einem gewissen Punkt anleiten zu lassen. Geht es jedoch um eine Grundsatzfrage, so nimmt er einen festen Standpunkt ein. Ihm ist egal, was die Leute sagen. Leute, die über andere reden und spekulieren, haben in neun von zehn Fällen unrecht – was bedeutet es also schon, wenn sie zufällig über uns reden? Wie Tennyson sagt: „Laßt sie rasen". Natürlich meine ich nicht, daß wir alle weltlichen Konventionen vollkommen ignorieren sollen. In früheren Tagen hielten einige unserer Mitglieder es für richtig, anders als andere zu erscheinen, indem sie Abendgarderobe anlegten usw. Wir brauchen den gesellschaftlichen Gepflogenheiten Gewalt nicht auf diese Weise anzutun. Überdies erscheint mir, daß

wir vermeiden müssen, die Welt unnötig vor den Kopf zu stoßen,
wenn wir das, was wir glauben, empfehlen wollen. Es ist keine gute
Politik, uns gewaltsam gegen die Vorstellungen anderer Menschen
zu stemmen. Tritt eine Frage auf, bei der es nicht um Grundsätzli-
ches geht, müssen wir nachgeben, allein schon deswegen, weil es
sinnlos ist, gegen die Gepflogenheiten der Welt Sturm zu laufen.

Bei allen grundsätzlichen Dingen aber müssen wir einen festen
Standpunkt einnehmen. Zum Beispiel ist bei uns strikter Vegetaris-
mus ein Grundsatz, weil wir glauben, das sei in jeder Beziehung das
Beste — nicht nur für uns selbst, sondern für die ganze Welt um uns
herum. Das ist ein wenig unbequem, wenn wir essen gehen oder auf
Reisen sind, aber wir lassen solche unbedeutenden Unbequemlich-
keiten vorübergehen und bleiben bei unserem Standpunkt. Bei einer
ungeheuren Anzahl anderer Dinge jedoch, die wirklich egal sind,
erspart man sich viele Mühe, wenn man den Gepflogenheiten der
Zeit stattgibt. Was unsere Kleidung anbelangt — um ein weiteres
Beispiel zu nennen: Die Kleidung des modernen Menschen ist
seltsam häßlich, unbequem und ungesund. Man erspart sich aber
Unannehmlichkeiten, wenn man sie trägt. Widersetzen wir uns dem,
egal, um wie vieles vernünftiger, ästhetischer und schöner unsere
Aufmachung auch wäre, so würden wir unwillkommene Aufmerksamkeit auf uns lenken und wahrscheinlich für mehr oder weniger
geisteskrank gehalten werden. Das ist die Sache nicht wert. Besser
ist, nicht übertriebenermaßen aufzufallen, indem wir uns bedeu-
tungslosen Dingen widersetzen. Geht es jedoch um etwas Grund-
sätzliches, so müssen wir entschieden an dem festhalten, was uns als
das Richtige erscheint.

Könnten wir uns bezüglich aller Arbeit eine absolut unpersönliche
Haltung zueigen machen, so wäre das eine sehr große Hilfe für uns.
Ruskin spricht davon in bezug auf Kunst. Er sagt, während Eigenlob
und Eitelkeit unbeschreiblich vulgär seien, sei übertriebene Selbst-
unterschätzung nur eine andere Form der Vulgarität. Wir sollten
eine Geisteshaltung anstreben, bei der wir imstande sind, von außen
auf die Arbeit zu blicken und zu sagen: „Sei es nun meine oder deine
oder wessen Arbeit auch immer, das wäre auch recht." Wir müssen
fähig sein, ein gutes Stück Arbeit zu loben, wenn wir es sehen — nicht
weil das unsere oder unserer Freunde Arbeit ist oder weil sie einen
großen Namen trägt, sondern einfach, weil sie gut ist — die Frage
nach dem Urheber lassen wir völlig beiseite. Ich fürchte, wir tun das
nicht immer. Unser Grund für ein Zitat ist nicht immer der, weil das
Gesagte vortrefflich und schön ist, sondern weil Mme. Blavatsky es
sagte oder Dr. Besant es schrieb.

Eine Seite daran ist jedoch ganz gut und richtig. Stoßen Menschen auf eine Aussage über etwas ihnen Unbekanntes, das sie für sich selbst nicht auf Richtigkeit hin prüfen können, so ist es wichtig für sie, von wem das Zitat stammt. Sie mögen sagen: „Dr. Besant macht diese Aussage – ich habe guten Grund zu glauben, daß sie alles darüber weiß. Folglich akzeptiere ich ihre Aussage." Letzten Endes ist das nicht mehr als das, was wir in bezug auf die Wissenschaft tun. Bei der Wissenschaft gibt es viele Fakten, bei denen wir keine Mittel haben, für uns den Nachweis zu erbringen. Weil jedoch gewisse berühmte Menschen diese Dinge untersuchten und zu gewissen Schlüssen kamen, akzeptieren wir diese. Betrachten wir aber eine schöne ethische Aussage, so ist es egal, ob diese nun aus der Bibel oder Bhagavad-Gita stammt, dem Koran oder den Veden – wir sollten sie aufgrund ihres Wertes akzeptieren. Das ist dann eine Frage des glücklich gewählten Ausdrucks und der Schönheit der Idee.

Ebenso wie wir Dinge aufgrund ihres Wertes akzeptieren oder es versuchen, so müssen wir versuchen, unsere eigene Arbeit nach ihrem Wert einzuschätzen und nicht denken, daß diese, weil sie von uns getan wurde, notwendigerweise gut sein muß. Die meisten Menschen, die irgend etwas sehr gut zu tun vermögen, kennen auch die Unvollkommenheiten ihrer Arbeiten. Ist eine Sache gut, so sollten wir gern zugestehen, daß das so sei. Sehen wir Mängel an unserer oder eines anderen Arbeit, sollten wir nicht zögern zu sagen: „Damit bin ich nicht einverstanden. Ich glaube, so und so wäre es besser." Es ist gut, wenn man zu einer Geisteshaltung kommt, die sich nicht darum kümmert, von woher eine Sache kommt, wenn es sich dabei eindeutig um eine gute Sache handelt, und auch nicht zögert, das Böse beiseitezuschieben, selbst wenn es von einem selbst kommt.

Das ist zugegebenermaßen schwer, weil es, wird das vollkommen getan, bedeutet, daß der Mensch auf diese niedere Welt vom Ego aus herabblickt. Selbst dem Gebrauch des niederen Verstandes wird viel von dieser Kraft verliehen, obgleich wir diese vollkommen nur im Kausalkörper bekommen. Der niedere Verstand kann das Unterscheidungsvermögen üben. Benutzen wir es vom höheren Standpunkt aus und gestatten nicht, daß es von persönlichem Empfinden getrübt wird, so ist das eine hervorragende und schöne Sache, wenn vollkommen entwickelt. Wir sind ziemlich stolz auf unsere intellektuelle Entwicklung in der 5. Unterrasse der 5. Wurzelrasse. Das unterstreicht das Unterscheidungsvermögen des niederen Verstandes. Aber was wir als Intellekt bezeichnen, ist nur eine geringe Sache verglichen mit dem, was im Laufe der nächsten Runde zu entwickeln ist, die tatsächlich dem Intellekt gewidmet ist. Wir sind stolz auf die Errungenschaften des niederen Verstandes und mit einigem Grund. Auf dem Gebiet der Wissenschaft und der Erfindungen leistet dieser wundervolle Dienste. Aber nur jene, die in die Zukunft zu schauen vermögen und auch die Meister sahen, die Menschen der Zukunft sind, erkennen, was wir vielleicht im Laufe von ein paar tausend Jahren sein werden. Ich kann bezeugen, daß unsere höchste intellektuelle Tätigkeit jetzt nicht mehr als ein Kinderspiel ist, verglichen mit dem, was sie in Zukunft sein wird. Somit ist klar, daß sich vor uns glänzende Aussichten eröffnen.

Was der gewöhnliche Mensch als seinen Verstand bezeichnet, ist ausschließlich der niederste Teil davon. Der Verstand hat vier Unterabteilungen, bestehend aus Materie der siebten, sechsten, fünften bzw. vierten Unterebene der Mentalebene, aber praktisch benutzt er nur Materie der niedrigsten oder siebten Unterebene. Das ist sehr nahe bei der Astralebene. Deshalb sind all seine Gedanken von Spiegelungen der Astralwelt gefärbt und somit stark mit Gemütsbewegungen, Empfindungen und Begehren vermischt. Sehr wenige Menschen vermögen bis jetzt mit der sechsten Unterebene umzugehen. Unsere großen Wissenschaftler benutzen gewiß einen beträchtlichen Teil davon, leider vermischen sie damit aber die Materie der niedersten Unterebene und werden dann auf anderer Leute Entdeckungen und Erfindungen neidisch. Vermögen sie sich auf die fünfte Unterebene emporzubegeben, so werden sie viel freier von der Möglichkeit der astralen Verstrickung. Können sie sich auf die vierte Unterebene emporschwingen, die der höchste Teil des Mentalkörpers ist, so befinden sie sich dann genau in der Mitte der Mentalebene und in ihrer Nähe ist der Kausalkörper. Dann sind sie weit von der Möglichkeit entfernt, daß ihre Gedanken von astralen Schwingungen in Mitleidenschaft gezogen werden.

Wir können verstehen, wie diese Dinge funktionieren. Eine Schwingung wird äußerst leicht von dem empfangen, was sich damit im Einklang befindet. Empfindet ein Mensch großen Zorn, so wird er Gefahr laufen, das Zorngefühl in den Astralkörpern anderer Menschen um ihn herum hervorzurufen. Das wird auch deren niederes Denken in Unordnung bringen; das höhere Denken wird davon nicht beeinflußt, sofern die Betreffenden über so etwas überhaupt verfügen — bei den meisten Menschen ist das noch nicht der Fall. Eines der Dinge, die wir Schüler in unserem Denken und in der Meditation zu tun versuchen, ist, die höheren Teile des Mentalkörpers zu wecken und in Funktion zu bringen. Jene, die regelmäßig über die Meister und die mit ihnen in Verbindung stehenden Dinge meditieren, müssen den höheren Teil des Mentalkörpers bis zu einem gewissen Grade gebrauchen und je mehr dieser benutzt wird, desto mehr bleibt unser Denken unbeeinflußt von Begehren, Leidenschaften und Emotionen. Da aber die meisten Menschen noch nicht so weit kommen, ist die große Masse der Gedanken in der Welt sehr stark von Begehren gefärbt und die meisten Gedankenformen, die wir sehen, sind sowohl mit astraler als auch mit mentaler Materie beladen.

Wir alle leben viel zu eng zusammen, was zur Folge hat, daß andere Menschen, selbst wenn sie nicht an uns denken, auf uns einwirken. Natürlich ist das umgekehrt genauso und wir sollten immer ganz gezielt versuchen, sie zum Guten hin zu beeinflussen. Nehmen wir uns vor, ein Zentrum äußersten Friedens und der Liebe zu sein, so werden wir allen um uns herum eine große Hilfe sein. Sind wir jedoch Zentren des Begehrens und der Emotionen bzw. eigennütziger Empfindungen, so machen wir die Entwicklung unmöglich – nicht nur in uns selbst, sondern auch bei allen in unserer Nähe. Das ist eine sehr ernste Sache. Jeder Aspirant muß sich die Tatsache zu Herzen nehmen, daß er den Fortschritt anderer verhindert, sofern er seinen persönlichen Wünschen freien Lauf läßt.

Die Kraft der Bescheidenheit ist unmöglich zu erlangen, bevor wir nicht vollkommen alles persönliche Begehren ausgemerzt haben. Wir sprechen von unserer Hingabe an unsere Arbeit und die Meister. Gewiß ist das nicht zuviel, was wir um ihretwillen tun. Selbst wenn eine sehr große Anstrengung erforderlich ist, sollten wir bereit sein, diese um dieser Großen willen zu unternehmen, die so viel für uns getan haben, durch die alle theosophischen Lehren auf uns gekommen sind. Es geht dabei nicht darum, ihnen eine Vergütung dafür zu bieten, obgleich diese nur erfreut sein können, den Fortschritt jener zu sehen, denen sie zu helfen versuchen, sondern das ist auch schlichte Vernunft. Wollen wir bei der Evolution helfen, so ist die erste und notwendigste Sache die, uns selbst in die Hand zu bekommen. Wir müssen die Kontrolle über das niedere Selbst erlangen, die uns in den Augen der Menschen als ein Nichts erscheinen läßt. Sei es so; viele der großen Kräfte arbeiten unsichtbar. Wir können uns unter diesen Kräften befinden, insofern es uns gelingt, aus der Sicht der Welt als unbedeutend zu erscheinen.

14. Begehre inbrünstig Frieden.

Der Friede, den du begehren sollst, ist jener heilige Friede, den nichts stören kann und in dem die Seele wächst wie die heilige Blume auf den stillen Gewässern.

C. W. L.: Dieser kurze Aphorismus ist eng mit dem vorherigen verknüpft. Die Kraft, die wir zu begehren gelehrt werden, führt zum Frieden; bevor wir nicht Macht über das Selbst besitzen, können wir keinen Frieden haben.

Erst wenn wir Frieden erlangt haben, können wir anderen Frieden geben; dazu fähig zu sein, ist sicher eine der größten und schönsten Kräfte. Die Leben der meisten Menschen sind voller Verdruß und Ängste, Eifersucht und Neid. Fortwährend sind diese nicht nur ein Wirbel von Emotionen, sondern auch von unerfülltem Begehren. Viele von jenen, die das Studium des Okkultismus aufnehmen, d. h. das Studium der verborgenen Wirklichkeit, erwarten immer noch, daß sie jene Art von Leben weiterführen können. Selbst einige von jenen, die seit Jahren als Schüler des Okkultismus gelten und versuchen, den Meistern näherzukommen, können offenbar ihre Begehren noch nicht aufgeben. Sie unternehmen keinen ernsthaften Versuch, sich von all ihren törichten und störenden Emotionen zu befreien. Dann wundern sie sich, warum sie keinen Fortschritt machen und warum andere sie zu überholen scheinen. Wie können sie aber Forstschritte erwarten, bevor sie nicht all diese Dinge hinter sich zurückgelassen haben? Bevor wir nicht gänzlich frei von solchen Störungen sind, ist es absolut unmöglich, irgendeine wirkliche höhere Entwicklung zu erreichen. Möchten wir Verbindungen zum Meister schaffen, so müssen wir vollkommenen inneren Frieden besitzen.

Es heißt, daß Kampf eine Notwendigkeit für Fortschritt ist. Es ist gewiß wahr, daß es bei der Entwicklung der Seele eine sehr lange Phase gibt, in der diese sich in einem dauernden Zustand von Anstrengung und Kampf befindet. Beim Rückblick in die Vergangenheit können wir sehen, daß die Entwicklung in einem Leben voller Not und Anstrengungen schneller voranging als dann, wenn die Bedingungen leichter waren.

Bei dieser groben Formung des Charakters lehren all der Kummer und die Schwierigkeiten, denen Menschen begegnen, und die in den Weg kommen Widerstände sie zweifellos etwas: Sie lernen ihre Lektionen daraus. Auf der vom Jünger erreichten höheren Stufe aber ist der Kampfzustand nicht länger von Wert. Für das Wachstum der höheren Art ist vollkommener Friede erforderlich. Ein Meister schrieb einmal: „Das Gesetz des Überlebens des Stärkeren ist das Gesetz für die Entwicklung des Tierischen; das Gesetz des Opfers aber ist das Gesetz für die Entwicklung des Menschen." Viele Menschen denken, sie erlangen Frieden durch die Befriedigung ihrer wahnwitzigen Begehren. Durch Erfahrung stellen sie aber fest, daß das nicht der Fall ist. Dann fangen sie an zu denken, wie traurig es ist, daß sie diesen nachgegeben haben, und sie erkennen, daß sie sich hätten darüber erheben müssen. Durch die Befriedigung von Wünschen ist kein Friede zu erlangen. Friede ist nur auf einem Weg zu gewinnen, nämlich dadurch, daß man die niederen Begehren ablegt und die Kraft entwickelt, die uns „als Nichts in den Augen der Menschen" erscheinen läßt.

Hier wird gesagt, daß die heilige Blume auf den stillen Gewässern wächst. Nur in stillem Wasser kann sich der Lotus zur ganzen Pracht entfalten; er kann das nicht, wenn er von Wind und Sturm hin und her geschlagen wird. Nur in Frieden kann sich die Seele entfalten. Stürme von Leidenschaft und Begehren sind gleich dem Sturm, der die Blume auf der physischen Ebene niederdrückt. Alle Entwicklungen der höheren Art sind wie sehr zarte Blumen; sind sie heftigen Stürmen der Leidenschaften ausgesetzt, so werden sie zerdrückt und schwinden. Menschen, die sich immer in Aufregung befinden, die andauernd über allen möglichen törichten persönlichen Angelegenheiten brüten, die ständig über ihre eigenen Empfindungen nachdenken und von Eifersucht und Neid in bezug auf andere erfüllt sind, vermögen all die schönen Blätter und Ranken, die Fortschritt bedeuten, nicht zu entwickeln.

Im allgemeinen haben die Menschen eine wenig exakte Vorstellung davon, was okkulter Fortschritt, wirkliche Entwicklung bedeutet. Allein ihre Erziehungsmethoden zeigen schon, daß sie davon nichts verstehen. Einen gewissen Teil der Entwicklung haben wir durchgemacht – ungefähr bis zur Stufe des Wilden und etwas darüber hinaus, die wir als ziemlich gesichert betrachten können, d. h. wir könnten unter keinen Umständen wieder unter diesen Punkt zurückfallen. Das anschließende Wachsen aber, nach dem fast tierischen Teil oder jedenfalls nach dem niederen und emotionellen Teil der Entwicklung des Menschen, ist eine äußert zarte Entwicklung in vielerlei Art. Das, wodurch sich die hoch kultivierte und künstlerische Person von der ziemlich rohen und unentwickelten unterscheidet, ist alles sehr subtiler Natur – dabei geht es um Dinge mit langem, langsamem und sorgfältigem Wachstum. Das sind verletzliche Schößlinge, die kaum schon Blüten hervorbrachten und

gewiß noch nicht das erreicht haben, was sie in der Zukunft einmal
sein sollen. Der erste Windstoß in Form von ungünstigen Bedingungen zerstört diese edlere Entwicklung. Die Rauhheit und das Durcheinander in der modernen Erziehung, bei der Kinder ängstlich sind
und manchmal sogar schlecht behandelt werden, hat die Wirkung,
daß all die zarten Blüten von Kultur und Bildung, die die Kinderkör-
per bewohnenden Seelen vielleicht während sehr langer Zeit in der
Vergangenheit erwarben, vielleicht in 20 oder 30 Jahren zerdrückt
werden. Folglich werden die Kinder primitiven Wilden sehr ähnlich.
Häufig stecken sie voller Angst und Haß und empfinden die dauernde Ungerechtigkeit sehr stark. Die ganze edlere Entwicklung, die
tatsächlich den Unterschied zwischen einer späteren und früheren
Unterrasse kennzeichnet, ist weggefegt.

Die meisten Menschen erkennen nicht im mindesten, was sie tun,
wenn sie diese Dinge zerstören, wie es so oft der Fall ist. Ich sehe
ständig Jungen und Mädchen, die vielleicht zu durchschnittlichen
Eltern gehören, selbst aber recht vielversprechend sind. Nähme man
sich ihrer an und förderte sie auf die richtige Weise, so würden sie in
diesem Leben deutliche Fortschritte machen. Aber ihre Umgebung
ist völlig ungeeignet für eine solche Entwicklung und der ganze
Zuwachs an Edlerem wird abgeschnitten und zurückgeschlagen. Sie
gehen durchs Leben wie Durchschnittsmenschen. Ich habe Fälle
gesehen, wo dasselbe in nicht weniger als vielleicht 15 oder 20 Leben
immer und immer wieder passierte. Der im ersten dieser Leben zu
erreichen gewesene Fortschritt wurde nicht vor dem zehnten erzielt.
Wahrscheinlich machte das durch das ein wenig bessere, ruhige
Leben angesammelte Karma es schließlich erforderlich, daß dem
Ego eine bessere Umgebung geboten wurde und dann bekam es
seine Gelegenheit. Aber soweit wir sehen können, hätte dieselbe
Entwicklung auch genau so gut vor 20 Jahren geschehen können,
wäre nur die Umgebung etwas besser gewesen.

Für Menschen, die jene zarten Ansätze unterdrücken, ist das eine
traurige Sache. Ich glaube, es gibt kein größeres Verbrechen als die
Unterdrückung jener, die Fortschritte zu machen versuchen. Das ist
eines der Dinge, die der Christus meinte, als Er von der Sünde wider
den Heiligen Geist sprach, die weder in dieser noch in der darauffol-
genden Welt vergeben würde. Das Wort „vergeben" ist jedoch eine
falsche Übersetzung. „Aufgeben", „beiseitelegen" vermittelt eine
bessere Vorstellung von dem, was gemeint ist. Was gemeint ist, ist
vollkommen klar. Die Sünde wider den Heiligen Geist ist die
Unterdrückung des göttlichen Geistes im Menschen; dadurch werden karmische Wirkungen hervorgebracht, die weder in dieser

Weltordnung noch in dieser Weltperiode, noch vielleicht in der nächsten in Ordnung zu bringen sind – so ernst sind sie.

Viele Menschen begehen dieses Verbrechen sowohl gegen sich selbst als auch gegen ihre Kinder. Sie geben dem höheren Teil von sich keine Gelegenheit zum Wachsen. Kinder sind häufig imstande, Naturgeister und andere schöne Dinge zu schauen, die ältere Menschen nicht sehen können. Es gibt keinen Grund dafür, warum die älteren Menschen diese Dinge nicht auch sehen sollten, wäre ihre Sensitivität nicht durch die Art des Lebens zerstört worden, in das sie so häufig getrieben wurden. Manchmal beginnen sie im späteren Leben mit großer Schwierigkeit die Fähigkeit wiederzuerlangen – nicht nur die Hellsichtigkeit, sondern auch das Vermögen, alles Künstlerische und Schöne zu würdigen wissen, all die subtilen Nuancen der Empfindungen und Wahrnehmungen, die Kultur und echte Bildung bedeuten.

Die Dinge, die die höhere Entwicklung bewirken, sind alle äußerst zarter Natur – so sorgfältig, so genau ausbalanciert, daß die geringste Berührung in falscher Richtung sie um Wochen und Monate zurückwirft. Es ist möglich, das Wachstum von Monaten an einem einzigen Tage zurückzuwerfen. Deshalb hängt sehr viel von der Umgebung ab. Man kann nicht immer damit rechnen, wieder dieselbe Umgebung zu bekommen, deshalb ist der Okkultist ständig bestrebt, egal in welchen Umständen er sich auch immer gerade befinden mag, immer das Beste daraus zu machen, und er achtet auch darauf, daß keiner ihn hinunterzieht. In einer der Purānas heißt es:

> „Ohne Körper erreicht niemand das Ziel der Seele,
> daher gilt es, seinen Körper wie einen Schatz zu
> hüten und gute Taten zu vollbringen. Ein Dorf oder
> ein Feld oder Besitztümer oder ein Haus oder gutes
> oder schlechtes Karma kann wiedererlangt werden –
> dieser Körper jedoch niemals wieder.“

Manchmal sagen Menschen: „Ich kann nicht viel tun in diesem Leben, ich werde im nächsten das mir mögliche versuchen.“ Es ist immer gut, wenn wir uns eine Vorstellung vom nächsten Leben und was wir darin tun können, machen, jedoch gibt das Verlassen darauf keine Sicherheit, weil das Karma im Hintergrund jeder Person sicher mehr oder weniger gemischt sein wird und sich manchmal in Wellen geltend macht. Zu einer bestimmten Zeit können wir Karma haben, das uns eine gute Umgebung verschafft. Daraus folgt nicht, daß wir im nächsten Leben gleich gute Bedingungen haben werden. Alles in allem ist die Wahrscheinlichkeit gegeben, daß unser Karma in ziemlich derselben Rinne weiterfließt; andererseits mag ein Block unerfreulichen Karmas anstehen, für dessen Ertragen die Herren des Karma den Menschen dieses Mal für nicht stark genug halten. Im nächsten Leben mag das dann bei dem Betreffenden zur Auswirkung gebracht werden, so daß er nicht so gute Gelegenheiten bekommen mag.

Es ist in hohem Maß weise, alle in diesem Leben sich bietenden Gelegenheiten zu ergreifen. Tun wir das und zeigen so den Herren des Karmas, daß wir sie uns zunutze machen, so wird das ernsthaft den Umfang des Karmas im nächsten Leben beeinflussen. Dadurch wird eine Art Anspruch auf gute Umgebung geschaffen. Es ist nicht ratsam, aus der Tatsache, daß sich in diesem Leben viele gute Gelegenheiten bieten, zu folgern, das müsse im nächsten Leben wiederum so sein. Das kann so sein oder auch nicht. Ich mag nicht hören, wenn Leute sagen: „Ich bin zu alt, um in diesem Leben noch etwas zu tun." Wenn wir von dem, was wir haben, guten Gebrauch machen und uns so weit wie möglich voranbringen, so schaffen wir Umstände, bei denen es für die karmischen Gottheiten schwierig wäre, uns nicht wieder Gelegenheiten zu geben; wir können solches Karma in einer bestimmten Richtung erzeugen, sodaß wir das Himmelreich im Sturm erobern können. Wir können die Herren des Karmas zwingen, unser Karma so zu arrangieren, daß sich die Gelegenheit bieten muß, weil sich die von uns gelegten Ursachen nicht anders als in ähnlicher Richtung auswirken können. Ganz gewiß ist es richtig, jede sich uns bietende Gelegenheit gänzlich auszuschöpfen, damit wir nicht zufällig durch Verpassen unsere Entwicklung um ein paar tausend Jahre verzögern.

Ein paar tausend Jahre sind im langen Leben der Seele soviel wie nichts. Wir möchten aber nicht, daß es auf diese Weise zu einer Verzögerung kommt. In den „Leben des Alcyone" stoßen wir z. B. auf den Fall eines jungen Menschen, der bemerkenswert gute Möglichkeiten in bezug auf einen der großen Meister in einem Tempel in Ägypten hatte.

Er verschwendete töricht seine Zeit, warf seine Möglichkeiten fort und verlor diese. Der Meister sagte dann, er würde jederzeit bereit sein, ihn wieder anzunehmen, wenn er zurückkäme. Erst in diesem Leben, 6 000 Jahre später, ist er zurückgekommen. Durch diese Sorglosigkeit ging ihm eine Menge Zeit verloren. Bedenken Sie, was in den 6 000 Jahren hätte getan werden können, hätte er das Angebot angenommen. Zu jener Zeit hatte der das Angebot machende Meister die Adeptschaft noch nicht erreicht. Gewiß hätte der Schüler, wäre er darauf eingegangen, jetzt selbst schon sehr weit auf der Straße zur Adeptschaft vorangekommen sein können. Es

kann nicht belanglos sein, ob ein Mensch einen Schritt wie diesen
6 000 Jahre früher oder später unternimmt. Der Mensch, der ihn um
so vieles früher tat, hätte all die Arbeit der dazwischenliegenden
Jahre auf den allerhöchsten Stufen zu seinen Gunsten verbuchen
können – es erscheint unmöglich, daß das später dasselbe sein kann.

Ich weiß nicht, inwieweit das, was wir Zeit nennen, in des Ewigen
Ratschlüssen eine Bedeutung hat. Es gibt einen Gesichtspunkt, zu
dem man sich aufschwingen kann, wo Vergangenheit und Gegenwart und Zukunft als ein ewiges Jetzt erscheinen, aber selbst bei
diesem ewigen Jetzt gibt es einige Dinge, die mehr, und andere, die
weniger zugänglich sind. Darum muß das Ergreifen oder Verpassen
einer Gelegenheit einen Unterschied machen, obwohl es eine Möglichkeit geben mag, einen solchen Fehler in der Zukunft auszuglei-
chen, wobei irgendwie das Bedauern des Menschen, daß er versagte,
eine Kraft darstellen mag, die ihn befähigt, doppelt gut zu arbeiten,
um zu versuchen, die Vergangenheit einzuholen. Man kann hier nur
Vermutungen anstellen, nur sich vorzustellen versuchen, wie so
etwas vor sich gehen würde. Es gibt aber einen sehr klaren Grund zur
Annahme, daß es einen Zustand gibt, in dem die Vergangenheit
berichtigt werden kann.

Auf höheren Stufen zeigt sich gewissermaßen so etwas. Wir sagen,
die Vergangenheit war so und so, und wir können sie nicht ändern.
Diese war so, als wir damit zu tun hatten. Wie können wir wissen,
was sie jetzt ist, nachdem wir uns von ihr entfernt haben? Die
Vergangenheit existiert noch, sie ist die Gegenwart für jemand
anderen irgendwo. Diese Vorstellung ist schwer zu begreifen. Auf
der physischen Ebene wissen wir, daß wir ein Objekt sehen, wir
wissen davon durch das Licht, das von ihm ausgeht. Das Licht, das
uns gestern etwas zeigte, ist nun viele Millionen von Meilen entfernt
und zeigt nun dieselbe Sache weit weg. Unser Gestern mag die
Gegenwart für jemand anderen sein, was die Botschaft jenes Lichtes
anbelangt. Ob diese Analogie sich bestätigt, weiß ich nicht, aber so
etwas scheint wahr zu sein. Die Vergangenheit entwickelt sich
irgendwie weiter.

Das Hinabblicken von der höheren Ebene auf das Leben hier
unten ist ähnlich dem, wenn man auf einem Berg steht und einen
Eisenbahnzug sich unten durchs Tal bewegen sieht. Der Zug hat
gewisse Punkte passiert, was die Leute im Zug anbelangt. Die
Punkte wurden passiert, existieren aber immer noch. Die an diesen
Punkten gesehenen Bäume und Tiere leben noch. Die Vergangenheit ist noch wirksam; weil sie sich aber nicht mehr darin befinden,
glauben die meisten Menschen, daß ihr Teil daran erledigt ist. Ich bin

nicht sicher, daß das so ist. Ich glaube nicht, daß es sehr nutzbringend
ist, diesen Punkt zu verstehen, weil wir diesem unmöglich hier unten
eine klare Bedeutung beimessen können. Aber ich glaube, daß die
Vergangenheit nicht unabänderlich ist und daß uns, wenn wir
wiederum die Stufe erreichen, von der wir auf alles hinabblicken
können, die Vergangenheit viel besser erscheinen wird als das, was
unsere gegenwärtige Erinnerung davon andeutet, weil sich irgendwie die ganze Vergangenheit auch vorwärtsbewegt als Teil der
göttlichen Wirklichkeit der Dinge, und auch das wird verklärt und als
das zur Blüte kommen, was es hätte sein sollen. Ich kann nicht sagen,
wie. Trotzdem ist das eine beflügelnde Vorstellung − die Möglichkeit, daß die von uns versäumten Dinge, die von uns gemachten
Fehler am Ende keine Fehler sein werden, obgleich sie für uns jetzt
so sind. Diese Vorstellung ist für uns hier unten sehr schwer zu
verstehen, aber ich bin sicher, daß einige Wahrheit dahintersteckt.

15. Begehre vor allem Besitz.

**Aber dieser Besitz darf nur der reinen Seele angehören und muß
daher in gleichem Maße der Besitz aller reinen Seelen sein, so daß
nur das Ganze, wenn es vereint ist, ihn als besonderes Eigentum
besitzt. Hungere nach solchem Besitz, den die reine Seele halten
kann, damit du Reichtümer sammeln kannst für jenen vereinten
Geist des Lebens, der dein einzig wahres Selbst ist.**

C. W. L.: Der von uns zu begehrende Besitz sind Eigenschaften, die
für die ganze Menschheit von Nutzen sein sollen. Jeder Sieg, den wir
erringen, muß für die ganze Menschheit errungen werden, nicht für
uns. Das Begehren, zu besitzen, muß solcher Art sein, mit allen
anderen zusammen besitzen zu wollen − ein Begehren, daß alle an
demselben Erbe teilhaben sollen. Das ist die alte Geschichte von der
Unpersönlichkeit in anderer Form. Wunderschön veranschaulicht
finden wir diese in den Leben der Meister. Ich erinnere mich, vor
langer Zeit beträchtliches Erstaunen darüber empfunden zu haben,
wie es angehen kann, daß die Meister ohne Karma erscheinen. In
einigen der heiligen Bücher des Ostens steht über sie geschrieben, sie
haben sich über das Karma erhoben. Das konnte ich nicht verstehen,
weil Karma genauso gut ein Gesetz ist wie die Gravitation. Wir
könnten uns selbst bis zur Sonne hinauf begeben, würden jedoch
nicht außerhalb der Gravitation gelangen, im Gegenteil, wir würden
diese in viel stärkerem Maße spüren. Genauso unmöglich erschien es
mir, dem Gesetz von Ursache und Wirkung zu entkommen, weil

unter seiner Herrschaft jeder Person gemäß ihrem Handeln vergolten wird. Wenn nun die Meister alle Zeit in einer solchen Größenordnung Gutes tun, die wir nicht im mindesten zu erreichen hoffen können und trotzdem kein Karma erzeugen – was wird dann aus den ungeheuren Auswirkungen all ihrer Energieausgießungen?

Bald, nachdem wir das Problem studiert hatten, begannen wir zu erkennen, wie das vor sich geht. Wenn ich beschreibe, wie Karma hellseherisch betrachtet aussieht, so wird das vielleicht zum besseren Verständnis der Sache beitragen. Auf den höheren Ebenen zeigt sich das Wirken des Karmagesetzes in etwa folgendermaßen: Jeder Mensch ist das Zentrum einer ungeheuer großen Reihe konzentrischer Kugeln – einige davon ziemlich nah, andere reichen bis zu einer gewaltigen Entfernung ins ferne Empyräum (Weltall – bei den antiken Naturphilosophen die höchste Weltgegend) hinein. Jeder Gedanke, jedes Wort oder jede Tat, egal ob gut oder böse, selbstsüchtig oder selbstlos, sendet einen Kraftstrom aus, der zu den Oberflächen dieser Kugeln schießt. Diese Kraft trifft die inwendige Oberfläche der einen oder anderen der Kugeln im rechten Winkel zu ihr und wird zu ihrem Ausgangspunkt zurückgeworfen. Von welcher Kugel diese reflektiert wird, scheint vom Charakter der Kraft abhängig zu sein und dieser beeinflußt auch die Zeit ihrer Rückkehr. Die durch irgendwelche Handlungen entwickelte Kraft trifft eine Kugel, die vergleichsweise nahe bei der Hand ist, und kommt sehr schnell wieder zurück, während andere Kräfte fast bis zur Unendlichkeit weiterschießen und erst nach vielen Leben zurückkehren – warum, können wir nicht sagen. Alles was wir wissen ist, daß sie auf jeden Fall unvermeidlicherweise zurückkehren, und nirgendwo andershin können sie zurückkehren als zu dem Zentrum, aus dem sie hervorgingen.

All diese vom Menschen ausgehenden Kräfte müssen auf ihn zurückfallen, solange er sie auf diese Weise aussendet. Jedoch hat jeder Mensch eine innere Verbindung zur Gottheit, die nicht durch irgendeine dieser konzentrischen Kugeln besteht, sondern durch das Zentrum selbst. Wendet er sich dem Innern zu, so kann er den Logos selbst erreichen. Solange der Mensch die ganze Kraft seiner Gedanken und Begehren auf diese Weise aussendet, wird diese gar nicht auf ihn reflektiert, sondern dadurch wird das große Ausströmen der göttlichen Kraft, die die Gottheit ständig durch ihr Universum sendet und wodurch sie es am Leben erhält, verstärkt. Gottes Kraft quillt im Zentrum hervor, sie kommt nicht von außerhalb. Betrachten wir hellseherisch eine Anzahl physischer Atome, so werden wir nach innen fließende (einziehende) und sich ergießende Kräfte finden. Die Atome müssen diese Kraft von irgendwoher beziehen. Sie geht nicht auf einer Seite hinein und auf der anderen hinaus, sie quillt offenbar von irgendwoher im Zentrum hervor, stammt aber in Wirklichkeit von einer höheren Dimension, die wir nicht sehen können. Somit liegt die Verbindung zu Gott im Innersten der Dinge und der Mensch, der seine Augen immer auf Gott gerichtet hält und bei allem, was er tut, nur an Ihn denkt, ergießt seine Kraft in eben diese Richtung. Soweit er selbst betroffen ist, geht diese verloren, jedoch wird dadurch, wie ich bereits sagte, die göttliche Kraft, die immer überall ausgeströmt wird, verstärkt. Es kommt zu keiner persönlichen Auswirkung für den Menschen auf niederen Ebenen, aber mit einer jeden solcher Bemühungen kommt der Mensch der göttlichen Wahrheit näher, wird zu einem besseren und vollkommeneren Ausdruck von ihr. Es wäre nicht wahr, wenn man sagen würde, daß damit kein Ergebnis erzielt wird. In einem Universum, in dem Gesetze herrschen, kann nichts ohne Rückwirkung bleiben, jedoch kommt es zu keiner äußerlichen Auswirkung, die den Menschen zurück zur Erde bringen würde.

Das, so glaube ich, ist gemeint, wenn es heißt, daß die Großen dem Karmagesetz entkommen sind. Die Gesamtheit ihrer mächtigen spirituellen Kraft verwenden sie dafür, im Namen und als Teil der Menschheit Gutes zu tun und so entkommen sie den Fesseln des Gesetzes. Welche Wirkungen auch immer erzeugt werden, diese kommen der Menschheit zugute, nicht ihnen. Das durch all die herrlichen Taten des Meisters erzeugte Karma wird nicht zurückgehalten, damit er die Folgen davon erntet, sondern es kommt der Menschheit als Ganzes zugute.

Aus einer solchen unpersönlichen Gesinnung heraus sollten auch wir handeln. Tun wir irgend etwas, selbst eine gute Tat, und denken dabei: „Ich tue dies, ich möchte die Belohnung dafür haben" oder selbst dann, wenn wir nicht an Belohnung dafür denken, sondern nur: „Ich tue dies", wie die alten Pharisäer, so werden wir unsere Belohnung erhalten. Die Auswirkungen fallen auf das persönliche Selbst zurück und binden uns wieder an die Erde – genauso sicher wie bei bösen Folgen. Haben wir jedoch das persönliche Selbst ganz und gar vergessen und handeln nur als Teil der Menschheit, so fallen die Auswirkungen der Menschheit, von der jeder Teil ist, zu. Je aufrichtiger wir ohne Gedanken an das Selbst handeln können, desto näher kommen wir dem göttlichen Kern aller Dinge. So blickt auch der Logos selbst auf alles. Für ihn könnte es keine Gedanken an ein Selbst geben. Er handelt immer für das Wohl und in Vertretung des Ganzen. Handeln wir, indem wir unsere Gedanken auf Ihn allein

richten, so ergießen sich die Auswirkungen davon zusammen mit
Seiner göttlichen Kraft und fallen nicht als etwas Fesselndes auf uns
zurück, sondern vielmehr als etwas, das uns zu einem größer und
immer größer werdenden Ausdruck von Ihm macht, das uns mehr
und immer mehr in den Frieden Gottes emporheben wird, der
jenseits allen Verstehens ist.

8
Regeln 17 bis 19

17. Suche den Weg.

C. W. L.: Die drei kurzen Aphorismen, zu denen wir nun kommen, sind eng miteinander verknüpft. Sowohl im Kommentar des Chohans als auch in den Anmerkungen Meister Hilarions werden sie praktisch zusammengefaßt. Aus diesem Grund ist es kaum möglich, sie in einzelnen Gruppen anzuordnen, wie es bisher der Fall war; deshalb werde ich sie in der Reihenfolge behandeln, wie sie im Buch zu finden sind. Dabei zeigt sich deutlich, daß wir zu einem sehr wichtigen Teil der Lehre gekommen sind, denn ein längerer Kommentar als bei jedem der vorherigen Sätze liegt hier seitens jedes dieser Großen vor.

Die Anmerkung Meister Hilarions zur Regel 17 beginnt folgendermaßen:

Diese drei Worte erscheinen vielleicht zu unbedeutend, um allein zu stehen. Der Jünger sagt vielleicht: „Würde ich mich überhaupt in diese Gedanken vertiefen, wenn ich nicht den Weg suchte?" Doch gehe nicht hastig weiter. Halte inne und überlege eine Weile. Ist es der Weg, den du begehrst, oder schwebt dir in deinen Visionen der undeutliche Ausblick auf große Höhen vor, die du ersteigen, oder auf eine große Zukunft, die du erreichen möchtest? Sei gewarnt! Der Weg muß um seiner selbst willen gesucht werden, nicht im Hinblick darauf, daß deine Füsse ihn wandeln sollen.

Die Gesinnung, mit der wir uns dem Pfade nähern sollen, kommt in diesen Worten wunderschön zum Ausdruck. Auf dem ganzen Wege muß die Persönlichkeit beiseite gelassen werden und man hat vom Standpunkt des Höheren Selbstes aus zu arbeiten. Das tun, heißt den Weg suchen. Wir haben bereits gesehen, daß der Mensch, selbst wenn er den gewöhnlichen Ehrgeiz überwunden hat, immer und immer wieder auf Ehrgeiz in subtilerer Form stößt. Nun hat er den Ehrgeiz, eine höhere Stufe zu erreichen. Er hat sich dazu entschlossen, nicht länger irgend etwas für das persönliche Selbst zu begehren und alle seine Kraft vollkommen in den Dienst der Großen Weißen Loge zu stellen. Er denkt nur daran, ein gutes Instrument zu sein, sich in eine solche Position in Beziehung zum Meister zu bringen, daß dessen Kräfte mit so wenig Hinderung wie möglich durch ihn freien Spielraum haben.

Alle von höheren Ebenen herunterkommenden Kräfte erfahren natürlich eine große Einengung, wenn sie auf einer niedrigeren Ebene zu wirken beginnen. Die durch einen Jünger kommende Kraft kann nie mehr als ein sehr kleiner Teil der Einwirkung sein, die irgendein Großer durch ihn hindurchsenden mag. Das liegt in der Natur der Sache begründet, aber jemand, der sich bei all den Unvollkommenheiten, die natürlich auf der physischen Ebene an uns hängen, für des Meisters Kraft zu einem so vollkommenen Instrument wie möglich macht, kann sehr nützliche Arbeit tun. Des Jüngers Ziel ist es, so viel wie nur möglich von dieser Kraft durch sich hindurchfließen zu lassen und diese dabei so wenig wie möglich zu verfärben.

Die Kraft wird durch ihn ausgegossen, damit er sie verbreiten kann; von ihm wird aber nicht erwartet, daß er bei diesem Vorgang nichts weiter als eine Maschine ist. Er verleiht der Kraft etwas von sich selbst, etwas von seiner eigenen Färbung. Das ist beabsichtigt und wird erwartet, aber er muß sich mit des Meisters Gesinnung und Empfindungen in vollkommener Harmonie befinden. Das ist möglich, weil der Schüler auf wunderbare Weise mit dem Meister eins wird, wie ich in „Die Meister und der Pfad" erklärt habe. Nicht nur, daß alles im Bewußtsein des Schülers Befindliche auch im Bewußtsein des Meisters vorhanden ist, sondern alles in Gegenwart des Schülers Stattfindende ist ebenfalls im Bewußtsein des Meisters vorhanden − nicht unbedingt dann, wenn es sich ereignet, es sei denn, der Meister wünscht das, aber ganz gewiß hat er das in seinem Gedächtnis. Ist der Meister für einen Moment gerade sehr mit einer seiner höheren Arbeiten beschäftigt, so muß er nicht zwangsläufig einer zu der Zeit vom Schüler gerade geführten Unterhaltung beiwohnen; wir haben aber überraschende Beweise dafür, daß das manchmal der Fall sein kann, weil der Meister gelegentlich einen Gedanken oder eine Bemerkung hinzufügt und manchmal etwas Geäußertes korrigiert.

Wie ich an anderer Stelle erklärte, hat jedes Gefühl, das sich der Schüler gestattet, eine Rückwirkung auf den Meister. Im Fall einer Empfindung wie Ärger oder Zorn würde der Meister diese sofort aus seinem Bewußtsein ausschließen. Natürlich wünscht der Schüler nicht, ihm diese Mühe zu bereiten, obgleich das, wenn man das mit aller Ehrfurcht sagen darf, vielleicht gar keine sehr große Mühe für den Meister bedeutet. Möglicherweise tut der Meister das sehr rasch – mit einem einzigen Gedanken, aber dennoch möchte man auch nicht diese winzige Unterbrechung seiner Arbeit verursachen.

Natürlich möchte der Schüler auch seinen eigenen Ausschluß, der notwendigerweise zur selben Zeit eintritt, vermeiden. Er versucht daher, so weit er kann, alle nicht erwünschten Gedanken oder Empfindungen am Eintritt in sein Bewußtsein zu hindern. Einer lauten Menschenmenge oder einem Ort mit ausgesprochen schlechtem Magnetismus würde er fernbleiben, es sei denn, er müßte dorthin gehen, um des Meisters Arbeit zu tun. In dem Falle würde er sich mit einer Schutzhülle umgeben und dafür sorgen, daß nichts Unangenehmes den Meister erreicht. Wird der Schüler z. B. von einem plötzlichen Geräusch erschreckt, so versetzt ihm das einen kleinen Schock. Der kleine Schreck wird dem Meister übertragen. Der Meister kümmert sich nicht darum, er legt die Sache beiseite, aber die Tatsache der Übertragung zum Meister bleibt bestehen und das zeigt, wie eng die Verbindung ist. Ein weiser Schüler versucht, jede Art von Schreck zu vermeiden; aus diesem Grunde ist er gewöhnlich eine Person sanfter und ruhiger Art.

Eines der charakteristischen Merkmale des Jüngers ist, daß er nie seinen Meister oder die Gegenwart seines Meisters vergißt. So duldet er, soweit er kann, außer durch Unachtsamkeit, keinen Gedanken oder kein Gefühl in sich, das er nicht in des Meisters Gedanken oder Empfindungen registriert wissen will. Er versucht sogar, so weit wie möglich äußere Störungen zu vermeiden, die auch solcher Art sein können, daß sie seine vorübergehende Ausschließung verursachen.

Die sich aus der engen Verbindung mit dem Meister für den Schüler ergebende Wonne ist sehr groß. Die Freude, mit einem so großartigen Verstand, mit so herrlichen Gefühlen oder besser gesagt Kräften in Verbindung zu stehen, ist wunderbar schön, jenseits aller Beschreibung. Denn Dinge wie Hingabe, Liebe, Mitempfinden können bei einem Meister nicht als Emotionen bezeichnet werden, das sind große Kräfte. Je mehr sich der Schüler diesen höheren Einflüssen öffnet, desto mehr fließen diese Kräfte in ihn ein und desto ähnlicher wird er dem Meister, dem er dient. Dabei handelt es sich um ein kontinuierliches Wachstum, aber dieses Wachsen wird durch den ständigen Kraftfluß zwischen Meister und Schüler sehr gefördert.

Diese Verbindung ist eine Art Vorgeschmack im Kleinen auf die höhere Vereinigung, die sich einstellt, wenn das buddhische

Bewußtsein voll entwickelt ist, aber kurz vor dieser Entwicklung, so glaube ich, gibt es nichts Engeres als die Beziehung zwischen Schüler und Meister. Jene, die die bevorzugte Position eines Schülers anstreben, sollten bereits, so weit sie können, so leben, wie es sich für sie als Pflicht ergibt, wenn sie tatsächlich Schüler werden. Je mehr wir jene allgemeine Ruhe und Gelassenheit beim Handeln, Fühlen und Denken in unser Leben bringen können, desto mehr werden wir für die engere Verbindung, wenn sie kommt, bereit sein. Zweifellos ist der Weg dahin, ein solches Privileg zu verdienen, der, so zu leben, als hätten wir es schon. Ich weiß, daß Menschen häufig glauben, die kleinen äußerlichen Dinge seien ohne Bedeutung. Manchmal heißt es: „Oh, vielleicht hält die und die Sache uns in der Entwicklung zurück, das kann aber nicht von großer Bedeutung sein, das ist so eine Lapalie." Das habe ich in bezug auf Fleischessen und Rauchen gehört. Wir befinden uns aber nicht in einer Lage, in der wir es uns leisten können, die geringste Kleinigkeit, die eine Hilfe darstellt, außer acht zu lassen. Das vor uns liegende Unternehmen ist eines von beträchtlichem Umfang und keine leichte Aufgabe. Da das so ist, wird der weise Mensch nicht die kleinste Hilfe außer acht lassen und in Wirklichkeit sind solche Kleinigkeiten keineswegs von geringer Bedeutung.

In seinem Kommentar sagt der Meister weiter:

Zwischen dieser Regel und der siebzehnten der zweiten Folge besteht ein Zusammenhang. Wenn nach Zeitaltern des Ringens und nach vielen Siegen der letzte Kampf gewonnen, das letzte Geheimnis erfragt worden ist, bist du für einen weiteren Pfad vorbereitet.

Die 17. Regel im zweiten Teil des Buches, auf die sich der Meister bezieht, lautet wie folgt: „Erfrage von dem Innersten, dem Einen, Sein letztes Geheimnis, das es für dich durch alle Zeiten hütet." Das bedeutet, daß wir eben jetzt das höhere Selbst suchen müssen; haben wir diese höhere Stufe erreicht, so müssen wir das eine suchen, die Monade. Das letzte Geheimnis ist immer das, wie sich mehr und höhere Arbeit tun läßt. Viele Personen scheinen das für eine ziemlich trübe Aussicht zu halten. Es gibt eine große Anzahl von Menschen, deren großes Begehren Ausruhen ist. Soviel Anstrengungen, Belastungen und Überarbeitung gibt es bei uns allen, daß sie sich auf vollkommenes Ausruhen freuen. Das ist ein Standpunkt, der ausschließlich dem physischen Körper angehört. Auf höheren Ebenen sind wir niemals müde. Ich kannte Menschen, die eine Anzahl von Jahren auf einen vom Meister für geeignet gehaltenen Körper

warteten. In einem Falle mußte ein Mensch 25 Jahre lang warten, in
einem anderen 20. Beide widmeten sich während der ganzen Zeit
absolut unaufhörlich dem Werk des Meisters. Gewiß hatte keiner
von ihnen die geringste Erschöpfung empfunden, noch war er zu
Ende der Wartezeit weniger eifrig bei der Arbeit. Sollte es also auf
der Astralebene etwas Ähnliches wie Erschöpfung geben, so muß
diese sehr weit jenseits jener Zeit liegen, mit der wir es hier unten zu
tun haben.

**Wenn das letzte Geheimnis dieser großen Lehre enthüllt ist,
eröffnet sich in ihm das Mysterium des neuen Weges — eines Pfades,
der über alle menschliche Erfahrung hinausführt und der gänzlich
jenseits aller menschlichen Wahrnehmung oder Vorstellung liegt.
Bei jedem dieser Punkte sollte man lange verweilen und wohl
überlegen. Bei jedem dieser Punkte ist es nötig, gewiß zu sein, daß
der Weg um seiner selbst willen gewählt wird. Der Weg und die
Wahrheit kommen zuerst, dann folgt das Leben.**

A. B.: Wenn die befreite Seele die Entwicklungsstufen zur Arhat-
schaft vollendet hat und zur ersten der dahinterliegenden großen
Initiationen weiterschreitet, so wählt sie einen aus einer Anzahl ihr
offenen Pfade. Derer gibt es, der heiligen Zahl Sieben entsprechend,
sieben verschiedene, zwischen sieben Pfaden kann sie wählen.
Häufig sagen Menschen, an diesem Punkte könne es nur eine
Möglichkeit geben — der Mensch müsse diejenige wählen, ein
Meister zu sein. Die dabei zugrundeliegende Idee ist die, daß er,
wenn er recht wählt, sich für die Rückkehr entscheidet, um der Welt
zu helfen. Eine solche Entscheidung empfiehlt sich, wenn dabei an
die Menschheit gedacht wird, aber ich muß Sie darauf aufmerksam
machen, daß das ein voreiliger Schluß ist. Einen Hinweis bezüglich
des Wesens der Wahl wird dort gegeben, wo es in der Anmerkung
heißt: „An jedem dieser Punkte ist es notwendig, sicher zu sein, daß
der Weg um seiner selbst willen gewählt wird." In den Worten „um
seiner selbst willen" liegt der Schlüssel. Die Wahl muß ausschließlich
um des Weges willen getroffen werden. Die Tatsache, daß es mehr
als einen Weg gibt, sollte verhindern, daß wir bei unserer Wahl
unsere Gesetze zugrundelegen, und noch mehr sollte eine Person
deshalb vom Gebrauch der Worte: „Wenn er recht wählte" Abstand
nehmen — als ob jemand falsch wählen könnte, wenn die Seele
befreit ist.
    Trotzdem kommt uns ein Gedanke in den Sinn — ein sehr subtiler
— nämlich, daß wir die Wahl vorschreiben könnten. Manchmal

stellen wir bei uns fest, daß wir eine Wahl für unsere Zukunft treffen — für die weit entfernte Zukunft — was sein soll und was zu tun ist. Dabei wählt in der Tat das niedere Bewußtsein für das höhere. Diese unterschwellige Tendenz zieht sich durch unser ganzes Leben hindurch. Ein Teil unseres Bewußtseins fühlt sich als das „Ich" und ist geneigt, den Pfad für die Zukunft zu wählen, wie es ihn sieht, und dabei vergißt es, daß es dadurch für das höhere Bewußtsein wählt, das in Wirklichkeit allein die Wahl treffen kann. Unser Entschluß in bezug auf das, was am Ende der Arhat-Stufe zu tun ist, entspräche einem Kind, das seinen Beruf fürs Leben wählt. Seine nicht am Wissen orientierte Auswahl wäre gewiß keine, der sein voll entwickeltes Bewußtsein zustimmen würde. Ein kleines Kind kann keine Entscheidungen bezüglich seiner zukünftigen Karriere treffen und ebenso ist es bei diesen Dingen. Das höhere Ego wird die Wahl ohne Rücksicht auf das niedere treffen — freilich — das niedere wird sterben, bevor es zur Wahl kommt. Alles was dann wichtig ist, ist, daß dem niederen Bewußtsein die Idee des Dienens dargelegt wird, daß es zu einem dienenden Werkzeug gemacht wird. Bevor es das nicht tut, wird es zum Hindernis für das höhere Bewußtsein. Denken Sie daran, daß es jenem Bewußtsein ein Hindernis in den Weg legen kann. Wie oft gesagt wurde, kreuzigt es das höhere Ego.

Eine andere zu bedenkende Sache ist die, daß wir nicht über irgendeine Bewußtseinsstufe entscheiden können, die wir nicht erfahren haben und deren entsprechenden Wert wir nicht kennen. Denken Sie an einen höheren Bewußtseinszustand, den Sie noch nicht erfahren haben, so gibt es keine Möglichkeit für Sie, sich irgendein Urteil darüber zu bilden. Erreichen Sie jene Verfassung, so ändert sich für Sie das Universum, bewirkt eine Veränderung in Ihrem Wesen und bewirkt, daß Sie wissen, welche Auswirkungen ein solches Bewußtsein hat. Diese Erfahrung müssen Sie machen, bevor Sie das wissen können. Somit bedeutet eine Meinungsbildung bezüglich eines in der Zukunft einzuschlagenden Pfades, daß dabei ein Bewußtseinszustand beurteilt wird, worüber Sie kein Wissen haben, und Ihre Beurteilung ist wertlos.

Betrachtet man die Sache von einem höheren Standpunkt aus, so gibt es nur ein Kriterium, das unsere Wahl entscheidet, und das ist jeweils die Frage, wo in der Welt das dringendste Bedürfnis nach Hilfe besteht. Wo ein Platz leer ist, wo Hilfe gebraucht wird, das entscheidet die Wahl. Von den verschiedenen vor ihr liegenden Wegen wird die geläuterte Seele denjenigen einschlagen, wo Hilfe gebraucht wird. Als freie Entscheidung schlägt sie die Richtung ein, wo von der Hierarchie Hilfe benötigt wird, um den Willen des Logos zum Ausdruck zu bringen. Von einem der Großen wurde mir gesagt, daß es ein Fehler sei zu glauben, die Wahl könne überhaupt hier unten getroffen werden, daß die Wahl immer getroffen wird, um die Hilfe zu geben, derer es bedarf, um den Willen des Logos zum Ausdruck zu bringen.

Eine Gruppe von Arbeitern harrt aus, um der Welt zu helfen. Nur dann, wenn unter ihnen Verstärkung benötigt wird, nur wenn man eines Kanals bedarf, würde die Wahl auf die Arbeit in der Welt fallen. Das habe ich betont, weil es mir selbst als Warnung gegeben wurde, meine Gedanken nicht von nützlicher Tätigkeit in Bahnen bezüglich anderer zu leistender Arbeiten geraten zu lassen, die uns zu tun noch nicht aufgegeben sind. In der Bhagavad-Gita werden wir gewarnt, daß das Dharma eines anderen voller Gefahren steckt − unsere Arbeit ist dort zu finden, wo unser Dharma liegt.

C. W. L.: Der Pfad, der aus aller menschlichen Erfahrung hinausführt, ist der Pfad des Adepten. Er eröffnet sich vor ihm mit sieben möglichen Wegen, wie wir bereits gesehen haben. Viele Mitglieder habe ich sagen hören: „Oh, natürlich ist es überhaupt keine Frage, was wir wählen sollen. Wir würden bei der Menschheit bleiben, um ihr zu helfen." Weiser ist es, unsere Kraft nicht für solche Entscheidungen zu vergeuden, weil es eine Tatsache ist, daß wir nichts darüber wissen. Das wäre so, als wolle sich ein kleiner Junge entscheiden, was er als Mann tun will. Er möchte Pirat oder Lokomotivführer sein. Wir wissen jetzt genausowenig über die Bedingungen, die unsere Wahl bestimmen werden, wie das Kind davon, was für seine Zukunft den Ausschlag geben wird. Keiner der sieben Pfade kann möglicherweise besser als ein anderer sein, obwohl alle zu verschiedenerlei Arbeit führen.

Ganz gewiß wird, wenn die Zeit zur Wahl herankommt, der Gedanke: „Wo kann ich am nützlichsten sein?" den Ausschlag geben. Was wir bezüglich unseres Verhaltens vielleicht mit Sicherheit voraussehen können ist, daß wir sagen werden: „Hier bin ich, Herr, sende mich an den Platz, wo immer am dringendsten Hilfe benötigt wird." Trotzdem kann es aber auch sein, daß wir bei unserer Entfaltung eine besondere Begabung für die eine oder andere dieser Sparten entwickelten. Somit ist es für das ganze System ganz offensichtlich am besten, daß wir in dem Arbeitsbereich eingesetzt werden, wo wir am meisten Gutes tun können.

Wann immer eine höhere Bewußtseinsstufe erreicht wird, erweitert sich unser Ausblick bezüglich der Welt dermaßen, daß sie zu einer vollkommen neuen Sache für uns wird. Erreichen wir die

Adeptschaft, so werden wir einen unermeßlich weiteren Horizont haben. Wir werden genau verstehen, was wir tun, weil wir imstande sein werden, das Sonnensystem so zu sehen wie sein Schöpfer, d. h. von oben, anstatt von unten. Wir werden das Muster erkennen, das gewebt wird und was das alles bedeutet. Jeder weitere Schritt, jede Bewußtseinserweiterung bringt uns der Erkenntnis der Bedeutung von allem näher. Beim Vorwärtsschreiten wird es immer und immer weniger wahrscheinlich, daß wir Fehler machen und mißverstehen, aber das vollkommene Wissen kann nur das des Adepten sein, dessen Bewußtsein eins mit dem Logos des Systems geworden ist, wenn auch vorerst nur in einer seiner niedrigeren Manifestationen.

Auf jeden Fall liegt diese Wahl in Händen der Monade, so daß wir uns darum jetzt keine Sorgen zu machen brauchen. Es besteht immer die Möglichkeit, daß die Monade bereits eine diesbezügliche Entscheidung getroffen hat. Wird eine solche Entscheidung gefällt, so nehmen die niederen Vertreter oder Teile der Monade einfach ihren Platz ein, wenn die Zeit kommt, egal, welche Vorstellungen sie sich auch vorher gemacht haben mögen. Alles was wichtig ist in bezug auf eine solche Wahl, ist, daß wir der Persönlichkeit das Ideal des Dienens klarmachen. Bringen wir die Persönlichkeit dazu, diesen Gedanken zu verstehen, immer Ausschau nach Gelegenheiten zum Dienen zu suchen, so wird sie bereitwillig zu einem perfekten Kanal für das Ego werden. Das Ego wiederum wird die Individualität dahingehend beeinflussen, ein perfekter Kanal oder Instrument für die Monade zu sein. Dienen ist das höchste Ideal im Leben. Hat der Christus nicht selbst gesagt: „Wer der erste sein will unter euch, sei euer Knecht"? (Matth. 20, 27).

18. Suche den Weg durch Einkehr nach innen.

19. Suche den Weg durch kühnen Fortschritt nach aussen.

C. W. L.: Den Weg durch Einkehr nach innen zu suchen, bedeutet zunächst, die Führung des Höheren Selbstes zu suchen und ihr Folge zu leisten. Wie schon vorher erklärt wurde, ist die erste Stufe auf dem Wege die Vereinigung der Persönlichkeit mit dem Ego. Später wird das Ego zu einem vollkommenen Ausdruck der Monade und der Mensch ist dann für die Asekha-Initiation bereit. Jenseits davon strebt der Adept danach, das Bewußtsein der Monade in das Bewußtsein des Logos zu erheben. Immer ist Er es selbst, den er auf immer höheren Stufen sucht.

Wann immer ein Mensch auf irgendeiner höheren Stufe versucht,

Hingabe auf eine höhere Ebene zu verströmen, ergießt sich eine solche Flut göttlicher Kraft auf ihn, daß diese seine Anstrengung ganz überschwemmt. Das Resultat dabei ist nicht so sehr das, daß er hinaufreicht, sondern die Kraft, die auf ihn ausgegossen wurde. Dasselbe passiert zwischen Schüler und Meister. Der Schüler sendet dem Meister seine Liebe, die jedoch in der Erwiderung durch seines Meisters Liebe übertroffen wird, so daß es ihm so erscheint, als habe er eine ungeheure Menge Liebe erhalten, obgleich es zunächst sein Bemühen war, die das Niederströmen der Liebe auf ihn ermöglichte.

Solcher Art ist, auf höherer Stufe, die Ausgießung des Heiligen Geistes auf den Adepten, der Kraft des dritten Aspektes des Logos, symbolisiert durch die „gespaltenen Zungen wie aus Feuer" des Pfingstfestes. Somit wird der Adept zu gegebener Zeit eins mit dem dritten Aspekt des Logos, der sich auf der nirvanischen Stufe manifestiert. Sein nächster Schritt ist dann, eins mit dem Aspekt zu werden, der durch den Christus im Schoße des Vaters dargestellt ist. Später dann – obgleich ich darüber nichts weiß, bin ich aber ganz sicher, daß es so ist – wird er der Gottheit unseres Sonnensystems immer und immer näher kommen. Immer näher werden wir dem Lichte kommen, die Flamme jedoch werden wir nie berühren. Nicht daß wir nicht eines Tages die Höhe erreicht haben werden, auf der Er steht, jedoch steht Er nicht still, um uns zu empfangen. Auch Er entwickelt sich, und deshalb werden wir die Flamme nicht berühren, obgleich wir uns ihr immer und immer mehr nähern. Die wunderbare Seligkeit jener Erfahrung läßt sich hier unten nicht beschreiben, weil diese gänzlich solcher Natur ist, wofür es in der niederen Welt kein Gegenstück gibt.

Bei jedem Menschen läßt sich durch Suchen im Innern viel finden. Die Persönlichkeit, mit der die meisten Leute sich identifizieren, ist nur ein kleiner Bruchteil des Menschen. Wir sind viel größer als wir es zeigen. Das Ego kann nur einen kleinen Teil oder eine Facette von sich in eine bestimmte Inkarnation hinabsenden; selbst wenn sich dieser Teil vollkommen manifestiert, ist er nur ein sehr kleiner Teil. Ein großer Mensch ist selbst hier unten ein schöner, erfreulicher Anblick, aber wir können sicher sein, daß das Ganze sehr viel größer als der Teil ist, den wir sehen können. Keine einzige Persönlichkeit könnte all die Vielfältigkeit der im Ego vorhandenen Möglichkeiten, das in sich die Erfahrungsessenz sämtlicher geführter Leben in sich trägt, zum Ausdruck bringen. Das Höchste und Allerbeste von uns hier unten kann man als einen ziemlich guten Durchschnitt jener Eigenschaft betrachten, die wir im Ego entdecken würden, wären wir nur in der Lage, sie zu sehen.

Manchmal werden uns solche Beispiele vor Augen geführt, und diese sollten wir als solche zu verstehen versuchen. Zum Beispiel treffen wir häufig eine ganz gewöhnliche Person an, die bei einem plötzlichen Notfall großes Heldentum zeigt. Ein Arbeiter opfert sein Leben, um seinen Kameraden zu retten. Daß er dazu imstande ist zeigt, daß sich der innere Mensch in Wirklichkeit bereits auf dieser Stufe befindet. Was immer das Höchste ist, mit dem ein Mensch in Berührung kommen kann, ist in Wirklichkeit der Mensch selbst, denn er könnte es nicht berühren, es nicht denken, wenn er es nicht selbst wäre. Alle die niederen Möglichkeiten, die Stürme der Leidenschaft, die unedlen Empfindungen gehören zur Persönlichkeit. Es sollte sie natürlich nicht geben, aber sie sind nicht der wahre Mensch.

Erreicht er manchmal große Höhen, so ist das die Stufe, die er ständig anstreben sollte.

Die hohen und edlen Dinge, wonach sich ein Mensch sehnt, müssen bis zu einem gewissen Grade im Ego entwickelt worden sein. Andernfalls könnte er sich danach hier unten nicht sehnen. Bei Menschen, die sich solche Ideale nicht wünschen, sind diese besonderen Eigenschaften nicht einmal im Keim vorhanden. Sehnen wir uns nach höheren Dingen, so sind diese in uns nicht nur als reine Möglichkeit vorhanden, sondern als lebendige Tatsache. Es ist an uns, entsprechend unserer höchsten Stufe zu leben und so eine höhere zu erreichen.

Der Zweck, warum das Ego sich nach unten begibt, ist der, bestimmter zu werden, damit all seine vagen Empfindungen sich zu einer definitiven Entschlossenheit zum Handeln kristallisieren können. All seine Inkarnationen stellen einen Prozeß dar, durch den es Exaktheit erlangen kann. Daher ist Spezialisierung unser Weg, Fortschritte zu machen. Wir verkörpern uns in jeder Rasse oder Unterrasse, damit wir die Eigenschaften erwerben, an deren Vervollkommnung die Unterrasse arbeitet. Das hinuntergesandte Ego-Fragment ist hoch spezialisiert. Von ihm wird erwartet, daß es eine bestimmte Eigenschaft entwickelt. Ist das geschehen, so absorbiert das Ego diese zu gegebener Zeit und tut dasselbe immer und immer wieder. Beim Rückzug der Persönlichkeit in das Ego verteilt sie etwas von ihrer besonderen Errungenschaft über das Ganze, so daß das Ego etwas weniger unbestimmt ist als es vorher war.

Das Ego ist mit all seinen mächtigen Kräften weitaus weniger akkurat als der niedere Verstand. Die Persönlichkeit, die vor allem Wert auf das Unterscheidungsvermögen des von ihr zu entwickeln-den niederen Verstandes legt, schätzt infolgedessen häufig das weitaus höhere, jedoch unbestimmtere Selbst gering und gewöhnt sich an, sich für unabhängig vom Ego zu halten.

Obgleich das Ego auf seinen früheren Entwicklungsstufen unbestimmt und deshalb in dem Maße unzufriedenstellend ist, ist in ihm nichts Böses vorhanden, kein moralischer Fehler. Im Kausalkörper gibt es keine Materie, die auf die niedrigeren Schwingungen ansprechen könnte, aber wo immer eine Entwicklungslücke vorhanden ist, besteht immer die Möglichkeit, daß die niedrigeren Bewußtseinsträger in irgendeine böse Tat hineinrennen. In solchen Fällen passiert es manchmal, daß im Notfall die Astral-Elementale vom Menschen Besitz ergreifen und er, wahnsinnig, einen anderen Menschen niedersticht, oder wenn er sich in Geldnot befindet, in einer Situation, wo er auf unehrenhafte Weise zu Geld kommen kann, der Versuchung unterliegt. Das Ego ist dann nicht genügend wach, um einzuschreiten und die Tat zu verhindern, oder vielleicht begreift es nicht, daß die Leidenschaft oder die Gier des Astralkörpers das niedere Selbst zur Verübung eines Verbrechens zwingen kann.

Stellen wir beim Charakter eines Menschen fest, daß unerwartet Ungutes auftaucht, so dürfen wir nicht glauben, dieses käme vom Höheren Selbst, denn wäre das Ego entwickelter, so würde es den Menschen gleich zu Beginn des bösen Gedankens hindern und das Verbrechen würde nicht verübt werden.

Den Weg der Einkehr nach innen zu suchen, bedeutet für uns, daß wir immer bestrebt sein müssen, gemäß unserer höchsten Stufe zu leben, so daß wir dann in der Lage sind, mehr und mehr von den vom Ego während unzähliger Inkarnationen gespeicherten Schätzen nach unten zu holen. Während wir so das höhere Selbst zu verwirklichen versuchen, müssen wir aber daran denken, daß wir auch den Weg durch Fortschritt nach außen suchen müssen. Eine Ignorierung dessen, was außerhalb von uns ist, können wir uns nicht leisten, und wir müssen unser Bestes tun, um zu studieren und uns mit der Welt und was in ihr passiert, vertraut zu machen.

9
Regel 20

**20. Suche ihn nicht bloß auf *einer* Straße. Es gibt für jedes Tempera-
ment einen Weg, der ihm als der wünschenswerteste erscheint. Aber
der Weg wird nicht durch Hingebung allein gefunden, noch bloß
durch religiöse Vertiefung, noch allein durch feurigen Fortschritt,
durch selbstaufopferndes Wirken oder aufmerksames Beobachten
des Lebens; allein kann keines den Jünger mehr als einen Schritt
weiterbringen. Alle Sprossen sind notwendig, um die Leiter zusammenzusetzen.**

A. B.: Regel 20 ist der Kommentar des Chohans zu den drei kurzen
Aphorismen 17 bis 19, die im letzten Kapitel betrachtet wurden. Er
lehrt uns, daß der Mensch sich nicht nur auf dem Wege zu entwickeln
hat, wo er den geringsten Widerstand vorfindet, sondern daß er seine
Kräfte auf jedem Wege entfalten muß, bevor er das allumfassende
universelle Ziel der Nützlichkeit erreicht. Sein Ziel ist, ein vollkommenes Instrument des guten Gesetzes zu sein. Kein Mensch kann das
werden, bis er in jeder der möglichen Richtungen wächst. Jede Art
von Temperament muß daher ergänzen, was ihm fehlt, bevor die
Vollkommenheit erreicht werden kann. Die Menschheit erreicht das
Ziel nicht durch Hingebung, noch selbstaufopferndes Wirken, noch
Beobachten, noch durch tiefe Gedanken allein. Schließlich müssen
wir all diese Dinge besitzen. Während sie aber unterwegs sind, sind
die Menschen durch ihre Temperamente eingeschränkt. Für eine
lange und in der Zukunft liegende Zeit ist die Arbeit jedes Jüngers
bei seiner Hilfe für die Menschheit höchstwahrscheinlich hauptsächlich auf einen dieser Wege beschränkt.

Es ist klar, warum wir alle diese Wege zu meistern haben. Beim
Vorwärtsschreiten müssen die Menschen näher zusammenrücken,
müssen zu einem organischen Ganzen verschmolzen werden. Wenn
also ein Mensch große Kräfte der religiösen Vertiefung besäße,
jedoch sehr wenig von den anderen Kräften, so wäre es von geringem
Nutzen für ihn, mit einem Menschen in Kontakt zu kommen, der
hauptsächlich die Eigenschaft des selbstaufopfernden Wirkens
besitzt. Er könnte ihm auf dieser Grundlage nicht begegnen und das

würde seine Nützlichkeit einschränken. Es ist also anzustreben, daß
der Jünger, während er danach trachtet, sich in seinem bestimmten
Arbeitsbereich zu vervollkommen, alles über etwas Bestimmtes zu
lernen versucht, gleichzeitig nicht versäumt, etwas über alles andere
zu lernen, damit er zur Kontaktaufnahme mit Menschen der verschiedenen Temperamente, mit denen er arbeiten muß, fähig ist.

Der Hauptgedanke dabei ist Ausgleich. Wir müssen in der Lage
sein, in gewissem Maße auf allen Gebieten zu wirken. Toleranz ist
gleichfalls erforderlich, damit wir fähig sind, allen zu helfen. Wir
müssen eines jeden Menschen Weg als den für ihn richtigen betrachten, als eine der Straßen, die weiterführt, muß er als gut erachtet
werden. Vor sämtlichen Menschentypen müssen wir Respekt haben
und bis wir ihnen allen selbst zu helfen imstande sind, sollten wir
versuchen, jene, denen wir nicht zu helfen vermögen, anderen, die es
können, zuzuführen, nicht aber die Straßen, auf denen sie wandeln,
geringschätzen und versuchen, sie zu unserer eigenen zu bekehren.

C. W. L.: Die Menschen sind fast immer einseitig in ihrer Entwicklung. Manche sind stark in der Hingebung, manche im Intellekt,
andere auf dem Gebiet des Wirkens. Jeder Mensch schlägt gemäß
seinem Temperament natürlich jene Richtung ein, die ihm am
leichtesten fällt. Dabei darf aber nicht vergessen werden, daß eine
allumfassende Entwicklung notwendig ist, bevor der Mensch die
Adeptschaft erreichen kann. Der Adept ist vor allem ein vielseitiger
Mensch und wenn wir uns ihn zum Vorbild wählen, müssen wir unser
Möglichstes tun, uns in verschiedene Richtungen zu entwickeln. Es
ist eine schöne Sache, voller Hingabe zu sein, aber gleichzeitig
müssen wir Wissen haben, weil der bloß blind hingebungsvolle
Mensch von wenig Nutzen ist. Das Umgekehrte trifft für jene zu, die
durch den Intellekt Fortschritte machen. Sie müssen auch dafür
sorgen, Hingabe zu erlernen, sonst wird sie ihre intellektuelle
Entwicklung irreführen. Es ist natürlich besser, sich in einer Richtung zu entwickeln als garnicht, aber während der Mensch seinen
eigenen Weg verfolgt, sollte er trotzdem bedenken, daß es noch
andere Wege gibt.

Häufig ist die Tendenz vorhanden, andere Pfade zu kritisieren und
zu meinen, diese seien weniger nützlich als unsere eigenen. Für uns
wäre das vielleicht so, jedoch nicht für jene, die sie einschlagen. Wo
immer wir gegenwärtig in unserer Entwicklung stehen mögen, ganz
gewiß müssen wir ausgeglichen werden. Wenn wir also jetzt nur die
Idee des Wirkens richtig einsehen, so werden wir trotzdem bald die
Situation des Menschen zu erkennen haben, der durch Weisheit

Fortschritte macht und wiederum jene desjenigen, der durch Hingebung vorankommt und wir dürfen uns nicht gestatten zu glauben,
diese seien weniger unmittelbar nützlich als wir. Ich fürchte, daß die
Menschen, die durch Hingebung Fortschritte erzielen, oft ein wenig
intolerant gegenüber jenen sind, die studieren und wirken möchten.
Manchmal heißt es: „Alles, war ihr tut, gehört zur äußeren Ebene
oder zur rein intellektuellen Seite der Dinge, während die Gefühls-
seite vor allem immer die wichtigere ist. Vernachlässigt ihr diese, so
könnt ihr nicht wirklich vorankommen." Es ist vollkommen richtig,
daß die Seite des Herzens entwickelt werden muß, aber trotzdem
gibt es jene, die am besten durch fortgesetztes Wirken vorankommen
und wieder andere, die nicht ohne sorgfältiges Studium und vollkommenes Verstehen das Beste in sich hervorbringen können.

Manchmal fühlen sich Menschen zum höheren Leben hingezogen
und geben sich nur der Kontemplation hin. Es gibt Okkultisten, die
das für die beste Art und Weise halten – wenigstens auf den
anfänglichen Stufen. Ein Mensch mag sagen: „Zunächst muß ich
mich entwickeln, damit ich zum Dienen fähig bin. Bin ich ein Adept,
so werde ich vollkommen dienen, ich werde keine Fehler machen."
Aber es gibt auf allen Stufen Arbeit zu tun und der Mensch, der die
Adeptschaft erreicht hat, muß auf viel höheren Stufen wirken als auf
jenen, die wir erreichen können. Warten wir daher bis zur Erlangung
der Adeptschaft, bevor wir bereit sind, für die Welt zu wirken, so
wird ein Großteil unserer niedrigeren Arbeiten inzwischen ungetan
bleiben. Unsere Meister wirken hauptsächlich auf den nirvanischen
Stufen, wirken auf Millionen von menschlichen Egos ein. Auf der
höheren Stufe tun sie, was wir nicht könnten, aber auf den niedrigeren Ebenen gibt es eine große Menge solcher Dinge zu tun, die wir zu
tun vermögen.

Manchmal waren Menschen geneigt zu glauben, die Meister
müßten diese niedrigere Arbeit verrichten, daß sie z. B. hier unten
mit Individuen arbeiten sollten. Ich habe bereits erklärt, daß das
außer in den seltenen Fällen jener, wo sie sehen, daß diese kurzfristig
ihre Bemühungen lohnen werden, nicht so ist. Es geht dabei so
gänzlich darum, was am besten für das Werk ist, daß keinerlei
Gefühlsregungen dabei mitsprechen. Die Meister werden mit einem
Schüler arbeiten, wenn er seinerseits gute Arbeit leistet und wenn die
für seine Unterweisung und Anleitung aufgewendete Energiemenge
auf diese Weise in einer bestimmten Zeit zu besseren Resultaten
führt, als es der Fall wäre, wenn dieselbe Energiemenge in höhere
und größere Bahnen gelenkt würde, d. h., nur dann, wenn der
Mensch geschickt im Lernen und bereit ist, einen Großteil selbst zu

tun, wann immer sich ihm Gelegenheiten bieten. Bis zu jenem Punkt
wäre das Interesse der Meister an ihm das, was man als ein
allgemeines Interesse bezeichnen könnte.

Auf diesen niedrigeren Ebenen gibt es viele Arbeiten zu verrichten und es ist eine Tatsache, daß eine große Menge und Reihe davon
vorher nicht getan wurde. In dem Maße, wie die Menschheit in der
Bruderschaft Fortschritte macht, eröffnen sich ständig neue Wege
des Dienens. Unsere Meister hatten viele Schüler, bevor die Theosophische Gesellschaft ins Leben gerufen wurde. Die meisten davon
waren jedoch Orientalen, hauptsächlich Hindus und Buddhisten,
Sufis und Zoroastrier. Der orientalische Geist ist nicht ganz so
angelegt wie unserer. Ich glaube, wir können, ohne Anstoß zu
erregen, sagen, dieser sei in mancher Beziehung weniger praktisch
als der unsrige. Die Mehrzahl der indischen Schüler ist hauptsächlich
mit ihren eigenen Studien beschäftigt, wovon die Betreffenden eine
immense Menge zu bewältigen hatten. Erst wenn sie eine beträchtliche Strecke in dieser Richtung vorangekommen waren, wandten sie
sich davon ab, um anderen zu helfen. Sie kannten nicht den
Ansporn, den wir bezüglich der Arbeit als unsichtbare Helfer haben.
Niemand in Indien, nicht einmal ein Kuli, ist ganz so unwissend wie
der Durchschnittschrist in bezug auf die Zustände nach dem Tod, so
daß dort nicht dieselbe Notwendigkeit besteht, von der durch die
Vorstellung einer ewigen Hölle geschaffenen Verblendung zu befreien.

Sobald unsere Schüler zu sehen begannen, wie umfassend und
welcher Art die astrale Arbeit ist, erkannten sie, daß dort ein
himmelschreiendes Hilfebedürfnis bestand. Hier litten tausendfach
Menschen intensiv unter einem Alptraum, einer Art Satan, den sie
für sich einfach aufgrund törichter Unterweisung geschaffen hatten.
Ein solcher Anblick nötigt einen auf der Stelle dazu, etwas zu
unternehmen, um all das Elend zu lindern. Folglich begann die
Arbeit der unsichtbaren Helfer, und diese nahm zu wie ein rollender
Schneeball. Jeder, dem geholfen wird, beginnt anderen zu helfen. So
geschah es, daß in etwa 35 Jahren, seit die Arbeit gewohnheitsmäßig
ausgeführt wird, die hervorgebrachte Wirkung in der Tat groß war.

Ein Mensch mag große Höhen erreichen, indem er sich ausschließlich mit seiner eigenen Entwicklung befaßt. Auf diesem Wege wird
er aber nicht die Adeptschaft erlangen. Der Mensch, der darauf
wartet, die Adeptschaft zu erreichen, bevor er der Welt dient, wird
nie ein Adept sein. Er mag ins Nirvana entkommen oder die
Befreiung erlangen. Weil er aber nicht erkannt hat, was der Logos
von ihm erwartet, wird er alsbald von Scharen weniger fortgeschrit-

tenen und talentierten Menschen überholt werden, die die eine
wichtige Sache richtig erkannt haben. Dann muß er sein Leben auf
höheren Ebenen aufgeben und zurückkommen, um zu lernen, was er
vorher nicht gelernt hat — daß die Menschheit eins ist und daß ein
Mensch, der diese Tatsache nicht anerkennt, nicht die erhabensten
Entwicklungshöhen erklimmen kann.

Wie hier gesagt wird, ist aber selbstaufopfernde Arbeit nicht allein
ausreichend für den Menschen, um die höchste Entwicklung zu
erlangen. Er muß auch seine Hingabe entwickeln und vor allem seine
Fähigkeit, auf das innere Licht zu reagieren, weil er ohne das kein
perfektes Instrument sein kann. Ohne das mag er höchst energetisch
drauflosarbeiten, wäre dabei aber unfähig, auf die Berührung, den
Hinweis von oben genügend schnell zu reagieren. Er müßte sozusagen energetisch herumgerissen werden, anstatt daß er nur einer
leichten Berührung bedarf, die alles ist, was notwendig sein sollte. So
würde er seinem Meister bei seinem Training mehr Schwierigkeiten
bereiten. Auch von dem großen Plan muß er etwas erfahren, weil der
Mensch an dem herrlichen Werk nicht in vollkommener Art mitar-
beiten kann, wenn er darüber keine Kenntnisse besitzt. Deshalb muß
er in bezug auf sein Studium eindeutig Anstrengungen unternehmen,
um das Wissen zu erlangen. Viel Wissen stellt sich bei der eigentlichen Arbeit ein, aber wir haben allen Grund, aus den angesammel-
ten Erfahrungen unserer Vorläufer Vorteile zu ziehen und zu lernen,
was immer wir durch unser Studium zu lernen vermögen, so daß
unsere Arbeit besser getan werden kann.

**Die Tugenden des Menschen sind Sprossen, in der Tat notwen-
dige, die wir durchaus nicht entbehren können. Aber obgleich sie
eine leichte Atmosphäre und eine glückliche Zukunft schaffen, sind
sie nutzlos, wenn sie allein stehen.**

**Die ganze Natur des Menschen muß weise genützt werden von
dem, der den Pfad zu betreten wünscht.**

A. B.: Das Wort Pfad bedeutet hier das eigentliche spirituelle
Leben. Der Mensch ist ein spirituelles Wesen, folglich ist er beim
spirituellen Leben wahrhaftig er selbst. Wandelt er auf jenem Pfade,
so muß er alle seine Fähigkeiten und Kräfte gebrauchen, sein ganzes
Selbst. Was ein Mensch seinem Wesen nach ist, das wird er in
Wirklichkeit: eine Manifestation des Göttlichen. Befindet sich der
Jünger auf einer gewissen Stufe, so wird er gelehrt: „Du bist der
Pfad". Vor dieser Zeit ist sein Meister für ihn der Pfad, er sieht im

Meister die göttliche Manifestation. Manifestiert sich das Göttliche aber in ihm, dann ist er selbst der Pfad. Zum Pfad wird er in dem Verhältnis, wie er Fortschritte macht. Deshalb muß die ganze Natur des menschlichen Wesens gebraucht werden. Geschieht das, so kann das göttliche Fragment mit Hilfe des Dings, das es für seinen eigenen Gebrauch geschaffen hat, seine latenten Kräfte zu aktivem und positivem Leben entfalten.

Die Worte „göttliches Fragment" werden nicht bloß als poetische Phrase gebraucht. Sie enthalten eine Wahrheit, die zu vergessen wir uns nicht leisten können, für die es keine anderen passenden Wörter gäbe. Dieselbe Idee ist in dem in der Geheimlehre angeführten Katechismus (Bd. 1, S. 145 – der Übersetzer) zu finden, wo der Guru den Schüler fragt, was er sieht. Er sieht unzählige Funken, die ihm so erscheinen, als seien sie voneinander getrennt. Der Unwissende hält sie für getrennt, vom Weisen jedoch werden sie als eine Flamme geschaut. Als Bewußtseinszentrum ist ein solches Fragment ein Punkt ohne große Bedeutung, es kann nicht gesondert sein. Alle Zentren sind im Grunde eins, weil es nur einen letzten Himmel, ein Universum gibt. Unterhalb der nirvanischen Stufe kann aber das Mysterium von der Einheit des Seins nicht verstanden werden, in den niedrigeren Welten kann es nicht zum Ausdruck kommen; alle Versuche, dies zu symbolisieren, müssen unvollkommen bleiben.

Das göttliche Fragment ist die Monade, die sich in dem dreifachen Geist auf der nirvanischen Ebene reproduziert. Dort ist Atma dreifach und eine seiner Kräfte wird auf die buddhische Ebene hinabgesandt, eine andere auf die Mentalebene. In sich trägt es die Möglichkeiten des Logos, ist aber zunächst ganz unfähig, diese zum Ausdruck zu bringen. Das sich ergießende Atma erscheint in Manas als das individualisierende Prinzip, als die „Ich-bildende Kraft", die als Gegenstück zur Ewigkeit der Individualität mit der Zeit empor-hilft. Es zieht Materie an, um sich auf der oberen manasischen Ebene zum Ausdruck zu bringen; es schafft somit als Vehikel den Kausal-körper, der über die langen Reihen menschlicher Inkarnationen hinweg erhalten bleibt. Das ist der unter Schmerzen geschaffene Körper, durch den der Mensch sich zu entwickeln beabsichtigt.

Betrachten Sie Atma als etwas sich nach unten auf die dritte Ebene, die manasische, Ergießendes. Es zieht Materie der höchsten Stufe jener Ebene an und bildet den Kausalkörper, der Körper ist dann sein Vehikel, damit es seinen manasischen Aspekt auf jener Ebene ausdrücken kann. Manas wirkt durch den Kausalkörper. Dieses Manas wird bei der Inkarnation dual. Es reicht hinab auf die niedrigeren Stufen der Mentalebene und bildet dort einen Bewußtseinsträger — das niedere Manas, das wiederum den Astralkörper bildet. Dieser wiederum liefert die Kraft, mit der die ätherischen und physischen Körper gebildet werden. Jeder Körper ist auf seiner eigenen Ebene ein Mittel, um Erfahrungen zu sammeln, die, sofern geeignet, an das weitergegeben werden, was den Bewußtseinsträger bildete. Ist also die persönliche Inkarnation vorüber, so reicht das niedere Manas alle gemachten Erfahrungen an den Kausalkörper weiter und die Persönlichkeit stirbt. Der Kausalkörper nimmt all jene Erfahrungen auf, die seinem Wachstum helfen; in ihm bleiben sie über all seine zukünftigen Inkarnationen hinweg.

Der Kausalkörper hat auch eine Beziehung zu dem, was über ihm ist. Auf der inneren oder oberen Seite jenes Bewußtseinsträgers wird die Essenz aller gemachten Erfahrungen an den dritten Aspekt von Atma weitergereicht. Was sich somit in den manasischen Aspekt von Atma ergießt, befähigt ihn ohne den Kausalkörper zu agieren, d. h. ohne einen begrenzenden permanenten Körper.

Der Schüler, der das zu Ende überlegt, wird merken, daß dadurch Licht auf das Sterben der Individualität geworfen wird. Dieselbe Vorstellung finden wir in den hinduistischen und buddhistischen Schriften. Der Kausalkörper ist die Individualität, die während des Kreislaufs der Inkarnationen bestehen bleibt. Zu einem bestimmten Zeitpunkt existiert er, zu einem anderen muß er sterben. Er wird geboren und stirbt. In der Gita heißt es: „Gewiß ist der Tod dem Geborenen." Das trifft nicht nur auf die äußere Welt zu, sondern ist auch im weitesten Sinne zutreffend. Da es eine Geburt des Kausalkörpers gibt, muß er auch sterben. Er ist das Ding, das das göttliche Fragment für sich unter vielen Schmerzen gebaut hat. Es ist das „Ich" für den Jünger. Bei einigen wird das Ich für noch niedriger gehalten, als in der Persönlichkeit befindlich, aber dieses ist das zu Beginn des Pfades zu erreichende Ich. Wenn das Wachstum auf der Arhat-Stufe zu Ende ist, bei der wahren Befreiung, wird es schließlich transzendiert. Bis zu der Zeit nimmt es ab und ändert sich dem Charakter nach entsprechend dem Wachsen des Arhats. Schließlich stellt es nur noch ein unvollkommenes, defektes, mangelhaftes Ich dar, ist überhaupt nicht das wirkliche Ich. Auf dieser Stufe der menschlichen Entwicklung wäre aber jeder Versuch, den zukünftigen Zustand zu beschreiben, irreführend.

Der Jünger setzt sich mit Recht die Verwirklichung und Läuterung der Individualität zum Ziel. Die Individualität ist zum Gebrauch des Schöpfers geschaffen worden. Manchmal wird diese technisch als Kreatur bezeichnet. Wir hören dann vom Menschen, dem wahren Menschen, der seinem Geschöpf begegnet. So begegnet also auch dieses Individuum, das Geschöpf, seinem eigenen Schöpfer. Diese Begegnung geschieht nur auf einer hohen Entwicklungsstufe. Begegnet ein Mensch seinem Geschöpf, so ist er vollkommen und transzendiert die Individualität.

Die Bildung der Individualität findet auf einer niedrigeren Stufe statt. Der Mensch baut sie eifrig für eine sehr lange Zeit auf. Die weniger entwickelten Mitglieder der Menschheit sind für eine sehr lange Zeit in ihren niedrigeren Vehikeln eingeschlossen – was für ihren Fortschritt nötig ist, bevor die Individualität vollkommen gebildet wurde. Somit bleibt der Kausalkörper für lange Zeit eine unbewußte Hülle, während in der Persönlichkeit die Aktivitäten stattfinden. Denken Sie an die Zeitalter, die zur Bildung des physischen Vehikels notwendig waren, denken Sie an die Runden und die Stadien, die die Pitris auf der Mondkette durchliefen, bevor sie soweit waren, daß sie in die menschliche Evolution eintreten konnten. Was die Zeit anbelangt, die menschliche Wesen brauchen, um das Individuum aufzubauen, so gibt es dabei immense Unterschiede, obwohl es immer lange dauert. Auf den höheren Stufen unter der Inspiration des weiterentwickelten Egos geht ein solches Aufbauen rascher vonstatten als auf den unteren Stufen. Erreicht die Intelligenz eine hohe Stufe, so nutzt sie höhere Kräfte aus und lernt, diese nicht zu verschwenden. Dann geht ein solcher Aufbauvorgang mit immenser Schnelligkeit vor sich. Das bedeutet für uns eine große Ermutigung, denn blicken wir zurück auf die Mondkette und bedenken die Zeit, die wir brauchen, um voranzukommen, so würde uns diese beim Blick zurück als sehr lange erscheinen. Schauen wir aber nach vorn, so sehen wir, daß der Forstschritt fast unglaublich rasch vonstatten geht.

Das göttliche Fragment kann nichts selbst tun. Seine gesamte Entwicklung muß durch die Berührung mit Kräften von außen vor sich gehen und durch die Bewußtseinsträger. Ohne diese kann es nicht wachsen. Wie Mme. Blavatsky sagte, ist der Geist auf den unteren Ebenen ohnmächtig. Ohne ein Vehikel als sein Ausdruck kann das göttliche Fragment keine Kraft auf einer Ebene hervorbringen, auf der es zu agieren hat. Ferner kann es nur dann Kontrolle über die Vehikel haben, wenn diese vervollkommnet sind. Durch die Arbeit an der Vervollkommnung der Vehikel werden die Kräfte des Geistes zur Vollkommenheit gebracht, so daß beide Entwicklungen gleichzeitig stattfinden. Ist das Werk vollendet, so hat der Geist in sich die Macht, seine einzelnen Vehikel in dem Moment aufzulösen, wo er sie verläßt, und sie, wenn er sich dazu entschlossen hat, in einem anderen Moment wieder zu bilden.

Denken Sie an die vervollkommneten spirituellen Wesenheiten.
Nur als sie sich auf und unterhalb der menschlichen Stufe entwickelten, waren Vehikel zu Ihrem Wachstum nötig. Wünscht aber ein
solches Wesen, das alle Erfahrungen seiner Entwicklung in sein
innerstes Wesen aufgenommen hat, sich zu manifestieren, kann es
jederzeit das schaffen, was es für seine Manifestierung braucht. Es
kann, nachdem es die Kräfte der Ebene benutzte, den Bewußtseinsträger wieder auflösen. Bei der Abhandlung über die Planetengeister
erwähnte H. P. B., daß sie die menschliche Laufbahn gegangen sind.
Sie könnten nicht als Helfer auftreten, hätten sie nicht auf den
menschlichen Stufen ihrem innersten Wesen die notwendigen Erfahrungen einverleibt. Somit existieren Wesen, die vielleicht nicht
manifestiert sind, die sich aber manifestieren können, indem sie aus
ihrem innersten Wesen die Erfahrung beziehen, die sie zur Bildung
eines Vehikels benötigen, in dem sie wirken.

Es ist nicht schwierig zu verstehen, welcher Art die Vehikel für
ihren „Eigengebrauch" sind. Bei unserem Aufstieg erheben wir uns
über die Gefangenschaft in jedem äußeren manifestierten Vehikel
und lernen, dieses für die höhere Arbeit zu gebrauchen, ohne
irgendeinen aus dem Selbst herrührenden Beweggrund mehr dabei
zu haben. Für den Jünger sollte es eine tägliche Arbeit sein, das in
bezug auf den physischen Körper zu tun. Der physische Körper muß
gemeistert werden, so daß er nicht seine eigene Reflexion auf Sie
werfen kann. Er existiert nur zu Ihrem Gebrauch und Sie müssen
lernen, ihn vollkommen zu beherrschen, so daß er Sie nicht zwingen
kann, sich mit einem von Ihnen nicht gewünschten Erlebnis zu
befassen. Er soll nur Gebrauchsinstrument sein. Sie trainieren ihn,
seine gemachten Erfahrungen an das Ego weiterzugeben. Es wird
eine Zeit kommen, wo Sie überhaupt keine Erfahrungen mehr
weitergeben wollen. Dann nimmt sich das Ich zu eigenen Zwecken
was es will. Das ist ein sehr hoher zu erreichender Zustand, denn
dabei handelt es sich um die Stufe des Adepten.

In der Geheimlehre heißt es, daß eines Meisters Körper illusorisch
sei. Das bedeutet nur, daß der physische Körper ihn nicht beeinträchtigen oder stören kann. Durch den Körper kann ihn das
Kräftespiel um ihn herum nicht beeinflussen, außer insoweit, wie er
es zuläßt, es kann ihn nicht aus seinem Mittelpunkt werfen. Mme.
Blavatsky hat auch gesagt, daß eines Meisters physischer Körper
bloß ein Vehikel ist. Er gibt nichts weiter, sondern ist einfach ein
Berührungspunkt mit der physischen Ebene, ein Körper, der als
Instrument aufrechterhalten und für die zu leistende Arbeit
gebraucht wird. Er wird abgelegt, wenn die Arbeit beendet ist.

Dieselbe Sache trifft auch für den Astral- und Mentalkörper zu. Wird der Kausalkörper zu einem reinen Instrument, vergeht die Individualität, wobei Atma die Kraft erlangt hat, seinen dritten Aspekt auf der Mentalebene willentlich zu manifestieren, und dort nicht länger ein permanentes Vehikel benötigt.

C. W. L.: Auf den ersten Blick scheint diese Aussage einigen der früheren zu widersprechen. Zum Beispiel wurden wir gelehrt, das Begehren zu ertöten, verschiedene Teile von uns zu ertöten. In der „Stimme der Stille" heißt es, daß der Schüler lernen müsse, die lunare Form willentlich zu töten, um sich von seinem Astralkörper zu befreien. Das Wort „willentlich" gibt uns den Schlüssel zu dieser Aussage. Wir dürfen nicht den Astralkörper zerstören, denn täten wir das, so würden wir zu Ungeheuern mit großer mentaler Entwicklung werden, die jedoch keinerlei Mitgefühl hätten. Viele Menschen betrachten Gefühle als große Unannehmlichkeiten für sich selbst, weil sie davon überwältigt werden. Sie müssen jedoch nicht versuchen, diese zu zerstören, sondern sie zu läutern und zu beherrschen. Das muß eine Kraft sein, die wir gebrauchen können, nicht etwas, was uns überwältigt. Wir dürfen unsere Gefühle nicht ertöten, weil wir ohne sie Emotionen bei anderen niemals verstehen könnten. Daher könnten wir niemals Leuten helfen, die so geartet sind. Die Gefühle sind jedoch zu läutern, wobei alles zum Selbst gehörige dabei ausgemerzt werden muß.

Genauso dürfen die Intellektuellen nicht den Intellekt zerstören, sondern sie müssen ihn zügeln und lenken. Es ist wohl wahr, daß der Intellekt genauso wie die Frömmigkeit mit dem Menschen davonlaufen kann. Das wird nicht immer richtig erkannt. Die Betreffenden sagen, der Intellekt selbst sei eine Garantie gegen alles Extreme, jedoch fürchte ich, daß das nicht so ist. Manche Menschen machen eine Art Gott aus ihrem Intellekt und sagen: „Unsere Vernunft ist die einzige Sache, durch die wir uns leiten lassen. Wir müssen immer der Vernunft folgen – bis zum logischen Schluß". Das wäre ganz in Ordnung, wenn all ihre Prämissen am Anfang schon richtig wären. Gewöhnlich sind diese aber bemerkenswert unzureichend. Gewöhnlich betrachten solche Menschen nur die physische Seite des Problems und lassen bei der Betrachtung die weitaus wichtigere verborgene Seite völlig außer acht. Deshalb sind ihre Schlüsse unvermeidlicherweise falsch.

Wir müssen, wie ich schon sagte, ausgeglichen sein; wir haben zu lernen, alle Seiten einer Sache zu sehen. Wir müssen uns darum bemühen, daß wir vermeiden, eine Eigenschaft, egal wie gut auch

immer, in solch einem Übermaß zu entwickeln, daß diese in keinem
Verhältnis mehr zu den anderen Eigenschaften steht, weil häufig
eine höchst bewundernswerte Eigenschaft gefährlich werden kann,
wenn sie so weit ins Extrem getrieben wird. Dem Menschen, der
einen scharfen Intellekt besitzt, kann man zu seiner intellektuellen
Entwicklung nur gratulieren. Je mehr Intellekt er aber entwickelt
hat, desto mehr sollte er darauf achten, daß die andere Seite, jene der
Liebe und des Mitempfindens, nicht vernachlässigt oder vergessen
wird.

Genauso müssen jene, die die Kraft der Liebe und des Mitgefühls
besitzen, darauf sehen, daß sie die intellektuelle Seite ihrer Naturen
so entwickeln, daß sie durch ihr Mitgefühl nicht zu törichten
Handlungen verleitet werden, die keine Hilfe, sondern ein Hindernis
sind. Eine Person, die mit dem eifrigsten Mitgefühl begabt, jedoch
ohne Wissen ist, ist häufig vollkommen hilflos − in der Art, wie so
mancher Mensch angesichts eines traurigen Unfalls, wo ihm das
Wissen eines Arztes fehlt. Viele Menschen, obgleich diese voller
Mitgefühl und begierig darauf sind, Hilfe zu leisten, wissen nicht,
was sie tun sollen. Es ist genauso wahrscheinlich, daß sie, wenn sie
unwissend sind, mit den von ihnen unternommenen Anstrengungen
Schlechtes anstatt Gutes erreichen. Ganz eindeutig besteht eine
Notwendigkeit für Wissen und Gefühl.

Emotionen sind die Antriebskraft in der menschlichen Natur. In
den alten indischen Büchern heißt es, die Emotionen seien die
Pferde, der Verstand jedoch der Lenker. Der Verstand hält die
Zügel, deshalb müssen wir beides entwickeln. Wir müssen die Pferde
haben, weil sie Mittel zum Fortschritt sind, unser Kraftspeicher.
Aber wir müssen ebenso eine vernünftige Lenkung haben, sonst
laufen sie mit uns davon. All das wird uns bei allen okkulten Lehren
fortwährend eingeschärft. Trotzdem kann es nicht oft genug betont
werden, weil die Menschen vergessen. Es gibt immer solche Menschen, die nur die eine Seite entwickeln, bei denen es aber in bezug
auf die andere sehr mangelt. Auf diese Weise könnte selbst eine
fortgeschrittene Person in Leidzustände geraten.

**Jeder Mensch ist für sich selbst bedingungslos der Weg, die
Wahrheit und das Leben. Aber nur dann, wenn er sein ganzes
Einzelwesen fest erfaßt und durch die Kraft seines erweckten
geistigen Willens erkennt, daß diese seine Individualität nicht er
selbst ist, sondern das Ding, welches er mit Schmerzen zu seinem
eigenen Gebrauch geschaffen hat, und mit dessen Hilfe er, indem
sein Wachstum langsam seine geistige Erkenntnis entwickelt, das**

Leben jenseits des individuellen Seins zu erreichen bezweckt. Wenn er weiß, daß sein wunderbar zusammengesetztes Einzelleben nur zu diesem Zweck besteht, dann wahrlich – und nur dann – ist er auf dem Wege.

C. W. L.: Der Weg, der das wahre spirituelle Leben bedeutet, kann nur nach der Erfahrung des Aufbaus der Individualität gefunden werden. Der hier vom Venezianischen Meister gebrauchte Ausdruck – das komplexe Ding, das der Mensch mit viel Mühe und Schmerzen zu seinem eigenen Gebrauch baute – ist auf die Individualität zutreffend und wiederum auf jede Persönlichkeit. Die Individualität selbst wird so von der Monade gebaut, diese wiederum bildet verschiedene Persönlichkeiten – alles zum Gebrauch des Höheren, allein dafür. Der von den Menschen begangene Fehler ist der, daß sie sich mit der niederen Natur identifizieren und dieser gestatten, sie zu der Annahme zu verleiten, sie sei das „Ich", wobei doch in Wirklichkeit das „Ich" die hoch darüberstehende Monade ist, die all diese Bewußtseinsträger gebraucht.

Die ganze menschliche Evolution kann als ein Zurückziehen in sich selbst bezeichnet werden, wobei aber immer Gaben eingebracht werden, niemals geschieht das mit leeren Händen. Dieser Vorgang, bei dem das Erfahrungsergebnis vom Niederen zum Höheren hinaufgereicht wird, findet immer auf allen Ebenen statt. Es gibt viele Arten, wie wir das im alltäglichen Leben tun, nur betrachten wir das nicht in diesem Lichte. Wir wissen z. B., wie man liest. Wir erlangten diese Fähigkeit in dieser Inkarnation, indem wir einen sehr langen Lernprozeß durchmachten. Nun können wir ein Buch zur Hand nehmen und sofort dessen Bedeutung verstehen, ohne daß wir daran denken müssen, daß wir zum Lesen fähig sind. Die Einzelheiten jener Erfahrung haben wir vergessen und es wäre auch ohne Wert für uns, wenn wir uns daran erinnerten. Einige von uns lernten, Musik zu lesen und können sie vom Blatt spielen. Beim Lernen mußten wir aber zunächst sorgfältig auf jede Note blicken und dann auf das Klavier, um sie zu finden. Nun ist die Tatsache, daß wir all diese Mühe auf uns nehmen mußten, vergessen. Wir brauchen uns nicht an all die einzelnen Musikübungsstunden zu erinnern, um zum Spielen imstande zu sein, was der Zweck der ganzen Prozedur war.

Genauso ist es mit der Erinnerung an vergangene Leben. Menschen, die an Reinkarnation glauben, haben oft unterschwellig eine Empfindung von Groll, weil sie sich nicht an das erinnern, weswegen sie jetzt leiden. Das ist selbst dann so, wenn sie bereit sind zuzugeben, daß ihr Leiden das Ergebnis falschen Handelns in der Vergangenheit ist. Vielleicht ist das Gefühl ganz natürlich, hat aber nicht die mindeste Bedeutung. Die Seele weiß Bescheid und hat sich gemerkt, was das böse Resultat hervorbrachte; sie wird alles tun, was sie kann, um die Persönlichkeit zu beeinflussen, so daß verhindert wird, daß derselbe Fehler sich wiederholt.

Die Menschen glauben, es würde ihr Leben vereinfachen, wenn sich die Persönlichkeit an all die vergangenen Reinkarnationen erinnern könnte. In gewisser Weise könnte das so sein, ich glaube aber, daß uns, hätte die Persönlichkeit die volle Erinnerung an unsere vergangenen Leben bevor wir die Adeptschaft erreicht haben, daraus mehr Schaden als Gutes erwachsen würde. Zunächst einmal hätten wir nicht die Fähigkeit, all diese Dinge in Ruhe zu erwägen. Wir würden es als höchst deprimierend empfinden, auf die grausigen Verbrechen zurückzublicken, die wir in den vergangenen Leben verübten. Vor langer Zeit lernte ich, auf meine eigenen Leben zurückzuschauen. Das war aber keineswegs ein Vergnügen. Es gibt gewisse gute Handlungen, einige gute Vorkommnisse in den vergangenen Leben eines jeden und man ist in der Lage, darauf mit einem gewissen Vergnügen zurückzublicken. Wir haben aber festgestellt, daß einem bei der Rückschau auf vergangene Leben sofort all die verpaßten Gelegenheiten, die man nicht erkannte, ins Auge springen und einen sehr betroffen machen. Hier, dort, überall boten sich uns Gelegenheiten, und wir können nichts anderes als erstaunt sein, daß wir nur so wenige davon nutzten. Gewöhnlich war es nicht so, daß wir sie zu ergreifen versäumten, weil wir das nicht wollten. Unsere Absichten waren gut, wenn auch vielleicht ziemlich unentschlossen gut. Hätten wir die Gelegenheit nur erkannt, so hätten wir sie ergriffen. Nun blicken wir zurück und sind entsetzt über unsere Blindheit. Wir sagen: „Hätte ich nur so oder so gehandelt, so hätten sich Resultate daraus ergeben und ich hätte unterdessen schon die Adeptschaft erreicht." Das haben wir aber nicht. Wachsen wir zu jener Stufe empor, so wird die Fähigkeit der Rückschau für uns nützlich sein. Mit der Menge an Intellekt und freiem Willen, wie wir sie jetzt haben, wäre das aber gewiß kein ungetrübtes Vergnügen.

Lassen Sie uns dabei die gegebenen allgemeinen Prinzipien betrachten. Das Schema im Ganzen, von dem wir ein Teil sind, ist beabsichtigt, um die menschliche Evolution zu fördern. Daher kann überhaupt kein Zweifel daran bestehen, daß, wenn es für den Menschen am besten wäre, daß eine Persönlichkeit sich all der vergangenen Leben erinnert, dies gewiß so arrangiert worden wäre. Da das aber nicht der Fall ist, sollten wir zumindest genügend

Vertrauen darauf haben, daß es so, wie es ist, am besten ist. Besitzt ein Mensch die Fähigkeit zur Rückschau, so erlangt er damit auch eine breitere Einsicht und eine ausgeglichenere Betrachtungsweise aller Dinge. Währenddessen ist er so von der Gewißheit der Gerechtigkeit der Methode erfüllt, daß er, wenn er nicht genau erkennt, wie ein Resultat aus seiner Ursache erfolgte, sagen wird: „Nun, ich erkenne nicht den Grund hierfür, aber ich bin sicher, daß ich das alsbald werde." Es käme ihm nicht in den Sinn zu glauben, er sei ungerecht behandelt worden. Die Person, die immer davon redet, sie würde ungerecht behandelt, und die fortgesetzt den hohen Himmel anklagt, er ließe sie im Stich, versteht die Grundlagen der Sache nicht. Wir wissen, das Gesetz ist absolut gerecht und genauso unparteiisch wie das Gravitationsgesetz. Daraus folgt aber nicht, daß wir immer genau zu sagen vermögen, wie es sich auswirkt.

Das Ego merkt sich, wie ich schon sagte, was negative Auswirkungen hervorruft. Gewarnt durch vergangene Erfahrungen versucht es, die Persönlichkeit zu beeinflussen, bevor sie so stark, so bestimmt und entschlossen wird, daß sie sich nicht von der zarten Berührung des dahinterstehenden Egos leiten läßt. Sie glaubt ganz sicher, daß sie auf ihre Art es selbst am besten weiß. Sehr oft nimmt sie die Hilfe von oben nicht an, und so vermag das Ego sie nicht in dem hohen Maße zu beeinflussen, wie es das gerne möchte. Es versucht aber, Kontrolle zu gewinnen. Auf unserem weiteren Weg werden wir das Höhere Selbst mehr und mehr spüren, wie es sich bemüht, die Zügel zu ergreifen. Identifizieren wir uns mit ihm, so werden wir feststellen, daß es dann sehr viel für uns tun kann. Seine Hauptschwierigkeit ist die Tatsache, daß sich die Durchschnittspersönlichkeit mit den niedrigeren Bewußtseinsträgern identifiziert und gegen die Einmischung des Egos ziemlich grollt. Kann die Persönlichkeit jedoch dazu gebracht werden, sich mit dem Ego zu identifizieren, so ist augenblicklich die ganze Schwierigkeit sehr viel geringer.

Wenn zusätzlich dazu eine vollkommene Kontrolle der Astral- und Mentalkörper ausgeübt wird, so kann der Fortschritt in der Tat rasch erfolgen. Normalerweise ist es so, daß, wenn das Ego sich um eine Sache durch seine niedrigeren Vehikel kümmern will, diese darauf bestehen, hundert andere Dinge ins Spiel zu bringen. Es wird von Dingen Bericht gegeben, die vom Ego nicht erwünscht sind. Über den Verstand muß die Kontrolle erlangt werden, so daß dem Ego nur das berichtet wird, was es wissen will. Wenn dann das Ego ein Problem seinem Verstand übergibt und sagt: „Überdenke das und gib mir die gewünschte Information", so gehorcht der beherrschende Verstand vollkommen, während unter ähnlichen Umständen der durchschnittliche Verstand hundert Dinge berichtet, die für das Ego nutzlos sind, weil alle möglichen umherwandernden Gedanken einbrechen und sich behaupten.

Das Verfahren, die Resultate der niederen Arbeit nach oben einzubringen, jedoch nicht die Erfahrung im Detail, findet die ganze Zeit über statt, bis wir die Adeptschaft erlangen. Mit der Entwicklung des Egos ist die erste entschlossene Veränderung, die der Mensch vornimmt, die, mit dem Intellekt, dem Manas, an die buddhische Stufe heranzukommen. Er bleibt dreifach, aber anstatt sich auf den drei Ebenen zu befinden, ist er jetzt auf zweien und zwar mit Atma auf seiner eigenen Ebene, Buddhi auf seiner eigenen Ebene und Manas auf gleicher Stufe mit Buddhi, herangekommen an die Intuition. Dann gibt er den Kausalkörper auf, weil er ihn nicht länger braucht. Wünscht er sich hinabzubegeben und sich wieder auf der Mentalebene zu manifestieren, so muß er einen neuen Kausalkörper bilden, sonst jedoch braucht er keinen.

Ziemlich auf dieselbe Weise werden jene zwei Manifestationen auf der Buddhi-Ebene, d. h. Buddhi und der verherrlichte Intellekt, der Intuition ist, alsbald zur nirvanischen oder atmischen Ebene emporgezogen und der dreifache Geist auf jener Ebene wird vollkommen lebendig. Dann werden die drei Manifestationen zu einer vereinigt sein. Das ist eine Kraft, die in Reichweite des Adepten liegt, weil er die Monade und das Ego vereinigt, so wie der Jünger versucht, das Ego mit der Persönlichkeit zu vereinigen.

Dieses Hinaufziehen des höheren Manas vom Kausalkörper, so daß es sich auf der Buddhi-Ebene Seite an Seite mit Buddhi befindet, ist der Aspekt oder Zustand des Egos, den Mme. Blavatsky das spirituelle Ego nannte. Es ist schwierig, im einzelnen die Vergleiche mit dem Zustand zu ziehen, von dem die christlichen Mystiker schreiben, daß sie ihn erlebt haben. Das ist so, weil sie sich der Sache von einem so völlig anderen Standpunkt aus nähern, aber jener Zustand scheint mit dem von ihnen „spirituelle Erleuchtung" genannten übereinzustimmen, d. h. dem Zustand des Arhat. Das ist die Entfaltung des Christus-Prinzips. Wir sprechen von der Geburt des Christus-Prinzips, wenn sich im Menschen zum erstenmal das buddhische Bewußtsein zu regen beginnt; aber ich glaube, wenn es heißt, der Christus sei voll entfaltet im Menschen, so muß damit dieser Zustand gemeint sein.

Erreichen Menschen erst einmal einige dieser höheren Stufen, so wird der Grad ihrer Entwicklung sehr stark zunehmen. Ich erinnere mich, einst in Indien gefragt worden zu sein, ob eines Menschen Fortschritt sich durch arithmetische Progression messen ließe. Ich

antwortete: „Ich glaube, wenn erst einmal definitiv mit der Entwicklung zum Besseren begonnen wurde, so ist das viel mehr als eine
geometrische Progression." Das wurde ziemlich stark angezweifelt.
Die Inder scheinen der Meinung zu sein, daß das eine extreme
Aussage sei. Deshalb fragte ich Meister Kuthumi, ob man bezüglich
der Entwicklung eines Menschen, der den Pfad betreten hat, von
einer geometrischen Progression sprechen könne. „Nein", sagte er,
„die Behauptung wäre nicht richtig. Hat ein Mensch erst einmal den
Pfad betreten und richtet seine ganze Kraft darauf, so wird seine
Entwicklung weder durch arithmetische noch durch geometrische
Progression zunehmen, sondern in Potenzen." Das würde bedeuten:
nicht im Verhältnis 2, 4, 8, 16 usw., sondern 2, 4, 16, 256 usw. Das
wirft ein ganz anderes Licht auf die Sache und wir beginnen zu sehen,
daß, was vor uns liegt, nicht so unmöglich ist und nicht so mühsam,
wie es manchmal erscheint. Wir haben all die Tausende von Jahren
gebraucht, um unsere gegenwärtige Stufe zu erreichen, und diese
scheint keine so große Errungenschaft zu sein, betrachten wir die
Zeit, die wir dafür benötigten. Ginge unsere zukünftige Entwicklung
genau so langsam vonstatten, so würde der Verstand bei der
Betrachtung der von uns bis zur Erreichung des Ziels benötigten
Äonen entsetzt zurückschrecken. Der Gedanke, daß wir, wenn wir
definitiv auf dem Pfad wandeln, viel rascher Fortschritte machen, ist
ermutigend.

Ich vermute, daß die durchschnittlich gute Person den hundertsten
Teil ihres Verstandes dafür verwendet, sich ein wenig zu bessern.
Viele Menschen tun nicht einmal das. Wir, die wir studieren und
versuchen, gemäß den Grundsätzen des Okkultismus zu leben, sind
weitergegangen und beginnen, einen angemessenen Teil unserer
Zeit der Besserung zu weihen. Würde erst einmal die Stufe erreicht
werden, wo unsere ganze Kraft und alle Gedanken auf diese große
Aufgabe gerichtet werden, so werden wir in gewaltigen Sprüngen
vorankommen, wie weit zurück wir jetzt auch immer liegen mögen.
Weihen wir all unsere Fähigkeiten und Kräfte der zu verrichtenden
Arbeit, so werden wir imstande sein, diese viel vollkommener zu tun
als uns das jetzt überhaupt möglich erscheint.

**Suche den Weg, indem du in die geheimnisvollen leuchtenden
Tiefen deines eigenen innersten Wesens tauchst. Suche ihn, indem
du jegliche Erfahrung prüfst und die Sinne gebrauchst, um das
Wachstum und die Bedeutung des individuellen Seins zu verstehen,
sowie die Schönheit und Unergründlichkeit jener anderen Gottesteile, die neben dir ringen und die menschliche Rasse bilden, zu der**

du gehörst. **Suche ihn durch Vertiefung in die Gesetze des Daseins, in die Gesetze der Natur, in die Gesetze des Übersinnlichen und suche ihn, indem deine Seele sich tief verneigt vor dem umflorten Sterne, der in dir funkelt. Sein Licht wird stetig stärker werden, wenn du auf ihn achtest und ihn verstehst. Dann wisse, daß du den Anfang des Weges gefunden hast. Und wenn du das Ende gefunden hast, wird sein Licht plötzlich das unendliche Licht werden.**

A. B.: In diesem Kommentar betrachten wir wiederum die dreifache Methode, den Weg zu suchen.

Zum Zwecke der Klassifizierung mag eine Einteilung vorgenommen werden, indem man die Naturgesetze als sich auf die Welt der Phänomene, die Welt der Beobachtung erstreckend betrachtet, die Gesetze des Übersinnlichen als jene des höheren Manas und Buddhis sowie die Gesetze des Daseins als jene der wahren Existenz von Nirvana. Mit den Naturgesetzen meinen wir dann die Gesetze, die auf den physischen und astralen Ebenen und den Rupa-Unterebenen von Manas wirken.

Die Gesetze, die über diesen stehen, jedoch unterhalb jenen des „Seins", können als die Gesetze des Übersinnlichen bezeichnet werden. Das schließt sowohl die Arupa-Ebenen von Manas als auch die buddhische Ebene ein. Das ist die Region, wo sich das Leben mehr als formenhaft ausdrückt, wo Materie dem Leben untergeordnet ist, sich jeden Moment verändert. Dort gibt es nichts, um eine definitiv umrissene Wesenheit darzustellen. Die Wesenheit verändert die Form mit jeder gedanklichen Veränderung. Die Materie ist ein Instrument ihres Lebens und kein Ausdruck von ihr. Die Form wird vorübergehend gebildet, sie verändert sich mit jeder Veränderung ihres Lebens. Das trifft für die Arupa-Ebene von Manas zu und in subtiler Weise auch auf die Buddhi-Ebene. Ebenfalls trifft das für das spirituelle Ego zu, das aus Buddhi plus dem manasischen Aspekt des Einen besteht, der nach oben in Buddhi gezogen wurde, als der Kausalkörper abgeworfen wurde. Jener Zustand wird von den christlichen Mystikern als spirituelle Erleuchtung bezeichnet. Das ist die Arhat-Stufe, die Stufe des Christus im Menschen.

Das Wort übersinnlich wird allgemein für etwas gebraucht, das nicht mit der herkömmlichen Erfahrung der Welt erklärt werden kann. Alles, was irregulär oder mit den Naturgesetzen nicht übereinzustimmen scheint, ist so bezeichnet worden – sehr zur Verwirrung nachdenklicher Menschen. In der Welt gibt es eine weitverbreitete Revolte gegen alles Übersinnliche. Die Menschen empfinden, daß es nichts Übersinnliches geben kann, weil es keine Irregularität oder

Unordnung in der Natur gibt, keinen Bereich, wo das Gesetz nicht existiert. Das Gesetz wirkt überall und ist eines. „Wie oben so unten", ist die universelle Wahrheit. Die eine Natur bringt sich auf verschiedene Weise zum Ausdruck, ist aber immer dieselbe. Kommen wir zu dem, was hier als übersinnlich bezeichnet wird, so gelangen wir zu einem Zustand jenseits all dessen, was von den Sinnen berührt werden kann − selbst wenn man den Ausdruck in seiner letzten Bedeutung gebraucht. Wir begeben uns ganz und gar jenseits alles Phänomenalen, in die spirituellen Welten selbst hinein.

Die atmische Ebene dahinter ist Nirvana, der Bereich des Seins, wo alles Wirklichkeit ist, wo das wahre Bewußtsein wohnt. Wir müssen diesen Weg durch das Studium unseres innersten Seins suchen. Erst wenn wir die nirvanische Ebene in höherer Meditation erreichen konnten, können wir einen Hauch vom echten atmischen Bewußtsein spüren, aber es kann danach gesucht werden. Danach zu suchen beginnen wir, indem wir seine Existenz zu erkennen versuchen. Stellen Sie sich das als eine Region vor, wo alles Wirklichkeit ist, wo alle Grenzen und Begrenzungen geschwunden sind, wo die Einheit anerkannt wurde. Versuchen Sie sich das in der Meditation vorzustellen, versuchen Sie, es sich im Geiste vorzustellen. Das können Sie nur durch eine Reihe von Negationen. Sie denken: „Ist es phänomenal? Nein. Ist es intellektueller Art (verstandesmäßig)? Nein." Sie suchen es, indem sie ausschließen, was es nicht ist. Dann sagen Sie: „Es ist kein Ding, das die Sinne wahrnehmen können, es ist nicht, was Intelligenz sich vorstellen kann, es wird selbst durch erleuchtete Intelligenz in ihrem ungeheuren Ausmaß nicht gefunden . . ." usw.

Man kann fragen: „Warum danach suchen, was es nicht ist, wenn Sie einen Hauch des atmischen Bewußtseins spüren können?" Ehrlich gesagt, ist es nicht das atmische Bewußtsein, das Sie im Gehirn haben werden, sondern eine kleine Schwingung vom manasischen Aspekt von Atma, die sich von jeder anderen Schwingung im manasischen Bewußtsein unterscheidet. Schwingungen, die auf höheren Ebenen beginnen, unterscheiden sich von jenen, die auf der manasischen Ebene ihren Anfang nehmen. Erreicht eine Person die höchste Stufe des eigentlichen Pfades − des vierten oder Arhat-Pfades − dann kann sie sich in der Meditation außerhalb des Körpers in Samadhi begeben und das atmische Bewußtsein in Nirvana erreichen.

C. W. L.: Diese doppelte und dreifache Einteilung der Methoden, durch die wir den Weg zu suchen haben und der Gesetze, die mit jenen Methoden übereinstimmen, ist erhellend und ohne Zweifel beabsichtigt. Taucht man in die Tiefen seines innersten Seins, so führt das zum Studium der Gesetze des Daseins, der Gesetze jener Ebene, die jenseits all dessen liegt, was für uns Manifestation ist, d. h. Nirvana. Die höheren Ebenen sind natürlich immer noch Ebenen der Manifestation, und selbst was jenseits von ihnen liegt, ist nicht eigentlich unmanifestiert, sondern erscheint uns auf unserer gegenwärtigen Stufe nur so. Nur durch das Studium der Daseinsgesetze werden wir in der Lage sein, den wahren Zweck des Eintauchens in die Tiefen unseres inneren Daseins zu erfüllen, was bedeutet, sich „vor dem umflorten Stern tief zu verneigen, der in dir funkelt". Wenn wir Atma suchen und nur ihm folgen, so ist das eindeutig eine sehr hohe Entwicklungsstufe.

Das Prüfen aller Erfahrungen entspricht dem Studium der Naturgesetze, d. h. der Gesetze der phänomenalen Welt, jener Gesetze, die auf den physischen, astralen und mentalen Ebenen wirken, in die die Persönlichkeit taucht. Dann müssen wir die Individualität durch das Studium der Gesetze des Übersinnlichen verstehen lernen, womit augenscheinlich die Gesetze jener Welten gemeint sind, in denen sich das Ego als solches bewegt, d. h. die Gesetze der buddhischen Ebene und des höheren Teils der Mentalebene. Natürlich gibt es nichts Übersinnliches, sondern das Wort wird hier offensichtlich in einem gewissermaßen technischen Sinne gebraucht. Auf all den Ebenen ist es das eine Leben, das sich auf verschiedenerlei Weise zum Ausdruck bringt, und es gibt kein Brechen der Naturgesetze und der Naturordnung im ganzen Plan. Wenn wir zu einer Region jenseits von irgend etwas kommen, das von einem unserer physischen, astralen oder mentalen Sinne herrühren könnte, reichen wir nur zu etwas hinauf, das jenseits der Natur ist, die die meisten von uns kennen und wo andere und weitreichendere Gesetze herrschen. Ich glaube, der Chohan gebrauchte das Wort „übersinnlich" in diesem Sinne. Jenseits der Sphäre dieser Sinne gelangen wir in einen Bereich oberhalb des Phänomenalen, zu dem, was die Griechen die noumenale Welt nannten, die die Quelle und Ursache der phänomenalen Welten ist.

Die Bedeutung dieser Passage scheint also zu sein, daß wir die Naturgesetze erfaßt haben werden, wenn wir die Persönlichkeit durch und durch verstehen. Wenn wir versuchen, die Individualität zu verstehen, werden wir mit den „Gesetzen des Übersinnlichen" umgehen, und wenn wir jenseits davon versuchen, Atma zu begreifen, werden wir die „Gesetze des Daseins" studieren.

Die Unterschiede auf diesen Stufen sind groß genug, um eine

solche Einteilung zu rechtfertigen. Auf der physischen Ebene hängt alles in hohem Maße von der betreffenden Form ab. Das trifft auch für die Astral- und niedere Mentalwelt zu. Auf der Stufe des Kausalkörpers — obgleich es nicht ganz zutreffend ist, daß wir dort formlos sind — sind zumindest die Formen unterschiedlicher und direkter. Das Denken des Kausalkörpers ist wie ein Lichtblitz, der direkt zu seinem Objekt schießt, anstatt eine definitive separate Form zu bilden. Es ist einfach ein Ausstoß des Impulses, den der Gedanke gab, geradewegs zum Objekt.

Erheben wir uns darüber ins Buddhische, so erreichen wir einen Zustand, der, wie ich vorher erklärte, sich kaum mit Worten beschreiben läßt. Dort ist das Denken jeder Person ein Pulsieren der ganzen Ebene, so daß jede Person auf jener Stufe in sich das Denken all der anderen entfaltet und davon lernen und dadurch sozusagen „erfahren" kann. Man darf nicht hoffen, daß man das klarmachen könnte, man kann es nur andeuten.

Es ist richtig, daß wir versuchen, jene höheren Zustände zu verstehen. Fast der einzige Weg, auf dem wir das tun können, ist die in den Hindu-Büchern angewandte Methode, die immer eine Negierung ist. Dort wird kein Bewußtseinszustand beschrieben, es werden allmählich nach und nach all jene Dinge ausgeschlossen, die er nicht ist. Danach können wir, wenn wir es bewerkstelligen können, eine Art sublimierter Essenz des Denkens über diese Dinge zu erlangen, und kommen dem, was es wirklich ist, etwas näher.

Die Anhänger Buddhas fragten oft: „Was ist Nirvana?" oder manchmal sagten sie: „Ist Nirvana oder ist es nicht?", d. h. existiert es oder nicht? Bei einer solchen Gelegenheit antwortete Buddha: „Nirvana ist, jenseits allen Zweifels existiert es und trotzdem — wenn ihr mich fragt, ob es sei, kann ich nur sagen, daß es weder ein Zustand des Seins noch des Nichtseins ist in dem Sinne, wie ihr diese Worte versteht." Vielleicht konnte selbst er uns das auf unserer Stufe nicht klarmachen. Auf unsere eigene viel beschränktere Art haben wir dieselbe Art von Erfahrung gemacht. Ich kann bezeugen, daß, wenn man das buddhische Bewußtsein entwickelt und es gebraucht, vieles von dem, was wir uns jetzt nicht klarmachen können, absolut einfach wird. In dem Moment aber, wo man jenen Bewußtseinszustand verläßt, kann man nicht länger ausdrücken, was man verstanden hat. Daß sich das nicht so einfach ausdrücken läßt, zeigt die Tatsache, daß selbst Buddha, der um so vieles größer ist, trotzdem außerstande war, den Zustand mit hier unten verständlichen Worten zu beschreiben — nur durch Negationen.

10
Die Anmerkung zu Regel 20

A. B.: Meister Hilarion fügt der Regel 20 folgende Anmerkung an:

Suche den Weg, indem du alle Erfahrungen prüfst; doch bedenke, daß ich damit nicht sage: „Gib den Verlockungen der Sinne nach, um ihn kennenzulernen." Solange du noch kein Okkultist geworden bist, kannst du dies tun, aber nicht nachher. Wenn du den Pfad gewählt und ihn betreten hast, kannst du diesen Versuchungen nicht ohne Beschämung nachgeben. Doch kannst du sie wägen, beobachten und sie prüfen und mit zuversichtlicher Geduld der Stunde harren, da sie dich nicht länger berühren werden.

In den früheren Stadien der menschlichen Entwicklung ist das Ego nicht genügend entwickelt, um richtig und falsch unterscheiden zu können. In dem Augenblick aber, wo es dazwischen zu unterscheiden gelernt, richtig und falsch als verschieden erkannt hat, beginnt die Moralität. Beginnt der Mensch z. B., den Unterschied zwischen dem Zerstören und Schützen von Leben zu verstehen, so bedeutet das für ihn die Geburt der Moralität auf diesem Gebiet. Die Art der Erfahrung, die ihn jenes Wissen lehrte, wird dann nicht mehr benötigt. Aber obwohl der Mensch jene Erfahrung nicht mehr zu prüfen braucht, gibt es doch manchmal einen Gefühlssturm in ihm, der ihn zu einer falschen Handlung veranlaßt. Dadurch leidet er dann hinterher, weil er erkannte, daß das Nachgeben falsch war. Die Ansicht des Pseudo-Okkultisten, daß ein Mensch Falsches tun dürfe, um dadurch Erfahrungen zu machen, ist niemals gerechtfertigt. Kommt es zu einer Handlung, ohne daß ein Mensch sich deren Falschheit bewußt ist, gewinnt er die nötige Erfahrung. Ist jedoch das Wissen vorhanden, daß die betreffende Handlung falsch ist, so bedeutet jedes Nachgeben einen Fall und heftiges Leiden muß die Folge sein.

Der Zustand, daß dem Druck der Umstände nachgegeben wird, dauert viele Leben lang. Selbst nachdem ein Mensch den Pfad betreten hat, hält der Konflikt mit gefühlsmäßigem Begehren häufig an. Bevor man rasche Fortschritte erzielen kann, gibt es lang

dauernde Konfliktstadien zwischen dem Wunsch, der durch die
Astral- und Mentalkörper wirkt, und dem Wissen, daß die Befriedigung des Wunsches ein Hindernis für das höhere Leben ist. Der
Konflikt während der niedrigeren Etappen dauert lange, und wenn
der Mensch auf eine höhere Stufe übergeht und es dazu kommt, daß
mentale Bilder mit dem Gefühlsbegehren verknüpft werden, werden
die Versuchungen subtiler, denn der Verstand idealisiert die Sinnes-
objekte, läutert gröbere Impulse und präsentiert die Begehren in
ihrem verlockendsten Aspekt. Ein anderer Abschnitt kommt, wenn
sich der Aspirant auf dem eigentlichen Pfad befindet, weil selbst die
große Kraft der alten Versuchungen genügend stark ist, um ihn zu
überfallen. In diesem Zusammenhang können wir die Aussage des
Meisters betrachten, die dem Jünger zeigt, wie er mit den Versuchungen umgehen, wie er sie beobachten und prüfen kann, während
er geduldig auf die Zeit wartet, wo sie nicht länger Eindruck auf ihn
machen.

Hat sich das Bewußtseinszentrum vom Körper des Begehrens
getrennt und wurde auf die manasische Ebene verlegt, ist ein
beträchtlicher Fortschritt erzielt worden. Der Mensch blickt dann
nicht länger auf den Körper des Begehrens als aus sich selbst,
sondern betrachtet diesen als reines Vehikel. Trotzdem können
dessen Schwingungen noch auf ihn einwirken, denn dieser hat ein
Eigenleben. Manchmal ist es so, als wäre das Pferd mit ihm
davongerannt. Das ist das Stadium, von dem in der Kathopanishad
gesprochen wird, wenn der Kutscher die Pferde zügelt und sie ruhig
gehen, jedoch immer noch die Neigung haben, dann und wann
loszustürmen. Der Jünger weiß durch die Gefühlserregung, wenn sie
losgerannt sind. Das ist ein Stadium großer Prüfungen. Die ganze
Natur des Menschen wird durch die Entwürdigung beschämt und
gepeinigt, er kann nicht ohne Leiden nachgeben. In seinem normalen Bewußtseinszustand fesselt ihn das Gefühl, er empfindet die
Versuchungen des Körpers nicht, die in der Tat astral sind. Dennoch
gibt es Zeiten, wo er sie sehr wohl fühlt. Das passiert, weil die alte
Gußform des Begehrens nicht aufgelöst und diese von außen belebt
wurde. Der Kanal ist nicht verschwunden, wenn es mit ihm auch
bergab geht. Es besteht die Gefahr, daß dieser plötzlich von außen
gefüllt wird. Dann ist die Wunschform wiederbelebt worden. Astrale
Einflüsse verursachen dabei Schwingungen, die stark genug sind, das
Bewußtsein des Menschen erneut zu beeinflussen. Sich selbst überlassen, würde er dadurch nicht beeinflußt werden, jedoch kommt er
zu Örtlichkeiten, Zeiten oder Personen, durch die starke Einflüsse
von außen durch ihn wirken und diese alte Form wieder beleben.

Diese Einflüsse muß man als von außen kommend betrachten, nicht als aus sich selbst herrührend, und so sollte der Jünger verstehen, worum es sich dabei handelt. Diese Sache empfindet er mit Scham, Entwürdigung und Schrecken und fragt sich, wie er so fühlen kann. Die Antwort ist, daß es ein Wachstumsstadium gibt, wo von den Gefühlen herrührende Versuchungen erfahren werden, wobei diesen jedoch nicht nachgegeben werden braucht. Der Mensch läßt diese dann unbeachtet. Er sagt: „Ich empfinde euch, ich anerkenne euch, ich wäge euch, aber ich weigere mich, bewegt zu werden." Das ist die Bedeutung des Abschnitts in der Kathopanishad, wo es heißt, der Mensch ist zu einem Punkt gekommen, wo er die Pferde im Zaume halten kann. Er kann das Gefühl unter Kontrolle halten. Das ist die letzte Lektion bezüglich gefühlsmäßiger Versuchungen. Ist das gelernt worden, so ist die Macht der Versuchungen über den Menschen für immer vorbei. Niemals wieder werden sie die Macht haben, ihn zu beeinflussen, das ist der letzte Kampf mit ihnen. Ist dieser vorüber, so ist die Seele entkommen.

Wenn jene Zeit des Kampfes kommt, und das wird bei jedem der Fall sein, nachdem das Bewußtseinszentrum auf die manasische Ebene verlegt wurde, bedeutet es eine immense Hilfe, die eigene Natur zu erkennen und zu wissen, wie man damit umgeht, damit man sagen kann: „Nicht ich bin es, es ist einfach eine von der niederen Natur zu mir ausgesandte Schwingung. Ich weise sie zurück, das ist meine Antwort." In dem Augenblick, wo Sie sie abweisen, vergeht die Schreckensempfindung. Sie weigern sich, ihren Einfluß zu empfinden. Haben Sie das getan, können Sie sich prüfen und sehen, auf welchen Teil Ihrer Natur sie einwirkt. Dann werden Sie geduldig auf die Zeit warten, wo Sie sie nicht mehr fühlen. Sie vertrauen auf das Gesetz, sie setzen sich und warten geduldig. Allmählich wird der Einfluß nicht mehr in der Lage sein, Schwingungen hervorzurufen. Das Gefühl kann Sie dann nicht mehr dazu bringen, darauf zu reagieren. Sie sagen: „Ich kann geduldig auf die Zeit warten, zu der ich diese Sache nicht mehr empfinden werde. Was ich fühlte, ist eine tote, wiederbelebte Form und bald wird diese aufgelöst und verschwunden sein." Es bleibt einem nichts anderes übrig, als so zu warten — vielleicht monate- oder jahrelang. Der Sieg ist gewonnen, wenn Sie das können — die Form ist zerbrochen. Geduldiges Warten versetzt ihr den letzten Schlag, der sie zerstört. Niemals mehr kann sie Sie beeinflussen, es sei denn, Sie wenden dem Ziel den Rücken zu, was aber unmöglich erscheint.

Es gibt noch eine weitere Sache, für die diese Erfahrung wertvoll ist; bevor Sie diese nicht durchgemacht haben, können Sie der

Person, die erliegt, nicht helfen. Sie können keinem menschlichen
Wesen helfen, bevor Sie nicht über ihm stehen. Dennoch − Sie
können niemanden emporheben, bevor Sie nicht verstehen, was er
empfindet. Es gibt ein Stadium, in dem Sie sich selbst in der Gewalt
des Begehrens befinden. Dann können Sie andern nicht helfen, die
sich in denselben Schwierigkeiten befinden. Später entkommen Sie.
Sie weisen das Begehren zurück und erreichen einen Punkt, wo Sie
nicht verstehen können, warum ein anderer Mensch in Versuchung
kommen konnte. Verstehen Sie seine Empfindung nicht, so können
Sie ihm nicht helfen. Sie können ihn auf das Böse hinweisen, jedoch
keine spirituelle Hilfe geben. Sie können Ihre Kraft nicht in ihn
ergießen, wenn Sie außerhalb von ihm sind. Da Sie nicht mit ihm
mitempfinden, fühlen Sie ein Grausen. Bekommen Sie jenes Grausen, so sind Sie nutzlos. Sie können niemals jemandem helfen, von
dem Sie sich abgestoßen fühlen. Es ist besser, ihn allein zu lassen,
wenn Sie so empfinden. Wenn Sie einer Person helfen wollen,
müssen Sie imstande sein, mit ihr mitzuempfinden.

Obgleich Sie mit einer Person mitempfinden können, können Sie
ihr nicht helfen, wenn diese sich mit einer Mauer umgibt. In einem
solchen Fall ist es besser, sich mit ihr für eine Zeitlang nicht zu
befassen, denn von außen gegebene Hilfe ist ohne Nutzen. Es mag
sein, daß Sie aufhören müssen, einer Person auf der physischen
Ebene zu helfen, jedoch brauchen Sie das nicht, was die Hilfe von
innen her anbelangt.

Vom Innern her zu helfen, erfordert mehr Mut als das von außen
zu tun. Es ist weitaus befriedigender, äußerlichen Rat und Hilfe zu
geben, für die niedere Natur ist das viel befriedigender als innere,
unsichtbare Hilfe zu geben.

Eine andere Sache: Wenn Sie einer Person helfen können, lassen
Sie sich nicht von der Meinung irgendeines anderen abhalten, daß
die betreffende Person keine Hilfe verdiene, und auch nicht von der
eigenen Vorstellung der Person, daß Sie ihr nicht helfen. Mme.
Blavatsky wurde manchmal von ihren eigenen Schülern verurteilt.
Rüde Dinge wurden über sie gesagt, aber sie war gut und stark und
wies die Betreffenden nicht zurück, sondern fuhr fort, ihnen vom
Innern her zu helfen, wobei sie die Betreffenden darüber denken
ließ, was sie wollten. Durch Hilfe vom Innern her brechen wir den
Antagonismus. Wenn Sie einen Antagonismus empfunden haben,
geistige Abneigung gegenüber anderen, vielleicht sogar gegen Ihren
eigenen Lehrer, wie Sie es manchmal tun, geben Sie diesen vielleicht
die Schuld. Wo Sie eine Mauer spürten, dachten Sie, es wäre deren
Mauer. Später jedoch erkennen Sie, daß die Mauer eine Täuschung

war, eine Sache, die Sie selbst auf der Mentalebene schufen. Machen
wir diese Phase durch, so haben wir Mauer um Mauer gebaut und
unter der Existenz der Mauern gelitten, bis wir sie niederrissen.

Es gibt noch eine höhere Stufe, die schwierig zu erklären ist. Es
gibt Menschen, die ein Verbindungsglied zwischen den Großen und
der Masse Mensch bilden. Wie es von Jesus hieß, empfinden diese
die Leiden der Menschen und ihre Versuchungen und dennoch sind
sie ohne Sünde. Das ist das Stadium, wo die Person sich in einem
absolut reinen Wunschkörper befindet, aus der alle tote Materie
ausgeschieden wurde und nur die Kraft, Bilder zu spiegeln, beibehal-
ten wurde. Dieser Mensch ist nicht fähig zur Sünde.

Angenommen, solche Personen würden nicht existieren, so gäbe
es kein Verbindungsglied zwischen der Menschheit und den Großen.
Sie stellen ein Verbindungsglied dar und empfinden in ihrer vollkommenen Reinheit selbst die Leiden anderer. Dieses Stadium kommt
unmittelbar vor dem des Meisters, es ist die letzte Arhat-Phase. Ein
Meister kann derartigen Schmerz nicht erleiden, sein Bewußtsein ist
so vollkommen, er kann sich vergangener Erfahrungen ohne Leiden
erinnern. Die Erfahrung ist für ihn eine vollkommene Vorstellung
ohne Schmerz. Aber im fortgeschrittenen Stadium der Stufe davor
wird ihm doch ein Leidempfinden vermittelt, obgleich dieser Mensch
nicht sündigen kann und die Persönlichkeit rein ist.

In esoterischen Büchern wird diese Stufe manchmal mit jener der
Meister durcheinandergebracht und das Leidempfinden wird jenen
zugeschrieben. Im vorherigen Stadium gab es Leiden, wo jene auf
der Arhat-Stufe die Arbeit des Meisters teilen, ohne die Empfindlichkeit gegenüber Schmerz verloren zu haben. Der Meister transzendiert alles Leiden. Die Arhats sind am Bau der „Schutzmauer"
beteiligt, aber sie bauen diese unter Schmerzen. Menschen sind
geneigt, sich an den Meister zu wenden, was nur für höhere Schüler
zutrifft, die sich noch in einem Stadium befinden, wo die Sünde
transzendiert ist, obgleich die Fähigkeit zu leiden noch vorhanden
ist.

Auf der niedrigeren Stufe können wir mit Freunden mitempfinden, bis wir jedes Verschiedenheitsgefühl verlieren. Wir müssen
leiden, wenn wir tiefes Mitempfinden haben. Bevor Ahamkara nicht
transzendiert ist, müssen Mitempfinden und Leiden Hand in Hand
gehen. Kommen wir zu bald aus diesem Stadium heraus, so verlieren
wir unsere Fähigkeit des Mitempfindens. Das ist eine der Versuchungen auf dem Pfad. Große fallen zurück, selbst wenn sie dieses letzte
Stadium erreicht haben, weil sie, wenn sie das Leiden gänzlich
verlieren, auch das Mitempfinden verlieren. Ist das Mitempfinden

nicht vollkommen, so wird die Mauer des Getrenntseins nicht
niedergerissen.

**Aber verurteile nicht den Menschen, der erliegt; strecke deine
Hand nach ihm aus, als einem Bruderpilger, dessen Füße vom
Schlamme schwer geworden sind! Bedenke, o Jünger, daß die Kluft,
wie groß sie zwischen dem Gerechten und dem Sünder auch sein
mag, größer ist zwischen dem Gerechten und dem Menschen, der
Wissen erlangt hat; sie ist unermeßlich zwischen dem Gerechten und
dem Menschen, der auf der Schwelle der Göttlichkeit steht. Darum
sei wachsam, daß du dich nicht zu früh für ein von der Menge
getrenntes Etwas hältst.**

A. B.: Hier wird uns gesagt, wir dürfen nicht den Menschen
verurteilen, der Versuchungen erliegt. Haben Sie die Phase der
Versuchungen durchgemacht, besteht keine Gefahr, daß Sie jemanden verurteilen. Wenn die Versuchungen transzendiert wurden und
Sie denken an die Zeit zurück, als Sie diese noch empfanden, so
werden Sie den erliegenden Menschen nicht verurteilen.
    Der Unterschied zwischen dem lasterhaften und dem tugendhaf-
ten Menschen ist vergleichsweise gering: beide kämpfen in den
früheren Phasen und betrachtet man diese von jeder Seite, so ist der
Unterschied gering. Hat ein Mensch aber Wissen erlangt und die
Bedeutung von Tugend und Laster erkannt, so hat er einen enormen
Schritt getan. Sieht er Tugend und Laster nur als ein Paar von
Gegensätzen, so hat er das Wissen transzendiert; er steht auf der
Schwelle der Göttlichkeit und der Unterschied ist ungeheuer. Wir
werden hier gewarnt, daß für uns, wenn wir uns zu bald als von der
Masse Mensch abseits stehend betrachten, die Versuchung kommen
wird, jene unter uns zu verachten, und dann werden wir fallen. Eine
Person, die die Göttlichkeit erreicht hat, blickt auf niemanden
herab; sie kann mit allen mitempfinden und ist mit dem Niedrigsten
eins.

**Wenn du den Anfang des Weges gefunden hast, wird der Stern
deiner Seele sein Licht zeigen, und bei diesem Lichte wirst du
gewahren, wie groß das Dunkel ist, in dem es leuchtet. Sinn, Herz
und Verstand sind alle finster und umnachtet, bis der erste große
Kampf gewonnen ist. Verliere nicht deinen Mut und werde bei dem
Anblick nicht bange; halte deine Augen fest auf das kleine Licht
gerichtet und es wird wachsen. Aber laß diese innere Finsternis dir**

helfen, die Hilflosigkeit derer zu verstehen, die noch kein Licht gesehen haben, deren Seelen noch in tiefem Dunkel sind.

A. B.: Blicken wir zum atmischen Bereich auf und verehren wir das innere Licht, so werden wir sehen, wie das Licht stärker wird. Sehen Sie das Licht zum erstenmal, so bekommen Sie einen flüchtigen Eindruck des Bewußtseins, durch das Sie die Dunkelheit sehen, in der es brennt. Der Kontrast zeigt es Ihnen. Das Dunkel im Inneren ist es dann, das Sie Ihnen die Hilflosigkeit jener verstehen hilft, die kein Licht geschaut haben. In bezug auf diese ist wahres Mitleid notwendig. Es ist nicht nötig, Leid für Menschen zu empfinden, nachdem sie wissen, daß es Licht gibt. Mitleid brauchen jene, die nicht wissen, daß sie sich im Dunkel befinden, sondern in triviale Dinge verstrickt sind und sich dennoch für weise halten. Ihre Dunkelheit ist so groß, daß sie eigentlich garnicht wissen, was ihnen soviel Leiden verursacht. Sie sind die Menschen, denen die Großen Mitleid senden.

Jene, die gerade ein kleines Licht geschaut haben, machen Fortschritte in Dingen, von denen die Menschen in der Welt keinen Schimmer haben. Wird erst einmal das Licht geschaut, so ist diese Art von Mitleid nicht erwünscht. Wird ein solcher Mensch als leidend gefunden, so wird erkannt, daß er die Mauer schnell niederbricht; und daß er dazu in der Lage ist, ist gut für ihn.

C. W. L.: Beginnen wir, Wissen von der Existenz der Seele zu haben, so erkennen wir eine große Tatsache, über die die riesige Mehrheit der Menschheit nichts weiß. Die meisten Menschen — auch die sogenannten religiösen — haben keine Gewißheit bezüglich der Existenz der Seele. Die meisten von ihnen leben vollkommen für Zwecke dieser Welt. Sie mögen einen theoretischen Glauben an die Unsterblichkeit der Seele haben, aber die Dinge der Welt sind ihnen wichtiger. Nur in vergleichsweise wenigen Fällen ist dieser Glaube der Leitgedanke ihres Lebens.

Damit sich der Stern der Seele zeigt, müssen wir zunächst einmal von der Existenz der Seele überzeugt sein; wir müssen wissen, daß sich die Seele in uns befindet. Haben wir unser Herz an höhere Dinge gehängt, kennen wir gewisse Wahrheiten in uns und kann nichts deren Wirklichkeit für uns erschüttern, so beginnt der Stern sein Licht zu zeigen. Dann ist dort ein schwacher Widerschein von ihm zu finden. Durch diesen schwachen Glanz sehen wir, wie sehr unwissend wir waren und noch sind. Das ist das erste Empfinden, das wir haben, wenn wir etwas mehr Wissen erlangten.

„Die erste große Schlacht" ist der Kampf mit dem Sinnesempfinden. In seinem ständigen Kampfe dagegen hat der Mensch sich gegen seine niedere Natur gewandt und sich durchgesetzt. Kommt der Lichtschein, so sehen wir, wie dunkel der Weg war, wie alle unsere Handlungen und selbst unsere Zuneigung ohne jene Ausrichtung waren, die sie wirklich macht. Das kleine Licht läßt alles hoffnungslos falsch erscheinen und gibt uns ein Gefühl der Hilflosigkeit. Davon dürfen wir uns aber nicht erschrecken lassen.

Tadle sie nicht. Weiche nicht von ihnen zurück, sondern versuche, ein wenig von dem schweren Karma der Welt zu heben; leih deinen Beistand den wenigen starken Händen, welche die Mächte der Finsternis davor zurückhalten, völligen Sieg zu erlangen.

C. W. L.: Wir müssen aufpassen, daß wir diese Passage nicht mißverstehen. Die wenigen starken Hände sind die Große Weiße Bruderschaft. Der Kampf geht weder gegen den Teufel, wie die Christen es nennen, noch dürfen wir an die Schwarzmagier als im Besitz der Kräfte des Bösen befindlich denken. Mit den Mächten der Finsternis ist hier die übermächtige Kraft der Materie gemeint. Bei der Bemühung, diese zu besiegen, wird unsere Hilfe benötigt, auf sie wird gezählt – das ist ein Teil des Plans.

Gegenwärtig gibt es nur ein paar helfende starke Hände, weil aus unserer Menschheit bislang nur sehr wenige Adepten hervorgegangen sind. Der Plan des Logos basiert auf der Vorstellung, daß, sobald es jene gibt, die ihn verstehen, sie damit kooperieren werden. Das geht aus der Tatsache hervor, daß bis zur Mitte der 4. Wurzelrasse, eigentlich sogar ein wenig später als bis zu jener Zeit, all die hohen Ämter im Zusammenhang mit der Evolution der Welt von Wesen eingenommen wurden, die nicht zur Menschheit gehörten. Einige kamen von der Venus zu uns, andere vom Mond. Diese waren hohe Adepten, die eigentlich frei waren, allesamt hätten sie in höhere Reiche übergehen können. Ab der Mitte der Evolution wurde aber von uns erwartet, daß wir unsere eigenen Lehrer hervorbringen, und Gautama Buddha war der erste von ihnen. Es ist eindeutig beabsichtigt, daß wir nicht nur die sehr hohen Beamten stellen – wie die Buddhas und Christusse – sondern daß auch alle von uns auf unseren viel niedrigeren Stufen intelligent zusammenarbeiten und versuchen, die Evolution, so viel wie wir es können, voranzubringen.

Dann trittst du in eine Gemeinschaft der Freude, die zwar schwere Mühe und tiefes Leid, aber auch große und immer mehr wachsende Seligkeit bringt.

A. B.: Das bedeutet, daß wir in Beziehung mit jenen gekommen sind, deren Leben Seligkeit ist. Seite an Seite mit dieser Erfahrung gibt es aber immer noch Traurigkeit, weil wir das Dunkel empfinden, in dem sich Menschen befinden. Sie sind wegen Menschen traurig, weil Sie noch nicht an dem Punkt angelangt sind, wo Sie angesichts des Leides sagen: „Ja, es ist gut". Auf dieser Stufe stellt sich ein subtileres Empfinden bezüglich Freude und Leid ein, das in der niedrigeren Welt nicht existiert. Sie empfinden um so schärfer, bis das Licht vollkommen klar geworden ist, weil das Licht das Dunkel aufzeigt. Durch die Anerkennung des Gesetzes wird sich aber eine zunehmende Freude einstellen. Mehr als das − kein Wesen ist in den Grundtiefen seines Bewußtseins unglücklich, weil alle Teile des göttlichen Lebens sind, das selbst Glück ist. Im Laufe seiner Entwicklung kommt der Schüler mehr und mehr mit diesen Tiefen in Berührung, bis er schließlich erkennt, um die Worte der Gita zu gebrauchen, daß er sich um jene grämte, um die man sich nicht grämen sollte, daß der Weise sich weder um die Lebenden noch um die Toten grämt. Warum sollte man sich um ein Wesen grämen, das im Grunde glücklich ist?

Der Jünger tritt in eine Gemeinschaft der Freude ein. Dieselbe Gemeinschaft bringt aber schwere Mühe und tiefes Leid, weil er von einem Zustand in den anderen pendelt. Er muß lernen, die innere Freude zu empfinden und trotzdem nicht die Berührung mit den niederen Prinzipien anderer zu verlieren, in denen ihr Leid empfunden wird. Er muß dieses ebenfalls empfinden, darf sich davon jedoch nicht überwältigen lassen. Der Pfad ist so schmal wie eine Rasierklinge, aber wir müssen auf ihm völliges Gleichgewicht bewahren, während die Paare der Gegensätze auf uns einwirken. Es ist eine wichtige Funktion des Meisters, unsere Balance aufrechtzuerhalten. Der Schüler schwankt von einer Seite auf die andere. Stellt sich Düsternis ein, so schickt ihm der Guru eine Erinnerung an die Gemeinschaft der Freude. Neigt der Schüler dazu, die vollkommene Berührung mit den Kümmernissen der Welt zu verlieren, so wird für ihn die Erinnerung an den Schmerz kommen.

Für eine lange Zeit unterliegt der Jünger diesen Schwankungen. Wir würden die Vollkommenheit nicht erreichen, hätten wir vorher nicht die verschiedenen Dinge einzeln erfahren, hätten wir nicht

Ausgeglichenheit erreicht. Daß wir eine Lektion zur rechten Zeit lernen müssen, damit wir unsere volle Aufmerksamkeit darauf richten können, ist die Erfahrung der Menschheit. Der auf dem Pfade wandelnde Jünger wird von einer Seite auf die andere geworfen, bis er gelernt hat, das Gleichgewicht zu halten. Manchmal überfällt ihn völlig grundlos eine Düsternis und er findet sich tief im Schatten. Er findet keinen Grund dafür, er weiß nur, daß er dort ist. Das ist eine Düsternis, die er nicht abzuschütteln vermag. Hat er diese Lektion gelernt, so wird er das ruhig und geduldig hinnehmen und nicht versuchen, dem zu entkommen. Er wird dann Mitempfinden und Geduld lernen sowie andere Lektionen, die nur in der Düsternis und nicht im Licht gelernt werden können. Ist er zu einer solchen Geisteshaltung gelangt, so ist die Zeit der Düsternis keine so unwillkommene Sache, weil alle Sorgen und jeder Kummer daraus geschwunden sind. Wir sollten die Lektion hinnehmen und ohne Leid lernen. Die Menschen leiden nicht so sehr an der Düsternis als an Vorstellungen. Wie ein Kind, das vor dem Dunkel Angst hat, erfüllen wir die Dunkelheit der Seele mit Schreckgestalten. Das Dunkel ist einfach dunkel und nichts weiter. Es beinhaltet nichts weiter als Lektionen, die es uns lehren soll. All die Phantome werden rechtzeitig verschwinden. Niemals kann uns die Dunkelheit vernichten. Zunächst lähmt sie uns mit Angst, schließlich aber lernen wir ihre Lektionen.

Bei der letzten Initiation, jener des Meisters, wird Atma als klares Licht geschaut, als ein Stern. Breitet sich das Licht beim letzten Zusammenbrechen der Mauer aus, so wird es zum unendlichen Licht. Davor kann der Arhat in meditativer Verfassung den zugrundeliegenden Frieden Atmas fühlen, ständig kehrt er aber zum Schmerz zurück. Erhebt sich ein Mensch jedoch mit vollem Bewußtsein auf die atmische Ebene und das buddhische Bewußtsein verschmilzt damit, so wird nur ein Licht geschaut. Das ist in der „Stimme der Stille" so wunderschön ausgedrückt worden: „Die Drei, die in Herrlichkeit und unvergänglicher Seligkeit thronen, haben jetzt in der Scheinwelt ihre Namen verloren. Sie sind zu einem einzigen Stern geworden, zum Feuer, das brennt und doch nicht sengt, zu jenem Feuer, welches die tragende Grundlage der Flamme ist."

Während sich der Mensch im Kausalkörper befand, sah er die heiligen Drei getrennt; nun aber schaut er sie als die drei Aspekte des dreifachen Atmas. Buddhi und Manas, die im buddhischen Bewußtsein der vorausgegangenen Stufe „Zwillinge auf einer Ebene" waren, sind nun eins mit Atma, dem Stern, der droben brennt, dem Feuer, das das Vehikel der monadischen Flamme ist. Dann sagt der

Lehrer: „Wo ist deine Individualität, Lanoo, wo der Lanoo selbst? Er ist ein Funke, verloren im Feuer, der Tropfen im Ozean, der allgegenwärtige Strahl wird das All und die ewige Ausstrahlung". Er, der ein Jünger war, ist jetzt ein Meister. Er steht im Zentrum und das dreifache Leben strahlt von ihm aus.

C. W. L.: Sie treten in eine Gemeinschaft der Freude ein, jedoch bringt das auch schreckliche Mühe und tiefe Traurigkeit mit sich, heißt es in der Anmerkung des Meisters. Das alles ist wahr, aber ebenso wahr ist, daß die ständig wachsende Freude die Traurigkeit aufwiegt.

Jeder Schüler, der seine Fähigkeiten voll entwickelt hat, ist hypothetisch ein mitfühlender Mensch. Aufgrund all des Schmerzes und des Leids, das er sieht, muß er eine Zeit der Traurigkeit, ja sogar der Verzweiflung durchmachen. Weil die Menschen in der Entwicklung zurückliegen und noch nicht vernünftig sind, tritt viel mehr an Leid, Schmerz, Zorn, Haß, Eifersucht, Neid und ähnlichem zutage als an hohen Tugenden, so daß es zu einem Übergewicht unerfreulicher Schwingungen seitens der Menschheit kommt. Das zeigt sich in der Astralwelt, so daß jedermann, der astral vollkommen entwickelt ist, gleichzeitig die Sorgen und Nöte der Welt gewahr wird – gewahr nur in vager Art, aber für ihn ist das wie ein auf ihm lastendes Gewicht ständig gegenwärtig. Ständig üben auch individuelle, sich in seiner Nachbarschaft ereignende Fälle von Schmerz und Leid einen starken Druck auf ihn aus. Zusätzlich beeinflußt jede Katastrophe, die für eine große Anzahl von Menschen mit sehr viel Schmerz verbunden ist, deutlich die astrale Atmosphäre der Welt.

Der Schüler muß lernen, das hinzunehmen, ohne davon niedergedrückt zu werden. Das dauert eine beträchtliche Zeit. Allmählich lernt er, tiefer zu blicken. Mit der Zeit beginnt er zu erkennen, daß all dieses Leid unter den von den Menschen selbst geschaffenen Umständen notwendig ist. Das sich einstellende Leid ist wegen ihrer großen Sorglosigkeit, Unachtsamkeit und Laxheit eine Notwendigkeit. Wären die Menschen ein wenig achtsamer gewesen, so wäre sehr viel Leid zu vermeiden gewesen. Ich erwähnte bereits, daß das durch Karma aus vergangenen Leben herrührende tatsächliche Leid ein Zehntel dessen ausmacht, womit wir es zu tun haben. Die anderen neun Zehntel sind die Folge unseres Fehlverhaltens hier und jetzt, in diesem Leben. In diesem Sinne gibt es ungeheure Mengen von völlig unnötigem Leid. Die andere Seite der Münze ist jedoch die, daß über die Menschen, während sie fortfahren, sich falsch zu

verhalten, indem sie töricht denken und handeln, unter dem ewigen
Gesetz das Leid kommen muß. Auf indirekte Weise ist das eindeutig
gut für sie, weil ihnen daraus ein Empfinden ihrer Torheit erwächst.
Was zum Bedauern Grund gibt, ist die Tatsache, daß die Menschen
so viele Erinnerungen brauchen, sie vermögen nicht den Hinweis
sofort anzunehmen und ihr Verhalten zu ändern. Wäre das möglich,
so würde ihnen viel Leid erspart bleiben.

Uns, die wir uns mit der Sache beschäftigt haben, erscheint das so
einleuchtend. Deshalb hege ich die Hoffnung − wie ich glaube, eine
berechtigte Hoffnung − daß das Leid der Welt sehr schnell abneh-
men wird, sobald nur noch eine geringe Minderheit der herkömmlichen Lebensanschauung anhängt. Die Menschen werden zu der
Einsicht kommen, daß sie sich ihre Schwierigkeiten selbst schaffen.
Im Laufe der Zeit werden sie rein vom Standpunkt der schlichten
Vernunft aus von allem Nichtwünschenswerten Abstand nehmen.

11
Regel 21

21. Erwarte das Erblühen der Blume in der Stille, die dem Sturme folgt, nicht vorher.

Während der Sturm andauert, während der Kampf tobt, wird sie wachsen, wird emporschießen, wird Zweige und Blätter treiben und Knospen bilden. Aber erst, wenn die ganze Persönlichkeit des Menschen aufgelöst und zerschmolzen ist — erst wenn sie von dem Gottesteil, der sie erschaffen hat, nur mehr als ein Werkzeug zu wichtigen Versuchen und Erfahrungen betrachtet wird — erst wenn die ganze Natur sich ergeben hat und ihrem höheren Selbst gehorsam geworden ist, kann sich die Blüte öffnen. Dann wird eine Ruhe eintreten, wie sie in den Tropfen einem schweren Regen folgt, in der die Natur so schnell am Werke ist, daß man ihr Wirken sehen kann. Solch eine Ruhe wird über den gequälten Geist kommen. Und in diesem tiefen Schweigen wird das geheimnisvolle Ereignis eintreten, welches beweisen wird, daß der Weg gefunden worden ist. Nenne es mit welchem Namen du willst — es ist eine Stimme, die da spricht, wo niemand sprechen kann, es ist ein Bote, der da kommt, ein Bote sonder Form noch Stoff, es ist die Blüte der Seele, die sich geöffnet hat. Durch kein Gleichnis kann es beschrieben werden, aber man kann es fühlen, es suchen und erwünschen selbst im Wüten des Sturmes.

C. W. L.: Das Erblühen der Blume ist die Entwicklung, die Entfaltung der Seele. Die schlimmste Eigenschaft des Kummers und des Leids hier unten ist das Gefühl, daß man hilflos ist. Menschen verwickeln sich in alle Arten von Kämpfen. In vielen Fällen glauben sie, sie seien zum Scheitern prädestiniert. Sie sagen: „Ich habe von gewissen Leuten gehört, die rasche Fortschritte erzielen — aber für mich gibt es keine Chance." Sie hegen diesbezüglich keine Hoffnung, weil sie nicht wissen. Hat sich die Seele einmal entfaltet, so können wir, wie wir wissen, niemals wieder dieses Gefühl haben. Wir werden immer noch kämpfen und Sorgen und Schwierigkeiten haben, aber wir wissen mit Bestimmtheit, daß wir als Seelen unbesiegbar sind.

Wie hier gesagt wird, wächst die Seele in der Stille und in der Ruhe. Die Menschen erzählen uns, und oft betonen sie, wie ich glaube, die Sache ungebührlich, die Seele wachse durch Leiden. So ausgedrückt, ist die Aussage nicht ganz korrekt. Durch das Fehlermachen und -korrigieren lernt die Seele zu wachsen, und als Ergebnis der Fehler stellt sich beständig Leid ein. Wie ich aber vorher erklärte, findet das Wachsen nicht während des Leidens statt, sondern hinterher. Nach einer chirurgischen Operation mag es einer Person viel besser gehen. Die Besserung tritt jedoch nicht ein, während die Operation stattfindet. Auf diese Weise wachsen Menschen, die sich mit allen möglichen schrecklichen Schwierigkeiten im Kampfe befinden, nicht, sondern sie können auf die Art, wie sie diesen Schwierigkeiten begegnen, wachsen lernen, nachdem sie diese überwunden haben. In der Stille, die auf den Sturm folgt, wächst die Blume. Es ist möglich, daß Pflanzen Kraft in sich entwickeln, indem sie einen Sturm erleben. Wachstum kann sich aber nur dann einstellen, wenn der Sturm vorüber ist. Wir müssen den Tumult der Schlacht durchleben, bevor wir die große Belohnung in Form des Sieges erlangen können, die wahre Entfaltung der Seele, die eine ruhige Gewißheit mit sich bringt, die nichts jemals wieder erschüttern kann.

Die ganze Welt schreit sozusagen nach Gewißheit bezüglich höherer Dinge. So eifrig sind die Leute, daß irgendein Scharlatan, der vorgibt, unmittelbares Wissen zu besitzen, sofort einer Gefolgschaft sicher ist. Ein Lehrer, der es ernst meint, sammelt immer Leute um sich herum, weil die Religionen der Welt kläglich versagt haben, eine wahre Befriedigung zu geben. Der Schwachpunkt der meisten religiösen Lehren in bezug auf all diese Themen ist der, daß nicht erklärt wird. Es wird einfach nur das Gesetz dargelegt, ein vollkommen gutes Gesetz − z. B. „Du sollst nicht töten" − aber es wird nicht im Detail erklärt, warum all diese Dinge falsch sind. Was z. B. Zorn und schlechte Gedanken anbelangt, wird nichts hinsichtlich diesbezüglichen Falschmachens gelehrt, solange sich das nicht entweder in Rede oder Handlungen niederschlägt. Dennoch sprach Christus über solche Dinge in einer Form, die einfach genug ist. Mit Nachdruck erklärte Er bezüglich des 7. Gebotes, daß ein Mensch, der in falscher Weise ein Weib anschaut, bereits in seinem Herzen die Sünde begangen habe. Es gibt aber keinen Bericht darüber, daß Er Erklärungen dazu gegeben hätte, wie die Gedankenform wirkt, wodurch seine Lehre zu diesem Punkt weitaus verständlicher geworden wäre.

Der erste Schritt in Richtung Erlangung klarer Gewißheit über spirituelle oder über-spirituelle Wahrheit ist jener, der in der Tat der erste Schritt bei allem okkulten Vorankommen ist: die Erlangung der Herrschaft über die Persönlichkeit. Haben wir sie erreicht, so stellt sich sofort Frieden ein und wir merken dann, daß wir inmitten einer friedlichen Atmosphäre gelebt haben und das nicht wußten, weil wir selbst einen kleinen Sturm um uns herumerzeugten. Für uns war der Friede nicht vorhanden, obgleich einige unserer Nachbarn die ganze Zeit über vielleicht im Frieden gelebt haben. Wurde diese Fähigkeit der Seele, diese Gewißheit erlangt, so scheint nichts mehr dasselbe wie vorher zu sein, weil wir dann nicht länger Hoffnungslosigkeit zu empfinden vermögen. Das, was wir bloß glauben, kann uns in einer kritischen Zeit im Stich lassen, weil die Glaubensbasis, die einen Menschen zu einer Zeit befriedigt, das zu einer anderen Zeit, wo er sich vielleicht einem ungeheuren Druck ausgesetzt sieht, nicht tut. Diese Gewißheit aber befriedigt allezeit. Haben wir einmal selbst gesehen und gewußt, so können wir, obwohl dieser Gedanke und diese Schau und das Wissen von uns abfallen mögen und wir nicht länger in der Lage sein können, uns daran festzuhalten, immer sagen: „Ich habe gesehen, ich habe gewußt. Im Augenblick kann ich gerade nicht sehen oder wissen, aber ich habe gesehen, ich habe gewußt", und diese Sicherheit hilft uns durch die Schwierigkeit hindurch.

Es ist wirklich so – haben wir diese deutliche Erfahrung gemacht, so fällt es uns sehr schwer, uns in den Zustand zurückzudenken, in dem wir uns vorher befanden. Das hat ein verändertes Verhalten unsererseits gegenüber allem in der Welt zur Folge. Vorkommnisse, die vorher von großer Wichtigkeit zu sein schienen, werden als weitaus weniger bedeutend erkannt. Jetzt, wo wir die große innere Wahrheit des Lebens kennen, nimmt das äußere Leben, das nicht von Bedeutung ist, seinen richtigen Platz ein. Dennoch dürfen wir nicht vergessen, daß die meisten Menschen, denen wir begegnen, sich immer noch dort befinden, wo wir waren, bevor wir diese Bewußtseinserweiterung erlebten. Manchmal ist es ein wenig schwer, es nicht an Mitempfinden mit ihnen mangeln zu lassen, weil sie Irrlichtern hinterherlaufen. Wir vergessen, daß wir bis gestern dasselbe taten.

Die Stille mag nur einen Augenblick dauern oder tausend Jahre währen, aber sie wird enden. Doch wirst du ihre Kraft mit dir tragen.

Wieder und wieder muß der Kampf ausgefochten und gewonnen werden. Nur eine Pause lang kann die Natur stille sein.

Das tatsächliche Geschehen der vollkommenen Entfaltung kann an jedem Punkt der menschlichen Laufbahn stattfinden. D. h.: Ist für die Seele die Zeit herangekommen, sich zu entfalten, so kann sie das tun, egal, ob sie einen physischen Körper hat zu der betreffenden Zeit oder nicht. Hier auf der physischen Ebene dauert die Stille nur einen Moment oder nur eine sehr kurze Zeit, aber diese könnte, wenn sich der Mensch in der Himmelswelt befände, genausogut Tausende von Jahren dauern. Bei jedem wird das zu einer bestimmten Zeit der Fall sein und einmal gewonnen, kann das nie mehr verlorengehen. Trotzdem kann die Natur nur für einen Moment stille sein, weil die Entwicklung unentwegt ihren Lauf nimmt. Stillstand bedeutet, sich nicht zu entwickeln. Es ist gesagt worden, daß im Okkultismus niemand stillsteht, daß er entweder Rückschritte oder Fortschritte macht. Ich weiß nicht, ob das tatsächlich so ist, aber es ist ganz gewiß, daß er, wenn er nicht vorankommt, sich prüfen und herauszufinden versuchen sollte, warum das so ist. Ein unentwegtes, ständiges Vorankommen sollte gegeben sein.

Nun kommen wir zu Meister Hilarions Anmerkung zu Regel 21:

Das Öffnen der Blüte ist der erhabene Augenblick, in dem die Erkenntnis erwacht; mit ihr kommt Vertrauen, Wissen und Gewißheit. Die Ruhepause der Seele ist der Augenblick des Wunders, und der folgende Augenblick der Befriedigung, das ist das Schweigen.

Das Öffnen der Blüte ist ein allmählicher Vorgang. Sogar während die Knospe noch fest geschlossen ist, schwillt sie ständig an unter dem Einfluß der Sonne und des Regens und aufgrund der vielfältigen Einflüsse, die auf sie einwirken. Das tatsächliche Aufbrechen der Knospe geschieht verhältnismäßig plötzlich, das Wachsen geht jedoch allmählich vonstatten. Vorher war das Wachsen im Gange und hinterher wird es weitergehen. Um eine andere Analogie zu gebrauchen: Das Wachsen des Kükens fand zunächst im Ei statt und wird später, nach dem Zerbrechen der Eischale, fortgesetzt. Es gibt einen bestimmten Punkt, an dem die Eischale zerbrochen ist. Das ist für uns der dramatische Moment, obwohl er eigentlich nur Teil des ständigen Wachsens ist. Genauso ist es mit dem Wachsen der Seele.

Diese Passage bezieht sich auch auf eine bestimmte Phase im Leben des Jüngers. Sie beschreibt die Empfindung des Menschen, wenn ihm die erste große Wahrheit der Initiation dargelegt wird. Die

Menschen neigen dazu, zu glauben, daß die bei der Initiation
gelehrten Dinge viele und unterschiedliche sind. Ich verstoße gegen
kein Gelöbnis, wenn ich sage, daß die großen Wahrheiten nicht alle
zur selben Zeit übermittelt werden. Auf jeder Stufe wird eine
einzelne Tatsache enthüllt – eine Tatsache, die für den Menschen
das Gesicht der Erde ändert, genauso wie das Wissen um Reinkarnation und Karma unser Leben verändert hat. Man würde erwarten,
daß es für den Eingeweihten, dem eine neue Tatsache dargelegt
wurde, notwendig sei, in diese hineinzuwachsen und diese zu erpro-
ben. Das ist nicht so. In dem Moment, wo der Mensch die Wahrheit
weiß, erkennt er diese sofort als wahr, er braucht keinen Beweis.
Dann kommt der Augenblick der Verwunderung. Er ist erstaunt
über ihre Schönheit und Vollkommenheit. Später erst sieht er, daß
das nicht alles ist. Später befinden sich durch den Weitblick mehr
Dinge in Sichtweite, für den Moment jedoch ist es Vollkommenheit.
Der Mensch wundert sich auch darüber, daß das, was doch so
offensichtlich ist, vorher seiner Aufmerksamkeit entging. Dann
kommt der Augenblick der Befriedigung, der das Schweigen ist.

**Wisse, oh Jünger, daß jene, die durch das Schweigen gegangen
sind, die seinen Frieden gefühlt und seine Kraft erhalten haben, sich
danach sehnen, daß auch du hindurchgehen mögest.**

Gewiß tun sie das, weil jene, die die Fähigkeiten der Seele entfaltet
haben, das ganze System kennen und es in Aktion ganz vor sich
haben. Weil sie es sehen, sehnen sie sich danach, daß jeder es sehen
möge. Sie erkennen, daß Teil des Plans ist, daß wir alle mithelfen.
Deshalb wünschen sie, daß jeder so bald wie möglich zu der
Erkenntnis gebracht werden sollte, daß es seine Pflicht ist, mitzuhel-
fen, daß das die wahre Arbeit der Welt ist. Wir alle haben Nebenar-
beiten zu verrichten. Wir müssen auf der physischen Bühne der Welt
unsere Rolle spielen und diese Rolle haben wir so gut, so edel wie wir
können zu spielen, egal, worum es sich dabei handeln mag. Das
einzige, worum es dabei geht, ist, daß wir die Rolle gut spielen.
Bedenken müssen wir aber, daß dahinter das wahre Seelenleben
liegt und das ist das Wichtigste dabei.
Wir leben in einer Atmosphäre, wo die Mittel als Zweck betrachtet werden. Das meiste in unserer Erziehung beruht auf dieser
Vorstellung. Zum Beispiel wird Menschen Geometrie und Mathematik gelehrt, jedoch wird ihnen niemals gezeigt, daß das zum
Verständnis dessen führt, wie der große Architekt sein Universum
konstruiert hat. Solange wir Geometrie und Mathematik als Selbst-

zweck betrachten, führen sie zu nichts Besonderem. Verfolgen wir
sie jedoch so wie die Alten, die sie erfanden, so werden wir
feststellen, daß sie von großem Nutzen sind. Pythagoras lehrte den
Wert der Zahlen und der Geometrie, aber er lehrte dies die Physikoi,
d. h. jene, die die Geheimnisse des Lebens studierten. Sie beschäftigten sich damit, um das Leben besser zu verstehen. Unter diesem
Gesichtspunkt sollten wir alle Dinge studieren, nicht bloß um
materielle und kommerzielle Kalkulationen anzustellen.

**Darum wird der Jünger, wenn er fähig ist, in die Halle des Lernens
einzutreten, dort immer seinen Meister finden.**

Bezüglich der Worte „Halle des Lernens" hat es eine Menge
Mißverständnisse gegeben. Diese Worte werden auch in der
„Stimme der Stille" gebraucht. Die drei dort erwähnten Hallen
sollten in mehr als einer Bedeutung verstanden werden, wie ich
bereits erklärte.
Mabel Collins, die „Licht auf den Pfad" niederschrieb, faßt die
Halle des Lernens in sehr wörtlicher Bedeutung als ein tatsächliches
Gebäude auf. Sie spricht davon, astral dieses Gebäude betreten und
einige dieser Lebensregeln dort, in goldenen Lettern an die Wand
geschrieben, gesehen zu haben. Sie mag bezüglich dieser Aussage
vollkommen recht haben. Diese Erfahrung kann zu der bestimmten
Methode gehören, wie sie gelehrt wurde. Jene, die sie lehrten,
mögen einen solchen Tempel gehabt haben. Ich weiß nicht, ob das so
ist. Ich kann nur sagen, daß ich das niemals gesehen habe. Es ist aber
ziemlich offensichtlich, daß das, was hier über die Halle des Lernens
gesagt wird, sich eindeutig auf die Astralebene bezieht, wo der
Aspirant zunächst die meisten seiner Lektionen lernt. Wenige
Menschen haben bis jetzt den Astralkörper vollkommen entwickelt.
Die meisten sind noch dabei zu lernen, wie man ihn gebraucht.
Daher wird eine große Menge Arbeit auf jener Stufe getan. Genauso
allmählich entwickeln die Menschen den Mentalkörper, sind aber
selbst nach dem Tod noch nicht in der Lage, diesen als Vehikel zu
gebrauchen. Jeder, der die Fähigkeiten des Mentalkörpers entwikkelt hat, kann auf tote Menschen blicken, findet jeden von diesen, in
der Schale seiner eigenen Gedanken eingeschlossen, vor mit gewissen Durchlässen in dieser Schale − aber nur sehr wenigen und nur in
sehr begrenztem Maße. In jener Schale lebt der Tote und überhaupt
nicht in der Mentalwelt. Deshalb ist er vollkommen glücklich mit
seinen sehr begrenzten Vorstellungen. Zweifellos wäre seine Fähigkeit zur Seligkeit weitaus größer, wenn er die ganze Mentalebene zu

seiner Verfügung und die Fähigkeiten entwickelt hätte, dort vollkommen zu funktionieren. So befindet er sich inmitten von allem;
aufgrund seiner Eingeschränktheit kann er aber nur mit einer
kleinen Menge dessen in Berührung kommen, was er sonst erlangen
könnte.

Wenige Menschen haben den Mentalkörper bis zu einem Punkt
entwickelt, wo er als Vehikel zu gebrauchen ist. Meisterschüler
werden rechtzeitig gelehrt, in ihren Mentalkörpern zu reisen und das
zu bilden, was Mayavi-Rupa genannt wird, wenn sie auf der Astralebene wirken wollen. Jemand der gelernt hat, wie das zu tun ist, läßt
seinen Astral- und physischen Körper auf dem Bett zurück. Wünscht
er auf der Astralebene zu arbeiten, so materialisiert er vorübergehend einen Astralkörper zu diesem Zweck und läßt diesen sich
wieder auflösen, sobald die Notwendigkeit dafür vorüber ist. Der
Meister lehrt den Schüler zuerst, wie das gemacht wird, und danach
kann er das selbst tun, wie ich in „Der Meister und der Pfad" erklärt
habe.

Die Versicherung, daß der Jünger seinen Meister in der Halle des
Lernens finden wird, scheint in klarem Widerspruch zu den in der
„Stimme der Stille" gegebenen Richtlinien „Suche nicht nach dem
Guru in jenen mayavischen Bereichen" zu stehen. Die zwei Passagen
sind vollkommen miteinander zu vereinbaren, wenn man versteht,
was jede davon bedeutet. Hier ist die Bedeutung die, daß der Mensch
in der Astralwelt immer jemanden finden wird, der für ihn den
Meister darstellt. Der Meister selbst kümmert sich wahrscheinlich
nur bei besonderen Gelegenheiten um ihn. Auf der Astralebene wird
er im allgemeinen unter der Anleitung eines der älteren Schüler des
Meisters arbeiten.

Die Aussage in der „Stimme der Stille" ist bloß eine Warnung für
uns, nicht irgendeine zufällige astrale Wesenheit als Führer zu
akzeptieren, ohne genau zu wissen, wer sie ist, denn es gibt Scharen
von astralen Wesen verschiedenster Art, die bereit sind, sich selbst
höchst löblich zu Lehrern zu ernennen; sie werden nicht im mindesten von der Tatsache abgeschreckt, daß sie häufig viel weniger als
die Leute wissen, die sie zu lehren beabsichtigten.

**Jenen, die da bitten, soll gegeben werden. Obgleich aber der
gewöhnliche Mensch fortwährend bittet, wird seine Stimme nicht
gehört. Denn er bittet nur mit seinem Verstand und die Stimme des
Verstandes wird nur auf der Ebene gehört, auf welcher der Verstand
tätig ist. Darum sage ich: Nicht bevor die ersten einundzwanzig
Regeln beherrscht sind, werden jene, die da bitten, erhalten.**

Der erste Satz aus obiger Passage erinnert an einen sehr ähnlichen in den Evangelien, wo der Christus sagt: „Bitte und dir wird gegeben, suchet und ihr werdet finden, klopfet an und euch wird aufgetan" (Matt. 7.7). Im allgemeinen wird das von den Menschen so verstanden, daß ihre Gebete beantwortet werden und daß ihnen aufgetan wird, wenn sie an die Himmelstüre klopfen. Sie haben die vage Vorstellung, daß ihnen, wenn sie versuchen die Erlösung zu erlangen, diese gewährt werde. In dieser Passage wird ein höherer Standpunkt vertreten, und das bezieht sich ganz eindeutig auf die Wahrheit und die okkulte Entwicklung. Er wendet sich nicht an den gewöhnlichen Menschen, sondern an den Schüler, der, wenn die ersten einundzwanzig Regeln angenommen wurden, die erste Initiation erreicht hat.

Der Mensch, der nur mit seinem Verstande fragt, bemüht sich, okkultes Wissen zu erlangen, indem er versucht, in die Mysterien des Lebens und der Natur bloß mit seinen mentalen Kräften hineinzugelangen. Der Meister sagt ganz klar, daß das nicht genug ist. Der Mensch wird seine Antwort erhalten, aber nur auf der Stufe, auf der der Verstand wirkt, d. h., er wird nur eine intellektuelle Konzeption von gewissen Dingen erlangen. Das ist immer noch eine sehr schöne Sache für einen Menschen, die man keinesfalls verachten sollte. Der Mensch, der durch das Studium der Theosophie eine feste intellektuelle Vorstellung von seiner Lehre erhält, hat außerordentlich gut daran getan. Er betrachtet diese dann als wahr, weil sie die Anforderungen seines Intellekts befriedigt. Das ist bereits ein wertvolles Ergebnis, aber es ist nicht tatsächliches Wissen, es ist überhaupt nicht dasselbe wie eine absolute Gewißheit, die aus auf der Intuitionsebene erlangtem Wissen herrührt. Der Okkultist betrachtet nur letzteres Wissen als Zeichen für echten, wichtigen Fortschritt.

Man kann keinen zu scharfen Intellekt haben, davon können wir einmal ausgehen. Es ist richtig, daß wir uns anstrengen, um unser Wissen zu vermehren, unseren Intellekt zu entwickeln, indem wir etwas Bestimmtes tun. Wie ich bereits erklärte, läßt sich kein großer Fortschritt erzielen, bevor es nicht sowohl eine mentale als auch eine astrale Entwicklung gab. In einigen Fällen kann derjenige, der eine intellektuelle Vorstellung des theosophischen Systems erlangt, beträchtliche Gefahr laufen, seinen Intellekt ungebührlich zu verherrlichen. Er mag der Versuchung unterliegen, zu kritisieren, zu meinen, er hätte das Universum viel besser planen können als es gegenwärtig arrangiert ist. Der Mensch, der das tut, gebraucht seinen Intellekt vollkommen falsch und schadet sich selbst. Viel besser wäre es für ihn, wenn er in der Lage wäre, tiefere und

schärfere Empfindungen zu entwickeln. Kann der Mensch jedoch
gleichzeitig mit seiner intellektuellen Entwicklung Demut beibehal-
ten, kann er, während er soviel wie er nur vermag vom System
begreift, in sich und außerhalb von sich davon Abstand nehmen,
darüber zu richten, dann wird aus seiner Entwicklung nur Gutes
erwachsen.

Immer werden wir gelehrt, daß wir unserem eigenen Gewissen
folgen müssen. Die Anweisungen des Gewissens kommen von oben
und repräsentieren gewöhnlich das Wissen des Egos in bezug auf die
betreffende Sache. Aber auch das Ego ist bislang nur teilweise
entwickelt. Sein Wissen über irgendeine Sache kann ganz gering sein
oder sogar unrichtig, und es kann nur aus der ihm vorliegenden
Information folgern. Deshalb führt das Gewissen einen Menschen
oft in die Irre. Manchmal passiert es, daß ein Ego, das jung ist und
wenig weiß, trotzdem in der Lage ist, seinen Willen der Persönlichkeit aufzuprägen. Als allgemeine Regeln kann man sagen, daß das
unentwickelte Ego auch unentwickelt in seiner Fähigkeit ist, auf
seine niederen Vehikel Einfluß zu nehmen, und vielleicht ist das
auch gut so. Manchmal jedoch mag ein Ego, dem es bei seiner
Entwicklung noch an Toleranz und breitem Wissen mangelt, trotzdem einen ausreichend starken Willen haben, um seinem physischen
Gehirn Aufträge zu übertragen, die zeigen würden, daß es sich um
ein sehr junges Ego handelt, das nicht verstanden hat.

Uns bleibt nichts anderes übrig, als unserem Gewissen zu gehorchen, aber trotzdem können wir natürlich versuchen, es anhand
gewisser offenkundiger, von niemandem zu bestreitenden Tatsachen
zu prüfen und zu bestätigen. Es kann sein, daß die Inquisitoren
manchmal unter dem Befehl ihres Gewissens handelten, hätten sie
jedoch die großen eindeutigen Regeln, die ihnen ihr angeblicher
Führer Christus gab, mit dem Gewissen verglichen, das Morde,
Torturen und Verbrennungen diktierte, so hätten sie innegehalten
und gesagt: „Offensichtlich ist etwas falsch. Laßt uns wenigstens zu
Rate gehen, bevor wir unseren Instinkten in dieser bestimmten
Angelegenheit folgen." Es wäre ganz richtig gewesen, mit sich zu
Rate zu gehen, um das Gewissen anhand der allgemeinen Regeln zu
prüfen, die von Einem stammen, den sie selbst als eindeutig größer
als sie selbst anerkannten. Das bedachten sie nicht und so kam viel
Böses in die Welt. Sehr wenige Leute werden innehalten und in einer
Sache wie dieser überlegen, doch es ist leicht einsehbar, daß das die
einzige sichere Sache ist, die man tun kann.

Wir müssen also unseren Intellekt auf solche Weise benutzen, daß
er ein Instrument des Egos ist und kein Hindernis auf dem Pfade

seiner Entwicklung. Deshalb: wenn uns das Gewissen etwas zu diktieren scheint, was eindeutig gegen die großen Gesetze von Barmherzigkeit, Wahrheit und Gerechtigkeit verstößt, so tun wir gut daran, sorgfältig zu überlegen, ob die universelle Regel nicht Vorrang hat vor dem Gewissen, das damit in Konflikt zu stehen scheint.

Selbst bevor wir irgendein bestimmtes Bewußtsein auf der Intuitionsebene haben, empfangen wir oft Reflexionen davon. Gelegentlich dringen Intuitionen durch in unser Alltagsleben und obgleich die meisten dieser Eindrücke vom höheren Selbst, die echt sind, eher aus der Kausalwelt als aus der buddhischen stammen, so bekommen wir doch hin und wieder einen Eindruck des wahren Wissens des Geistes, der sich nicht auf einer niedrigeren Ebene als der buddhischen zum Ausdruck bringen kann. Diese kostbaren blitzartigen Eindrücke vermitteln uns Wissen, das wir als absolut gewiß empfinden, obgleich wir in vielen Fällen dafür keinen intellektuellen Grund angeben können.

Es ist ganz richtig, daß wir in dieser Beziehung Vertrauen haben, wenn es sich bei der Sache um eine echte Intuition handelt. Die Schwierigkeit für die meisten von uns auf den anfänglichen Stufen ist die, daß wir nicht immer zwischen Intuition und Impulsen unterscheiden können. Dr. Besant hat eine oder zwei Regeln für diese Unterscheidung gegeben. Sie sagt: „Wenn Sie Zeit zum Abwarten haben, lassen Sie die Dinge eine Weile wie sie sind — schlafen Sie darüber, wie es manchmal heißt. Ist es nur ein Impuls, so besteht die Wahrscheinlichkeit, daß dieser vergeht; handelt es sich um eine echte Intuition, so wird diese so stark wie zu Anfang bleiben. Andererseits ist die Intuition immer mit etwas Selbstlosem verbunden. Ist ein Anflug von Selbstsucht bei einem von höherer Ebene kommenden Impuls vorhanden, so können Sie sicher sein, daß es sich dabei nur um einen astralen Impuls und keine echte buddhische Intuition handelt."

Sowohl die astralen Impulse als auch die Intuitionen von oben treten in den ätherischen Teil des physischen Gehirns von der Astralebene ausgehend ein, aber die Intuition würde ursprünglich entweder vom Kausal- oder vom buddhischen Körper kommen, je nachdem. Da beide von oben herabkommen, ist es häufig schwierig, dazwischen zu unterscheiden. Auf einer späteren Stufe werden wir in der Lage sein, dazwischen unfehlbar zu unterscheiden, weil wir dann unser Bewußtsein oberhalb der Astralstufe geöffnet haben und sicher wissen werden, ob diese Eingebungen im Astralkörper entstehen oder von einer höheren Ebene kommen. Gegenwärtig genießen die meisten Menschen diesen Vorteil nicht. Folglich müssen sie mittels des Verstandes, wie sie ihn bisher erfolgreich entwickeln konnten, ihre bestmögliche Beurteilung üben.

Wurden die 21 Regeln angenommen und der Jünger erlebt bei der Initiation einen Hauch des buddhischen Bewußtseins, so erscheint ihm das Wissen um die Einheit als große spirituelle Tatsache. Nach dieser Erfahrung besteht zwischen ihm und dem durchschnittlichen Menschen, der mit seinem Verstande fragt, ein Unterschied. Es ist oft gesagt worden, daß Einheit das Charakteristikum der buddhischen Ebene sei. Dazu sind vielleicht ein wenig mehr Erklärungen nötig. Man mag in seinem Kausalkörper etwas so ziemlich vollkommen wissen, die Essenz einer Sache, weil das Ego, das durch den Kausalkörper wirkt, abstrakte Gedanken denkt. Es braucht sich nicht, um ein Beispiel zu haben, hinabzubegeben, denn seine Gedanken stoßen zum Kern der Sache vor. Aber all das, wie wunderbar es auch sein mag, geschieht immer noch von außen.

Das große Charakteristikum der buddischen Ebene ist das, daß dort das Wirken von innen her geschieht. Möchten wir mit einem Menschen mitempfinden, ihn vollkommen verstehen, um ihm zu helfen, und arbeiten wir dabei im Kausalkörper, so richten wir, bildlich gesprochen, das Scheinwerferlicht auf seinen Kausalkörper und studieren all seine Eigentümlichkeiten. Diese sind gut gekennzeichnet und deutlich zu sehen, gesehen werden sie aber immer von außen. Wünschen wir dieselbe Kenntnis darüber und besitzen wir die Fähigkeit (das Bewußtsein) der buddhischen Ebene, so erheben wir unser Bewußtsein auf die buddhische Ebene. Dort finden wir das Bewußtsein dieses anderen Menschen als Teil unserer selbst. Wir finden dort einen Bewußtseinspunkt, der ihn darstellt − das müßte man aber eigentlich eher als Loch denn als Punkt bezeichnen. Wir können uns in das Loch hinein ergießen und in das Bewußtsein des anderen eindringen − auf irgendeiner Stufe, so niedrig wie wir sie wünschen. Deshalb vermögen wir alles haargenau so zu sehen, wie der andere es tut − von seinem Inneren her sozusagen, anstatt daß wir von außen darauf blicken. Es wird leicht zu verstehen sein, um wieviel mehr das dazu beiträgt, unser Verstehen und Mitempfinden zu vervollkommnen.

Haben wir den weiteren Ausblick, den solches Wissen vermittelt, und sind wir mit all diesen unterschiedlichen Wesenheiten und all ihren verschiedenen Problemen eins geworden, studieren wir diese von innen anstatt von außen, so können wir die Richtung erkennen, in die wir unsere Kraft zum Tragen bringen sollten. Daß wir wissen, wie wir die Probleme hier unten angehen sollen, ist ein weiterer und sehr großer Vorteil. Damit will ich nicht sagen, daß ein Mensch, der

einen kurzen Einblick in diese Einheit hatte, auf der niedrigeren
Ebene keine Fehler machen würde. Solche Fehler würde er aber
nicht begehen, wenn er in der Lage wäre, sein Bewußtsein in jene
Ebene zu erheben, die Sache von jenem Gesichtspunkt aus zu
betrachten und dann die Erinnerung klar in seinem physischen
Gehirn unterzubringen und sich dann danach zu richten. Er mag
nicht immer die Zeit haben, dieses Verfahren anzuwenden oder er
mag im Moment nicht an diese Möglichkeit denken. Deshalb wird er
manchmal Irrtümer begehen wie andere Menschen, aber gewiß
würde er durch den Besitz jener Fähigkeit einen großen Vorteil
haben − nicht nur aufgrund des daraus für den Augenblick resultie-
renden größeren Wissens, sondern auch wegen des weiteren Aus-
blicks, der ihn in die Lage versetzt zu sehen, in welcher Richtung
seine Kräfte am besten angewandt werden sollten, um das
gewünschte Resultat zu erzielen.

**Lesen, im okkulten Sinne, heißt, mit den Augen des Geistes lesen.
Bitten heißt, den inneren Hunger fühlen, die Sehnsucht geistigen
Verlangens. Fähig sein zu lesen bedeutet, die Kraft erlangt zu haben,
wenigstens in geringem Grade diesen Hunger zu befriedigen.**

Die Sehnsucht geistigen Verlangens ist nicht bloß das Begehren zu
wissen und zu verstehen, das wir vielleicht in Verbindung mit dem
Kausalkörper haben mögen. Es gehört eher zu der höheren Manifestation der buddhischen Stufe und nur dort kann es vollkommen
befriedigt werden. Wie ich erklärte, spiegelt sich das, was im
buddhischen Vehikel passiert, wenn es zur Persönlichkeit herunter-
gebracht wird, im Astralkörper. Folglich halten Menschen häufig
einen zur Astralebene gehörenden Gefühlsausbruch fälschlicher-
weise für eine echte Sehnsucht geistigen Verlangens (spirituelle
Aspiration).
Jene, die den Okkultismus studieren, dürften diesen Fehler nicht
begehen; bei Anfängern ist das aber häufig der Fall. Beispiele dafür
sehen wir sehr oft bei von religiösen Erweckungsbewegungen veran-
stalteten Zusammenkünften, wenn ganz ungebildete und unentwik-
kelte Menschen durch die Predigt einer selbst stark emotionellen
Person für einen Moment in einen hochekstatischen Zustand
gebracht werden, die deshalb dazu in der Lage ist, auch Emotionen
in den Zuhörern wachzurufen, weil sie selbst voller Emotionen
steckt. Einige der großen emotionellen Prediger der Vergangenheit
besaßen diese Kraft in der Tat in sehr hohem Maße. Ich will damit
keinesfalls sagen, daß sie damit nicht eine Menge Gutes zustande-

brachten; zweifellos war das so, aber der größte Teil ihrer Arbeit war
zugestandenermaßen das, was wir astral nennen — er zielte auf die
Gefühle der Menschen.

Zweifellos gibt es Menschen, bei denen die höhere Aspiration
durch ein Wirken von unten wachgerufen werden kann, aber das sind
nur sehr wenig; und diese wären höchstwahrscheinlich in weniger
kultivierten Klassen zu finden. Das ist keine engstirnige oder intole-
rante Anschauung, weil die Umstände der Geburt aus Karma
resultieren. Wird eine Person in eine Lebensklasse geboren, in der
sie unkultiviert und ungebildet ist, so geschieht das deswegen, weil
sie diese Geburt verdient hat. Deshalb besteht die große Wahrscheinlichkeit, daß es sich bei ihr um eine jüngere Seele handelt als
jemand, der mit günstigen Gelegenheiten geboren wird. Das ist nicht
ausnahmslos so, weil es viele Ausnahmen und besondere Fälle gibt.
Im allgemeinen trifft das aber zu. Wenn sich also Evangelisten der
Moody- oder Sankey-Sekte hauptsächlich an die weniger gebildeten
Menschen wenden, so ist im Ganzen betrachtet zu erwarten, daß sie
lediglich deren Emotionen wecken. Es ist ungewiß, ob die Wirkungen anhaltend sein werden oder nicht. Ist der gemachte Eindruck
stark genug, so wird die Erinnerung daran überleben, selbst wenn die
Emotion erstirbt, und die Person, die ihrer Meinung nach „errettet"
wurde, mag in ihrer neuen und mehr begeisterten Gemütsverfassung
bleiben.

Manchmal sind diese großen emotionellen Umwälzungen vorteil-
haft und heilsam, in vielen Fällen schaden sie aber auch. Den Fällen
von Menschen, die dadurch dauerhaft ihr böses Leben aufgaben,
müssen wir die jener Menschen entgegenhalten, wo ernster Schaden
angerichtet wird, wo Menschen z. B. total aus ihrer geistigen Ausgeglichenheit gebracht und schwachsinnig oder geisteskrank werden.
Gesellschaftsschichten, in denen durch so etwas andauernde Vorteile entstehen, sind nicht sehr weit verbreitet. Die große Mehrheit
wird nur vorübergehend beeinflußt. Die Erregung geht vorüber und
nichts bestimmtes Gutes bleibt. Trotzdem ist es in solchen Fällen
eine gute Sache, wobei Menschen, wenn auch nur vorübergehend, zu
einer höheren Stufe gebracht werden.

Solche leichte Erregbarkeit ist jedoch für Schüler des Okkultismus
nicht zulässig, weil sie sich jenseits jener Stufe befinden, auf der
solche Aufregung ihrem Fortschritt dienlich wäre. Emotionen jeder
Art und die Verzückung der höheren Ebene dürfen nicht verwech-
selt werden. Bei solchen Erweckungen geraten Menschen häufig in
einen ekstatischen Zustand, in dem sie für diese Zeit die Kontrolle
verlieren. Ich habe selbst Fälle gesehen, wo Menschen mit den

Füßen stampften und laut brüllten und so außer sich waren, daß sie nicht wußten, was sie taten. Sie behaupteten, das sei reine Freude. Ich vermute, daß sie das so empfinden, dabei handelt es sich aber um eine unkontrollierte Emotion, die deshalb vom Schüler des Okkultismus zu vermeiden ist.

Der Mensch, der das buddhische Bewußtsein erlebt, ist außer sich vor Seligkeit in einer solchen Intensität, daß es keine Worte gibt, um sie zu beschreiben, aber er verliert niemals das Wissen, daß er er selbst ist. Er befindet sich auf einer höheren Stufe, er ist mehr er selbst als er es jemals vorher war, er verliert nicht seine Selbstbeherrschung. Die Ekstase, die er fühlt, mag tatsächlich durch Reflexion eine gewisse Emotion in der Persönlichkeit hervorrufen — ein Empfinden höchst intensiver Freude auf allen Ebenen — aber niemals eine unkontrollierte Emotion. Niemals würde ihn das zu einer Unbesonnenheit oder unüberlegten Handlungen führen, dazu, sich zu vergessen oder seine Würde zu verlieren. Mit der intensiven Verzückung, mit der unbeschreiblichen Seligkeit der höheren Erfahrung stellt sich ein vollkommener Friede ein, der die Erde zu erfüllen scheint, während die niederen Emotionen das Gleichgewicht in außergewöhnlichem Maße stören.

Ein Hellseher, der eine Erweckungszusammenkunft beobachtet, sieht gewöhnlich, daß sich nicht-menschliche Wesenheiten versammelt haben, um Vorteile aus den ungeheuren Wellen unkontrollierter Emotionen zu ziehen. Die Emotion ist eine ungeheure Kraft und diese Wellen sind, wenn wir ihre tatsächlichen Ausmaße betrachten, Dinge von enormer Größe und Kraft. Diese Wellen branden auf und ergießen sich wie rasend durch die Astralwelt in der Nachbarschaft und bringen dort den Effekt hervor, wie ein großes Unwetter auf der physischen Ebene. Es gibt viele astrale Wesen, die darin schwelgen. Sie stürzen sich hinein und empfinden dabei höchste Freude und Aufregung. Weder wissen sie noch kümmern sie sich darum, ob es sich bei der Erregung um eine religiöse Empfindung oder Haß oder Liebe handelt, sie wünschen nur die ungeheure Schwingung, den Strudel und das Wogen des Sturms. Diese Wesen erleben die höchste Freude, indem sie in solchen Strudeln herumtreiben und von ihnen davongetragen werden — so ähnlich wie Wellenreiter auf dem Meer. Zu diesem Zweck erregen diese Wesen bei den menschlichen Wesen soviel Emotionen wie sie nur können. Sie wissen einfach, daß hier etwas ist, was sie ungeheuer genießen, also fördern sie die Emotionen, indem sie diese soweit wie es nur geht intensivieren. Sie sind zum Großteil für die großen Kraftausbrüche bei solchen Gelegenheiten verantwortlich und diese Kreaturen vergrößern sie ebenso wie eine Herde von Walen, die in rauhem Wasser herumschwimmt und dieses noch mehr aufwühlt. Sie haben ungefähr genau so viel Intelligenz wie jene Tiere, so daß nicht viel Spirituelles daran ist. Es geht dabei weder um eine göttliche Eingebung, wie viele Menschen glauben, noch ist es eigentlich eines Menschen würdig, sich zu erlauben, der Spielball von Kreaturen jener Stufe zu sein.

Nur wenn sich zusammen mit intensiver Verzückung und Seligkeit zur selben Zeit ein Empfinden von vollkommener Ruhe und Frieden einstellt, ist man mit höheren Ebenen in Berührung. Kommt es zu Aufregung, einem Durcheinander und dem Verlieren der Selbstkontrolle, so befindet man sich mit Sicherheit auf einer niedrigeren Ebene.

Wenn der Jünger bereit ist zu lernen, dann wird er angenommen, bestätigt und erkannt. So muß es sein, denn er hat seine Lampe angezündet und sie kann nicht verborgen bleiben.

Das sind tröstende Worte. Jünger werden immer beobachtet, obgleich viele Menschen es schwierig finden, das zu verstehen. Die Großen selbst haben erklärt, daß − wenn sie über die Welt blicken − der Mensch, der seine Lampe angezündet hat, wie eine große Flamme in der allgemeinen Dunkelheit aussieht. Sie könnten ihn nicht übersehen. Sorgfältig beobachten sie, wo immer das Licht zu leuchten beginnt. Sie versuchen, jedem kleinen Schein dabei zu helfen, zu einer Flamme zu erglühen, so daß auch diese zu Lichtträgern für die Welt werden können.

Manchmal sind Menschen geneigt, in dieser Sache unklug zu kritisieren. Vielleicht ist das ganz natürlich, es wäre jedoch besser für sie, wenn sie das nicht täten. Ich kannte selbst Fälle, wo Mitglieder, gewöhnlich Menschen mit scharfem Intellekt, die bezüglich Fehlern und Versagen anderer scharfes Unterscheidungsvermögen an den Tag legten, sagten: „Soundso ist Schüler des Meisters. Ich finde nicht, daß er auf irgendeine Weise tauglicher für eine solche Position ist als ich. Ich war so viele Jahre in der Gesellschaft, ich habe die und die Arbeit getan; wenn der und der Mensch mit gewissen offenkundigen Mängeln angenommen wird − warum dann ich nicht auch?"

Menschen, die solche Bemerkungen machen, vergessen die allgemeinen Grundsätze, die hinter allem okkulten Fortschritt stehen. Deren Einwendung ist genau derselben Natur wie jene, die so häufig gegen das Karmagesetz vorgebracht wird. Menschen sagen, sie können bei gewissen Dingen, die ihnen geschahen, nicht die Gerechtigkeit erkennen und deshalb gibt es kein Gesetz der Gerechtigkeit.

„Gerechtigkeit gibt es nicht, sie ist eine Täuschung." Das ist genau dasselbe als würde man sagen: „Ich habe eine Maschine gebaut, die mit hydraulischer Kraft arbeitet; sie funktioniert aber nicht – deshalb gibt es keine hydraulische Kraft." Kein normaler Mensch würde das behaupten, er würde beginnen, bei der Maschine nach dem Fehler zu suchen, weil er weiß, daß die Naturgesetze unwandelbar sind und Fehler dort nicht vorkommen. Bezüglich eines Gesetzes der physikalischen Wissenschaft würde sich niemand so verhalten, dennoch tun Menschen das in bezug auf das Karmagesetz. Gingen sie von der Hypothese aus, daß das Karmagesetz existiert und unwandelbar wirkt, so würden sie, wenn sie nicht erkennen können, wie es in einem bestimmten Fall wirkt, den Fehler sich selbst zuschreiben und ihrer begrenzten Schau und nicht einen so törichten Fehler begehen wie den zu behaupten, es gäbe so etwas wie das Karmagesetz nicht.

Genauso ist es, wenn Menschen sich auf verschiedene Weise für besser halten als andere, die vom Meister als Schüler ausgewählt wurden. Sie sollten bedenken, daß die Meister ihre Wahl mit unfehlbarem Urteil treffen. Zweifellos gibt es auf höheren Ebenen viele Dinge, die selbst ein Meister noch nicht weiß, aber ganz gewiß darf man sein Wissen bezüglich all dieser niedrigeren Ebenen, mit denen wir es zu tun haben, als unfehlbar betrachten. Es gibt höhere Adepten, die über den Meistern stehen, wie der Manu und der Bodhisattva, der Buddha und der große Herr der Welt, die gewisse Dinge wissen müssen, die selbst unsere Meister nicht wissen, das ist klar. Der Logos des Sonnensystems muß noch mehr wissen und darüber muß es höhere Logoi geben, die ein noch umfangreicheres Wissen haben. Bezüglich der Beurteilung eines Meisters und der Genauigkeit in bezug auf diese Ebenen, die er vollkommen und endgültig gemeistert hat, können wir aber ganz sicher sein. Erwählt er also einen Menschen, so macht er dabei keinen Fehler.

Selbst in dem seltenen Fall, wo ein Mensch später abfällt und unwürdig handelt, ist daraus nicht zu folgern, daß der Meister einen Fehler machte, indem er einen solchen Menschen auswählte. Dieser Mensch muß ein Anrecht auf jene auszeichnende Gelegenheit gehabt haben und weil er das Recht verdiente, wurde ihm die Gelegenheit gegeben. Die Ausbildung eines solchen Schülers mag eine ungeheure Menge an Mühe gekostet haben, und es sieht so aus, als wäre diese verschwendet, aber das ist nicht so. Irgendwo, irgendwie im Laufe seiner Entwicklung wird das alles zählen – das ist gewiß. Manchmal bietet der Meister einem Menschen eine Gelegenheit, weil er diese verdient hat, obgleich in dem Menschen zusammen mit gewissen guten Qualitäten andere weniger wünschenswerte sind, die ihn ungeeignet machen würden, wenn sie die Oberhand gewinnen würden. Trotzdem wird das Angebot gemacht, weil es gerecht ist, daß das geschieht.

Manchmal gibt es besondere Verbindungen zwischen Egos, die viele Leben später in der engen Beziehung von Meister und Schüler gipfeln. Es gibt den gut bekannten Fall unseres verstorbenen Vizepräsidenten Mr. Sinnett. Vor langer Zeit war er ein mächtiger Edelmann in Ägypten. Sein Vater hatte einen großen Tempel gebaut und diesen ausgestattet. Deshalb besaß er einen ungeheuren Einfluß und hatte praktisch die Oberaufsicht über jenen Tempel. Einer von jenen, die jetzt unsere Meister sind, war ein Kriegsgefangener im Ägypten jener Zeit. Mr. Sinnett und ich waren Soldaten in der Armee, die ihn gefangen nahmen. In seinem eigenen Land war er eine Person von Rang und Würde; folglich wurde er unserer Obhut unterstellt, weil Gefangene von hohem Rang in Ägypten sehr gut behandelt wurden und sich, solange sie nicht zu fliehen versuchten, in Gesellschaft von Leuten von Rang befanden, der mit ihrem eigenen übereinstimmte. So lebte er also zwei Jahre lang im Haus von Mr. Sinnett und im Laufe jener Zeit bekam er starkes Interesse an der okkulten Arbeit des Tempels und wünschte, daran teilzunehmen. Mr. Sinett war in der Lage, ihm die gewünschte Einführung in das okkulte Studium zu geben. Er machte darin höchst erstaunliche Fortschritte und in jedem weiteren Leben setzte er die im alten Khem begonnenen Studien fort. In einem späteren Leben wurde er Adept, während sein Wohltäter in Ägypten keineswegs diese Stufe erreicht hatte. Als er in dieser Inkarnation feststellte, daß er theosophische Wahrheiten in der Welt verbreiten wollte, weil die Zeit dafür gekommen war, in der die Welt dafür reif war, schaute er sich nach jemanden um, der das tun könnte. Er sah seinen alten Freund und Wohltäter als Herausgeber einer großen Tageszeitung und gut qualifiziert für eben diese Aufgabe. Er entledigte sich seiner Schuld, indem er ihm jene Gelegenheit gab. Wir wissen, wie gut und edel er sie annahm. Das zeigt, daß man in weit zurückliegender Zeit eine Verbindung mit jemandem geschaffen haben kann, der inzwischen Adept wurde und daß die Schuldeinlösung eine natürliche Form annehmen, daß Hilfe und Information gegeben werden und der Mensch nahe an den Meister herangezogen werden kann.

So können auf verschiedene Weise Verbindungen geschaffen werden und es kann gut angehen, daß die als Jünger erwählte Person keineswegs vollkommen ist. Aber diese hätte nicht auf besondere Weise erwählt werden können, wäre sie ihrer nicht würdig. Daß sie noch gewisse Fehler und Mängel aufweist, hindert sie nicht daran, wenn andere und große Dinge für sie sprechen, wenn die Vorteile die Nachteile überwiegen. Es gibt viele Umstände, die die Annahme eines Schülers seitens eines Meisters herbeiführen. Wir können ganz sicher sein, daß der Mensch nicht angenommen werden kann, wenn er es nicht verdient. Es mag aber sein, daß wir nicht zu erkennen vermögen, wie er das verdient hat. Umgekehrt ist diese Behauptung genauso wahr, d. h., niemand, der es verdient, kann übersehen und nicht angenommen werden.

Es ist nicht klug, diesen niederen Verstand, den wir unter so vielen Schmerzen und Mühen entwickelt haben, zum Kritisieren der Handlungen der Meister zu benutzen, die weitaus mehr wissen als wir. Wir mögen nicht immer in der Lage sein zu verstehen, warum sie dieses oder jenes tun, aber jene in ihrer Gefolgschaft sollten ihnen wenigstens soweit vertrauen, daß sie sagen können: „Ich weiß, der Meister muß rechthaben. Ich erkenne nicht genau, warum. Was mich betrifft, so weiß ich, daß ich angenommen werde, wenn ich dafür bereit bin. Meine Sache ist es, mich dafür tauglich zu machen. Inzwischen kümmere ich mich nicht darum, was der Meister mit anderen Menschen tut." Das ist bei weitem das Klügste.

Dasselbe ist es mit der Arbeit, die uns übergeben wird. Erweist sich diese äußerlich als Fehlschlag, so sollten wir uns keine Entmutigung gestatten. Wir mögen das von uns erwartete Resultat nicht zustandegebracht haben, jedoch mag es so sein, daß wir genau das Resultat erzielten, das der Meister beabsichtigte. Er sagt uns nicht immer alles, was er im Sinn hat. Er wird uns eine Aufgabe übertragen und wir glauben, daß das, was für uns offensichtlich das Ergebnis jener Arbeit ist, auch notwendigerweise das sein muß, was er damit bezwecken will. Es kann sein, daß er etwas ganz anderes im Sinn hat. Es kann sogar sein, daß er den, der die Aufgabe erfüllen soll, auf diese besondere Weise schulen will – z. B. bei einem Fehlschlag nicht enttäuscht zu sein – oder die Arbeit mag mit irgend etwas anderem zu tun haben, wovon der Ausführende überhaupt nichts weiß. In meiner Erfahrung mit dem Okkultismus hatte ich es mit verschiedenen solcher Fälle zu tun. Uns wurde gesagt, wir sollten gewisse Dinge tun, und nahmen an, diese sollten ein bestimmtes Resultat bringen, das sich nicht einstellte. Wir wunderten uns. In den folgenden Jahren zeigte sich jedoch, daß, wäre die Arbeit nicht geleistet worden, etwas ganz anderes nicht zustandegekommen wäre. Ich habe überhaupt keinen Zweifel, daß uns der Meister in jenem Falle die Aufgabe nicht zu dem von uns angenommenen Zwecke übertrug, sondern zu einem anderen, von dem wir nichts wußten.

Das würde ich jenen sagen, die über das murren, was sie bei Jüngern für Fehler halten, und sagen, sie dürfen nicht erwählt werden: „Ihr müßt die Sache nicht voreingenommen betrachten. Ihr gebraucht euren Intellekt in einer nicht nützlichen Richtung. Wenn ihr von der Existenz der Meister und Bescheid über deren Kräfte wißt, so könnt ihr völlig sicher sein, daß sie genau wissen, was sie tun. Seht ihr nicht, was es ist, so ist das schließlich für euch auch nicht notwendig. Sie wissen und das ist die Hauptsache.“

Nicht immer wird dem Jünger seine Annahme als Schüler sofort bekanntgemacht. Normalerweise verläuft die Sache so, daß der Mensch, der sich für die hohe Ehre der Jüngerschaft als würdig erwiesen hat, in enge Beziehung zu jemandem gebracht wird, der schon Jünger seines zukünftigen Meisters ist. Durch jenen Jünger gibt ihm der Meister gewöhnlich einige Instruktionen. Wahrscheinlich wird der Meister zu dem älteren Jünger sagen: „Bringe soundso in einer Nacht astral zu mir.“ Der Mensch wird gebracht und dann sagt der Meister zu ihm: „Ich habe deine Arbeit beobachtet und ich glaube, daß du vielleicht einen weiteren Fortschritt machen könntest. Ich biete dir die Position eines Probeschülers an, wenn du versuchst, alle deine Kräfte oder soviel du kannst dem Dienst an der Menschheit zu weihen – in einer Richtung, die ich nennen werde.“ Das ist das am meisten gebräuchliche Verfahren, aber manchmal kommt es zu einer solchen Annahme erst nach einer sehr langen Zeitspanne. Und selbst dann mag es Gründe geben, warum der Mensch in seinem Wachbewußtsein davon nichts wissen soll.

Ich erinnere mich an einen eigenartigen Fall in Indien. Dort lebte ein alter Mann, ein orthodoxer Hindu, der ein außergewöhnlich gutes, nützliches und fleißiges Leben geführt hatte. Er war ein Mensch, der keine Selbstsucht gezeigt hatte und der sich, soweit er es vermochte, der Wohlfahrt der Menschheit geweiht hatte. Zunächst hatte er sich bewundernswert um seine Familienpflichten gekümmert und dann all seine Zeit und sein Geld benutzt, um zu tun, was seiner Meinung nach Gutes war. Bevor er von der Theosophischen Gesellschaft erfuhr, hatte er immer geglaubt, daß die großen Rishis nicht nur in der Vergangenheit existiert haben müssen, sondern daß es sie auch in der Gegenwart gibt. Er hoffte, diesen eines Tages nahezukommen, war in dieser Beziehung aber ganz bescheiden. Er sagte: „Ich weiß, sie müssen den ersten Schritt auf mich zu tun, nicht ich. Ich habe sie gesucht und in all den Jahren versucht, auszuführen, was ihr Wille sein muß.“ Eines Tages schließlich sprach einer unserer Meister mit diesem Menschen und sagte: „40 Jahre lang habe ich deine Arbeit beobachtet und dich in manchen Fällen begleitet,

obgleich du davon nichts wußtest. Nun ist die Zeit gekommen, wo es
am besten für dich ist, daß du darüber Bescheid weißt."

Das ist ein sehr treffendes Beispiel und es scheint zu zeigen, daß es
viele altruistische Menschen geben mag, die unter der Direktion
unserer Meister arbeiten, obgleich sie von einer solchen Führung
nichts wissen. Es können Gründe vorliegen, die es in diesem Leben
unwünschenswert machen, daß sie wissen. Wir können ganz sicher
sein, daß der Meister es am besten weiß. Entscheidet er sich nicht
dafür, sich zu erklären, so brauchen wir deshalb nicht anzunehmen,
daß er uns nicht beobachtet.

In diesen Dingen tut der Meister immer genau das, was sowohl für
den Menschen als auch für die Arbeit am besten ist, weil er den
enormen Vorteil hat, sich um diese Dinge auf höheren Stufen zu
kümmern, wo man Gutes nicht gegen Böses abwägen muß wie auf
den niedrigen Ebenen, wo man sehr häufig nur in einer Richtung
Gutes tun kann, wenn man in anderer Beziehung Schaden anrichten
würde. Auf diese tiefgründige Sache bezog sich der Manu, als er
sagte, daß es kein Feuer ohne Rauch gäbe. Aber es gibt Feuer ohne
Rauch, das reine Gute ohne irgendwelche entgegengesetzte Folgen
oder Verbindungen auf den höheren Stufen, weil alles zum Wohle
des Ganzen zusammenarbeitet. Das Vorankommen des Ganzen
schließt den Fortschritt des einzelnen ebenso ein. Obwohl es in
manchen Fällen so aussehen mag, als würde Schaden angerichtet
wird, damit einer Person Einhalt geboten wird, ein solcher Dämpfer
deshalb gegeben, weil das für deren Fortschritt am besten ist — wie
das Beschneiden eines Baumes, was vom Baum leicht für einen
grausamen Akt gehalten werden kann und das geschieht der Absicht
nach eindeutig zu seinen Gunsten.

**Aber es ist unmöglich zu lernen, bevor der erste große Kampf
gewonnen wurde. Der Verstand mag Wahrheiten erkennen, aber
der Geist kann sie nicht aufnehmen.**

Sobald das Ego zu erwachen beginnt, sendet es Eindrücke bis auf
die niedrigen Ebenen hindurch, aber viele Dinge stehen ihm dabei
im Wege. Bevor der Astralkörper nicht beherrscht wird, kann es
nichts tun, denn wie sollte das Ego im Falle von einer Masse
wogender Emotionen durch jenen Körper irgendeine klare, gegliederte und verständliche oder vernünftige Instruktion hindurchsenden können? Die erste große Schlacht findet mit den Leidenschaften, mit den Sinnen statt; der Mensch muß sie gewinnen. Aber wenn
das erreicht wurde, so muß er noch dem Verstand entgegentreten. Es

kann sein, daß sich der Verstand sogar als ein schrecklicherer Gegner als der Astralkörper erweist.

Dann fährt der Meister fort, über das Wissen zu sprechen, das durch diese Intuition erlangt wird. Ich habe bereits erklärt, daß der Kandidat bei jeder Initiation einen Wissensschlüssel erhält, der ein anderes Erscheinungsbild des Lebens mit sich bringt, ihm eine tiefere Tiefe zeigt, sozusagen eine umfassendere Erklärung der Bedeutung der okkulten Lehre vermittelt. Jedesmal, wenn der Mensch diesen Schlüssel empfängt, erscheint ihm das als endgültig. Er sagt: „Nun habe ich alles Wissen. Das ist so befriedigend, so vollkommen, es ist unmöglich, daß es noch mehr geben könnte." Und dennoch gibt es noch Unendliches zu lernen. Er befindet sich nur auf der Straße des Lernens. Beim Weitergehen wird sich mehr und mehr vor ihm entfalten. Der Meister weiß genau auf welcher Stufe es am nützlichsten ist, gewisse Informationen zu geben. Häufig glauben Menschen, sie müßten alle auf der Stelle diese Informationen haben. Das ist genauso töricht, als würde man von einem Lehrer erwarten, daß er einem Kinde, das gerade das Einmaleins lernt, die Differentialrechnung erklärt. Es muß viele Zwischenstufen durchlaufen, bevor es auch nur annähernd wissen kann, was das bedeutet.

Genauso ist es mit uns. Häufig neigen wir ein wenig dazu – wieder kommt der intellektuelle Hochmut ins Spiel – zu glauben, zumindest genug zu wissen, um alles mögliche Wissen anvertraut zu bekommen. Ich kann nur sagen, daß die Meister besser wissen als wir, was für uns am besten ist; was immer das Beste für jeden ist, ist auch für das Ganze am besten.

Während viele Menschen einsehen, daß das so sein muß und daß natürlich das Ganze Vorrang vor dem Teil haben muß, sind sie manchmal doch ein bißchen der Meinung, daß den Teilen keine Beachtung geschenkt wird, daß – während alles zum Wohle des Ganzen arbeitet – dennoch einzelne Teile häufig nebenher leiden. Die Welt wird aber besser als auf diese Weise verwaltet. Tatsächlich ist es so, daß das, was für das Ganze am besten ist, auch für jeden einzelnen Teil das Beste ist. Nicht nur der Menschheit als Ganzem geschieht Gerechtigkeit, aber das geschieht so, daß keinem Einzelbestandteil der Menschheit Ungerechtigkeit zugefügt wird. Lassen Sie uns diesbezüglich ganz sicher sein und das mit absoluter Gewißheit erkennen, dann werden wir keine Gefühle von Zweifel und Angst haben. Und was immer geschehen mag, wir werden in der Lage sein, mit Heiterkeit darauf zu vertrauen, daß es zum Besten geschieht.

Ist der Jünger aber durch den Sturm gegangen und hat den Frieden erlangt, dann ist Lernen immer möglich, selbst wenn er schwanken, zögern und sich vom Wege abwenden sollte. Die Stimme der Stille bleibt ihm, selbst wenn er den Pfad gänzlich verließe. Eines Tages wird sie doch wieder ertönen, sie wird ihn auseinanderreißen und seine Leidenschaften von seinen göttlichen Anlagen trennen. Unter Schmerzen und verzweiflungsvollen Rufen seines niederen Ichs wird er dann zurückkehren.

In einem solchen Falle würde es wirklich einen schrecklichen Kampf geben. Lassen Sie sich diesem nicht aussetzen. Besser ist es, solange wir es noch können, uns gut in der Hand zu haben und uns nicht zum Gegenstand einer solchen chirurgischen Operation zu machen, wo das höhere und niedere Selbst auseinandergerissen werden. Der Kampf mit dem niederen Selbst geht immer weiter. Läßt der Jünger zu, daß das niedere Selbst seine Fänge in das höhere schlägt und ihn von seinen größeren Möglichkeiten wegzieht, muß er unvermeidlicherweise schrecklich leiden, wenn die Zeit des Auseinanderreißens kommt, die kommen muß, denn jene, die in den Strom getreten sind, können diesen nur verlassen, indem sie das gegenüberliegende Ufer erreichen.

Darum sage ich: Friede sei mit dir. Nur zu den geliebten Jüngern, die wie Er selbst sind, kann der Meister sagen: „Meinen Frieden gebe ich euch."

Hier gibt es einen sehr interessanten Punkt bezüglich der Unterscheidung, die der Meister hier macht. „Friede sei mit dir", ist nur ein gebräuchlicher östlicher Gruß und auch ein wunderschöner. Sagen wir „Good-bye", was bedeutet „Gott sei mit dir", so ist das dasselbe, denn Gott ist Frieden. Das „Salaam" der Mohammedaner ist wiederum dasselbe wie „Salem" in Jerusalem und Jerusalem bedeutet Wohnsitz des Friedens. Die Hindus haben das Wort „shanti", das Frieden bedeutet, und ihr „namaste", was bedeutet „Grüße oder Hochachtung dir", wird gewöhnlich mit dem Wort „shanti" beantwortet.

Bei den Büchern des Ostens ist es gebräuchlich, zum Schluß als freundlichen Abschlußgruß oder Abschied seitens des Autors vom Leser „Friede sei mit dir" zu schreiben. Hier aber sagt der Meister: „Meinen Frieden gebe ich euch"; das kann nur unter besonderen Umständen gesagt werden. Als Christus sagte: „Den Frieden lasse ich euch, meinen Frieden gebe ich euch, nicht gebe ich euch, wie die

Welt gibt" (Joh. 14, 27), sprach er nur zu seinen eigenen Jüngern.
Hier wird gesagt, daß der Jünger, der den Frieden des Meisters
empfangen kann, nur jener ist, der wie der Meister selbst ist, d. h. ein
angenommener Schüler — vielleicht sogar mehr, jener, der der
„Sohn" des Meisters ist. Er erhält nicht nur einen guten Wunsch für
Frieden und Segnung, was seitens jemand, der die Macht hat diesen
auszusprechen, ganz bestimmt eine wirksame Sache ist, sondern
mehr als das. Der Meister gibt seinen eigenen Frieden, den Frieden,
den nichts stören kann, jenen, die wie er selbst sind, die seine eigenen
Söhne sind, Teil seiner eigenen Natur, die mit ihm alle Umstände
teilen, in denen er sich bislang befindet, weil sie fähig sind, diesen zu
empfangen. Das bedeutet natürlich nicht, daß der Schüler fähig ist,
all das zu teilen, was der Meister ist und hat. Könnte er das, so würde
das bedeuten, daß der Schüler selbst ein Adept ist — zumindest aber
hat er Teil an so vielem wie möglich.

**Auch unter jenen, welche die Weisheit des Ostens nicht kennen,
sind einige, zu denen dies gesagt werden kann und zu denen es von
Tag zu Tag immer rückhaltloser gesagt werden kann.**

Für uns ist das eine sehr interessante und bemerkenswerte Botschaft, und es ist gut möglich, daß sie uns seltsam erscheint, weil es
sehr viele unter uns gibt, die etwas von der Weisheit des Ostens
wissen, die die großen Meister verehren, die für viele Jahre einer
Organisation angehörten, die den Meistern und ihrem Dienst spe-
ziell geweiht war. Dennoch kann der Meister zu den meisten von uns
nicht sagen: „Meinen Frieden gebe ich euch", sondern nur zu jenen
wenigen, die er in eine viel engere Beziehung zu sich genommen hat.
Zwar ist das so, aber wir lesen trotzdem, daß jemandem, der die
östliche Weisheit überhaupt nicht kennt, dennoch diese Segnung
gegeben werden kann.
Wie ist das möglich und wer wären jene, denen ein solches Privileg
gegeben wird? Beim gegenwärtigen Stand der Evolution wären das
nur wenige Menschen, aber trotzdem gibt es zweifellos ein paar von
ihnen. Um das verstehen zu können, lassen Sie uns bedenken,
wodurch ein Meister in die Lage versetzt wird, einen Schüler so eng
mit sich zu verbinden. Der Schüler ist in des Meisters Welt eingetreten, er hat gelernt, die Dinge so zu betrachten, wie der Meister es tut
und sich des Meisters Verhalten gegenüber der Welt und allem, was
zu ihr gehört, zueigen zu machen. Das kann ein Mensch tun, ohne
etwas über die östliche Weisheit oder den Meister zu wissen; ohne
solches Wissen kann er trotzdem ein Mensch sein, der sich diese edle

Betrachtungsweise aller Dinge zueigen macht. Das spezielle Charakteristikum beim Verhalten des Meisters ist, daß er vollkommen selbstlos ist, daß das niedrigere Selbst überhaupt nicht ins Spiel kommt. Er betrachtet alles vom Standpunkt des göttlichen Plans aus und nie bringt er seine eigene Persönlichkeit ins Spiel. Ist etwas für die menschliche Evolution hilfreich, so ist es gut, hindert es die menschliche Entwicklung, so ist es eine böse Sache.

Obgleich uns die östliche Weisheit vollkommen zu einem solchen Verhalten führen muß, können wir trotzdem sehen, daß andere Menschen, die darüber nichts wissen, sich ebenso ein solches Verhalten aneignen können. Um dem Meister nahe genug zu sein, um seinen Frieden zu empfangen, ist völlige Selbstlosigkeit die erste und größte Voraussetzung. Man mag dem Meister nahe sein, man mag sogar seinen Frieden empfangen und doch kann von zweien, die neben ihm stehen und den Frieden empfangen, einer davon in weitaus vollkommenerer Weise dazu in der Lage sein als der andere. Die unwissende, jedoch vollkommen heilige und selbstlose Person wird vom Frieden des Meisters alles empfangen, was sie empfangen kann, aber der Mensch, der ihr in dieser Beziehung gleich ist, zusätzlich aber die höhere Weisheit besitzt, wird von jenem Frieden deutlich mehr empfangen.

△   **Betrachte die drei Wahrheiten. Sie sind gleich.**

Dieser Zeile ist ein Dreieck vorangestellt, das als eine Art Signatur jenes Meisters gebraucht wird, der dies schrieb − genauso wie von katholischen Bischöfen in ihren Briefen und Dokumenten das Kreuz dem Wortlaut vorangestellt wird. Hier geschieht das, um besondere Aufmerksamkeit zu erregen.

Die drei Wahrheiten, auf die sich Meister Hilarion bezieht, sind jene, die er selbst in einem anderen Buch erwähnte, in dem von ihm diktierten „The Idyll of the White Lotus", das nicht ganz soviel Aufmerksamkeit erregte, wie es verdient. Dabei handelt es sich um einen Bericht über eines seiner eigenen Vorleben in Ägypten, als die große ägyptische Religion am Verfallen war und nicht mehr verstanden wurde. Ihr ausgezeichneter unpersönlicher Gottesdienst war zur Gefolgschaft einer Göttin degeneriert, die nicht vollkommene Reinheit, sondern vollkommene Leidenschaft von ihren Anhängern forderte; so gab es einen großen Sittenverfall.

Der Meister, sein Name war damals Sensa, war ein hellsichtiger Schüler eines ägyptischen Tempels. Die Priester des Tempels anerkannten seinen Wert als Hellseher und Medium, wünschten jedoch nicht, daß er das Volk wahre Religion lehrte, weil das mit dem existierenden geistlichen System in Widerstreit gestanden hätte. Schließlich töteten sie ihn. Im Laufe der Geschichte, nachdem er viele Prüfungen durchzumachen hatte, fand er sich von einer Gruppe von Adepten umgeben, unter denen sich sein eigener Meister befand, der ihm dann sagte, was er das Volk lehren solle – jenen, die von der falschen Lehre in die Irre geführt worden waren. Sie hießen ihn, nur unmißverständliche Wahrheiten zu lehren. Die Form, in der die drei großen Wahrheiten gegeben wurden, liegt uns vor. Ihnen gehen die Worte voraus: „Dieses sind drei Wahrheiten, die absolut sind und nicht verlorengehen, aber trotzdem vergessen werden können, wenn sie nicht ausgesprochen werden." Das bedeutet, sie können niemals verlorengehen, weil sie von der großen Bruderschaft verwaltet werden, wenn sie auch zu einer gewissen Zeit in der Welt nicht bekannt sein mögen, weil es in ihr niemanden gibt, um sie auszusprechen.

Die *erste* große Wahrheit ist: *„Die Seele des Menschen ist unsterblich und ihre Zukunft ist die eines Wesens, dessen Wachstum und Herrlichkeit keine Grenzen hat."*

Durch diese große Wahrheit wird auf der Stelle alle Angst vor der Hölle und die Notwendigkeit der Erlösung beseitigt, weil für jede menschliche Seele absolute Gewißheit in dieser Beziehung besteht, egal wie weit der Mensch vom Pfade der Evolution abgewichen sein mag.

Die *zweite* große Wahrheit ist: *„Die Urkraft, die das Leben gibt, wohnt in uns und außer uns. Sie ist unvergänglich und ewig Segen wirkend; sie ist unsichtbar und kann nicht mit körperlichen Sinnen wahrgenommen werden, aber der erkennt sie, der die Erkenntnis sucht."*

Das bedeutet, daß die Welt ein Ausdruck Gottes ist, daß der Mensch Teil von IHM ist und darum wissen kann, sofern er in der Lage ist, sich zu jener Stufe emporzuschwingen, auf der ihm das enthüllt werden kann, und daß alle Dinge sich eindeutig und vernünftig in gemeinsamer Bewegung zum Guten hin befinden.

Die *dritte* große Wahrheit ist: *„Ein jeder Mensch gibt sich sein eigenes unverbrüchliches Gesetz. Er selbst bestimmt sein Los, Glück oder Elend; er selbst ist der Richter seines Lebens und gibt sich selber Lohn und Strafe."*

Hier haben wir eine klare Aussage bezüglich des Karmagesetzes, des Gesetzes der Wiedergutmachung vor uns.

Dann folgen die Worte: *„Diese Wahrheiten sind so groß wie das Leben selbst – und doch so einfach, wie das schlichteste Menschenherz. Speise die Hungrigen mit ihnen!"*

Hier haben wir ein religiöses Schema, das jedermann gelehrt werden kann. Es besteht aus drei hauptsächlichen Glaubenspunkten, einfach formuliert und dennoch sehr gewählt zum Ausdruck gebracht, um Mißverständnisse zu vermeiden. Kurz lassen sich diese folgendermaßen ausdrücken: „Der Mensch ist unsterblich", „Gott ist gut" und „Was der Mensch sät, wird er ernten." In dieser einfachen Form sind diese Wahrheiten für jene geeignet, die sich auf einer Stufe befinden, wo ihnen ein simples Dogma dargelegt werden muß. Eine entwickeltere Seele wird alles umfassender zu verstehen wünschen. Einem solchen Menschen können die Einzelheiten genannt werden und in jenen Details ist genug Gehalt, um den Verstand der weisesten Menschen zu beschäftigen.
Diese drei Wahrheiten sind sichtbar, sie könnten selbst dann aus den Erfahrungen gefolgert werden, wenn sie verlorengehen sollten. Vielen Egos sind sie bekannt. Einige wissen darum aus erster Hand, aber es gibt viele andere, die sich gegenwärtig, zumindest was ihre Persönlichkeiten anbelangt, in einer Lage befinden, wo sie nur glauben können. Sie akzeptieren diese Wahrheiten, weil ihnen von jenen, denen sie vertrauen, gesagt wird, diese seien wahr – und weil ihnen diese so selbstverständlich erscheinen – weil sie das Leben, wie sie es sehen, auf andere vernünftige Weise sich nicht erklären können. Das ist eine Stufe – und eine sehr nützliche – auf dem Wege zum wirklichen Wissen, aber natürlich ist das kein direktes Wissen. Ich kann Ihnen zum Beispiel sagen: „Ich weiß, diese Wahrheiten sind wirklich so, weil ich auf vielen Ebenen und jahrelang Untersuchungen vornahm und Experimente machte, die nicht zu den vorliegenden Ergebnissen geführt hätten, sofern diese grundlegenden Gesetzmäßigkeiten nicht wahr wären." Bis jetzt können nur wenige sagen: „Ich habe gesehen", aber alle sollten bis zu jenem Punkte des unmittelbaren Wissens weiterarbeiten, weil echtes Wissen einem viel größere Macht gibt als die klarste intellektuelle Überzeugung.
Spricht ein Mensch über diese Tatsachen, so ist immer offenkundig, ob er über etwas spricht, das er selbst kennt oder nur über etwas, das er gehört hat. Das macht einen Unterschied bei der magnetischen Wirkung. Deshalb ist es um der anderen willen wichtig, daß

wir so bald wie möglich selbst wissen. Es mag nichts weiter als ein
sehr kleiner Teil der großen Wahrheit sein; kennen wir ihn aber aus
eigener Erfahrung, ist sofort die Wahrscheinlichkeit größer, daß
alles andere auch wahr ist; dadurch wird uns zusätzliches Vertrauen
gegeben. Jene, die vollkommenes Vertrauen geboren aus Wissen
besitzen, können anderen Hilfe geben, die nicht eher möglich ist, als
bis man weiß. Deshalb sind unsere bruchstückhaften persönlichen
Erfahrungen so nützlich.

Es gibt viele Menschen, die dann und wann eine Vision erleben,
die im Schlafe oder in der Meditation den Meister sahen. Das ist
vielleicht etwas, was sich einem anderen Menschen nicht beweisen
läßt. Vielleicht wird jemandem, der eine solche Erfahrung hatte,
gesagt: „Vielleicht war das nur eine Halluzination oder Einbildung",
aber wer ein solches Erlebnis hatte, weiß mit voller Überzeugung,
daß es keine Halluzination oder Einbildung war. Er weiß, daß er sah,
und daß er ebenso etwas fühlte, was ihn gewiß machte, daß es einer
unserer großen Meister war. Das ist ein Stück Erfahrung − klein,
aber in ihrer Wirkung weitreichend. Jene, die so glücklich waren,
eine solche Erfahrung zu machen, können zutiefst dankbar sein. Sie
wissen wenigstens soviel; eine zur höheren Welt gehörende Tatsache
zu kennen, macht den ganzen Rest der Lehre auf der Stelle einleuch-
tender, klarer, verständlicher und die Umsetzung kann klarer
geschehen. Solche Erfahrungen sind also keineswegs gering zu
schätzen.

In der Tatsache, daß wir nicht vollkommen wissen, liegt kein
Nachteil. Es muß so sein, das liegt in der Natur der Dinge. Wenn wir
unser Wissen für vollkommen halten, dann ist es bemitleidenswert
unvollkommen. Wenn wir denken, wir wissen alles, und anders
denkende Menschen verurteilen, weil wir nicht erkennen, daß diese
vielleicht eine andere Seite einer vielseitigen Wahrheit sehen, dann
machen wir es verkehrt. Wir sollten uns auf jeden Fall an unser
unvollkommenes Wissen halten; aber während wir versuchen, es zu
vergrößern, wann immer sich eine Gelegenheit bietet, wollen wir
niemals vergessen, daß es unvollkommener Art ist, damit wir nicht in
den Fehler verfallen, jemanden, der vielleicht mehr weiß als wir,
abzulehnen. Die Wahrheit ist tiefgründig, oft ist sie mysteriös.
Weder von einem Menschen noch von einer menschlichen Organisation oder Sekte kann sie in ihrer Gesamtheit begriffen werden. Wir
müssen lernen, allmählich der Wahrheit näherzukommen, bevor wir
sie in irgendeinem Aspekt kennen können. Die Wahrheit über eine
Sache ist immer die, wie sie sich dem Logos, dem Schöpfer des
ganzen Systems, darstellt. Er allein, der alles schuf, versteht alles,

kennt alle Dinge wie sie sind. Seine Anschauung ist die einzig
vollkommene. Für uns ist die Wahrheit relativ. Wir können das
Ganze nicht sehen wie Er es sieht, aber obgleich unser Wissen
unvollkommen sein muß, braucht es zumindest, so weit wie es reicht,
nicht falsch zu sein. Wir können soviel von der Wahrheit über ein
gewisses Ding besitzen, daß wir, wenn wir schließlich alles darüber
wissen, wenn wir die Adeptschaft erreichen, das, was wir vorher
wußten, nicht zu korrigieren brauchen, sondern daß wir unserem
ursprünglichen Wissen darüber nur etwas hinzufügen.

Es ist eine sehr schwierige Sache zu wissen, was man Menschen
äußerlich lehren darf. Deshalb ist es gut, wenn man über gewisse
Dinge, die man allgemein lehren darf, eine autoritäre Aussage eines
Meisters kennt. Häufig müssen wir über Theosophie zu Leuten
sprechen, die keineswegs unsere Anschauung teilen. Hält man in der
Öffentlichkeit Vorträge, so findet man manchmal, daß es eine Hilfe
wäre, Dinge klarzumachen, indem man etwas über ihre innere
Bedeutung enthüllt; doch man zögert, damit kein Schaden daraus
erwächst.

Es ist ganz offensichtlich, daß viele Menschen, würden wir den
Versuch unternehmen, sie alles zu lehren, was wir über Theosophie
wissen, einen Großteil davon nicht verstehen würden. Es gibt
Menschen, bei denen man sofort empfindet, daß man ihnen gegenüber nicht über die Meister sprechen kann, weil ihnen diese Vorstellung ganz fremd wäre. Höchstwahrscheinlich würden sie darüber
respektlose oder spöttische Bemerkungen machen; das würde uns
wehtun und ihnen außerordentlich schlechtes Karma bringen. Der
Mensch, der in bösem Sinne über die Großen spricht, lädt sich eine
sehr ernste Verantwortung auf. Die Tatsache, daß er nicht an die
Meister glaubt, hat einfach nichts mit der Wirkung zu tun. Es mag
sein, daß wir nicht glauben, ein bestimmtes Stück Metall sei heiß.
Fassen wir es jedoch an, so werden wir uns verbrennen. Menschen,
die böse über jene reden, die ihr ganzes Leben und alle Kraft dem
Dienst an der Welt weihen, um ihr zu helfen, machen sich der großen
Sünde der Undankbarkeit schuldig und jene, die sich über heilige
Dinge lustig machen, der Blasphemie. Die Tatsache, daß sie nicht
wissen, daß es sich um heilige Dinge handelt, ist dabei ohne
Bedeutung. Also müssen wir das, was wir sagen, sehr sorgfältig
abwägen, weil der einzige Grund dafür, es überhaupt auszusprechen, der ist, den angesprochenen Personen etwas Gutes zu tun.
Konfrontieren wir den andern mit etwas, über das er spotten oder
sich lustig machen wird, so können wir ihm damit schaden, anstatt
ihm Gutes zu tun.

Denken Sie an den nicht richtig verstandenen Ausspruch von
Christus bezüglich der vor die Säue geworfenen Perlen. Dieser wird
oft völlig falsch verstanden, indem man die Menschen mit den Säuen
vergleicht. Das hatte der große Meister ganz gewiß nicht im Sinn. Er
meinte einfach, daß es, würde man Menschen innere Wahrheiten
darlegen, die noch nicht das Wissen besitzen, das sie befähigt, diese
würdigen zu können, genauso töricht wäre, als würfe man Perlen vor
die Säue. Wahrscheinlich würden diese losstürmen in der Erwartung, etwas zum Fressen zu bekommen. Wenn sie dann merken, daß
die Perlen nicht eßbar sind, würden sie diese im Dreck zertreten und
sich dann umwenden und denjenigen, der ihnen die Perlen gab, in
Stücke zerreißen, weil sie in ihrer Erwartung auf Futter enttäuscht
worden sind. Die Perlen wären für sie von keinem Nutzen, wie
wertvoll diese auch immer sein mögen. So verhalten sich gewöhnlich
durchschnittliche Menschen, wenn wir ihnen Wahrheiten darlegen,
die sie nicht verstehen. Sie erkennen deren Wert nicht, sie werfen sie
beiseite und sind uns gewöhnlich böse, daß wir ihnen etwas gaben,
was sie als wertlos erachten.

Es ist immer erkannt worden, daß der großen, bislang noch nicht
entwickelten Masse Mensch nur simple Wahrheiten geboten werden
können. Alle großen Religionen stellen eine bestimmte Wahrheit in
den Vordergrund, die den Menschen stark eingeprägt wurde.
Betrachtet man eine dieser Wahrheiten als Ganzes, so wird man
feststellen, daß sie das meiste Territorium abdeckt. Es ist höchst
notwendig, daß in das Denken der sich entwickelnden Egos gewisse
Vorstellungen eingepflanzt werden. So durchlaufen sie Religion um
Religion, Rasse um Rasse und lernen aus jeder etwas davon.

Im Hinduismus z. B. wurde die große Idee der Pflicht besonders
betont. Wird eines Menschen Denken vom Gedanken der Pflichterfüllung erfüllt, so ist es offensichtlich, daß das Resultat davon ein
sorgfältig geordnetes Leben ist. In der griechischen Religion lag die
Betonung auf Schönheit. Die Kardinaltatsache, die dem Griechen
während seines ganzen Lebens eingeprägt wurde, war die, daß
Schönheit ein Ausdruck Gottes sei, daß ein Mensch in dem Maße,
wie er sich und seine Umgebung schön gestalten konnte, sich dem
annäherte, was Gott von ihm verlangte und somit der göttlichen
Kraft gestattete, sich vollkommener durch ihn zu manifestieren. So
war selbst der kleinste Gegenstand des alltäglichen Lebens immer
schön – nicht notwendigerweise teuer, nicht schwer erhältlich, aber
schön in Form und Farbe. Damit, mit der Kraft der Schönheit,
imponierte Griechenland der Welt.

Im Christentum ist Hingabe die zentrale Idee. Jahrhundertelang

hat die christliche Kirche sich zum Ziele gesetzt, Heilige hervorzubringen, heilige Menschen, gute Menschen. Sie beglückwünscht sich
selbst dazu und begründet ihren Anspruch auf Aufmerksamkeit auf
die bereits hervorgebrachten Heiligen. Sie feiert deren Tage und
stellt diese auf jede Weise auf das höchstmögliche Podest. Unsere
Untersuchung der Geschichte dieser Heiligen zeigt, daß sich darunter Individuen verschiedenster Art befanden. Einige davon waren
zweifellos große, gebildete und tüchtige Menschen. Andere waren
das keineswegs, sondern ziemlich durchschnittlich und unwissend.
Ihre große Tugend war die, daß sie gut waren. Nur wenn wir das
eingehend studieren, erkennen wir, daß die christliche Religion nicht
nur die Absicht hat, das Feuer der Hingabe zu nähren, sondern auch
Menschen auf allen Stufen und in allen Richtungen zu helfen.

Untersuchen wir andere große Religionen, wie den Buddhismus
oder Hinduismus, so stellen wir fest, daß diese ebenso bereit sind,
ihren Menschen überall zu begegnen. Jede dieser Religionen bietet
gewisse Verhaltensmaßregeln für die Ungebildeten, durch die ihnen
Hilfe zu einem guten Leben gegeben wird, wenn sie diese wirklich
befolgen. Ebenso bietet jede Religion viele metaphysische und
philosophische Lehren für jene, die diese brauchen. In seiner
gegenwärtigen Form vermittelt das Christentum diese eigentlich
nicht. Sicher, es gibt die Schriften der Väter, und gehen wir auf
Origines und Clemens von Alexandrien zurück, so finden wir
Hinweise auf diese höheren Lehren. Wir stoßen z. B. auf die
Aussage, daß das Christentum seine Mysterien hat. Aber das
Christentum, seinen Anhängern präsentiert durch jede der großen
Kirchen, wie der griechischen, der römischen oder anglikanischen,
ist ganz bestimmt eine verstümmelte Darstellung dessen, was es
ursprünglich einmal war.

Jede echte Religion muß fähig sein, sich den Menschen aller
Stufen anzupassen, muß sowohl den weisen und gebildeten als auch
den unwissenden Anhängern etwas geben können. Gewiß darf sie
den unwissenden, aber hingebungsvollen Menschen nicht gegenüber
dem klügeren, der verstehen möchte, in den Himmel heben. Leider
war auf seiten des Christentums eine deutliche Tendenz gegeben,
jene Menschen zu verurteilen, die wissen wollten, die Tendenz,
deren Weisheit als reine Weisheit dieser Welt zu diskreditieren und
jene Menschen für aussichtsreicher auf eine rasche Entwicklung zu
betrachten, die sich das Verhalten eines kleinen Kindes aneigneten.
Die kindliche Seele muß sich so verhalten und jede Religion muß
bereit sein, sich der kindlichen Seele anzupassen und diese zu
nähren. Das ist aber kein Grund dafür, daß sie nicht auch stärkere

Nahrung für die Fortgeschritteneren bieten sollte. Jene Seelen, die die anfänglichen Wachstumsstufen vor langen Zeiten in früheren Leben durchlaufen haben, möchten nun den großen Plan verstehen, etwas über die Welt wissen, in der sie leben, und das Schema, wie sie entstand und im Gange gehalten wird. Viele unserer christlichen Brüder haben mit großer Erleichterung und einer gewissen Überraschung festgestellt, daß die Theosophie ihnen jenes Wissen liefern konnte, ohne ihr Christentum in irgendeiner Weise zu zerstören. In den originalen christlichen Lehren ist nichts vorhanden, was auf irgendeine Weise konträr zu einer Wissenschaft wäre, obgleich es, verbunden mit den kirchlichen Lehren, seit dem Mittelalter eine antiwissenschaftliche Tendenz gab. Ursprünglich diente das Christentum seinem Zweck genausogut wie andere Glaubensrichtungen und nur weil ihm unglücklicherweise die höheren Lehren verlorengingen, bedarf es heute eindeutig mehr Ergänzungen.

Dann schließt der Chohan Teil eins ab mit den Worten:

Dies sind die ersten Regeln, die an den Wänden der Halle des Lernens geschrieben stehen. Jene, die bitten, sollen erhalten. Die zu lesen begehren, sollen lesen. Die zu lernen begehren, sollen lernen.

Friede sei mit dir.

TEIL II

LICHT AUF DEN PFAD

1
Der einleitende Kommentar

C. W. L.: Der zweite Teil von ‚Licht auf den Pfad' setzt voraus, daß der Schüler die erste Initiation genommen hat; er führt den Menschen auf den Stufen des zur Adeptschaft führenden Pfades weiter. Jedoch setzt eine zweite und höhere Interpretation jenseits davon an und gibt dem Menschen, der bereits Adept geworden ist, Hilfe und Anleitung in bezug auf seine nächste Stufe. Swami T. Subba Row, der eine große Menge über diese Dinge wußte, erzählte mir einst, daß es in Wirklichkeit sieben Bedeutungen dieses Buches gäbe, daß es auf siebenfältige Art interpretiert werden könne, allem Anschein nach auf verschiedenen Stufen; er sagte, die höchste Auslegung des Textes würde den Menschen hinauf zur Initiation des Maha-Chohans führen. Dabei geht es natürlich um Dinge, die vollkommen außerhalb unseres Gesichtskreises liegen. Unmöglich können wir verstehen, worauf sich der Text auf einer so hohen Stufe bezieht. Somit ist es für uns sinnlos, auch nur nach einer solchen Interpretation zu suchen. Wir können uns vielleicht eine Vorstellung von einer Doppelbedeutung machen, aber alles jenseits davon wird gewiß außerhalb unserer Reichweite liegen.

In dem bereits Studierten wurden wir gelehrt, daß wir das niedere Selbst, die Persönlichkeit, abzuwerfen haben. In der höheren Interpretation würde das bedeuten, die Individualität aufzugeben. So wie mit dem ersten Teil als der niedrigsten Interpretation also beabsichtigt wurde, die Vereinigung des höheren mit dem niederen Selbst zu bewerkstelligen, geht es bei der zweiten Interpretation darum, die Vereinigung des Egos mit der Monade anzustreben. Das, was die zweite Interpretation des ersten Teils ist, muß die erste Interpretation des zweiten Teils sein, da sie sich aus dem ersten ergibt. Das sollten wir bedenken, denn dann und wann sind wir vielleicht in der Lage, einen flüchtigen Eindruck von der Bedeutung der noch höheren nächsten Interpretation zu erhaschen.

Aus der Stille, die Frieden ist, wird eine tönende Stimme sich erheben. Und diese Stimme wird sagen: Es ist nicht gut; du hast geerntet, nun mußt du säen. Und da du weißt, daß diese Stimme die Stille selbst ist, wirst du gehorchen.

Du, der du nun ein Jünger bist, fähig zu stehen, fähig zu hören, fähig zu sehen, fähig zu sprechen, der du Begehren überwunden und Selbsterkenntnis erlangt hast, der du deine Seele in ihrer Blüte gesehen und sie erkannt und die Stimme der Stille gehört hast – gehe zur Halle des Lernens und lies, was dort für dich geschrieben steht.

Dieses ist die Einleitung zum zweiten Teil, geschrieben vom Venetianischen Meister. Zunächst sollte man vielleicht auf die Eingangsworte „Aus der Stille, die Frieden ist, wird eine tönende Stimme sich erheben. Und da du weißt, daß diese Stimme die Stille selbst ist, wirst du gehorchen" eingehen. Unter den Theosophen gab es viele Spekulationen bezüglich der genauen Bedeutung der Stimme der Stille. Jetzt wird diese aber allgemein so verstanden, daß dieser Ausdruck nicht immer in derselben Bedeutung zu verstehen ist. Die Stille ist immer das, was gerade jenseits des Punktes liegt, den der Mensch erreicht hat, und die Stimme der Stille ist die Stimme, die zu ihm von oben spricht, die Stimme des inneren Selbst, wie wir bereits gesehen haben.

Immer ist es diese Stimme, die von oben spricht, der man, wenn man sie hört, gehorchen muß, und dem neu initiierten Menschen (in der niedrigeren Interpretation) oder für jenen, der die Adeptschaft erreicht hat (wenn wir die höhere Interpretation berücksichtigen), sagt diese Stimme, daß es, während er sich in der Freude dieses wunderbaren Friedens ausruht, nicht gut ist, zu lange auszuruhen. In der Stille verharrte der Mensch im Erstaunen angesichts all des Herrlichen, das er durch die Initiation empfing. Er wird eine Weile in Kontemplation verweilen, er wird einige Zeit damit verbringen, alles in dem neuen Licht, das ihm geworden ist, zu studieren. Nun wird er von der Stimme erinnert, die ihm sagt, er habe geerntet und müsse nun wieder säen. Weil der Mensch diese Stufe erreichte und alles für sie Charakteristische an Wissen, Gewißheit und Frieden erlangte, muß er versuchen, diese Gaben an andere weiterzugeben. Er darf nicht in der Zufriedenheit verharren, diese selbst erlangt zu haben.

Der Chohan fährt fort, den Schüler an die an ihn gemäß seiner Qualifikation gestellten Anforderungen zu erinnern: „Nun bist du ein Jünger, fähig zu stehen, fähig zu sehen, fähig zu sprechen"; der Meister erklärt,

daß „fähig sein zu stehen" bedeutet, Vertrauen zu haben. Vertrauen hat
der Mensch nun, weil er weiß. Bei der ersten Initiation bekam der Jünger einen deutlichen Eindruck von der buddhischen Ebene. Er hat damit schon Erfahrungen gehabt, nicht unbedingt von langer Dauer, aber
diese waren deutlicher Art, so daß er selbst weiß, daß es eine solche Wirklichkeit gibt und daß das Leben eins ist.

Dann folgt eine lange Anmerkung Meister Hilarions. Aus dem Betrachten jener Anmerkung wissen wir sofort, daß er in diesem zweiten Teil die
ganze Sache völlig anders behandelt. Vorher gab er uns so etwas wie einen
allgemeinen Kommentar. Hier erklärt er nun praktisch jedes Wort des Textes, so daß er den Text offensichtlich für etwas schwieriger zu Verstehendes
hält, das eher Erklärungen als nur einen Kommtentar erfordert.

Zu Beginn sagt er:

**Stehen können heißt Vertrauen haben; hören können heißt die Tore
der Seele geöffnet haben.**

Der Ausdruck „Tore der Seele" erinnert einen an den Pali-Namen, der
der ersten Voraussetzung auf dem Probepfad gegeben worden ist, d. h.
dem Unterscheidungsvermögen zwischen Wirklichem und Unwirk-
lichem. In Pali wird das „manodwararvajjana" genannt, was bedeutet
„das Öffnen der Tore des Geistes". Des Menschen Geist öffnet sich für
den Unterschied zwischen den Dingen, die es wert sind, daß man sich
nach ihnen richtet und solchen, die es nicht sind, und so sagt man „sein
Geist hat seine Tore geöffnet, um die Wahrheit zu empfangen". Bei der
Initiation muß der Mensch noch mehr Tore öffnen, jene der Seele – mit
anderen Worten: hier muß er das buddhische Bewußtsein erlangen.
Dann ist der Mensch zum ersten Male wirklich eine Seele und betrachtet
die Dinge vom Standpunkt der Seele aus. Unterhalb jener Stufe herrscht
Getrenntheit aufgrund der Materie, somit ist der Mensch selbst im Kausalkörper noch weit von der wirklichen Bedeutung der Existenz, wie die
Seele sie betrachtet, entfernt. Mit der Realisation des buddhischen Bewußtseins gerät der Mensch in einen Zustand, der nicht nur in der Art
sondern auch im Ausmaß ganz anders ist als das, was vorher war. Deshalb ist das so wichtig. Deshalb ist das Bestandteil der ersten Initiation,
obgleich wir auch vor der Initiation und einmal ganz davon abgesehen jenes Bewußtsein erlangen können.

Sehen können heißt zur Fähigkeit des Wahrnehmens gelangt sein.

Obgleich es wahr ist, daß der Initiierte unmittelbar beträchtlich mehr
sieht als es beim gewöhnlichen Menschen in der Physis der Fall ist, ist es
auch so, daß er aus dem, was er sieht, viel mehr Schlüsse ziehen kann als
sich auf einfache Weise erzählen ließe oder als genau verstanden werden
könnte. Nachdenkliche Menschen haben sich lange gefragt, haben dis-
kutiert und argumentiert, ob Gott existiert oder nicht. Kein geschulter
Hellseher würde diese Frage bestreiten, weil er weiß. Damit will ich
nicht sagen, daß er Gott sieht. „Kein Mensch hat jemals Gott gesehen",
lesen Sie in den christlichen Schriften (Joh. 1, 18). Das ist nicht ganz zutreffend, wenn Sie vom Sonnenlogos sprechen, aber trotzdem trifft das
für die größte Mehrheit der Schüler zu. Aber obgleich die meisten Menschen niemals die Elektrizität sahen, haben sie viele Beweise dafür, daß
es so etwas gibt. Daß wir Licht haben und daß unsere Züge durch dieses
Mittel angetrieben werden, beweist uns, daß es eine solche Kraft gibt,
wenn wir sie auch niemals sahen. Genauso hat der Hellseher, der niemals die solare Gottheit sah, genügend Beweise für Ihr Wirken, um nach-
zuweisen, daß Sie existieren muß. In dieser Lage befinden wir uns bezüglich vieler theosophischer Lehren über höhere Dinge. Wir wissen nicht immer unmittelbar, aber wir sehen die Auswirkungen.

Niemand unter dem Adeptengrad vermag die Monade zu sehen, aber
der Arhat kann von ihrer Existenz wissen. Auf der nirvanischen Evene,
welche die nächste unter der Heimat der Monade ist, sehen wir eine dreifache Manifestation, die wir als dreifachen Geist bezeichnen. Die Strahlen, die jene dreifache Manifestierung ausmachen, sind offensichtlich
konvergierend, denn sie laufen im höchsten Punkt zusammen. Wir können sehen, daß sie eins werden müssen, obgleich die wirkliche Einheit
außerhalb unserer Sicht ist. Das Phänomen, das wir in dieser Beziehung
sehen, weist darauf hin, daß es sich dabei nur um drei Tatsachen eines
großen Körpers oder großen Lichts handeln muß. Obgleich wir durch
unsere eigene Schau nicht wirklich wissen, daß die Monade existiert, akzeptieren wir das aufgrund eines Beweises, dem wir ganz und gar vertrauen können – dem Zeugnis unserer Meister; aus den Phänomenen,
die wir auf der höchsten von uns zu erreichenden Ebene sehen können,
muß geschlossen werden, daß es eine solche Wirklichkeit gibt.

Von diesem Großen wurden uns gewisse Dinge berichtet, die noch außerhalb unserer Reichweite liegen; aber immer wenn wir einen weiteren
Schritt unternahmen, waren wir in der Lage, mehr von jenen Dingen zu
erkennen, die uns berichtet wurden. Das ist uns immer und immer wieder passiert. Obgleich ich also, wenn jemand die Stufe erreicht, auf die

sich dieser Text bezieht, nicht behaupte, daß er den Logos schauen wird, so sage ich doch, daß er sehr viele Beweise für Seine Existenz finden wird, die ein Zweifeln daran völlig unmöglich machen. Sieht man das und auch das Wirken des Evolutionsgesetzes, so gewinnt man absolute Gewißheit, daß alles gut ist.

Etwas bei der höheren Schau bringt die Gewißheit, daß alles gut ist und daß das wirklich eine große Sache ist. Ich vermute, daß man, bis man das erreicht, kaum weiß, was es ist – die absolute Gewißheit, daß schließlich nichts verkehrt laufen kann, daß, egal wie dunkel alles aussehen mag, es nur so scheint. Schließlich werden die Wolken aufbrechen und der immerwährende Sonnenschein, der die ganze Zeit über da war, wird schließlich hervorbrechen.

Mit etwas Übung ist es vielleicht nicht so schwierig, selbst zu denken, alles ist gut. Wenn wir durchs Leben gehen, so stoßen wir auf alle möglichen Arten von Mühen und Schwierigkeiten. Abgesehen vom Okkultismus, kommt der theosophisch gesinnte Mensch bald zu der Erkenntnis, daß das, was zählt, nicht so sehr das ist, was ihm geschieht, sondern sein eigenes Verhalten bezüglich der Ereignisse, daß er sich unter Umständen, in denen sich andere sehr schlecht fühlen würden, in einen sehr glücklichen Zustand bringen kann. Das Umgekehrte ist ebenfalls wahr. Ein Mensch mag es zuwege bringen, sich inmitten von Umständen, die die meisten anderen Menschen glücklich machen würden, sehr unglücklich zu fühlen. Also dürfte es nicht so schwierig sein, zu der Einsicht zu kommen, daß alles, soweit man selbst betroffen ist, zum Guten wirkt. Viel schwieriger ist das aber in bezug auf jene, die wir lieben, wenn wir sehen, wie sie in Schwierigkeiten geraten, wie sie Fehler machen und auf verschiedene Weise leiden. In bezug auf sie ist es viel schwieriger zu glauben, daß alles bestens arrangiert ist, weil man natürlich einen Beschützerinstinkt fühlt, man möchte sie vor diesen karmabedingten Schicksalsschlägen beschützen.

Es heißt, Liebe mache blind. So mag uns Liebe vielleicht ein wenig blind machen. Meine persönliche Erfahrung ist jedoch anders, daß die starke Zuneigung eine Person bezüglich eines Fehlers besonders scharfsichtig macht, damit man diesen beseitigt. Das Sprichwort ist in der Bedeutung zu verstehen, daß man die Fehler der geliebten Person nicht sieht. Wie dem auch sei: wird etwas vom Wirklichkeitssinn erlangt, so ist einer der großen sich daraus ergebenden Vorteile der, daß man dann ganz sicher ist – sowohl in bezug auf sich selbst als auf jene, die man liebt, daß alle Dinge zum Guten zusammenwirken, und daß das, was schließlich dabei herauskommt, auf jeden Fall das Bestmögliche sein wird. Diese Gewißheit ist eine große Quelle des Friedens.

Sprechen können heißt die Kraft erworben haben, anderen zu helfen.

Es ist bezeichnend, daß der Meister das Sprechen wählt als Möglichkeit, anderen auf höchst einfache Weise zu helfen. Das trifft für die meisten von uns zu. Auf der physischen Ebene können wir auf diese Weise verschiedene Dinge tun, um andern zu helfen, aber die größte Hilfe, die wir vielleicht als Theosophen andern zu geben vermögen, ist durch Sprechen oder Schreiben, was nur eine andere Form der Rede ist. Wir können den Menschen darlegen, was wir wissen. Sehr wenige von uns besitzen über diese Dinge unmittelbares Wissen, aber wir haben eine gewisse innere Überzeugung, für die wir eigentlich letzten Endes keine Gründe nennen können. Was dem, was Mrs. Besant sagt, so ungeheure Aussagekraft gibt, ist, weil die Leute empfinden, daß sie über etwas spricht, was sie weiß. Zusätzlich besitzt sie diese unglaubliche Beredsamkeit. Man kann nicht hoffen, diese in kurzer Zeit zu erlangen, denn Redegewandtheit ist keine Gabe. Diese wurde durch fortgesetzte harte Arbeit über viele Leben hinweg erworben. Mrs. Besant wandte eine große Menge ihrer intellektuellen Kraft während vieler Leben für das Gebiet des Sprechens auf. Das Ergebnis solcher Übung ist, daß sie es nun gut kann. Ich erinnere mich an jemanden, der ihr in bezug auf ihre Redekunst Komplimente machte. Sie antwortete: „Nun, ich habe 12 000 Jahre lang öffentlich gesprochen und denke doch, daß ich nunmehr etwas davon verstehen sollte." Eben diese Übung hat ihr solche bemerkenswerte Kraft gegeben und nur durch ebensoviel Arbeit können wir hoffen, ebenfalls in den Besitz solcher Redekunst zu gelangen. Aber jeder von uns kann ohne solche Redegewandtheit über Dinge sprechen, die wir wissen, und unsere Überzeugung wird auf andere Vertrauen übertragen.

Genau in dem Maße, wie wir uns selbst sicher sind, können wir andern unsere Überzeugung mitteilen und ihnen eine echte Hilfe sein. Ginge es also lediglich darum, so wäre der Versuch, die Überzeugung für uns zu gewinnen, schon die Anstrengung wert. Wir sollten immer und immer mehr umfassende Studien treiben und uns nicht mit einem nur oberflächlichen Überblick über die thesosophischen Vorstellungen zufriedengeben, nein, wir müssen in ihnen leben. Ich weiß, daß es einige Mitglieder der Theosophischen Gesellschaft gibt, die dieser 20 Jahre lang angehörten und heutzutage nicht mehr wissen als am Tage ihres Beitritts. Aber genauso weiß ich, daß viele der älteren Mitglieder allmählich in die Lehren hineinwuchsen, bis diese sozusagen Teil ihrer selbst wurden. Diese können mit Gewißheit sprechen und tatsächlich eine Sicherheit empfinden, die die neueren Schüler, wie enthusiastisch diese auch sein mögen, nicht so schnell erlangen. Was in vergangenen Zeiten galt, ist auch heute noch wahr: „Wenn jemand Seinen Willen tut, der wird innewerden, ob diese Lehre von Gott sei" (Joh. 7, 17). Der einzige Weg, überhaupt Sicherheit zu erlangen, bevor man selbst sehen kann, ist der, so zu leben als wäre das Angenommene wahr. Tut man das, so werden sich allmählich Beweise dafür ansammeln, daß es wirklich so ist. Obgleich der einzelne Beweis klein sein mag, so geben diese zusammengenommen doch Zeugnis davon, daß man die Sache nicht anzweifeln oder in Abrede stellen kann.

Begehren überwunden haben heißt, gelernt haben, wie das irdische Ich gebraucht und beherrscht werden soll; Selbsterkenntnis erworben haben heißt, sich in die innere Festung zurückgezogen haben, von der aus der persönliche Mensch unvoreingenommen betrachtet werden kann.

Die innere Festung ist in diesem Falle natürlich das Ego. Es gibt eine weitere Stufe, wo man unter der inneren Festung die Monade versteht, mit der das Ego zu vereinigen ist. Ich habe bereits erklärt, wie sich das Ego in die Persönlichkeit hinunter begibt. Lassen Sie uns das klar im Gedächtnis behalten. Die Monade sendet einen Strahl von sich hinunter – das ist dafür der treffendste Vergleich, den wir finden können – auf die nirvanische Ebene, die nächste unter ihrer eigenen. Dieser Strahl differenziert sich in drei Strahlen und wird zum dreifachen Atma oder dreifachen Geist. Die drei Aspekte davon steigen hinab und manifestieren sich auf niedrigeren Ebenen, bis die Monade als Atma – Buddhi – Manas erscheint, was zusammengenommen das Ego ausmacht. Nun ist das Ego nur eine teilweise Manifestierung der Monade, sozusagen ein kleines Fragment von ihr, aber trotzdem verhält es sich so, als wäre das eine vollkommen getrennte Wesenheit, wobei die Tendenz vorhanden ist, die Seele für etwas zu halten, das unbestimmt, verschwommen über ihr treibt wie ein Fesselballon.

Ich glaube, alle Theosophen, die bislang noch nicht „Human Personality" (die menschliche Persönlichkeit) von Prof. Meyers gelesen haben, gut daran tun würden, das nachzuholen, weil das eine höchst bemerkenswerte Darstellung der Beziehung zwischen dem Höheren und Niedrigeren ist. Für unsere Mitglieder ist das besonders interessant, weil Prof. Meyers als Skeptiker begann und am Ende Erscheinungen von Geistern zugeben mußte sowie alles, was daraus notwendigerweise folgt. Oft habe ich ihn besucht und häufig war er bei Mme. Blavatsky. Von dem, was sie ihm erzählte, war er sehr beeindruckt, jedoch nie vollkommen zufriedengestellt. Ständig suchte er in seiner intellektuellen Anschauung etwas Eindeutiges, und das kann praktisch nicht gegeben werden, zumindest ist es in bezug auf höhere Ebenen ungeheuer schwer. Das Wirken der Kräfte oder die Zustände auf den höheren Ebenen lassen sich in Begriffen der niederen überhaupt nicht ausdrücken. Das ist genauso unmöglich als wolle man den Inhalt eines Würfels in Quadratmeter angeben. Solcher Art ist der Unterschied.

Prof. Meyers suchte den Ausdruck der höheren Welten in Termini der niedrigeren. Wir können dem etwas näherkommen; wir können das anstreben und versuchen, bei unseren Lesern und Hörern die Intuition zu stimulieren, aber wir können die Sache mit noch so vielen Worten nicht darlegen – nicht weil uns gesagt wird, wir dürfen das nicht, sondern weil es unmöglich ist. Die Menschen müssen die höheren Fähigkeiten entwickeln, um auf den höheren Ebenen schauen zu können. Wir können ihnen, soweit wir es vermögen, alles von der Astralwelt berichten. Erreichen sie die Astralwelt mit vollem Bewußtsein, werden sie sagen: „Die Hälfte ist mir nicht erzählt worden." Das trifft zu, weil es sich nicht berichten läßt. Hier unten kann man die höheren Dinge nicht wirklich kennen. Kennt man diese aber zumindest zum Teil, so bedeutet das bereits sehr großen Trost und Vorteil. Wir mögen vielleicht nicht völlig verstehen, aber wir wissen genug, um sicher zu sein, daß es Furcht und Zweifel nicht zu geben braucht. So stellt das theosophische Studium für uns doch wenigstens eine große und wunderbare Hilfe dar.

Deine Seele in ihrer Blüte gesehen haben heißt, innerlich für einen Augenblick jene Verklärung geschaut haben, die einst aus dir mehr als Mensch machen wird.

Erreicht ein Mensch das buddhische Bewußtsein, so gewinnt er jene breitere Einsicht, die mehr als Einsicht ist, weil sie ebenso Empfindung ist. Und das ist etwas so Wunderbares, etwas so völlig Neues für des Menschen Erfahrung, daß sich der Meister hier wieder und wieder auf verschiedene Art darauf bezieht und die Sache von verschiedenen Gesichts-

punkten aus angeht. Für einen Augenblick jene Verklärung geschaut haben, die aus dir mehr als einen Menschen macht, bedeutet, die erste Berührung mit der Einheit des Logos zu haben, d. h. mit dem Gott des Sonnensystems. Dabei muß man aber bedenken, daß ein Mensch bei der
Initiation weder das volle buddhische Bewußtsein erlangt noch irgendwie einen buddhischen Bewußtseinsträger entwickelt.

In der Entwicklung des buddhischen Bewußtseins hat sich der Schüler
schon geübt, so daß er gewöhnlich auf jener Stufe Erfahrungen hatte.
Hatte er diese bisher noch nicht, so hat er nun sein erstes Erlebnis und
das steht direkt in Verbindung mit den Fesseln, die er abzuwerfen beginnt. Die ersten drei, die zu schwinden haben, sind Selbsttäuschung,
Zweifel und Aberglaube. Diese werden durch jenen Augenblick der Verklärung sämtlich zum Verschwinden gebracht. Hat er die Einheit erkannt, so kann es keine Selbsttäuschung für ihn geben. Er kann die Fakten nicht mehr anzweifeln. Ihm wird gesagt, er dürfe nicht an der Evolution zweifeln, dem großen Karmagesetz und der Tatsache, daß der höchste Fortschritt durch Heiligkeit erlangt wird. Es ist gewiß wahr, der
Mensch kann diese Dinge nicht bezweifeln. Er kann sie wirken sehen,
und weil er dort steht, wo viele Wege zusammenlaufen, weiß er, daß es
viele Straßen gibt und daß alle davon zu der einen Seligkeit führen. Er
kann nicht mehr am Aberglauben festhalten, daß für jemanden, der
diese Stufe erreicht hat, irgendeine Glaubensform notwendig ist. Er
steht auf der Bergspitze und sieht all die Straßen, die hinaufführen; er
sieht, daß alle gut sind. So große Betonung wird auf die buddhische Erfahrung gelegt; von jenem Gesichtspunkt aus betrachtet ist sie jene „Verklärung, die aus dir mehr als einen Menschen machen wird".

Für jemanden, der die Adeptschaft erreicht hat, bedeutet das noch
mehr als das, weil er eindeutig mit einer bestimmten Manifestation der
Gottheit eins geworden ist. Da ER sich in jener Gruppe von Ebenen
zeigt, die zusammengenommen die praktische Ebene ergeben, die niedrigste der großen kosmischen Ebenen, zeigt ER sich als DREI und doch
EINER, als hochheilige Trinität, die trotzdem eine herrliche Einheit ist.

Immer und immer wieder wird uns gesagt, daß wir diese beiden Begriffe immer im Gedächtnis behalten müssen, wenn wir an IHN denken,
daß wir „weder die Personen verwechseln, noch die Substanz teilen"
dürfen, sondern wir müssen, so gut wie wir es vermögen, versuchen, dieses große Mysterium der DREI, die nicht vollkommen verstanden oder
erklärt werden können, zu begreifen. Zu allen Zeiten und in fast allen
Religionen ist dem Verstehen dieses Mysteriums soviel Bedeutung bei-

gemessen worden, daß das Verständnis für die Praxis eindeutig von gro-
ßerWichtigkeit ist. VieleTausende von Menschen haben gesagt, daß Lehren wie diese von rein theoretischemWert sind, daß dasWissen darum für
das praktische Leben keinen Unterschied macht. Das stimmt nicht ganz.
Ohne Frage ist es notwendig, hiervon zumindest ein wenig zu verstehen.
In allen Einzelheiten können wir das nicht begreifen, aber zumindest
sollten wir wissen, daß es diese drei verschiedenen Kraft-Arten gibt und
daß trotzdem all die Kraft ein und dieselbe ist. Wissen wir das nicht, so
können wir weder die Methode verstehen, wie es zur Existenz unserer
Welt kam, noch den Menschen, weil „Gott den Menschen nach seinem
Bilde schuf" und der Mensch deshalb dieselben Charakteristika aufweist
– daß er drei ist und trotzdem einer. Nun zeigen sich die DREI und der
EINE auf unserer kosmischen praktischen Ebene in einer Anordnung,
die sehr ähnlich der von Atma, Buddhi, Manas im Menschen ist, oder es
wäre wohl richtiger zu sagen, daß unser Prinzip jenem ähnelt.

Wir haben hier den höchsten Geist auf der höchsten unserer Ebenen
und dann den zweiten Aspekt jenes Geistes, der um eine Ebene absteigt
und so zwei Eigenschaften in sich birgt: jene der höheren Ebene und jene
der niedrigeren. Von Menschen wird das als dual bezeichnet, im Christentum hören wir von Christus als „Gott und Mensch", und in der Geheimlehre lesen wir „Vater-Mutter spinnen ein Gewebe". Jener Aspekt hat immer zwei Seiten, er ist als an seine göttliche Natur heranreichend identisch
mit dem Vater. Steigt er jedoch um eine Stufe ab, so ist das für den Vater
etwas Geringeres, weil er dort mit seiner menschlichen Natur in Berührung kommt. Dennoch sind diese zwei nicht voneinander getrennt, sondern ergeben einen Christus, und der Christus ist eins mit dem Vater.

Dann ist da noch die Dritte Person der HeiligenTrinität. Diese steigt
auf die zweite Ebene ab und steht dort auf gleicher Stufe mit dem Sohn;
und dann begibt sie sich um eine weitere Stufe hinunter und manifestiert
sich im höherenTeil dessen, was wir manchmal als nirvanische oder atmische Ebene bezeichnen, doch jenseits von allem, was wir erreichen
könnten – dort wohnt ER. Dann wird sich zeigen, daß dort drei Linien
zusammen ein Dreieck bilden. Wir haben die horizontale Linie, die die
drei Aspekte oder Personen auf ihrer eigenen Stufe verbindet, dann ist
dort die Senkrechte des Dreiecks, aber anstatt nach oben, verläuft sie in
diesem Falle nach unten zu dem, was wir als Basis bezeichnen können,
die die drei verschiedenen Zustände oder Aspekte der Drei Personen
verbindet; dann ist dort die Hypotenuse des Dreiecks. Jene Linie nun –
das Quadrat davon ist gleich der Summe der Quadrate der anderen bei-

den Seiten (Katheten) – repräsentiert die Gottheit. Für uns hier unten stellt sie die Drei Personen als Personen dar, und trotzdem verbindet sie diese zu einer.

Ein Mensch erreicht die Adeptschaft, wenn er sein gewöhnliches Bewußtsein auf die nirvanische Ebene erhebt; was ihn vom Adepten unterscheidet ist die Tatsache, daß er die Monade mit dem Ego vereinigt hat. Da er dann mit der Monade eins geworden ist, hat er die Stufe der dritten oder niedrigsten Manifestation der Gottheit schon erreicht. Deshalb schlägt sich das auf ihn in einer Art und Weise nieder, wie es in der Beschreibung von Pfingsten dargestellt wurde. Nachdem die Kreuzigung und die Auferstehung, die die Arhat-Stufe darstellt, hinter ihm liegen, hat er die Himmelfahrt vor sich; nach der Himmelfahrt folgt das Hinabsteigen des Heiligen Geistes. In der uns gegebenen symbolischen Darstellung stieg der Christus hinab und der Heilige Geist kam über die Apostel – gemäß der Geschichte, in der uns das geschildert wird, unabhängig von dem Christus und nachdem Er uns verlassen hatte. Aber in der großen gnostischen Lehre, in der Pistis Sophia, heißt es, daß Christus elf Jahre nach seiner Himmelfahrt verweilte und seine Anhänger lehrte, woran man sieht, daß sich das Hinabkommen des Heiligen Geistes, während Er sich bei seiner Kirche befand, ereignete und nicht hinterher. Damit muß die Erlangung der Adeptschaft jener gemeint sein, die als Apostel bezeichnet werden (wer immer sie auch gewesen sein mögen), weil „Feuerzungen sie überkamen" – eine Aussage, die sehr deutlich auf gewisse im Osten wohlbekannte Phänomene hinweist.

Wer die Statuen Buddhas oder anderer großer Heiliger oder indischer Gottheiten gesehen hat, wird bemerkt haben, daß auf dem Kopf häufig eine seltsame kleine Doppelkuppel zu sehen ist. Sehr wenige Menschen wissen, was diese eigentlich bedeutet. Es gibt ein gewisses Chakra auf dem Kopf, von dem machmal als dem tausendblättrigen Lotus gesprochen wird. Beim gewöhnlichen Menschen ist das ein Wirbel oder eine Mulde im Ätherkörper. Erreicht der Mensch jedoch eine hohe Stufe, so ist er imstande, die Vertiefung nach außen zu kehren und daraus im Gegensatz zu einer Vertiefung eine Erhebung zu machen. Das versucht man zu versinnbildlichen, wenn man Buddha mit der seltsamen kleinen sich auf dem Kopf erhebenden Doppelkuppel darstellt. Dieser Punkt glüht und vermittelt sehr stark den Eindruck eine Feuerflamme. Somit sind die „feurigen Zungen" keineswegs eine schlechte poetische Umschreibung.

Die andere seltsame Erscheinung, die im Zusammenhang mit dem Herabkommen des Heiligen Geistes geschildert wird, die Tatsache, daß jene, die sprachen, von jedermann in seiner eigenen Sprache gehört wurden, ist nicht notwendigerweise eine Begleiterscheinung der Adeptschaft, sondern gehört einer höheren Stufe an. Mir selbst ist ein Beispiel hierfür bekannt. Es sieht so aus, als wäre das bei den Aposteln damals so gewesen, wenn wir den Bericht als Schilderung historischer Tatsachen betrachten wollen.

Hellseherisch haben wir die Sache mit den Aposteln nicht so gesehen. Es ist nicht so, daß es keine Person namens Peter gab, aber es gab viele Peter. Das war der Titel, der dem Oberhaupt jeder Kirche gegeben wurde – Petros, ein Fels, auf den die Kirche gebaut wurde – weil der Führer der Kirche der Fels war, auf dem sie sich erhob. Das ist kein unpassendes Symbol, denn wir wissen, wie häufig sogar theosophische Logen und andere Organisationen genauso von einer Person abhängig sind. Es scheint so, daß in alten Tagen genau dasselbe für gut befunden wurde. Es gab jene, die die Führung übernehmen konnten, und wo ein Führer ist, wird es immer Anhänger geben. Somit ist sein Wissen der Fels, auf dem die bestimmte Kirche errichtet ist. Was den Rest anbelangt, so haben wir die Sache nicht umfassend genug untersucht, um mit Genauigkeit sprechen zu können; aber man kann nicht umhin, sehr viele Zweifel bezüglich dieser Geschichte zu hegen, besonders auch, weil Origines uns ausdrücklich warnte, das nicht als historisch aufzufassen, und sie mit der Geschichte Hagars und Ishmaels verglich, über die in der Bibel steht: „das ist ein Gleichnis" (Galater 5, 24). Wenn wir so auch die Apostelgeschichte betrachten, bekommen wir einen viel breiteren und nützlicheren Überblick über all diese Dinge, denn – wie Origines es ausdrückt – „egal, ob diese Dinge sich in Judäa oder überhaupt nicht ereigneten, eines ist zumindest sicher, so etwas ereignet sich bis in alle Ewigkeit im Leben christlicher Menschen"; das ist bei dieser Begebenheit der wichtige Aspekt, nicht der materielle Anlaß.

Somit wird der Adept bewußtseinsmäßig eins mit der Dritten Person der Heiligen Trinität. Daß muß so ähnlich sein, wie wenn wir feststellen, daß wir auf einer ganzen Ebene tiefer die bewußtseinsmäßige Einheit erreichen. Wir stellen fest, daß andere Teil unserer selbst zu sein scheinen, wenn wir das volle Bewußtsein auf der nirvanischen Stufe erlangen. Alle werden dann gleichermaßen als Facetten des Einen geschaut.

Erkennen heißt die große Aufgabe vollbringen, in das strahlende Licht zu schauen, ohne die Augen zu senken und ohne vor Schreck zurückzuweichen wie vor einer gespenstischen Erscheinung. Dies wider-

fährt manchem, und dadurch geht ihm der fast schon errungene Sieg verloren.

Es klingt sehr seltsam, daß jemand aus solcher Höhe fallen könnte, und doch ist es so. Bevor jene Stufe erreicht wird, muß jede Möglichkeit von Furcht vollkommen transzendiert worden sein; aber es gibt jene, die vor diesen herrlichen Entwicklungen zurückschrecken, weil sie den Verlust ihrer Individualität befürchten. Auf einer viel niedrigeren Ebene wird der Mensch mit derselben Sache nach dem Tode konfrontiert. Viele Menschen gibt es, die sich immens an das physische Leben klammern, die gewiß sind, daß es kein anderes als dieses Leben gibt. Wird das aus physischer Materie bestehende ätherische Doppel aus dem dichten Körper herausgezogen, so klammert sich ein solcher Mensch, der sich nun im Astralkörper befindet, an das ätherische Gegenstück, das ihn noch umgibt, anstatt daß er es sich auflösen läßt, wie es sein sollte. So schafft er sich selbst viele Schwierigkeiten. Er lebt in der „grauen Welt", wie diese manchmal genannt wird.

Mit derselben Sache haben wir es auf dieser höheren Stufe zu tun. Während sämtlicher Inkarnationen besaß der Mensch einen Kausalkörper. Diesen identifiziert er mit seiner Individualität und schreckt vor seinem Verlust zurück. Die Seligkeit und das unendliche Licht der buddhischen Ebene werden vor ihm allmählich sichtbar, erreichen kann er sie aber nur, indem er seinen Kausalkörper abwirft; und das schreckt Menschen in manchen Fällen. Der Mensch fürchtet, daß er, indem er den Kausalkörper verliert, alles verliert und im unendlichen Licht aufgeht. Somit fällt er eben auf der Schwelle zurück. Er fürchtet sich vor das ihm vollkommen neue Aufgehen in die Einheit. Er weiß nicht, daß er, wenn er so damit verschmolzen ist, sich selbst noch genau wie vorher spüren wird, daß er das nicht so empfinden wird, als sei der Tropfen mit dem Ozean verschmolzen, sondern als habe sich der Ozean in den Tropfen ergossen.

Dafür finden wir gelegentlich andere Beispiele auf niedrigen Stufen. Der im Verstandeskörper funktionierende Mensch hat manchmal Angst davor, diesen loszulassen und in den Kausalkörper zurückzusinken, der nicht länger konkret, sondern abstrakt ist; so hält er in diesem Stadium inne, zögert und hat Angst, hinüberzuwechseln. In jedem dieser Fälle ist der Fortschritt der Person von der dahinterstehenden Kraft abhängig, dem ungeheuren Enthusiasmus und der Hingabe, wodurch er die Sache bewerkstelligt. Da das die treibende Kraft ist, bedeutet das Zögern des

Menschen, daß es an Enthusiasmus mangelt, denn Angst und Enthusiasmus dieser Art können nicht gleichzeitig existieren. In dem Moment, wo sich der Mensch Furcht gestattet, schreckt er durch denselben Gedanken zurück, fällt zurück und nimmt nicht länger die erreichte Position ein.

In manchen Fällen gibt es eine gewisse Berechtigung bezüglich des Zurückschreckens, und ich glaube, der Grund dafür ist der, daß der Mensch, wenn er sich jenseits jener Stufe begibt, auf der er bewußt sein kann, in Trance fällt und sich selbst verliert. In Indien wird von „in Samadhi gehen" gesprochen. Wir fragen uns, um welches Stadium es sich dabei handeln könnte, und identifizieren das mit verschiedenen Stufen, einer nach der anderen, wobei wir feststellten, daß das kein dauerhafter Zustand ist. Es dauert sehr lange, bis man entdeckt, daß Samadhi für verschiedene Menschen eine unterschiedliche Sache ist. Für einen Wilden, dessen Bewußtsein sich eindeutig nur auf der physischen Ebene befindet, wäre die Astralebene Samadhi. Für die meisten Menschen unserer Rasse, die sich mit diesen Dingen nicht beschäftigt haben, wäre Samadhi das Begeben in den Kausalkörper, weil sie nicht bewußt genug für die Erfahrung wären, dafür, daß diese für sie von irgendeinem Nutzen sein könnte. Auf der buddhischen Ebene wären, sofern wir uns mit Gewalt dorthin begeben könnten, viele von uns bewußtlos. Das würde bedeuten, daß wir, wenn wir bald wieder in unsere niedrigeren Bewußtseinsträger zurücktreiben würden, ohne bestimmtes zusätzliches Wissen zurückkämen. Wir würden mit einem Seligkeitsgefühl zurückkehren mit einer Empfindung, in allen möglichen nebelhaften Herrlichkeiten gebadet zu haben, jedoch ohne klares Wissen und ohne neue Kraft, irgend etwas Nützliches zu tun.

Diese Art von Samadhi – ein Zustand gerade jenseits unseres Bewußtseins – wird von unseren Meistern nicht unterstützt. Jene Großen würden sagen: „Erreiche auf alle Fälle die höchste Stufe, die du erreichen kannst, aber tue das bewußt. Bahne dir allmählich den Weg hinauf, springe nicht hinauf. Paß auf, dränge stetig aufwärts und behalte dabei immer dein Bewußtsein." Es gibt Möglichkeiten, von denen man sagen kann, sie seien gefährlich. Nichts ist tatsächlich gefährlich, weil man auf jenen höheren Stufen kein gesondertes Leben zu verlieren hat, wie es hier unten möglich ist, aber es ist gut möglich, daß man aus der Evolutionsbahn gefegt wird, wenn man voreilige Experimente macht. Für einen durchschnittlichen Schüler ist das aber nicht wahrscheinlich, weil er stetig auf ihm bekannten Ebenen weiterarbeitet und nach deren Erreichen strebt.

Die Tatsache der Möglichkeit eines Zurückfallens – indem man sich fürchtet, den höheren Entwicklungen ins Auge zu sehen – wurde uns ganz besonders deutlich bei den Initiationen der alten ägyptischen Mysterien gezeigt. Die Kandidaten wurden gelehrt, daß sie beim Streben nach Kenntnissen weder voreilig noch ängstlich zu sein haben. Wurde der Kandidat zur Tür der Krypta oder unterirdischen Halle gebracht, wo diese großen Zeremonien stattfinden, so erhielt er eine praktische Lektion in dieser Beziehung, denn bei seinem Eintreten wurde ein Schwert auf ihn gerichtet, das seine Brust berührte, um zu symbolisieren, daß er auf der Suche nach jenen Mysterien nicht vorschnell vorwärtsstürmen dürfte. Gleichzeitig wurde er von seinem Begleiter an einem ihm um den Hals geworfenen Seil geführt, so daß er sich, sofern er sich gefürchtet hätte und nach rückwärts geeilt wäre, eine Verletzung zugezogen hätte. Hinterher wurde ihm das dann erklärt. Ihm wurde gesagt, daß ein Mensch ruhiges Vertrauen haben müsse, daß er sich niemals voreilig in etwas hineinstürzen dürfe, was er nicht versteht, noch andererseits aus Angst zurückweichen dürfe, wenn ihm etwas begegnet, das ihm schrecklich erscheint.

Die große Gründerin unserer Gesellschaft, Mme. Blavatsky selbst, die niemand des Mangels an Mut bezichtigen konnte, die als Mann verkleidet im Jahre 1864 unter Garibaldi kämpfte, erzählte mir, daß sie, als sie zum ersten Mal zum Herrn der Welt, dem Einen Initiator, dem großen spirituellen König der Welt, geführt wurde, auf ihr Antlitz fiel und ihn aufgrund der ungeheuren Macht und Majestät in seinem Antlitz nicht ansehen konnte. Keineswegs ergeht es allen Kandidaten genauso, aber trotzdem, wenn das auf eine so unerschrockene Person wie Mme. Blavatsky eine solche Wirkung hat, so kann man verstehen, daß es keine leichte Prüfung ist, zum Repräsentanten des Sonnenlogos auf diesem Planeten geführt zu werden und ihm von Angesicht zu Angesicht gegenüberzustehen. Das ist ein gewaltiges Erlebnis.

Jene, die Schüler der Meister werden, werden eines Tages rechtzeitig vom Meister den Pfad hinaufgeführt werden, der zur Initiation führt. Dann müssen sie dem Einen Initiator gegenüberstehen – nicht gerade beim ersten Schritt, auch nicht beim zweiten, aber beim dritten und vierten. Aber bevor es so weit ist, werden sie so viele Erfahrungen auf dem Wege dorthin gemacht haben, daß sie wahrscheinlich in hohem Maße darauf vorbereitet sein werden. So war es auch bei Mme. Blavatsky – doch was ich vorher sagte, ist das, was sie mir erzählte. Obgleich ich vollkommen mit ihr übereinstimme, daß jenes Antlitz voller Majestät und

Macht ist, ganz unbeschreiblicher Macht, einer Macht jenseits von allem, was Sie sich unter Macht vorstellen können, so ist es doch ebenso voller Liebe, daß es mir erscheint, als könne man in Seiner Gegenwart keine Furcht empfinden. Mme. Blavatsky hatte, so glaube ich, auch gar keine Furcht, sondern einfach eine so große Ehrfurcht und Scheu, daß sie die Begegnung als so blendendes und nicht zu ertragendes Licht empfand — sie empfand es als zu groß für sie.

Worüber hier aber gesprochen wird, ist nicht die Begegnung mit dem Einen Initiator, sondern mit dem eigenen höheren Selbst, dem Zugang zum weiteren spirituellen Reich. Menschen schrecken davor zurück, wie ich sagte, weil sie fürchten, daß sie, wenn sie sich in die leuchtende See hineinfallen lassen, nie mehr zurückkehren könnten, daß vielleicht die Individualität verlorengehen könnte. Ein denkender Mensch müßte wissen, daß viele andere Menschen sich hineinfallen ließen und nicht verlorengingen, aber in solchen Momenten denkt man nicht immer, sondern handelt vielleicht eher instinktiv. Man muß sich also bemühen, seine instinktiven Handlungen so zu arrangieren, daß sie vernünftig und richtig sind. Vor dem Göttlichen dürfen wir nicht zurückschrecken, egal ob es sich in uns selbst oder irgendeinem andern zeigt. Hier heißt es, manche haben das getan; und so ging der Sieg, nachdem er fast gewonnen worden war, verloren. Das wäre traurig. Von der Art, wie das ausgedrückt wird, sollten wir uns aber nicht täuschen lassen.

Häufig werden wir gewarnt, daß ein Mensch, je höher er kommt, um so tiefer fallen könne. Dafür gibt es verschiedene Gründe. Einer davon ist der, daß er die göttliche Kraft, die auf ihn gekommen ist, mißbrauchen kann, ein anderer, daß er in einen solchen Zustand zurückfallen könnte, daß er ein Leck im Kanal verursacht, der von einer Anzahl von Jüngern einschließlich ihm gebildet wird. Die Großen senden eine ungeheure Kraftwelle durch einen solchen Kanal hindurch und können diese nicht zurückrufen. Wird der Kanal defekt, so kann ein großer Teil der Kraft verloren sein. Nicht immer handelt es sich dabei um eine große Ausgießung in nur eine Richtung – manchmal nimmt etwas davon einen Weg, etwas anderes einen anderen, um verschiedene Dinge zu bewirken; und nur dann, wenn all die verschiedenen Menschen, die den Kanal bilden, in ihren jeweiligen Bereichen fest stehen, ist der Erfolg sichergestellt. Traurig wäre es, wenn jemand scheitern und so ein Leck bilden würde, was wegen des großen dahinterstehenden Kraftdruckes eine ernste Sache wäre und zu einem Fall des Menschen führen würde. Andererseits würde es ebenso einen Fall bedeuten, wenn jemand vor einer guten in der eigenen Macht stehenden Arbeit aus Angst vor der Verantwortung zurück-schrecken würde. Je höher ein Mensch emporklimmt, desto tiefer kann er fallen, wenn er auf den Boden fällt. Es wäre eine sehr traurige Sache, wenn ein Mensch auf diesem hohen Punkt fiele, aber es ist sehr unwahr-scheinlich, daß jemand, der so hoch emporgeklommen ist, auf den Bo-den zurückfällt. Wir dürfen nicht den Eindruck bekommen, daß ein sol-cher Fall, selbst in der Art des in unserem Text beschriebenen, vernichtet ist. „Wer sich erhebt, kann fallen, wer fällt, wird sich erheben, das Rad dreht sich unaufhörlich" *(Die Leuchte Asiens)*. Es gibt keinen vernich-tenden Fall, weil es Gottes Wille ist, daß jeder Mensch vorankommt. Deshalb wird jeder Mensch Fortschritte machen und es ist nur eine Frage der Geschwindigkeit, wie er vorwärtskommt.

Für einen solchen Menschen würde der Verlust seiner Position die große Verschwendung einer hohen Gelegenheit bedeuten, jedoch würde ihn das nicht an den Anfang zurückwerfen. Es würde bedeuten, daß er mit Überlegung arbeiten muß, um in sich das Bewußtsein seiner eigenen Göttlichkeit zu entwickeln, und lernen, dem zu vertrauen.

Das zu tun, wäre natürlich keineswegs leicht, weil ein Mensch, der in einem kritischen Moment die Kontrolle über sich verlor, der seine Ner-ven verlor, es als schwierig empfinden würde, diese wiederzuerlangen. Blickt ein Mensch beim Emporklimmen hinunter und sieht unter sich einen großen Abgrund, so wird er wahrscheinlich ängstlich werden und fallen. Der Mensch aber, der niemals ängstlich gewesen ist, würde wahr-scheinlich bis zum Ende weitergehen und überhaupt keine Angst haben. Jener, der durch den Blick hinunter einmal die Nerven verloren hat, wird lange Zeit benötigen, um sicher seinen Weg zu gehen, aber ich möchte nicht, daß nun jemand denkt, daß der Mensch, der fällt, sich nicht erho-len könne. Sicher ist das ein trauriger Fall, er hätte es besser wissen sol-len; man kann nicht anders, als das so sehen und sagen, aber der Mensch wird sich erholen und früher oder später seinen Weg fortsetzen.

Es sagt sich sehr leicht, daß man vollkommenes Vertrauen in seine Göttlichkeit haben solle, steht man jedoch von Angesicht zu Angesicht einer der großen Prüfungen gegenüber, so ist das eine schwierige Sache. Kommt es zum Fall, so kann man zumindest sicher sein, daß die getane Arbeit trotzdem zählt, so daß es keine Möglichkeit für einen vernichten-den Fall gibt. Das ist dann so ähnlich wie das Scheitern bei einer Prüfung auf der physischen Ebene. Damit ist allerhand Kummer verbunden, je-doch besitzt der Mensch immer noch das ganze Wissen, das er bei seiner Vorbereitung auf die Prüfung erwarb. Ist er imstande, es noch einmal zu probieren, so ist er ziemlich sicher, erfolgreich zu sein.

Manchmal erscheint es uns sehr traurig, wenn ein Mensch, der gute okkulte Fortschritte macht, plötzlich stirbt. Man neigt dazu, zu sagen: „Wie schade, hätte er mit dieser Geschwindigkeit weitergemacht, so würde er wahrscheinlich noch in diesem Leben die Initiation erreicht haben." Aber was geschieht, ist Karma und zum Besten, und er wird nicht verlieren, was er erlangt hat. Das Selbst behält alles, was es je erreicht hat. Was es zu tun hat, ist, einen neuen physischen Körper zu unterwerfen, aber das wird ihm beim von ihm erreichten Punkt sehr leicht fallen, und erst danach werden die Schwierigkeiten wieder anfangen.

Die Stimme der Stille hören heißt verstehen, daß die einzig wahre Führung von innen kommt; zur Halle des Lernens gehen heißt die Stufen erreichen, auf der Lernen möglich wird. Dann werden dort viele Worte für dich geschrieben stehen, geschrieben in feurigen Buchstaben, die leicht für dich zu lesen sind. Denn wenn der Jünger bereit ist, dann ist auch der Meister bereit.

Wir haben bereits gesehen, daß die Halle des Lernens auf der Astralebene beginnt, der niedrigsten Ebene, auf der Sie praktisch in bezug auf die höheren Stufen etwas lernen können. Das bedeutet nicht, daß es auf den höheren Stufen nichts zu lernen gibt, z. B. in der Himmelswelt. Dort gibt es sehr viel zu lernen, aber für den durchschnittlichen Menschen ist die Astralebene seine Halle des Lernens; und wenn er sich außerhalb seines physischen Körpers in der Astralwelt befindet, wird ihm viel von der für ihn nötigen Lehre erteilt werden.

Es gibt viele Schüler, die nicht ganz verstehen, was es bedeutet, wenn man vom Meister als Schüler angenommen wird. Einige scheinen zu erwarten, daß sie, wenn sie dieses große Privileg genießen würden, ständig vom Meister belehrt werden würden, daß er sie besonders anweisen würde in bezug auf geringfügige Einzelheiten ihrer Entwicklung. Nimmt der Meister Schüler auf Probe an, so bedeutet das viel mehr, daß er sie im gewöhnlichen Leben beobachtet, anstatt daß er sie etwas Besonderes lehrt. Die Hauptsache ist dann, daß er alle Einzelheiten des Lebens, der Gedanken und Gefühle des Schülers sieht, so daß er wissen kann, wann er den Schüler nützlich in die engere Beziehung zu sich nehmen kann. Das muß er wissen, bevor er einen weiteren Schritt unternimmt, sonst kann er eine Menge Schwierigkeiten bekommen. Vom Standpunkt der zu verrichtenden Arbeit aus betrachtet wäre die Mühe nicht wert. Als Probeschüler mag der Schüler als Kraftkanal verwandt werden. Das geschieht oft, aber erst dann, wenn es zur engeren Verbindung kommt, befindet er sich in ständiger Kommunikation mit dem Meister; selbst dann wird er nicht notwendigerweise von der Kommunikation wissen. Manchmal mag er empfinden, daß die Kraft durch ihn hindurchströmt. Das ist eine wunderbare Erfahrung, ein großes Privileg und eine Freude, für die Verbreitung der Kraft des Meisters gebraucht zu werden, aber außer zu sehr seltenen Gelegenheiten wird er vom Meister keine Instruktion bekommen.

In den meisten Fällen wird ein älterer Schüler bestimmt, um sich um den Neophyten zu kümmern und ihm die erforderlichen Instruktionen zu geben. Was mich betrifft, so lehrte mich Mme. Blavatsky sehr viel im Auftrage des Meisters, aber ich war von ihr ca. fünf Jahre lang getrennt und nach Indien gesandt worden, während sie sich in Europa aufhielt. Folglich war es ihr außer durch gelegentliche Briefe und manchmal auf der Astralebene unmöglich mir irgendwelche Hilfe zu geben. Daher kam ich in die Obhut von Swami T. Subba Row. Er war in allen Details ein außergewöhnlich geduldiger Lehrer, und so bekam ich von ihm sehr viel Hilfe.

In jenen Tagen sah ich meinen eigenen Meister nur gelegentlich, und selbst wenn ich ihn sah, ging es dabei gewöhnlich nicht um irgendwelche Lehren, die er mir erteilte, sondern eher um Instruktionen bezüglich einer Sache, die ich für ihn tun sollte. Beim Erledigen der Arbeit gewann ich eine ungeheure Menge an Wissen und Übung. Der Versuch, einen Dienst zu verrichten, selbst ohne zu Beginn zu wissen, wie, zeigt einem, wo es bei einem noch mangelt. Dann beginnt man mit der Arbeit, um die Lücke zu füllen, damit man fähig ist, das nächste Stück Arbeit besser zu verrichten. Ich glaube, ich kann in bezug auf mich sagen, daß ich auf diese Weise am meisten lernte. Ich fand irgendwie einen Weg, um die Sache zu tun, und sah dann, wo die Methode verbessert werden könnte, bis ich wußte, wie man die höheren Methoden, die Swami T. Subba Row mich lehrte, anwenden kann. Das bedeutete aber eine große Menge an Arbeit, Belastung und häufig eine sehr langsame Entwicklung. Dennoch mußte das getan werden und es wurde getan; ich glaube, so werden alle Schüler trainiert. Ihnen wird ein Stück Arbeit zu tun gegeben, das sie tun sollen, und beim Ausführen der Arbeit lernen sie, wie man größere Arbeiten verrichtet. Über dieses große Thema der Beziehung zwischen Meister und Schüler habe ich aber ausführlich in *„Die Meister und der Pfad"* geschrieben.

Dem Schüler eröffnen sich verschiedene Möglichkeiten des Lernens. Viele davon stehen gleichermaßen jedem von uns auf der Astralebene

offen, wenn wir uns dazu entschließen, sie auszunutzen. Manchmal besuchen wir auf der physischen Ebene Vorträge, um etwas über Theosophie zu lernen, weil einige Menschen leichter lernen, wenn ihnen auf
diese Weise Fakten berichtet werden, während andere Menschen leichter lernen, indem sie zu einem Buch greifen und über das Thema lesen.
Für jene, die das gesprochene Wort schätzen, gibt es immer Vorträge
über Okkultismus. Einige von jenen, die Arbeiter und Helfer in der
Astralwelt sind, weihen die meiste Zeit jenem Arbeitsbereich. Unser
früherer Vizepräsident A. P. Sinnett pflegte in diesem Bereich seinen Anteil an den Pflichten in der Astralwelt zu übernehmen. Er stürzte sich
nicht regelmäßig in die gewöhnliche Arbeit der unsichtbaren Helfer, sondern hatte stattdessen eine eigene Abteilung. Man traf ihn immer dabei
an, jedermann, der in der riesigen Astralwelt zuzuhören bereit war, theosophische Instruktionen zu geben. So brachte er viele Menschen – sowohl tote als auch lebende – in Berührung mit diesen großen Wahrheiten, denn er hatte eine überzeugende Methode, um die einzelnen
Punkte, die er vermitteln wollte, zum Ausdruck zu bringen, und die viele
Menschen sehr nützlich und leicht zu befolgen fanden.

2

Regeln 1—4

C. W. L.: Im letzten Kapitel beschäftigten wir uns mit dem, was eigentlich ein Vorwort zum zweiten Teil des Buches darstellt. Nun aber kommen wir zu den Regeln. Bis dahin zu Regel 12 sind diese auf dieselbe Weise wie in Teil 1 numeriert. Regeln 1 bis 3, 5 bis 7 und 9 bis 11 gehören in einer Anordnung von je drei zu dem alten Palmblatt-Manuskript und Regeln 4, 8 und 12 sind Kommentare des Chohans. Danach erfolgt die Numerierung nach einem ganz anderen System.

In diesem Kapitel werden wir die Regeln 1 bis 3 behandeln und ich werde den Kommentar des Chohans, der die Regel 4 darstellt, in seine drei Teile gliedern und diese zusammen mit den Regeln, zu denen sie gehören, behandeln.

1. Stehe abseits im kommenden Kampfe, und wenn du auch kämpfst, sei du nicht der Krieger.

Er ist du selbst, aber du bist nur endlich und dem Irrtum ausgesetzt, Er ist ewig und irrt nicht. Er ist die ewige Wahrheit. Wenn Er einmal in dich eingezogen und dein Krieger geworden ist, wird Er dich niemals ganz verlassen, und an dem Tage des großen Friedens wird Er eins mit dir werden.

Der Jünger muß kämpfen. Er muß sich in die Evolution stürzen, die um ihn herum vor sich geht. Er muß auf der Seite des Geistes kämpfen. Nach und nach lernt der Geist, die Materie zu gebrauchen. Nachdem er sie auf einer gewissen Stufe gemeistert hat, erhebt er sich darüber, um eine höhere Materien-Ebene zu erobern und zu lernen, diese zu gebrauchen. Er befindet sich im Prozeß, die Materien aller Stufen zu beherrschen. Das findet sowohl überall um uns herum statt als auch in uns. Somit werden wir in diesem Kampfe Krieger, um den evolutionären Kräften den Weg zu glätten.

Bei diesem Streben nach evolutionärem Fortschritt müssen wir die Persönlichkeit beiseite lassen, diese darf sich in den Kampf überhaupt nicht einmischen. Die Persönlichkeit ist zu gebrauchen, weil wir nur durch sie als ein Instrument andere Menschen in der Welt erreichen können, aber wir dürfen das persönliche Selbst sich nicht in den Vordergrund stellen lassen. Auf jeder der Ebenen der Persönlichkeit muß man sich von der Verwirklichung befreien, während man die Kraft aufrechterhält. So ziehen wir uns allmählich vom physischen, astralen und mentalen Körper zurück und behalten doch weiterhin die Fähigkeit, in ihnen tätig zu sein.

Die höhere Interpretation dieses Aphorismus ist dann anwendbar, wenn die Persönlichkeit abgelegt und der Mensch eins mit dem Ego geworden ist. Dann lernt er, daß die Individualität abzulegen ist und strebt nach dem Bewußtsein der Monade. Der Monade muß gestattet werden, durch das Ego zu wirken.

Daß der Krieger ewig ist und nicht irrt, kann so verstanden werden, daß das verhältnismäßig gut auf das Ego in Beziehung zum niederen Selbst zutrifft. Als absolut zutreffend können wir das in bezug auf die Monade in Beziehung zum Ego betrachten. Das Ego kann, wie gesagt wurde, in einer frühen Phase häufig Fehler machen. Daß es das tut, ist aber bei ihm weitaus weniger wahrscheinlich als bei der Persönlichkeit. Die Monade macht keine Fehler. Wenn man aber andererseits einmal so von der Monade zu sprechen wagt, als verstünde man die Sache, obwohl das eigentlich gar nicht der Fall ist, so könnte man sagen, daß das, was die Monade über die Zustände hier unten weiß, wahrscheinlich etwas vage ist. Instinktmäßig kann sie nicht anders als auf seiten des Rechts sein, denn sie ist göttlich. Sie ist ewig und irrt nicht, wie hier gesagt wird. Es kann aber sein, daß der sowohl von der Monade als auch vom Ego vertretene Standpunkt oft sehr allgemein gehalten ist. Bei unseren Bemühungen darum, ihn auf diese Ebenen anzuwenden, können wir Fehler machen, denn der ganze Zweck des Absteigens in Materie ist der, Präzision und Genauigkeit zu erlangen, die aus einer vollkommenen Bekanntschaft mit niedrigeren Zuständen resultieren. Da ihre Evolution noch nicht abgeschlossen ist, besitzen sowohl Monade als auch Ego noch nicht dieses akkurate Wissen. Für uns sind sie die Führer, man sollte nichts anderes tun, als ihnen gehorchen, aber selbst diese Führer befinden sich selbst auch noch in der Entfaltung.

Auf der höheren Stufe wird der Tag des großen Friedens die Erlangung von Nirvana sein. Auf der niedrigeren Stufe bedeutet das die Vereinigung des niederen und höheren Selbst.

2. Schau aus nach dem Krieger und laß Ihn in dir kämpfen.

Schau aus nach Ihm, sonst könntest du im Fieber und Hasten des Gefechtes an Ihm vorübereilen, und Er wird dich nicht erkennen, wenn du Ihn nicht erkennst. Wenn dein Ruf Sein lauschendes Ohr erreicht, dann wird Er in dir kämpfen und die dumpfe Leere in dir füllen. Und wenn dies geschieht, dann kannst du durch den Kampf kühl und unermüdet gehen, beiseite stehen und Ihn für dich kämpfen lassen. Dann wird es dir unmöglich sein, auch nur einen Schlag vergeblich zu tun.

Das scheint in bezug auf das höhere Selbst ein kurioser Ausspruch zu sein, jedoch ist das zutreffend: es strahlt ganz herrlich, jedoch unbestimmt. Bevor man nicht das Ego im Menschen sehen kann, hat man keine Vorstellung davon, welch ein großartiges Wesen ein Ego in Wirklichkeit ist, um wieviel weiser und stärker es als die verkörperte Wesenheit ist. Trotzdem besteht für niemanden Grund, stolz oder selbstgefällig aufgrund der Tatsache zu sein, daß er eine ganz tadellose Person ist, auf viel höherer Stufe eine großartige Person, denn das ist jede menschliche Seele. Jeder ist eigentlich sehr viel besser als er zu sein scheint. Der größte Heilige kann niemals sein Ego voll zum Ausdruck bringen, er ist auf jener höheren Ebene immer ein noch größerer Heiliger als er es hier unten sein könnte. Deshalb müssen wir versuchen, diesen höheren Teil von uns durch uns wirken zu lassen. Das Ego ist weitaus herrlicher, weitaus besser als die Persönlichkeit, aber es sendet die Persönlichkeit aus, damit es sich entwickeln kann. Es braucht diese Evolution. Folglich dürfen wir nicht den Fehler begehen, das Ego als vollkommen zu betrachten – das ist es nicht. Was es hauptsächlich für seine Entwicklung braucht, ist Bestimmtheit. Es ist herrlich, aber – wenn wir es wagen können das zu sagen – in seiner Herrlichkeit unbestimmt.

Das Ego möchte sich durch das Fragment von ihm, das hier unten inkarniert ist, entwickeln. Es weiß, wie es abzusteigen hat, aber bis es nicht selbst bis zu einem gewissen Grade entwickelt ist, weiß es nicht, wie es das niedere Selbst anleiten soll. Durch die Erfahrungen des niederen Selbstes hier unten lernt das Ego, die von ihm gewünschten Dinge zu tun. Sein Anliegen ist Entwicklung. Es sendet etwas von sich nach hier unten, sozusagen eine Fingerspitze in die niederen Ebenen. Jene Fingerspitze lernt Bestimmtheit, kehrt sie aber am Ende eines kurzen Zyklus von physischem, astralem und mentalem Leben zurück, so ist das, was sie mit zurückbringt – wenn man es materiell ausdrücken will – eine

kleine Menge an Bestimmtheit. Denken Sie daran, wie die Gruppenseele sich allmählich durch die Erfahrung der verschiedenen Tiere färbt.
Ein Löwe, eine Katze oder ein Hund mag entsprechende Erfahrungen
machen und gewisse Eigenschaften erwerben, die in dem betreffenden
Tier deutlich hervortreten. Es mag genug Mut vorhanden sein, um aus
dieser einen Katze, dem einen Hund oder Löwen ein bemerkenswert
mutiges, unerschrockenes Tier zu machen. Vergleichen sie diese Menge
an Mut jedoch im Verhältnis zur Gruppenseele für hundert Tiere, so
kommt auf jedes nur der hundertste Teil davon. Also wird eine Vielzahl
von Leben in ähnlichen Bahnen benötigt, damit die Eigenschaften in der
Gruppenseele als Ganzes in hohem Maße entwickelt wird.

Obgleich das Ego ein Individuum und etwas ganz anderes als die
Gruppenseele ist, so trifft auf gewisse Weise doch dasselbe für es zu. Es
entwickelt bei einer Persönlichkeit Genauigkeit, findet jedoch der Rückzug in das Ego statt, so verteilt sich die ganze Menge über den Kausalkörper. Die Menge, die ausreichte, um eine Persönlichkeit sehr akkurat zu
machen, stellt beim Übergang in das Ego nur ein Bruchteil dessen dar,
was erforderlich ist. Das Ego mag viele Leben benötigen, um genug von
der Eigenschaft erworben zu haben, damit diese im nächsten Leben her-
vorstechend ist, denn das Ego sendet nicht irgendein bestimmtes Stück
von sich als Persönlichkeit hinunter, sondern es sendet etwas von seiner
ganzen Substanz hinunter, aber niemals denselben Teil zweimal.

Ein hoch entwickeltes Ego, das bereits eine große Genauigkeit entwickelt hat, wird die Persönlichkeit verstehen und vernünftig durch sie
wirken. Es wird versuchen, sie zu einem geeigneten Instrument zu
machen. Auf den durchschnittlichen Weltbürger trifft das aber nicht im
mindesten zu. Deshalb muß die Persönlichkeit nach dem Ego rufen und
seinen Einfluß suchen. Tut das der Mensch, der bei der Realisierung des
Plans hier unten mithelfen will, so antwortet das Ego sofort und ergießt
sich sofort durch die Persönlichkeit, die dann abseits stehen und den
Krieger in ihr kämpfen lassen sollte.

Das Ego hat viele ausgezeichnete Möglichkeiten, die nur der Erwek-
kung bedürfen. Das ist ein Grund, daß sogar von einem rohen und groben Menschen ein Fortschritt erzielt werden kann, der in den Krieg zieht
und vielleicht sein Leben für seine Überzeugung verliert oder irgendein
bestimmtes Risiko eingeht. Eine so große Einsatzbereitschaft, ein Ideal
höher als persönliche Bequemlichkeit zu stellen, höher als eventuelle
schreckliche Schmerzen, höher als die Möglichkeit, nein, sogar die Wahrscheinlichkeit seines Todes, ruft im Ego eine sehr große Reaktion hervor.

Manchmal bietet sich einem Menschen im Privatleben eine Gelegenheit zum Opfer, das größer ist als jenes, sein Leben zu riskieren. Er mag z. B. seine ganze Zeit dem klag- und selbstlosen Dienst an anderen widmen, auf Amüsement und Abwechslung verzichten und im Falle einer chronischen Krankheit an einem Krankenbett wachen. Solche Opfer sind sogar noch größer als ein dramatisches Heldentum. Vollbringt der Mensch eine wunderbare Selbstaufopferung, dann wird das Ego geweckt und dieses läßt als Antwort eine herrliche Flut an Hingabe hinunterströmen, die in anderen Leben eine noch größere Aufopferungsbereitschaft bewirkt. Vielleicht ist eine Anstrengung in bezug auf Mut erforderlich. Das ruft einen ständigen Strom von Mut vom Ego hervor, und so wird der Mensch, der sein Leben verliert, das Leben finden, wie Christus vor langer Zeit sagte. Wer sein Leben auf solche Weise verloren hat, hat für seine nächste Inkarnation gewiß ein reicheres Leben gewonnen. Im nächsten Leben wird die Persönlichkeit dann gewiß größer sein. Das Ego wird in der Lage sein, mehr von seiner Kraft hinunterzusenden und in viel stärkerem Maße fähig zu sein, die Persönlichkeit zu leiten.

Eine andere Möglichkeit, „im Fieber und Hasten des Gefechtes an ihm vorübereilen zu können" ist dann gegeben, wenn Menschen sich guten Taten weihen und gestatten, daß ihre Persönlichkeit darin aufgeht. Bei Schülern des Okkultismus sollte das niemals der Fall sein, aber das ist manchmal doch so. In der Theosophischen Gesellschaft wird eine ungeheure Menge an guten Taten vollbracht, und ganz bestimmt sollten jene, die sie tun, völlig über jeder Art von persönlichem Gefühl diesbezüglich stehen; oft ist das aber nicht der Fall. Jemand denkt: „Dieses kleine Stück Arbeit ist meine Arbeit und deshalb hat sie vor jeder anderen Arbeit Vorrang. Es ist nicht so, daß ich die Arbeit zu meiner eigenen Befriedigung verrichte und deshalb nicht möchte, daß jemand anders sie tut, aber ich möchte sie verrichten, weil ich ganz sicher bin, daß andere die Arbeit nicht so gut könnten." Eine solche Einstellung steckt voller persönlicher Selbsterhöhung. Hat man eine Beziehung zu einer Arbeit wie der unsrigen, so entwickelt sich die Person, schärft die Gefühle und sollte den Intellekt glänzender machen. Eben aufgrund dieses stimulierenden Einflusses ist die Tendenz gegeben, die Person hervorzuheben, was aber keine Entschuldigung dafür ist, daß man sich diese Torheit gestattet.

Dieselbe Sache ist bei anderen Organisationen anzutreffen. Als ich früher Priester war, hatte ich eine Menge aller möglicher kirchlicher Arbeiten einschließlich der Leitung von Chören zu verrichten. Menschen, die mit dieser Art Arbeit zu tun haben, arbeiten alle direkt für die Kirche Gottes; von ihnen wird erwartet, daß sie sich etwas Höherem weihen als der Durchschnittsmensch draußen. Trotzdem denke ich, daß es kaum eine andere Gruppe von Menschen gibt, worunter soviel Zank und Streit existiert wie unter den Arbeitern für die Kirchen und Chöre. Niemand, der damit zu tun hatte, wird sich vor der Tatsache verschließen können, daß das so ist. Das ist traurig aber wahr und sollte nicht so sein. Dennoch geschieht das genau aus dem Grunde, weil die Betreffenden im Zusammenhang mit etwas gearbeitet haben, das etwas über dem normalen Durchschnitt liegt; dadurch ist das Leben in ihnen, mehr als es gewöhnlich der Fall ist, geweckt worden.

Der Jünger muß aufpassen, daß bei diesen guten Werken nicht seine Persönlichkeit die Oberhand gewinnt, denn tut sie das, wird er die höhere Lenkung aus seinem Blick verlieren. Das Ego kann nur dann in ihm kämpfen und durch ihn wirken, wenn er sich der Arbeit geweiht hat, nicht seinem persönlichen Teil daran. Er mag das höhere Selbst bei einem Ansturm der Persönlichkeit vergessen. Dann wird er sich nicht in einem Zustand befinden, wo er für die Hilfe des Egos empfänglich ist und auf einen Hinweis von oben lauschen kann. Somit mag er sich für den gegenwärtigen Moment dem Ego verschließen und die große Gunst in Form einer vom Ego ausgehenden Hilfe verlieren. Die Unbestimmtheit des höheren Selbstes — solange bis es ein entwickeltes Ego ist — würde ihn vielleicht ausnahmslos bezüglich eines bestimmten Arbeitsgebietes hindern. Hat jedoch die Persönlichkeit, die bereits bestimmter ist, die Arbeit gefunden, so kann das Ego sich in diese nach unten ergießen; das tut es auch und befähigt dadurch den Menschen, diese Arbeit viel besser und in einer insgesamt größeren geistigen Verfassung auszuführen als es der Persönlichkeit ohne Hilfe gelingen könnte.

Jedoch, wenn du Ihn nicht suchst, wenn du an Ihm vorübereilst, dann gibt es keinen Schutz für dich. Dein Kopf wird wirr, dein Herz unsicher werden, und in dem Staub des Schlachtfeldes werden Gesicht und Sinne dir versagen und du wirst deine Freunde nicht von deinen Feinden unterscheiden.

All das, was hier beschrieben wird, ereignet sich dann, wenn die Persönlichkeit nicht nach der höheren Lenkung Ausschau hält. Sie kann ihre Freunde nicht von den Feinden unterscheiden, sie wird vom Wirbel der

Leidenschaften mitgerissen und unter deren Einfluß wird sie glauben, was jemand sagt, der nicht im mindesten ein echter Freund ist. Das sieht man im alltäglichen Leben oft. Ist eine Person aufgeregt, ärgerlich oder neidisch, wird sie dem lächerlichen Klatsch jener lauschen, die sich als Freunde bezeichnen, in Wirklichkeit aber überhaupt gar keine Freunde sind.

Ein Schwätzer, ein Unruhestifter ist niemandes Freund; er ist der ärgste Feind jener, mit denen er spricht. Für jemanden, der sich an eine solche Person wendet und glaubt, was ihm gesagt wird, ist das wirklich eine sehr traurige Sache. Sobald wir eine Person sehr kritisch über jemanden anders sprechen hören, ist es am besten, dieser so bald wie möglich aus dem Wege zu gehen, weil wir ganz sicher sein können, daß wir nichts Gutes erfahren werden, und auch, daß die Person, die falsch über andere redet, auf dieselbe Weise zu anderen Personen, die ihr zufällig in den Weg kommen, über uns sprechen wird. Deshalb ist es besser, mit diesen Klatschbasen überhaupt nichts zu tun zu haben und von dem, was sie sagen, nicht im mindesten beeinflußt zu werden. Oft sagt jemand, der einer solchen Person zuhört: „Das glaube ich nicht, dem werde ich keine Bedeutung beimessen." Trotzdem wird der Mensch davon doch etwas beeinflußt und die Sache taucht in seinen Gedanken wieder auf; und er fragt sich, ob es für das, was gesagt wurde, nicht doch irgendeine Begründung geben könnte, anstatt daß er dem Gehörten keine Bedeutung beimißt, was die einzige Einstellung dazu wäre.

Kennt man erst einmal eine Person gut, so sollte man bereit sein, sich auf seine eigene Kenntnis dieser Person zu verlassen und sich nicht von dem mitreißen zu lassen, was andere, die den Betreffenden weniger gut kennen, über ihn sagen. Unter uns Menschen gibt es alle möglichen Arten von Veranlagungen, aber allgemein gesagt kann man nichts verkehrtmachen, wenn man sich an sein eigenes Wissen darüber hält, was eine Person ist, denkt und tut, bis man selbst ganz klar sieht, daß sich die Person irgendwie verändert hat. Und selbst dann darf man nicht nach einem einzigen Beispiel für diese Veränderung urteilen. Man muß abwarten, weil oft für den Moment eine Person aufgrund einer Unpäßlichkeit oder zu wenig Schlaf anders ist; dann sagt oder tut sie Dinge, die sie unter anderen Umständen nicht sagen oder tun würde. Folglich darf man seine Freunde aufgrund eines einzigen Wortes oder einer einzigen Handlung nicht voreilig beurteilen, sondern muß abwarten, wie es mit ihnen wirklich aussieht. Von einem Menschen anzunehmen, er habe sich verändert, nur weil jemand anders das behauptet, ist absolut unfair. Haben Sie einen Freund, so stehen sie ihm zur Seite und warten Sie, bis er selbst etwas sagt oder tut, was in Richtung dessen geht, was behauptet wird, das er denkt, tut oder sagt. Akzeptieren Sie nicht die Aussage anderer Leute, die vielleicht einem Irrtum unterliegen, zu dem es aufgrund von Sorglosigkeit kam oder weil sie den Betreffenden ablehnen.

Genauso wie eine Person, die sich auf diese Weise mitreißen läßt, nicht ihre Freunde von ihren Feinden unterscheiden kann und die Wirklichkeit überhaupt nicht zu verstehen vermag, passiert genau dasselbe dem Menschen, der seine Persönlichkeit über sich dominieren läßt. Ergreift ihn Eifersucht, so wird er absolut blind. Seine normalen Sinne sind von keinem Nutzen für ihn, er lauscht diesen überhaupt nicht, er ist bezüglich jener Sache voreingenommen, und der Versuch, ihn davon abzubringen, ist völlig nutzlos. Es ist sehr eigenartig und traurig anzusehen, wie bereitwillig Menschen Böses von andern glauben. Das Böse mag widerlegt werden, es mag klar gezeigt werden, daß es keine Begründung dafür gibt, aber dennoch bleibt ein gewisser Argwohn bestehen.

All das sollte nicht so sein, teilweise kommt das aber von einer Übertreibung der Entwicklung eines bestimmten Teils von uns im Zuge der Evolution, in der sich die Menschheit im Augenblick befindet. Der niedere Verstand lernt durch Unterscheidung, durch die Ermittlung von Unterschieden zwischen dieser und jener Sache, deshalb stürzt er sich zu allererst auf die Unterschiede. Kommt also ein Mensch mit einer Person in Kontakt, die er nicht kennt, mit irgendeiner Vorstellung, die ihm nicht vertraut ist, oder mit einem Buch, das er vorher nicht gesehen hatte, so ist die allgemeine Tendenz so, sich zunächst der Dinge anzunehmen, die er nicht mag, jener, die anders sind als das, was er gewohnt ist, und das dann unverhältnismäßig aufzubauschen. Der Grund dafür ist der, daß wir dieses Unterscheidungsvermögen ein wenig zu sehr entwickelt haben, oder besser gesagt, wir haben noch nicht das Gegengewicht dazu in Form der buddhischen Fähigkeiten ausreichend entwickelt. Es ist gut und richtig, wenn man in der Lage ist, zu unterscheiden. Das ist eine Notwendigkeit, aber wir müssen auch den Geist der Synthese besitzen, der sowohl Ähnlichkeiten als auch Unterschiede erkennt.

Die in diesem Abschnitt gegebene Lehre wird auch in der Bhagavad-Gita nachdrücklich betont:

Wer oft an sinnliche Genüsse denkt,
der hängt sein Herz daran; aus solchem Hang
entsteht Begierde; die Begierde wächst

zur wilden Leidenschaft; die Leidenschaft
verblendet ihn, löscht die Erinnerung
an reines Glück, das er einst fühlte, aus.

(*Bhagavad-Gita Kapitel II, Vers 62–63*)

Ich weiß, daß es für uns schwierig einzusehen ist, daß die Monade göttlich sein kann und gleichzeitig doch unentwickelt, wie sie zu Ende dieser Inkarnation anders in bezug auf Individualität sein kann als was sie zu Beginn war. Lassen Sie uns eine Analogie gebrauchen — so unvollkommen diese auch sein mag. Der menschliche Körper ist aus Millionen und Abermillionen von Zellen zusammengesetzt. Das sind menschliche Zellen, weil sie Teil des Menschen sind; und trotzdem, wenn es so etwas wie Evolution gibt — und vielleicht ist das so — wodurch die Seele der Zellen eines Tages zur Seele eines menschlichen Wesens wird, würde man sicher nicht sagen, daß am Ende keine Evolution stattgefunden habe, weil die Zelle zu Anfang menschlich war. So ähnlich muß man sich die Sache mit der Monade vorstellen, die Teil des Logos ist und trotzdem unentfaltet. Ich weiß, daß solche Analogien und Rückschlüsse vom Niederen auf das Höhere nicht sicher sind und daß sie sich nicht so ausdrücken lassen, daß sie in jedem Detail stimmen, weil das gewöhnlich wohl nicht der Fall sein wird. Es gibt eine große okkulte Aussage: „Wie oben, so unten", jedoch ist das Gegenteil davon, nämlich „Wie unten, so oben" nur mit großen Einschränkungen zutreffend. Ich glaube, wir können mit Sicherheit in bezug auf *unten* Rückschlüsse ziehen, so wie es die Hindus aus dem, was sie als oben existierend gelehrt werden, tun, d. h. was deshalb, allgemein gesagt, irgendwo hier unten zu finden sein muß. Es ist aber nicht ganz sicher, die Sache umzudrehen, weil die Einrichtungen auf den höheren Ebenen eindeutig größer und weitreichender sind, wenn wir auch wissen, auf welche Art und Weise sie das sind. Wir können uns oft irreführen lassen, wenn wir sagen, daß eine Sache, weil sie hier unten passiert, oben auch passieren muß. Etwas, das ein Ausdruck desselben Gesetzes ist, muß oben geschehen, jedoch kann das eine Form annehmen, die wir nicht erkennen können.

Die Analogie mit den Zellen im Körper ist nicht treffend genug, um sie weiter fortzuführen, aber es gibt verschiedene Punkte, auf die wir bei unserem Studium stoßen werden und die darauf hinweisen, daß etwas Derartiges stattfindet. Wir wissen, daß das beseelende Leben aller niederer Reiche wiederum nur zu einem Bewußtseinsträger für ein noch höheres Leben wird, wenn der Mensch sich individualisiert. Der Kausalkör-

per, den wir jetzt gebrauchen, war die Seele eines Tieres, von dem wir
uns individualisierten, so daß das, was auf der einen Stufe das beseelende Leben ist, später zu einem Bewußtseinsträger wird. Diese Wahrheit läßt sich jedoch nur mit einem Vorbehalt, einer Einschränkung so
beschreiben, denn obgleich das, was beim Menschen der Kausalkörper
ist, alles war, was in bezug auf Tier und Pflanze von der Seele zu sehen
war, so handelt es sich dabei aber trotzdem um Materie auf einer bestimmten Stufe; und es muß von oben stammendes Leben gegeben haben, das unerkannt die Materie beseelte und belebte. Wir müssen immer
bedenken, daß wir die Energie, den Geist niemals wirklich sehen können, sondern immer nur seine Manifestation in Materienform. Nehmen
wir z. B. unseren physischen Körper. Was beseelt ihn? Der Mensch in seinem Astralkörper. Jenen Astralkörper vermögen wir nicht zu sehen, deshalb ist er für uns auf dieser Stufe die Seele. Haben wir die astrale Schau
entwickelt, so werden wir wiederum feststellen, daß der Astralkörper
wiederum von etwas Höherem energetisiert wird. Das Höhere erweist
sich in diesem Falle als Mentalkörper und dieser wiederum wird vom
Ego gespeist — und so geht es auf dem ganzen Weg nach oben immer
weiter. Was uns als beseelendes Leben erscheint, ist niemals der wahre
Geist, sondern seine Manifestation. Kommen wir zum Höchsten, das
wir erreichen können, so erscheinen die Koilon-Bläschen — im wahren
Äther des Raumes — unserer Schau als leer. Natürlich sind sie das nicht,
weil in ihnen etwas ist, das genug Kraft hat, dem unglaublichen Druck
des Äthers standzuhalten. Deshalb muß es in diesem augenscheinlich
leeren Raum definitiv etwas geben. Gegenwärtig können wir das nicht
sehen, aber vielleicht werden uns spätere Entwicklungen dazu in die
Lage versetzen. Dann wird das, was wir sehen, nicht der beseelende
Geist sein, sondern eine höhere Form von Materie, durch die sich der beseelende Geist manifestiert. Die höhere Kraft wird generell niemals gesehen.

3. Nimm Seine Befehle zum Kampfe an und gehorche ihnen.

**Gehorche Ihm nicht, als ob er ein Feldherr wäre, sondern als wäre Er
du selbst, und als wären Seine Worte die Äußerung deiner geheimen Wünsche; denn Er ist du selbst, jedoch unendlich weiser und stärker als du.**

Wir müssen lernen, daß wir, wann immer es zu einem Konflikt zwischen dem Höheren und Niederen kommt, das Höhere sind. Zunächst empfinden wir nicht mit Bestimmtheit, daß wir das selbst sind. Machen wir uns jedoch diesen Standpunkt aufgrund unserer Lehren zu eigen, so müssen wir so handeln, als empfänden wir es so; dann werden wir sehr bald feststellen, daß das wahr ist. Unsere Gefahr ist die, daß wir uns mit dem Niederen identifizieren und auf das Höhere verzichten.

3
Regeln 5 bis 8

C. W. L.: Regeln 5, 6, 7 und 8 sind so aufgeteilt, wie wir es von den anderen Gruppen kennen. Ich werde Regel 8, die aus den Kommentaren des Chohans besteht, in drei zu jeder der kürzeren Regeln passendeTeile gliedern und diese wie im letzten Kapitel zusammen behandeln.

Somit lesen wir:

5. Lausche dem Liede des Lebens.

Das Leben selbst hat Sprache und schweigt nie. Und seine Stimme ist kein Schrei, wie du, der du taub bist, wähnen magst, sie ist Gesang. Lerne daraus, daß du ein Teil der Harmonie bist; lerne daraus, den Gesetzen der Harmonie zu gehorchen.

Auch zu Aphorismus 5 gibt es eine lange Anmerkung Meister Hilarions, welche mit denWorten beginnt:

Suche danach und lausche ihm zuerst in deinem eigenen Herzen. Anfangs sagst du vielleicht: „Dort ist es nicht; wenn ich suche, finde ich nur Mißklang." Blicke tiefer. Wenn du wieder enttäuscht bist, halte eine Weile inne und suche noch tiefer. In jedem Menschenherzen klingt eine natürliche Melodie, gibt es eine heimliche Quelle. Sie mag verdeckt, gänzlich verborgen und verstummt sein — aber sie ist da. Auf dem tiefsten Grunde deines Wesens wirst du Glauben, Hoffnung und Liebe finden.

Damit ist gemeint, daß hinter allem Leben, das sich mehr oder weniger gemäß seinem Entwicklungsstadium zeigt, die große Kraft zu finden ist, die alle Dinge bewegt. Im Christentum wurde uns gelehrt, diese den Willen Gottes zu nennen oder die Liebe Gottes, aber diese religiösen Begriffe werden häufig auf unbestimmte Weise gebraucht. In denVolks-

religionen gibt es verschiedene solcher Ausdrücke, die eine gewisse ge-
schichtliche oder traditionelle Nebenbedeutung haben, jedoch in Wirklichkeit den Menschen, die sie gebrauchen, nicht viel bedeuten. Es wird
z. B. von der Gnade Gottes gesprochen, aber ich glaube, sehr oft hat
man nur eine schwache Vorstellung davon, was damit wirklich gemeint
ist. Wenn andererseits in der Kirche die Litanei gesprochen wird, so sagen die Menschen: „Erbarme dich, guter Gott." Das ist ein höchst er-
staunlicher und vollkommen unlogischer und unmöglicher Satz, aber
das scheint niemandem aufzufallen. Sie sagen: „verschone uns" und
nennen Ihn gleichzeitig „guter Gott" – das ist ein Widerspruch. Einen guten Gott müßte man niemals bitten, jemanden zu verschonen. Darum zu
bitten, ist noch schlimmer als verkehrt, weil das auf etwas Böses in Gott
hindeutet. Das ist Blasphemie, noch schlimmere als die, Seinen Namen
beim gelegentlichen Fluchen auf der Straße zu benutzen, obgleich das
schon schlimm genug ist. Die Menschen schreiben Gott menschliche
Leidenschaften zu, darunter Böswilligkeit, und bitten Ihn dann, sie vor
Seiner Boshaftigkeit zu verschonen.

Genauso wird von der Barmherzigkeit Gottes gesprochen. Dabei
steht wiederum so ziemlich dieselbe Vorstellung im Hintergrund, daß Er
etwas für die Menschen höchst Schreckliches tun könnte, aber statt dessen zieht Er es vor, Barmherzigkeit zu zeigen. Gewiß sieht man an all diesen Phrasen, daß die Bedeutung des Wortes Gott völlig mißverstanden
wird. Gott ist das großartigste, das schönste aller Wörter, es bedeutet
„das Gute"; und Ihn, der gut ist, braucht man nicht anzuflehen, um in
einem bestimmten Falle Barmherzigkeit walten zu lassen, denn Er ist
immer voller Liebe, so daß eine Vorstellung von irgend etwas anderem
als Barmherzigkeit einfach undenkbar wäre. Gewiß zeigt Gott allen,
egal was sie tun mögen, Liebe. Ich weiß nicht, was die Menschen unter
einem liebenden Vater verstehen, was dieser empfinden würde, wenn
seine Kinder zu seinen Füßen kriechen und ihn bitten, ihnen gegenüber
Barmherzigkeit walten zu lassen.

Gegen diese Schwierigkeit müssen wir ankämpfen, wenn wir in der
Theosophie versuchen, über diese höheren Kräfte zu sprechen. Jene
von uns, die ihren Weg durch verschiedene Kirchen und kirchlichen Organisationen genommen haben, haben sich leider angewöhnt, über solche Dinge frei zu sprechen, jedoch darüber in einer sehr unbestimmten
Weise zu denken und darunter keine bestimmte Bedeutung zu verstehen. Die Menschen gehen zur Kirche und bitten vielleicht um den göttlichen Segen mit der Grundvorstellung, daß Gott sich um sie kümmern

werde oder so ähnlich. Ich fürchte, das ist eine sehr unwissenschaftliche Vorstellung. Man sollte verstehen, daß ein Gottesdienst in der Kirche ein Mittel ist, wodurch eine ganz bestimmte Kraft übermittelt werden soll. Diese Sache – der Segen Gottes – ist eine Kraft, die genauso definitiv wie Elektrizität ist, so wirklich wie der Dampf, der unsere Züge bewegt; sie fließt durch die dafür bestimmten Kanäle, durch den Priester oder Bischof. Streckt er seine Hände aus, so fließt eine ganz bestimmte Kraft davon auf die Leute über. Das ist eine sehr definitive Kraftausstrahlung, die durch die ganze Kirche fließt und von solchen Menschen empfangen und aufgenommen wird, sie sich dafür bereit gemacht haben. Es ist wahr, daß einige Menschen dort sitzen und nicht beeinflußt werden. Das ist aber nur deshalb so, weil sie sich in keiner Weise darauf vorbereiteten.

Wenn also die Menschen von der Liebe und Gnade Gottes sprechen, so denken sie gewöhnlich sehr unbestimmt über Dinge, die in Wirklichkeit definitive Kräfte sind. Es ist manchmal schwierig für uns, uns von dieser unbestimmten Denkweise frei zu machen. Nicht nur jene, die den kirchlichen Weg gegangen sind, leiden darunter, sondern auch die, bei denen das nicht so war, haben etwas verloren. Jene, die diese Entwicklung durchgemacht haben, machten sich bei diesem Prozeß gewisse Verhaltensmuster und Verständnis zu eigen, die jenen, die Freidenker waren, nicht so zur Verfügung stehen. Die orthodoxen Gottesdienstübungen der Kirche sind im ganzen gesehen gute Übungen, mit Ausnahme seiner Bigotterie und Engstirnigkeit und bezüglich der Gottesvorstellung, die sie so häufig seinen Anhängern vermitteln. Was die anderen Menschen anbelangt, so ist die Vorstellung, daß man Gott durch Anbetung und Lob dienen möchte und sich versammelt, um Ihn anzubeten, und daß bei dieser Anbetung so viel Schönheit wie nur möglich gegeben sein soll, gut und richtig; ich glaube, daß es gut möglich ist, daß diese Einstellung gleichzeitig mit der weitestreichenden und liberalsten Lehre existiert. Das war viele Jahrhunderte lang leider nicht möglich – mit Ausnahme sehr weniger Menschen hier und dort. Lange glaubte ich, daß früher oder später eine Kirche entstehen würde, die all diese Dinge kombiniert, und das ist nun in der Liberal-Katholischen Kirche der Fall. Jene Menschen, die die alte Kirche und ihre Methoden lieben, ihr Ritual und ihre Musik und all die schöne und zarte Heiligkeit, können nun all das zusammen mit einer Lehre haben, die gleichzeitig nach Ziel und Zweck Theosophie ist.

Gebrauchen wir also in der Theosophie Begriffe, die jenen entspre-

chen, die allgemein auf unbestimmte Art benutzt werden, so sollten wir
dabei bedenken, daß diese keinesfalls undurchsichtig oder in irgendeinem Sinne vage sind. Spreche ich davon, jemandem den Segen des
Meisters zu erteilen, so meine ich damit die definitive Ausgießung einer
spirituellen Kraft. Dabei wird in den meisten Fällen als Träger Materie
einer höheren als der physischen Ebene benutzt, aber trotzdem wird dabei Materie gebraucht, durch die eine Einwirkung auf die Materie des
Kausal- oder Mental- oder Astralkörpers erfolgt, je nachdem. Also lassen Sie uns unseren Verstand ganz und gar vom kleinsten Gedankenrest
freimachen, daß es dabei um einen vagen guten Einfluß geht, der nicht
viel bedeutet.

Diese große Kraft, die alle Dinge bewegt, hat noch eine andere Seite,
nämlich das Gesetz des Opfers. Opfer ist ein großes Wort, aber die Menschen gebrauchen es im allgemeinen falsch. Sie reden vom Opferbrin-
gen, wenn sie etwas aufgeben, und es zerreißt ihnen dabei das Herz. Wollen Menschen wissen, was in der Religion Opfer wirklich bedeutet, so
müssen sie diese Vorstellung aus ihren Gedanken streichen. Sie müssen
zu einer vollkommen neuen Interpretation eines Wortes kommen, das
sie ihr Leben lang kannten. Manchmal glauben sie vielleicht, daß sie nun
die wahre Bedeutung kennen und die andere abgelegt haben; diese
taucht auf und umnebelt den Verstand, ohne daß sie das gewahr werden.
Nur allmählich wird die Vorstellung vollkommen schwinden.

Das Wort „Opfer" kommt vom lateinischen „sacrifico" – „ich mache
heilig". Eine Sache heilig machen bedeutet, diese Gott darzubringen
und sie dadurch heilig zu machen. Die Vorstellung, daß Sie etwas, wenn
Sie es Ihm darbringen, sich selbst wegnehmen, ist eine zweite diesem Begriff beigelegte Bedeutung. Wollen Sie sich, wie es so oft in den Schriften
zum Ausdruck kommt, selbst vollkommen Gott opfern, so darf dabei
keinerlei Vorstellung vorhanden sein, daß Sie irgend etwas aufgeben. In
Wahrheit ist das so, obwohl es paradox klingt, daß ein Opfer, solange Sie
es als solches empfinden, gar keines ist, die Heiligmachung findet überhaupt nicht statt. Sie geben nur widerwillig. Fühlen Sie jedoch, Sie können gar nicht anders als sich ergießen, sozusagen zu Füßen Gottes oder
Christus in vollkommener Hingabe, wenn Sie überhaupt keinen Gedanken daran haben, etwas aufzugeben, weil es eben in der Natur der Sache
liegt, daß Sie aus dem Gefühl heraus gar nicht anders handeln können,
wenn etwas in Ihrem Innern Sie dazu treibt, daß es in der ganzen Welt
nichts anderes für Sie zu tun gibt, als sich bloß Ihm hinzugeben, dann
vollbringen Sie vielleicht ein vollkommenes Opfer. Nur dann, wenn wir

die Vorstellung ganz und gar vergessen haben, die gewöhnlich mit diesem Wort im Zusammenhang steht, können wir ein echtes Opfer bringen. Opfer ist ein herrliches Wort, es bedeutet aber nicht, etwas aufzugeben, sondern heilig zu machen.

Der Logos selbst bringt das größte aller Opfer, denn er ergießt sich hinunter in die Materie. Er schränkt seine Macht ein und verströmt Seine Herrlichkeit, wahrlich, „für uns Menschen und zu unserer Rettung stieg er vom Himmel nieder". Das sind wunderschöne Worte, aber die Bedeutung, die ihnen heutzutage beigelegt wird, ist häufig weit von den Tatsachen entfernt. Häufig bedeutet sie ganz und gar eine Herabwürdigung der wirklichen dahinterstehenden Idee. Werden die Worte verstanden, so zeigt sich, daß diese Vorstellungen schön und herrlich und vollkommen zu preisen und bewundern sind – aber zunächst einmal müssen wir verstehen. So bringt der Christus das größte aller Opfer und wir, sofern wir uns Seinem Dienst weihen, nehmen teil an dem Opfer und machen uns eins damit. Hat man erst einmal die dahinterstehende Wirklichkeit erkannt, so kann man nichts anderes tun als das. Dann aber würde die Welt das nicht länger für ein Opfer halten, weil es so aussehen würde, als folge man seinem eigenen Willen. Dann fährt der Mensch fort, mit der evolutionären Kraft zu arbeiten, aber er hat vergessen, was er gab. Es geht nicht länger mehr darum, etwas aufzugeben, sondern darum, wahre Selbstverwirklichung erreicht zu haben und zu wissen, warum man da ist. So denkt der Logos, und wir müssen wie Er sein, wenn wir uns in Wahrheit opfern wollen.

Dr. Besant sagte, daß die Tatsache, daß es keine Religion auf der Welt gibt, die nicht voller Opfervorstellungen wäre, zeige, daß dem eine große esoterische Wahrheit zugrunde liegt. Das Gesetz des Opfers ist noch nicht umfassend studiert worden, obgleich ein Meister einst sagte, dieses sei so wichtig wie jenes von Reinkarnation und Karma.

Jene Wirklichkeit hinter den Dingen zu schauen, bedeutet, dem Lied des Lebens zu lauschen. Der Gesang des Lebens ist die Kraft, die immer hinter dem Leben fließt. All die verschiedenen Bewegungen in der Natur bewirken Klang und Farbe als ihren Ausdruck und Begleiterscheinung – es gibt andere, von denen wir nichts wissen, aber zumindest liegen Klang und Farbe innerhalb unserer Erfahrung. Es ist möglich zu lernen, etwas von der Harmonie der Natur zu hören und etwas von ihrer Schönheit, Herrlichkeit und Ordnung zu sehen; und auf diese Weise kann man eher als auf irgendeine andere ganz sicher werden, daß alle Dinge zum Guten zusammenwirken und daß die Ordnung, die dieser offensichtlichen Unordnung zugrunde liegt, in gar keinem Verhältnis zu ihr steht und auf jede Weise größer, wichtiger und effektiver ist. Die Unordnung ist nichts als eine leichte Erregung, Schaum auf der Oberfläche, die wahre Tiefe der See liegt darunter und diese gehorcht vollkommen dem göttlichen Gesetz – auch wenn es auf ihrer Oberfläche so aussieht, als würde das Gesetz mißachtet.

Es ist wichtig für uns, daß wir versuchen, wenn wir können, die dahinterliegende Wirklichkeit gewahr zu werden, jenes zu empfinden, das sich nicht beiseitelegen oder beeinträchtigen läßt. Es bedeutet eine große Beruhigung, großen Trost und große Sicherheit, wenn wir erst einmal damit in Berührung kommen und absolut sicher sein können, daß alles auf seinem Weg fortschreitet und daß es daher egal ist, was auf der Oberfläche passiert, weil es sich dabei schlimmstenfalls nur um eine vorübergehende Störung handelt, eine kleine Unruhe. Immer bewegen wir uns in Richtung Einheit mit dem Einen. Immer sind wir Teil davon, wir bewegen uns in Richtung Realisierung dessen, und der Eine entwickelt durch uns die Manifestation seiner selbst.

Es gibt ein Lied, einen großen Akkord der Harmonie sozusagen, der jenseits der Welten ständig erklingt. In den klassischen Tagen sprach man von Sphärenmusik, wobei die Vorstellung die ist, daß die Sonne, die Planeten und die Sterne, die sich auf ihren Bahnen bewegen, eine mächtige Harmonie hervorrufen. Auch im Alten Testament lesen wir, daß „die Morgensterne zusammen sangen und all die Söhne Gottes vor Freude jauchzten" (Joh. 38, 7). Viele Menschen halten das für eine schöne Umschreibung, jedoch nur poetischen Symbolismus. Ein gebräuchliches Sprichwort nennt Dinge „zu schön, um wahr zu sein", aber alles Gute und Schöne muß wahr sein, weil es gut und schön ist. Wo immer es eine schöne Idee gibt, gibt es für sie eine Grundlage. Man könnte sie nicht haben, wenn es auf höheren Stufen nicht etwas Entsprechendes geben würde. All die höchsten und edelsten und größten Dinge sind die göttlichen Gedanken. Unsere Gedanken sind hoch, rein, wahr und edel eben in dem Maße, wie sie zu den göttlichen hinaufreichen. Wir müssen versuchen, zu dieser Vorstellung zu gelangen – nicht als poetische Idee, um damit zu spielen, sondern als wirkliche, grundlegende Tatsache, daß über allem und in allem und der Kern aller Dinge immer das Schöne und Wahre ist. Die uns gewöhnlich dargelegten sind menschliche Vorstellungen über Dinge. Die Wirklichkeiten hinter diesen Dingen sind Gottes Gedanken darüber. Wie Gott größer ist als der Mensch, so sind seine Gedanken größer als unsere. Höher bedeutet nicht schmuckloser, einfacher, unpraktischer oder vom gewöhnlichen Leben entfernter, sondern größer, schöner, herrlicher.

Dem Liede des Lebens lauschen wir, wann immer wir versuchen, in allem das zu finden, was am besten und schönsten ist. Alle Schüler des Okkultismus müssen notwendigerweise Optimisten sein, weil sie wissen, daß die Tatsachen die höchstmögliche optimistische Anschauung mehr als rechtfertigen. Die dahinterliegende Wahrheit ist immer großartig. Wir mißverstehen sie und erreichen sie nicht. Das ist aber kein Fehler der Wahrheit, sondern unseres eigenen Begriffsvermögens. So können wir auf vielerlei Weise – oft in kleinen Dingen – im alltäglichen Leben diesem Liede des Lebens lauschen. Gelingt es uns erst einmal, es zu vernehmen, so werden wir diesen Klang nicht wieder völlig verlieren. Auf all den verschiedenen Ebenen ist er zu hören. Selbst wenn wir das Lied des Lebens umfassend auf einer Ebene zu hören vermöchten, so hätten wir es immer noch mit einem sehr kleinen Teil von ihm zu tun, einer Note. Wenn wir Ebene um Ebene erreichen, so werden wir immer mehr und mehr von seiner Schönheit und Herrlichkeit feststellen. Je mehr jemand davon hört, um so perfekter wird die Harmonie. Würde jemand alle Noten einer Oktave auf einmal hören, so wäre das keine Harmonie, sondern Disharmonie. Auf den höheren Ebenen gibt es jedoch etwas, was ich nur auf eine etwas paradoxe Weise beschreiben kann, nämlich die Möglichkeit, daß je mehr Noten Sie aufzunehmen imstande sind, desto vollkommener ist die Harmonie, weil dort alle Dinge auf eine Weise zusammenpassen, die sich hier unten nicht annähernd beschreiben läßt.

Steht ein Teil einer Melodie in einer Tonart und ein anderer in einer anderen, so erhalten wir den Effekt von Disharmonie. Wenn wir uns eine Art von Projektion in den Raum vorstellen können, in dem jeder dieser Teile sich in sich selbst als perfekte Harmonie auswirken würde, und dann ein Schema in einer anderen Richtung, in der solche Teile ineinander übergehen, wobei jede dieser Harmonien einer Note entspräche, so gibt Ihnen das vielleicht eine Vorstellung davon – es ist nicht möglich, das in Worte zu kleiden. Die Wirkung davon ist jedoch die, daß Sie so eine Anzahl von Tonarten, die hier dissonant wären, so projizieren können, daß sie in höheren Welten eine vollkommene Harmonie ergeben.

Bei der modernen Musik ist viel weniger harmonisch als bei der alten. Sie stürzt sich in wilde Disharmonien und versucht dadurch, irgendwie eine schönere Harmonie hervorzubringen. Das gelingt ihr nicht, aber ich glaube, daß die Menschen, die daran arbeiten, Eindrücke von dem gewinnen, wovon ich sprach und versuchen, das zum Ausdruck zu bringen. Sie suchen nach einer Methode, mit der durch Disharmonie Harmonie hervorgebracht wird. Ich glaube nicht, daß dies auf dieser physischen Ebene gelingen wird, muß jedoch zugeben, daß ich diese seltsamen modernen Musikdarbietungen nicht mag; deshalb bin ich wahrscheinlich weit davon entfernt, sie zu verstehen. Die Menschen, die all diese verrückte Musik komponieren, streben wahrscheinlich nach etwas, von dem die astralen und mentalen Gegenstücke nicht Disharmonie, sondern Harmonie sein dürften. Auf dieser Stufe rufen sie jedoch eine Wirkung hervor, die nicht harmonisch ist. Ich vermute, daß jene, die das zu würdigen wissen, gelernt haben, wie diese Wirkungen in ihren höheren Körpern hervorgebracht werden, so daß sie diesen ungewöhnlichen und unharmonischen Klang mögen.

Viele der merkwürdigen modernen Darstellungen in der Kunst, nicht nur in der Musik, streben mit Sicherheit in die Zukunft; sie bringen Effekte hervor, die jenseits dessen liegen, was gesehen und gehört wird. Was zu sehen und zu hören ist, ist in vielen Fällen höchst unschön, aber ich kann mir gut vorstellen, daß etwas angestrebt wird, das bei Erzielen des Ergebnisses sehr schön sein dürfte. Man wünscht, daß es auf allen Ebenen einigermaßen harmonisch zugehen sollte, so daß selbst hier unten die Sache schön in sich ist für jene, die nicht die höhere Seite verstehen.

Ich habe eine Anzahl von Leuten sagen hören, daß für sie ein Musikstück so ziemlich wie das andere klingt. Es gibt viele unter uns, die eine gewisse Menge unbestimmtes Vergnügen an Musik empfinden, diese aber keineswegs verstehen. Für andere bedeutet ein Musikstück nicht nur etwas für das Ohr Angenehmes, sondern es spricht eine genau so deutliche Sprache wie die Rede bei einem Vortrag. Ihnen übermittelt Musik eine klare Form, die sie sehen und begreifen können. Ich habe große Musiker miteinander sprechen hören und daher weiß ich, daß die Gedankenform, mit der ein Komponist ein bestimmtes Musikstück schreibt, ganz deutlich einem anderen Menschen übermittelt werden kann. Ich stieß auf einen solchen Fall, als ich vor ein paar Jahren in Italien war. Ein Mensch schrieb ein Musikstück, das einen Springbrunnen im Garten beschreiben sollte. Dieser Brunnen hatte drei Bassins, eins über dem anderen. Als er die Musik schrieb, hatte er jene Gedankenform im Sinn. Ich weiß, daß dieselbe Gedankenform einem anderen Musiker übermittelt wurde, der niemals den Springbrunnen oder den Garten gesehen und keine Vorstellung davon hatte, was die Musik beschreiben sollte. Als er sie spielte, rief sie bei ihm das exakte Bild hervor, so daß er wußte, welche Teile sich auf die verschiedenen Bassins des Brunnens bezogen und welcher Teil der Musik den Garten beschrieb. Ich konnte gewisse Ähnlichkeiten erkennen, aber bevor ich nicht gehört hatte, was das bedeuten sollte, wurde das Bild bei mir nicht hervorgerufen.

Das ist eine höhere musikalische Entwicklung. Befinden wir uns auf der Stufe, wo wir eine Bedeutung wie diese in der Musik erkennen können, so wird den meisten dadurch mehr vermittelt werden als es gegenwärtig der Fall ist. Dasselbe trifft auf ein Bild zu. So unterscheidet sich das, was einem dadurch vermittelt wird von dem, was es dem anderen aufzeigt. Menschen geht es so wie dem Menschen in Wordworth's Gedicht:

> Eine Schlüsselblume am Bachrand
> war für ihn eine gelbe Schlüsselblume
> und nicht mehr.

Für den Poeten jedoch bedeutete die Schlüsselblume eine Menge schöner Vorstellungen. Haben wir diese Fähigkeit definitiv erlangt, so werden wir einen Zustand erreichen, wo wir in Symbolen denken. Das Ego tut das in seinem Kausalkörper, es denkt in Symbolen, nicht konkret; und ganz offenkundig geht in dieser Richtung eine psychische Entfaltung vor sich, wenn diese auch sehr verschieden von der gewöhnlicheren Entwicklungsform ist.

Viele der neueren Kunstformen, wie z. B. die futuristischen und kubistischen Bilder – Dinge, die nichts im Himmel oder auf der Erde gleichen, jedoch etwas auf höheren Stufen symbolisieren können – befinden sich gegenwärtig in einer Übergangsphase, es handelt sich dabei um halb getane Arbeit. Man sagt immer, daß Kindern nicht erlaubt werden sollte, halbfertige Arbeit zu sehen. Manche von uns sind in dieser Beziehung nicht anders als Kinder und somit begreifen wir diese Kunst nicht. Ist diese jedoch vervollständigt, so mag sie ein großer Erfolg sein. Das Lied des Lebens ist kein Teil, sondern ein ganzes Orchester, es ist eine immense Anzahl zusammenklingender Melodien; und es kann sein, daß die glühenden Verehrer der neuen Kunst zu einer anderen Offenbarung hinaufreichen, die wir noch nicht erkennen können.

Wichtig ist es, Ordnung zu erkennen. Jetzt erleben wir eine demokratische Phase, und in diesem Zusammenhang erscheint es unumgänglich, daß sich in beträchtlichem Maße Unordnung zeigt. Manche Menschen glänzen in der Tat ziemlich in Unordnung; man könnte das Individualismus nennen und behaupten, jeder Mensch müsse seinen eigenen Weg gehen, egal was mit den anderen geschieht. Menschen müssen lernen imstande zu sein, ihren eigenen Weg zu gehen; es ist aber gleichfalls notwendig, daß sie, wenn sie das getan haben, auch lernen ihren Willen dem göttlichen Willen unterzuordnen. Nachdem die Fähigkeit, allein zu stehen, entwickelt wurde und die Fähigkeit zu handeln und zu denken, müssen sie nun lernen, diese nur in der richtigen Richtung anzuwenden. Man muß einen Willen haben, den man dem göttlichen Willen unterordnet. Hat ein Mensch keinen Willen, so ist das Leben ziemlich leicht, weil er alles treiben läßt und auf die „Vorsehung" vertraut. Menschen, die einen Willen entwickelt haben, machen diesen manchmal gegen den göttlichen Willen geltend, und wirklich, es erscheint für die Entwicklung dieser Menschen besser, daß sie stark genug sind und so etwas verkehrt machen, damit sie bald das Richtige tun, weil Menschen, die nicht den Willen haben, entweder etwas Gutes oder etwas Böses zu tun, höchstwahrscheinlich weder besonders nützlich sein noch sehr weit kommen werden.

Dem göttlichen Willen zu folgen, bedeutet dem Lied des Lebens zu lauschen. Je mehr wir es suchen, desto mehr werden wir es entdecken. Erreichen wir Ebene um Ebene, so werden wir es großartiger und umfassender hören. Hier wird gesagt, daß wir uns selbst jetzt eine schwache Vorstellung machen können, eine trübe Widerspiegelung der Herrlichkeit des Ganzen wahrnehmen können, weil dieses Lied des Lebens in uns ist; und wenn wir tief ins Innere blicken, so werden wir es finden. Wir haben den göttlichen Geist, den göttlichen Atem in uns. Er ist mit dem verkrustet, was wir unsere menschliche Natur nennen, und so dringt die Melodie nicht leicht hindurch – der Funke glimmt nur. Aber er ist vorhanden und jener Funke ist niemals getrennt, wie wir es dachten. Er ist immer Teil der göttlichen Flamme in ihrer Gesamtheit, und unsere Pflicht ist es, unser niederes Selbst zu einer Lampe zu machen, durch die er scheinen kann.

In uns gibt es immer eine Offenbarung des Göttlichen, die nicht schmutzig oder irgendwie durch ihre Verbindung mit Materie getrübt ist. Können wir uns als das erkennen, so wird die Materie nicht länger Macht über uns haben. Gelingt das vollständig, so bedeutet das aber eine sehr hohe Entwicklung – vielleicht sogar mehr als die Adeptschaft. Diese Offenbarung ist immer vorhanden, absolut unbefleckt, ungetrübt, unberührt. Können wir nur ein wenig von unserer Einheit damit erkennen, und empfinden, daß das das „Ich" ist, so werden wir das Lied des Lebens ständig hören. Egal, wie sehr wir von dem Kampf und dem Widerstreit der niederen Welten umbraust sein mögen, dieses Lied wird immer in uns gesungen werden. Wir werden unsere Arbeit in der äußeren Welt in vollkommenem Frieden und mit Zufriedenheit tun, weil wir wissen, daß im Innern die einzige wirkliche Wahrheit ist und alles andere nur eine vorübergehende Äußerung. Eine Berührung mit unserem eigenen höheren Bewußtsein oder dem des Meisters ist häufig der Anfang davon, daß man diese Melodie hört. Sie vermittelt eine Empfindung jenes inneren Lebens, der Freude, der Seligkeit und der Unterwerfung. Sie vermittelt das Gefühl, daß Sie in einem großen Kampf siegreich gewesen sind.

In seiner Anmerkung fährt der Meister fort:

Wer das Böse wählt, lehnt es ab, in sein Inneres zu blicken, verschließt sein Ohr der Melodie seines Herzens sowie die Augen vor dem Lichte seiner Seele. Dies tut er, weil er es leichter findet, seinen Begierden zu leben. Aber auf dem Grunde allen Lebens fließt der mächtige Strom, der nicht aufgehalten werden kann, die großen Wasser sind wirklich dort. Finde sie, und du wirst erkennen, daß jedes Geschöpf, selbst das elendeste, ein Teil davon ist, wie sehr es sich dieser Tatsache auch verschließen und sich eine trügerische, äußere Schreckgestalt erbauen mag.

Wählt ein Mensch das Böse, so deswegen, weil er sich weigert, tief in sich selbst hineinzublicken. Er wählt das Böse kaum mit Absicht; da er aber überhaupt nie tief in sich hineingeht, so hält er seinen astralen Bewußtseinsträger irrtümlich für sich selbst und lebt in seinen Begehren und folgt dem niederen Pfad, weil er diese befriedigen will. Weil er den Tatsachen des Lebens nicht ins Auge blicken will, arbeitet er gegen den Strom der Evolution. Lange nachdem er den Punkt erreicht hat, wo er zum höheren Leben übergehen könnte, wendet er gewöhnlich sein Gesicht ab. Die Erkenntnis ist ihm unbequem, daß er auf der falschen Straße weit gegangen ist, daß er kehrtzumachen und viel harter Arbeit ins Angesicht zu blicken hat. Sorge und Mühe ergeben sich aus der Tatsache, daß er einem Impuls in die verkehrte Richtung nachgegeben hat. Es mag als nicht sehr ernste Sache erscheinen, daß viele Menschen sich in dieser Verfassung befinden; hat aber ein Mensch mit diesen Merkmalen eine Position erreicht, wo es in seiner Macht liegt, viel Gutes oder Böses zu tun, so ist er vom Standpunkt des okkulten Fortschrittes aus betrachtet eine sehr große Gefahr.

Liest man Passagen wie diese, so denkt man gewöhnlich an einen Menschen, der sich im großen Rahmen mit schwarzer Magie beschäf-

tigt, aber das trifft für kleinere Dinge ebenfalls zu. Der Mensch, der Tatsachen nicht ins Auge sieht, neigt dazu, auf den einfacheren, aber gefähr-
licheren Pfad geführt zu werden. Er wird tun, was leicht ist anstatt was
richtig ist. Wir müssen uns ehrlich betrachten, wie wir sind. Der Mensch,
der willentlich dazu neigt, hat wahrscheinlich Grund zur Furcht, daß er,
wenn er sich von Angesicht zu Angesicht betrachtet, den Anblick nicht
mögen würde. Dennoch ist es möglich, auf dem entgegengesetzten Wege
zu irren. Verfällt man in einen Zustand krankhafter Selbstbeobachtung,
so ist das wirklich ein ernstes Problem und eine Schwierigkeit, wie wir
beim Studium von „Zu Füßen des Meisters" sahen. Die Menschen, die
sich immer mit den Wurzeln herausreißen, um zu sehen, wie sie wachsen,
machen keinen Fortschritt. Das Wichtigste dabei ist sicherzustellen, daß
Sie in der richtigen Richtung stehen, daß Sie versuchen, zum Guten zu
wirken und dann still und beständig voranzugehen und das Beste zu tun,
was Sie vermögen. Machen Sie sich keine Gedanken über Ihr eigenes
Vorankommen. Es ist tatsächlich notwendig, daß Sie Fortschritte
machen, aber der beste Fortschritt wird dann erzielt, wenn Sie nicht
daran denken, wenn Sie bei allem Gutestun und nützlicher Arbeit für andere alles Denken an sich selbst verlieren. Ein solcher Fortschritt, wie
ich im Laufe der vergangenen 45 Jahre machte, resultiert absolut und
vollkommen aus der Tatsache, daß ich mich in jede Arbeit stürzte, die getan werden mußte und nicht nach eigenem Vorwärtskommen fragte. Es
ist wahr, daß der Mensch, der sich selbst gegenüber der Tatsache blind
macht, daß er göttlicher Natur ist, eine Art von Schrecken für sich auf-
baut. Wenn wir mit ihm umgehen, besteht unsere Schwierigkeit darin,
daß wir es hier unten mit der Schreckgestalt zu tun haben und nicht mit
der dahinterstehenden Seele. Trotzdem müssen wir zu erkennen versuchen, daß jene Seele da ist. Ich erwähnte bereits, daß ich in meinen
jüngeren Tagen als Laienhelfer der Kirche viele Erfahrungen in einem
der schlimmsten Teile Londons sammeln konnte. Im Laufe jener Zeit
dort traf ich mit Leuten zusammen, die vielleicht so erniedrigt und gede-
mütigt waren, wie man sie in der Welt nur finden kann. Sie dachten nicht
daran, auf irgendeine ehrenwerte oder anständige Art ihren Lebensun-
terhalt zu verdienen. Die einzige Vorstellung, die sie vom Leben hatten,
war Stehlen und verschiedene Arten von Gewalttaten zu begehen.
Etwas darüber Hinausgehendes war ihnen absolut unbekannt. Wer in
besseren Verhältnissen lebt, hat sehr wenig Vorstellungen über das Leben unter den wirklich Armen Londons. Ich kannte fünf Familien, die in
einem Raum lebten, jeweils eine in jeder Ecke und eine in der Mitte.

Das ging auf seltsame Weise, so ähnlich wie in einem Schweinestall, einigermaßen gut, bis die mittlere Gruppe einen Untermieter aufnahm, und
dann kam es zum Streit.

In den neueren Ländern gibt es kaum etwas, das den britischen Slums
ähnelt. In jedem Land gibt es mehr und weniger entwickelte Menschen,
in Britannien jedoch haben wir extreme Zustände hervorgebracht, weil
wir nicht immer entsprechend unseren Kräften und Verantwortlichkeiten gelebt haben. In einigen Fällen haben wir Eingeborene niedergemetzelt und sie wie wilde Tiere geschlachtet; wir zogen aus, um sie abzuschie-
ßen – so wie Menschen, die aus Sportgründen zur Jagd gehen. In vielen
Fällen inkarnierten die so Behandelten folglich in unserem Lande und
wurden zu Bewohnern der Slums. Obgleich ihnen die Gelegenheit gegeben wird, einen Körper eines entwickelten Landes zu bekommen, sind
sie gewöhnlich unfähig, daraus viel Vorteil zu ziehen, besonders wenn
ihre Umgebung so schlecht ist.

Wenn Menschen in solchen Zuständen leben, so glaube ich nicht, daß
wir eine sehr hohe Sittlichkeit oder Menschlichkeit erwarten können.
Diese Leute, die eine Liste von Verbrechen vorweisen können, die ein
aus den Verbrechen ihrer Väter und Mütter resultierendes Erbgut mit-
bringen und in diesen von mir beschriebenen schrecklichen Verhältnissen leben, trugen trotzdem immer einen kleinen Funken von etwas Bes-
serem in sich, eine kleine Freundlichkeit, die sie gegenüber einem kranken Nachbarn, einem Kinde oder einem Hunde zeigten. Ich erinnere
mich an einen Mann, der in der Tat ein sehr schlimmer Fall war, und ich
glaube, der einzige Schimmer von etwas Gutem, den ich um ihn sah,
war, daß er zu einem Hund eine starke Zuneigung hatte und mit diesem
seinen letzten Bissen teilte. Der göttliche Funke existiert in jedem dieser
Menschen und kommt zum Vorschein, wenn Sie es am wenigsten erwarten. Sie wissen, er ist immer da, und das ist etwas, woran man arbeiten
kann. Sollte es jemals einen Fall geben, wo Sie davon keinerlei Spur finden können, so seien Sie trotzdem sicher, daß der göttliche Funke vorhanden ist.

Während wir ständig an die hinter einem Menschen stehende Herrlichkeit zu denken versuchen sollten und daran, daß diese in einem zukünftigen Leben sichtbar werden wird, müssen wir trotzdem der Tatsache ins Auge blicken, daß das, was wir äußerlich vor uns haben, derzeit
häufig sehr fehlerhaft ist. Wir müssen dem göttlichen Funken helfen, sich
zu manifestieren, wenn wir auch auf Fälle stoßen werden, wo wir ihn
kaum berühren können. Es ist nicht jedem gegeben, den Weg zu finden.

Wir treffen auf Personen, für die wir nicht sehr viel tun können. Wir versuchen es, wir tun unser Bestes – aber es mag nicht des Menschen Karma sein, daß wir in der Lage sind, ihm zu helfen, es mag nicht unser Karma sein, daß wir dafür stark genug sind, in diesem bestimmten Fall den Weg zur Hilfe zu finden. Bei diesen Dingen müssen wir uns immer die Wichtigkeit des gesunden Menschenverstandes ins Gedächtnis rufen. Wir dürfen uns nicht gestatten, uns zu Hilflosigkeit oder Verzweiflung einerseits oder irgendeiner Art von Sentimentalität hinreißen zu lassen, die uns andererseits gegenüber offenkundigen Tatsachen blind macht. Es heißt oft, daß nur ein Schritt zwischen dem Erhabenen und dem Lächerlichen liege. Tut man etwas Edles und Schönes, so kann man das manchmal so übertreiben oder so in die Länge ziehen, daß es lächerlich wirkt. Im Zusammenhang mit unserer theosophischen Lehre und Arbeit gibt es viele Beispiele und Möglichkeiten hierfür.

In jedem ist das göttliche Leben, wenn es sich auch in vielen Fällen nur ganz armselig oder trübe zeigen mag. Dann müssen wir die Sache nehmen, wie sie ist. Auf der physischen Ebene, für unser Leben als Gemeinschaft, müssen wir bestimmte Gesetze haben. Jene, die gegen diese Gesetze verstoßen, die zu dem werden, was man als Gewohnheitsverbrecher bezeichnet, müssen auf eine Weise behandelt werden, wodurch sowohl ihnen als auch der Gemeinschaft geholfen wird. Ich weiß, daß manche Leute die Vorstellung des innewohnenden Lichts so weit treiben, daß sie meinen, die Kriminellen dürften nicht eingesperrt werden. Das erscheint mir als töricht, weil wir uns dann in den Händen der Kriminellen befinden und uns ihnen ausliefern würden; und das Leben, die Ordnung und der Fortschritt würde für Tausende von Menschen unmöglich werden, deren Gelegenheit zum Fortschritt viel besser ist und die für den Fortschritt der Welt viel wichtiger sind als jene Kriminelle.

Wir dürfen unsere Kriminellen nicht verkehrt behandeln. Wir sollten ihn als einen Fall behandeln, eher als einen kranken als einen verruchten Menschen, weil der Gewohnheitsverbrecher eine mental defekte Person ist. In gewissen Beziehungen mag er gescheit sein, auf andere Weise hat er aber ganz gewiß Mängel. Er ist nicht imstande, die Notwendigkeit zur Selbstlosigkeit und Einheit und zum Gemeinschaftssinn zu sehen, sonst könnte er kein Gewohnheitsverbrecher sein.

Die gewöhnliche Vorstellung von Rache am Kriminellen ist gewiß ganz und gar die verkehrte Weise, die Sache zu behandeln. Rache erscheint mir einer zivilisierten Menschengruppe unwürdig. Gegen die Attacken von Kriminellen müssen wir uns schützen. Weil diese aber auch

Menschen und Brüder sind, wenn auch sehr viel jüngere Brüder, sollten, wir, wenn wir uns vor ihnen schützen, gleichzeitig versuchen, ihnen zu helfen, sie zu erziehen und nicht Rache an ihnen zu üben. Es gibt die Ansicht, wonach andere Verbrechen verhindert werden können, indem man an einer Person ein schreckliches Exempel statuiert. Das bedeutet, etwas Böses zu tun, um das Gute zu bewirken. Die Geschichte zeigt uns, daß es auf diese Weise nicht zum Guten kommt.

All diese Schreckgestalten sind illusorisch. In der göttlichen Wirklichkeit existieren sie nicht. In China heißt es, daß das Böse nur ein dunkler Schatten des Guten ist. Das meiste Böse in der Welt haben wir produziert, weil wir in diesem oder in vergangenen Leben nicht in Einklang mit den göttlichen Gesetzen gearbeitet haben. Wenn es möglich wäre, daß wir alle damit in Harmonie wirken könnten, so würde das Böse ausgerottet werden. Es war notwendig, daß ein freier Wille entwickelt wird, damit wir lernen können, ihn zu gebrauchen, aber ebenso natürlich und ohne Tadel in bezug auf jemanden haben wir unseren freien Willen genauso oft falsch wie richtig angewandt. Die Folge davon ist die, daß es zu dem kam, was wir als das Böse in der Welt bezeichnen. Aber immer ist das bloß eine Erregung der Oberfläche, immer fließen in den tiefen Wassern darunter die großen Ströme des göttlichen Lebens und der Evolution, die der Logos für uns vorgezeichnet hat. Das sind die dauerhaften Wirklichkeiten des Lebens. Das andere ist nur künstlich, obgleich es uns oft von unheimlicher Wichtigkeit und sehr großer Macht zu sein scheint. In Wirklichkeit handelt es sich dabei, verglichen mit dem anderen, um überhaupt keine mächtige Sache. Die großen Wasser werden von nichts, was wir sehen können, beeinträchtigt. Auf eine mysteriöse Weise ist es wahr, daß „die Boshaften blind den gerechten Willen des Himmels ausführen", wie Southey sagte.

In diesem Sinne geschieht es, wenn ich dir sage: Alle Wesen, unter denen du dich vorwärts ringst, sind Teile des Göttlichen. Und so trügerisch ist der Schein, in dem du lebst, daß es schwer zu erraten ist, wo du die liebliche Stimme im Herzen anderer zuerst entdecken wirst. Wisse aber, daß sie sicher in dir selber ist. Dort suche sie, und hast du sie einmal vernommen, wirst du sie auch leichter um dich her erkennen.

Wenn wir die Dinge vom Standpunkt des Egos im Kausalkörper betrachten können oder noch mehr, wenn wir zur nächsten Ebene, der buddhischen, durchzustoßen vermögen, werden wir die wahre Bedeu-

tung all dieser Dinge sehen. Dann haben wir nicht länger einen kleinen
Teil der niederen Seite der Dinge vor uns, sondern die ganze Sache; wir
können das größenmäßige Verhältnis zur Wirklichkeit erkennen und sehen, wie winzig es in Wirklichkeit ist, daß „das Böse null und nichtig ist,
Stille ist, die Klang bedeutet". Das ist zutreffender als Browning vielleicht selbst wußte, als er es schrieb. Wir können ganz sicher sein, daß
hinter, jenseits und über allem Bösen der große Strom beständig fließt,
daß das Lied des Lebens zu hören ist, wenn wir nur tief genug vordrin-
gen, um es zu hören, denn die Seele der Dinge ist süß und das Herz des
Seins ist himmlische Ruhe, wie Buddha es vor langer Zeit lehrte.

Den Weg zu Gott müssen wir dadurch finden, daß wir den Funken kultivieren, bis er zur Flamme wird. Dann wird er die Mauern niederbrennen,
die die Individualität errichtet hat. Bei der Zerstörung der Mauern wird er
aber nicht die Stärke und Eindeutigkeit verlieren, die er durch das Erbauen
und Gebrauchen der Mauern erlangte. Die so gewonnene Kraft wird ihn befähigen, schließlich nicht mehr als Funke zu agieren, sondern als eine
Sonne, die ein ungeheuer großes Sonnensystem mit Leben und Licht durch-
strahlt; dann wird der Mensch in der Tat geworden sein wie Gott.

Nun können wir den Kommentar des Chohans zu Regel 5 betrachten:

**Das Leben selbst hat Sprache und schweigt nie. Und seine Stimme ist
kein Schrei, wie du, der du taub bist, wähnen magst, sie ist Gesang.
Lerne daraus, daß du ein Teil der Harmonie bist; lerne daraus, den Gesetzen der Harmonie zu gehorchen.**

Hier unten auf der Oberfläche findet man viel Verwirrung, Weinen,
Leid und Elend, Habgier, Übervorteilung und Böswilligkeit. Man
könnte gut annehmen, daß man, würde man zum Herzen des Lebens
durchstoßen, das als Hilfeschrei, als Elendsschrei vorfinden würde, aber
das ist nicht so. Man wird feststellen, daß es kein Schrei, sondern ein
Lied ist. Was immer die Gischt auf der Oberfläche tun mag, welche
Ströme und Strudel hier auch immer von unseren äußeren Augen geschaut werden mögen, der mächtige Strom nimmt beständig seinen
Lauf; das ist, was zählt, was entscheidend ist.

Der Schrei nach Ruhe und Frieden ist häufig alles, was wir in der physischen Welt hören können. Erheben wir uns zu den höheren Ebenen, so
erkennen wir, daß der ganze Lebensstrom, der von innen her fließt, keinen Schrei nach Ruhe hervorbringt, sondern beim beständigen Vor-
wärtsströmen, wie Gott es ihm bestimmt hat, ein glorioses Triumphlied

singt. Von diesem Lied können Sie lernen, wie hier gesagt wird. Sie sind Teil der Harmonie und können davon lernen, den Gesetzen der Harmonie zu gehorchen. Das ganze wundervolle und herrliche Universum ist ein Ausdruck von Gottes Willen. Es bewegt sich ständig weiter wie es sich gemäß Seinem Willen bewegen soll, und alles, was wir zu tun haben, wenn wir das verstehen würden, ist, uns zu einem intelligenten Teil dieser Bewegung zu machen, Seinen Willen zu erkennen und ihn dann zu tun.

Es gibt keine Schwierigkeit und es hat niemals eine gegeben bezüglich des Wissens darum, was Er will, daß wir tun, denn von den frühesten Zeiten an, über die wir Berichte vorliegen haben, lehrte die Religion der Welt eben das, wie das menschliche Verhalten gemäß dem göttlichen Willen aussehen soll. Es gab soviele Glaubensformen und so viele verschiedene Bezeichnungen für Dinge wie es Religionen gab, aber diese stimmten alle darin überein, was ein Mensch zu tun habe. Das ist das Wichtigste dabei, und es ist seltsam, daß Menschen nicht dazu gebracht werden können, das zu erkennen und damit zu arbeiten. Sie stimmen alle darin überein, daß der gute Mensch der Mensch mit einem edlen Herzen ist, der selbstlose Mensch, der freundliche Mensch, der andere nicht unterdrückt, sondern auf jede nur mögliche Weise versucht, ihnen auf ihrem Wege zu helfen, der Mensch, der gegenüber den Armen wohltätig ist, der die Hungrigen speist und tränkt und die Nackten kleidet und jene besucht, die krank und im Gefängnis sind. Das sind Dinge, von denen Christus gesagt haben soll, daß sie das Schicksal des Menschen bestimmen (Matth. 25, 35–40). Im Buddhismus, der letzten der Religionen, gegründet von Seinem großen Vorläufer Buddha, werden Sie genau dieselben Tugenden finden. Als der gegenwärtige Weltlehrer zu uns in seiner Inkarnation als Sri Krishna kam, predigte Er dieselbe Lehre. Bei gewissen äußeren Formen und Namen gibt es Verschiedenheiten, was bedeutungslos ist, die Lehre selbst jedoch ist immer dieselbe gewesen. Dennoch, obgleich die Menschen immer gelehrt wurden, immer wußten, was Gottes Wille ist, ist es sehr schwierig, sie dazu zu bewegen, ihn zu tun.

Wir lesen viel über das einfache Leben. Die simpelsten Leben wurden, so glaube ich, von den alten Eremiten geführt, und noch heute gibt es Menschen in Indien, die so leben, absolut ohne alles in den Dschungel ziehen und sich völlig dem höheren Leben weihen. Ich weiß sehr gut, daß dadurch manche von ihnen oft schlechter werden; jene, von denen man annimmt, sie weihten sich dem höheren Leben, sind in Wirklichkeit manchmal noch nicht einmal ganz in der Lage dazu; sie befinden sich noch nicht auf der Stufe, wo sie ein ganzes Leben in Meditation verbringen können. Somit gibt es Yogis, die Ursachen zur Kritik am Yoga schufen, und Eremiten, die Schande über die Religionen brachten, für die sie wirkten. Dennoch bleibt die Tatsache bestehen, daß das höchste und einfachste Leben von allen in Wirklichkeit das Leben mit der größten Fülle ist – das Leben, das vollkommen auf höheren Ebenen gelebt wird.

Das ist nicht für alle; die meisten von uns befinden sich auf dem Wege von Karma-Yoga oder dem aktiven Dienen. Unsere Aufgabe ist es, zugunsten der Welt auf der physischen Ebene zu wirken. Der Mensch, der sich von der Welt zurückzieht, sollte für die Welt weitaus entschlossener und in stärkerem Maße wirken, jedoch auf der höheren Stufe. Er zieht sich nicht zurück, um in einem Dschungel oder in einer Höhle zu meditieren, bloß weil er mit dem Rest der Welt nichts zu tun haben will und seine eigene Seele so auf leichtere Weise rettet. Er geht, weil er, der bereits eine errettete Seele ist, strahlend, freudig, stark, eine spirituelle Kraft fühlt, daß er auf höheren Ebenen größere Arbeit zu tun imstande ist als er sie in einer Stadt inmitten von der physischen Ebene herrührenden Beeinträchtigungen tun könnte.

Manchmal haben Menschen sich in einen Dschungel zurückgezogen, bloß um den Verantwortlichkeiten und Schwierigkeiten der weltlichen Pflichten aus dem Wege zu gehen. Der Mensch aber, der die weltliche Pflicht transzendiert hat, wird merken, daß diese für ihn schwinden wird; wenn sich ihm der Weg so eröffnet, so kann er sich erlauben, das höhere Leben des Sannyasi oder Mönchs zu führen. Jedoch scheint in der heutigen weltgeschichtlichen Periode das mönchische Leben nicht der allgemeine Weg zu sein. Es gibt so viel in der Welt zu tun, daß wir zumindest all unsere Pflichten hier zu erfüllen haben, bevor wir uns gestatten können, uns von ihr zurückzuziehen und diese Arbeit anderen zu überlassen.

6. Bewahre im Gedächtnis die Melodie, die du vernimmst.

Nur Bruchstücke des hohen Liedes gelangen an dein Ohr, solange du nur Mensch bist. Aber erhalte es getreu, wenn du ihm lauschest, so daß nichts verlorengeht von dem, was dich erreicht, und bemühe dich, daraus die Bedeutung des Geheimnisses, das dich umgibt, zu erfassen. Mit der Zeit wirst du keines Lehrers mehr bedürfen. Denn so wie das Einzelwesen Stimme hat, so hat auch das Stimme, worin das Einzelwesen lebt.

Wenn Sie lauschen, werden Sie das große Lied manchmal hören, dann denken Sie daran und vergessen Sie nicht, was Sie gehört haben, so daß nichts, was Sie erreicht hat, verlorengeht. So können Sie durch das Zusammensetzen der Bruchstücke des großen Liedes allmählich die Bedeutung des Mysteriums, das Sie umgibt, von ihm lernen.

Das Leben ist ein Mysterium für jene, die es nicht als Ganzes sehen; niemand von uns kann es vollkommen sehen, bis wir eins mit dem Logos des Systems werden, dem Logos, dessen Ausdruck all dieses Leben ist. Nur Er kann es vollkommen sehen. Wir als winzige Bruchstücke (ich weiß, das ist nicht philosophisch, kommt jedoch der Tatsache näher als irgendein anderer Ausdruck, wie ich glaube), als winzige Teile von Seinem Bewußtsein, können uns im größerem oder kleinerem Ausmaß mit dem großen Bewußtsein identifizieren. Und genau in dem Maße, wie wir das tun, werden wir in der Lage sein, zu sehen, wahrzunehmen, zu erkennen. Jeder von uns, der versucht, das Lied des Lebens zu hören, versucht die Bruchstücke zusammenzusetzen, die er hier und dort wahrnimmt.

Wahrscheinlich ist die ganze Natur der Ausdruck von etwas Einfachem; ganz wenige einfache Kräfte bewirken unter verschiedenen Bedingungen alles, was wir um uns herum sehen. Wir sind aber noch nicht in der Lage, genau zu erkennen, was für Kräfte dies sind und wie die Umstände wirken. Zunächst einmal erscheint es deshalb seltsam, daß, je weiter wir auf wissenschaftliche Weise die Natur erforschen, die Komplexität, die wir entdecken, um so größer ist. Sie schalten z. B. bei Ihrem Mikroskop immer stärkere Vergrößerungen ein; Sie stellen fest, daß das, was nur ein kleines Fleckchen zu sein schien, in Wirklichkeit ein wundervoll komplizierter Organismus ist. Bis vor kurzem pflegten Chemiker ein Element wie Gold oder Eisen für eine einfache Sache zu halten. Vor Jahren jedoch sahen wir mittels Hellsichtigkeit, die die Möglichkeiten eines Mikroskops weitaus übertrifft, daß es sich um ein höchst kompliziertes Objekt handelt. Wir sahen z. B. daß das, was allgemein als ein chemisches Goldatom bezeichnet wird, 3546 der elementaren physischen Atome enthielt und daß sich diese in Gruppen um ihr eigenes Gravitätszentrum bewegten – sehr ähnlich dem Sonnensystem. Somit sieht es so aus, daß alles, je tiefer wir forschen, um so komplizierter wird. Dennoch ist das letztendlich nicht wahr; denn wenn wir weiter und weiter gehen, so stellen wir schließlich fest, daß alles aus Bläschen im Koilon besteht, aus nichts. Das ganze Universum ist, so betrachtet, eine Illusion. In der Tat, die indischen Bücher lehrten uns das schon vor lan-

ger Zeit – daß hinter der Kompliziertheit eine letztendliche Einfachheit
zu finden ist. Wir können nicht mit Sicherheit sprechen, weil wir das bis
jetzt noch nicht gesehen haben, aber es erscheint so wahrscheinlich, daß
wir es fast als Gewißheit betrachten können, daß dieselbe Regel überall
anzutreffen ist, d. h. daß, während die Kompliziertheit ganz deutlich
größer wird als wir sie uns dachten, dennoch hinter allem absolute Einfachheit zu finden ist.

7. Lerne daraus die Lehre von der Harmonie.

**Du kannst nun aufrecht stehen, fest wie ein Fels inmitten des Auf-
ruhrs, dem Krieger gehorchend, der du selbst bist und dein König. Am
Kampfe nur so weit beteiligt, um sein Geheiß zu tun, bist du um dessen
Ausgang nicht länger besorgt; denn nur das eine ist wichtig, daß der
Krieger siege; und du weißt, daß er nicht unterliegen kann. So stehend,
kühl und wach, gebrauche das Hörvermögen, das du durch Leid und
Leidvernichtung erworben hast.**

Der große Venetianische Meister beschreibt hier die Stufe, auf der der
Mensch angekommen sein sollte, wenn das Höhere Selbst der Krieger
ist, derjenige, der kämpft. Erkennt der Mensch, daß er in Wahrheit jener
Krieger ist, daß er das Höhere Selbst ist, daß es göttlich und innerhalb
des Logos befindlich ist, dann wird er bezüglich des Kampfes des Lebens
unbesorgt, außer um das Gebot des Höheren Selbst zu erfüllen.

Zunächst sind wir bei unserem Kampf in der Welt und unseren Bemühungen, unsere Arbeit zu tun und unsere Pflichten zu erfüllen, sehr besorgt um das Ergebnis. Wir empfinden, daß wir, bis wir nicht in der Lage
sind, für das Richtige zu wirken, nicht gewinnen werden. Das Richtige
wird am Ende immer gewinnen. Traurig wäre es, wenn einer von uns versäumen sollte, seinen Teil dazu beizutragen, um diesen Ausgang sicherzustellen; aber wir können sicher sein, daß, was immer geschieht, das
Richtige schließlich triumphieren muß. Solange wir das Gebot des Höheren Selbst erfüllen, solange wir unsere äußerste Anstrengung unternehmen, sollte uns die Tatsache, daß die äußerste Anstrengung zu scheitern scheint, nicht kümmern. Aber wir müssen ganz sicher sein, daß wir
die äußerste Anstrengung unternehmen und daß wir nicht die Gewißheit, daß das Richtige gewinnen wird, als Entschuldigung für unsere
Trägheit benutzen.

Es ist absolut gewiß, daß im großen Kampf des Lebens das Rechte

gewinnen wird und auch, daß sich eines Tages alles zur Vollkommenheit
entwickelt haben wird, irgendwie, vielleicht nicht in dieser Weltenkette,
aber in einer anderen. Dennoch werden jene, die das als Entschuldigung
für Trägheit nehmen und sagen: „Alles wird sich zum Guten entwickeln,
ich brauche mich nicht anzustrengen, das Ego wird irgendwo auf irgendeiner höheren Stufe kämpfen; es ist egal, was ich als Persönlichkeit tue",
ein sehr trauriges Karma für sich erzeugen, weil sie den endgültigen
Triumph des Guten in diesem Evolutionszyklus verzögern.

Es gibt einen großen Unterschied zwischen dem Wissen darum, daß
der Krieger in uns gewinnen muß, und der Stufe davor, wo Sie das nicht
sicher wissen. Im letzteren Falle fühlen Sie nur unbestimmt, daß er gewinnen muß; Sie sind sehr betroffen über Ihren Anteil am Kampf. Das
ist eine notwendige Phase, wenn auch ein Fehler. Wer aber mit Gewißheit weiß, gelangt selbst inmitten des Versagens zu vollkommener Ruhe
– nicht der Ruhe der Inaktivität, sondern der des göttlichen Willens im
Höheren Selbst. Vom Standpunkt der großen Vollendung ist niemandes
Arbeit unbedeutend. All die kleinen Anstrengungen ergeben zusammengenommen ein mächtiges Ganzes. Trotzdem ist aber jedes Menschen Anteil daran so klein, daß er diesbezüglich nicht übermäßig stolz
sein darf. Das Rechte muß gewinnen, aber die Frage ist, ob wir jetzt Teil
dieser erobernden Schar sein werden oder ob wir zu jenen gehören werden, die zurückbleiben. Wir müssen entweder unter denen sein, die erheben, oder unter den Erhobenen. Jeder Mensch muß einer jener sein,
die für die Welt arbeiten, oder einer jener, für die die Arbeit getan wird.

Das wahre Selbst wird gewinnen, es ist unfähig zur Niederlage. Wird
die Persönlichkeit abgeworfen und kämpft der Krieger im Menschen, so
muß er gewinnen. Haben Sie sich mit ihm vollkommen identifiziert, so
stehen Sie kühl und erwacht da und Sie beobachten den Kampf, an dem
Sie teilnehmen genauso als ob Sie nicht daran teilnehmen würden. Sie
versuchen, durch das Ganze hindurch dem Liede des Lebens zu lauschen, Sie gebrauchen das Hörvermögen, das Sie unter Leid und durch
die Vernichtung des Leids erlangt haben. Solange wie Sie es mit Leid zu
tun haben und es als solches empfinden, kämpfen Sie noch, und Sie sind
nur unterwegs. Durch die Zerstörung des Leids kommen Sie aber in das
Stadium, wo Sie sozusagen einen weiteren Sinn entwickelt haben, der
Sie befähigt, allezeit zu hören und zu sehen, was das Dahinterliegende
ist. Inmitten des ganzen Tumults und des Kampfes hören Sie das Lied des
Lebens, inmitten der wilden Verwirrung sehen Sie den mächtigen Strom.
Sie wissen nun, daß dieses Leid nur eine vorübergehende Sache ist, Sie

überschreiten es, so daß es nicht länger Leid für Sie bedeutet, nicht länger Leiden. Sie kennen seine Bedeutung, und deshalb hat es nicht mehr die Macht, Sie zu verletzen.

4

Regeln 9 bis 12

C. W. L.: Nun kommen wir zu der Gruppe von Regel 9 bis 12. Wiederum können wir jede der kurzen Regeln mit dem dazugehörigen Teil des Kommentars des Chohans zusammenfassen.

9. Betrachte ernsthaft alles Leben, das dich umgibt.

Betrachte das beständig wechselnde und sich bewegende Leben, das dich umgibt, denn die Herzen der Menschen haben es gestaltet; und indem du ihr Wesen und Wollen kennen lernst, wirst du allmählich fähig werden, das größere Wort des Lebens zu lesen.

Die meisten Menschen verbringen ihre Zeit damit, nicht das Leben, sondern die sie umgebenden Formen zu betrachten. Sie sind in der Vorstellung des innewohnenden Lebens nicht zuhause. Deshalb können sie sich so grob und sorglos gegenüber der Vegetation verhalten, wunderschöne Bäume umhauen und eine erfreuliche ländliche Gegend in ein schreckliches Industriezentrum oder eine häßliche Stadt verwandeln, ohne gleichzeitig daran zu denken, daß so viel wie möglich von der natürlichen Schönheit erhalten bleibt. Deshalb können sie auch so unglaublich gefühllos im Umgang mit unseren jüngeren Brüdern des Tierreiches sein und selbst miteinander.

Das ist auch der Grund dafür, daß das Böse in der Welt so schwer auf den Gefühlen der besseren Kategorie von Menschen lastet. Würden solche Menschen unter die Oberfläche der Dinge blicken und sehen, was dem innewohnenden Leben geschieht und wie selbst die schmerzlichsten Ereignisse dazu benutzt werden, dem Leben auf seinem Wege zur göttlichen Glückseligkeit zu helfen, so würden sie weniger besorgt sein. Der Jünger muß seine Aufmerksamkeit auf das Leben in allem richten. Zuallererst muß er bei allem Leben erkennen, daß es ein Ausdruck des Logos selbst ist. Es trifft zu, daß wir bei vielem des uns umgebenden Lebens auf widerwärtige Dinge stoßen, Dinge, die wir als böse erkennen,

und doch tragen auch sie ihren Teil zum Fortschritt der Welt bei; weil das
so ist, können wir überall nach der Manifestation Gottes Ausschau halten.

In jeder Person ist immer etwas menschlich Gutes vorhanden — vielleicht mit Ausnahme einer Persönlichkeit, die eindeutig vom Höheren
Selbst abgetrennt wurde. Das passiert manchmal, wenn auch sehr selten. Das klingt schrecklich und ist es auch; aber die Sache ist sehr übertrieben worden. Die Vorstellung von dem, was gewöhnlich als ‚verlorene
Seele‘ bezeichnet wird, ist in der frühen theosophischen Literatur lang
und breit behandelt worden; und es wurden manchmal zwei oder drei
Aussagen bezüglich ganz verschiedener Zustände zusammengerührt.
Die Mixtur führte dann eine Anzahl von Leuten in die Irre und brachte
sie zu der Annahme, daß verlorene Seelen sehr zahlreich seien.

Es gibt eine gewisse Gruppe von Menschen in der Welt, die sich von
allem Grausigen mächtig angezogen fühlen. Immer wollen sie aus allem
und jedem das Schlimmste machen.

Ich glaube, daß wir in der Theosophischen Gesellschaft einige Menschen hatten, die wohl ein bißchen zu dieser Wesensart neigten; diese
suchten sorgfältig alle Anspielungen auf Dinge dieser Art zusammen,
auf die 8. Sphäre und den möglichen Verlust der Seele und woben aus
alledem eine schreckliche Geschichte. Dann brachten sie damit die Bemerkung Mme. Blavatskys durcheinander, daß wir uns unseren Weg jeden Tag auf der Straße durch Millionen von verlorenen Seelen hindurchbahnen. Das ist eine Aussage, die auf jeden Fall einer großen Änderung
bedarf. Um sich den Weg durch eine Million von Menschen hindurchzu-
bahnen, dazu würde man sicher mehr als einen Tag brauchen. Das ist
nicht wörtlich zu nehmen, sondern hier wird auf pitureske Art über die
zwei Fünftel der Menschheit gesprochen, die in der Mitte der 5. Runde
aus der Evolution herausfallen werden. Diese kann man als verlorene
Seelen bezeichnen, aber nur zur Unterscheidung von jenen, die sicher
weiterkommen werden.

Sie werden für diese bestimmte Weltenkette verloren sein, aber es
gibt, wie bereits erklärt wurde, keine ewige Strafe für sie. Sie werden in
schläfriger Zufriedenheit ruhen und gänzlich glücklich sein, weil sie irgend etwas Besseres nicht kennen. Diese Menschen sind nicht im mindesten zu bemitleiden, es sei denn, weil sie einen weiteren langen Zyklus
von Leben in der nächsten Weltenkette vor sich haben werden; das ist er-
müdend, wie wir wissen. Für jene, bei denen das der Fall sein wird, ist
das das Beste – weitaus besser, leichter und erfreulicher als es für sie

wäre, wenn sie in unserer Evolution verbleiben würden, für die sie nicht geeignet sind und deshalb zum Preise von immensen Anstrengungen vorangetrieben würden, die sie ganz und gar zerbrechen. Solche Menschen haben ihre Zeit nicht verschwendet, weil alles, was sie in dieser bestimmten Weltenkette gelernt und erlangt haben, auf ihrer Habenseite stehen wird; es gibt einen Fortschritt für sie in ihrem Zwischenketten-Devachan. Deshalb werden sie in der nächsten Weltenkette einen hohen Platz einnehmen, weil sie den neuen Egos jener Kette voraus sein werden.

Das sind dann die Millionen, die wir beiseiteschieben. Mit den Einzelfällen, wo sich die Persönlichkeit von der Individualität trennt, hat das nichts zu tun. Das ist eine schreckliche Sache, aber es ist sehr viel besser, das nicht als kolossale Katastrophe zu betrachten, sondern nur als Übertreibung von etwas, das wiederholt geschieht; denn wie ich erklärt habe, geht am Ende jeder Inkarnation etwas verloren, wenn andererseits auch viel gewonnen worden sein mag. Der Verlust einer ganzen Persönlichkeit würde ein höchst schreckliches, böses Leben bedeuten. Selbst dann tut das Ego nicht absichtlich Böses, aber manchmal läßt es seine Persönlichkeit außer Kontrolle geraten. Dafür ist es verantwortlich, es hätte das nicht zulassen sollen, wenn das auch eher eine Schwäche als etwas direkt Böses ist. Und dennoch macht das Ego des Menschen weiter. Es ist entsetzlich zurückgefallen, aber es beginnt erneut, wenn auch vielleicht nicht sofort, weil es zunächst einmal wie gelähmt zu sein scheint. Nach einer solchen Erfahrung wäre ein Ego immer sonderbar seltsam. Es würde immer unzufrieden sein und Erinnerungen an etwas Höheres und Größeres haben, das es nun nicht erreichen kann. Das ist ein furchtbarer Zustand, aber trotzdem muß der Mensch, der sich soweit zurückwirft, das daraus resultierende Karma tragen und schließlich erkennen, daß er es selbst über sich gebracht hat.

Ich weiß nicht mit Sicherheit, welche weiteren Möglichkeiten des Verlustes es in den früheren Tagen der Weltgeschichte gegeben haben mag. Wie die Dinge jetzt stehen, so scheint es ganz gewiß zu sein, daß das Schlimmste, was einem Ego passieren kann, der Verlust einer ganzen Persönlichkeit ist. Das ist in der Tat eine ernste Sache und mag es aus einem Zustand fortgeschrittener Zivilisation in den Zustand eines fast Wilden zurückwerfen, aber heutzutage wäre eine Rückversetzung in die Tierwelt nicht möglich. Ich möchte nicht behaupten, daß es nicht eine Zeit gab, wo es sogar dazu gekommen wäre; soweit wir sehen können, ist das jetzt aber nicht möglich.

Vor, vom Standpunkt des Okkultisten aus betrachtet, nicht allzu langer Zeit verließen sehr viele Menschen unserer gegenwärtigen Menschheit des Tierstadium. Als die Zeit näherrückte, zu der sich die Tür vom Tier- zum Menschenreich schloß, wurde eine große Anstrengung unternommen, um so viele wie nur möglich hindurchzubekommen, um jedem die allerletzte Chance zu geben. Die Herren der Flamme kamen gerade zu der Periode oder ein wenig später von der Venus zu uns mit der Absicht, die Dinge zu stimulieren. Alle unternommenen Anstrengungen hatten hauptsächlich das Ziel, so vielen Wesen wie möglich die Gelegenheit zu geben, überzugehen vom Tier- zum Menschenreich, bevor die Tür endgültig geschlossen war. Genau wie bei kleineren Dingen unternehmen Menschen eine besondere Anstrengung, wenn sich ihnen eine große Chance bietet, egal ob es sich dabei nun um eine Sonderangebotsaktion in Kaufläden oder das Bestehen einer Prüfung handelt. Und so sieht es aus, als habe zu jener Zeit so etwas Ähnliches im größeren Rahmen stattgefunden, als die letzte Gelegenheit gegeben war, das Tierreich zu verlassen und in dieser bestimmten Inkarnation unserer Weltenkette in das Menschenreich überzuwechseln.

Es muß viele Wesen gegeben haben, die nicht sehr viel über dem Tierreich standen, die nur gerade so eben hindurchkamen. Mehrere Hunderte von Inkarnationen solcher Menschen müssen in so ziemlich dem niedrigsten Zustand eines Wilden verbracht worden sein mit kaum einem Intervall dazwischen. Sie befanden sich praktisch die ganze Zeit über im physischen Leben und entwickelten nur ganz allmählich überhaupt astrale Möglichkeiten. Es mag auch einige darunter gegeben haben, die genau so gut nicht hätten durch die Tür kommen können; zumindest bei diesen ist es praktisch gewiß, daß sie in der Mitte der 5. Runde aus unserer Evolution herausfallen werden. Trotzdem werden sie eine beträchtliche Menge an Erfahrungen mit dem menschlichen Leben haben – von der Mitte der 4. bis zur Mitte der 5. Runde – so daß sie in der nächsten Weltenkette wieder hineinkommen, wenn auch nicht gleich zu Anfang. Sie werden die Grundklassen durchlaufen haben und in der Lage sein, als sehr anständige Wilde wieder neu zu starten. Menschen, die so langsam sind, wie diese, könnten nichts unternehmen, was sie sehr weit in der Evolution zurückwirft. Sie haben nicht die Kraft, große Fortschritte zu erzielen, daher muß ihr Vorankommen notwendigerweise langsam vonstatten gehen, aber andererseits haben sie so wenig Intelligenz, daß sie sich nicht sehr weit zurückbringen können.

In alten Schriften wird sehr viel über Menschen gesagt, die ins Tierreich zurückfallen. Wir haben keine direkten Beweise für irgendwelche

Fälle. Es gibt andere Möglichkeiten, wie Menschen mit tierischem Bewußtsein in Berührung kommen und dadurch schrecklich leiden, wie ich
in „Das innere Leben" erklärt habe; jedoch ist es zur Zeit nicht möglich,
als Tier wiedergeboren zu werden. Wir sind jetzt zu weit von der Tren-
nungslinie entfernt, um imstande zu sein, hinter sie zurückzufallen, was
immer auch in ferner Vergangenheit möglich gewesen sein mag. Selbst
der entschlossenste Schwarzmagier vermag das nicht. Während des Ersten Weltkrieges sahen wir etwas von der Tätigkeit jener Wesen, weil
einige der Herren des Dunklen Antlitzes von Atlantis wieder inkarnierten. Das war der Grund für viele Greueltaten, die passierten. Das
Karma, das sich jene Menschen erzeugten, war ohne Frage entsetzlich.
Ein- oder zweimal habe ich flüchtige Eindrücke vom zukünftigen Karma
solcher Menschen bekommen, die weitaus weniger schuldig als einige
der Schwarzmagier waren. Das ist ein Anblick, den man nicht vergißt,
ein abscheulicher Alptraum. Es gibt Menschen, die weit von diesen Ko-
meten des Verbrechens entfernt sind, die sich aber trotzdem Schrecken
für die Zukunft schaffen – jene, die Kinder schlagen und Vivisektionen
an Tieren vornehmen. Auf ihre Zukunft blickt man mit Schaudern, aber
die Schwarzmagier sind weitaus schlimmer. Diese begingen dieselbe Sache in einem viel größeren Rahmen und opferten aus Gründen krankhafter Selbstsucht die halbe Welt. Dennoch werden sie keine Tiere.

In jenen seltenen Fällen, wo sich die Persönlichkeit abgetrennt hat,
führt diese ein Leben, das so ähnlich ist wie das des Margrave in Bulver
Lyttons „Eine seltsame Geschichte" – d. h. eines absolut selbstsüchtigen
Menschen ohne Gewissen, ohne eine Seele, die hinter ihm steht und ihn
leitet. Er wird ein schrecklich böser Mensch sein und seine Boshaftigkeit
in eine zweite Inkarnation weitertragen. Mme. Blavatsky sagte, daß in
manchen Fällen eine solche Persönlichkeit zu einer weiteren Inkarnation kommt, indem sie vom Körper eines Säuglings Besitz ergreift. Für
sie ist kein Körper vorgesehen, aber sie kann vom Körper eines gerade
gestorbenen Kindes Besitz ergreifen, diesen wiederbeleben, darin leben
und so zu einem zweiten Leben kommen. Mme. Blavatsky sprach sehr
wenig über solche Dinge, wenn sie aber darauf einmal anspielte, so geschah das mit sehr großem Schrecken davor, der eindrucksvoll zu beobachten war. Für uns, die wir ihr zuhörten, war es klar, daß sie einst mit
solchen Fällen zu tun hatte, weil sie davor zurückschreckte, überhaupt
darüber etwas zu sagen.

Ihren Ausführungen entnahmen wir, daß eine zweite Verkörperung
für ein solches Ding nicht möglich ist, daß es aber passieren kann, daß

die verfallende Persönlichkeit, die immer noch einen gewissen Teil vom
Ego weggerissen und belebt hatte, dann ins Tierreich abstieg. Einmal erzählte sie uns eine wirklich ganz abscheuliche Geschichte darüber, wie
ein solches Ding, immer noch bewußt, in das, was sie als Entartung bezeichnete, zurückfallen konnte. Sie sagte, so erinnere ich mich, daß
einige Schlangen von solchen Wesenheiten bewohnt wurden, und daß
einigen dieser Dinger bewußt war, daß sie einst menschlich gewesen waren. Das ist eine entsetzliche Sache, es klingt wie eine Art Alptraum,
aber wir können uns von der Tatsache trösten lassen, daß ein solcher Zustand, der nur aus einer Leben um Leben entschlossenen und definitiven
Hinwendung zum Bösen herrührt, äußerst selten vorkommt.

Es gibt nur ganz, ganz wenige wirklich bösartige Menschen in der
Welt, und selbst diese finden zum Großteil irgendeine Entschuldigung
für ihr Verhalten. Der Dieb, der Ihnen Ihr Silber stiehlt, hat gewöhnlich
irgendeine Theorie, daß der Besitz ungleichmäßig verteilt ist und daß er
sich nur den Teil nimmt, den die Regierung oder sonst jemand ihm hätte
geben müssen, daß er diesen jemandem wegnimmt, der sich unberech-
tigterweise im Besitz beträchtlichen Reichtums befindet, der eigentlich
hätte unter allen verteilt werden müssen. Sehr selten tun Menschen etwas Falsches, dessen sie sich bewußt sind. Immer rechtfertigen sie sich
auf irgendeine Weise. Hinterher mögen sie einsehen, daß die Entschuldigung sehr fadenscheinig war, aber ich glaube, daß ein Mensch sich zum
Zeitpunkt, wo er etwas Falsches tut, immer irgendwie rechtfertigt. Um
in den entsetzlichen Zustand zu kommen, eine verlorene Seele zu sein,
braucht es viel mehr. Der Mensch muß sich in einem solchen Falle eindeutig und entschlossen dem Bösen weihen, sich gegen den Strom der
Evolution stemmen.

Solche scheußlichen Möglichkeiten werden seltener, die Menschheit
macht Fortschritte und erlangt mehr und mehr Wissen. Für Menschen
der dunklen Seite wird es im Laufe der Zeit immer weniger möglich,
Kandidaten zu rekrutieren. Sie selbst sind jetzt in Wirklichkeit schon
Relikte aus der Vergangenheit. Wir haben viel über Vampire und Wehr-
wölfe gehört. Solche Kreaturen existieren und sind gelegentlich noch anzutreffen. Ich habe Beispiele für beides gesehen, erwarte jedoch keine
weiteren. Es wird weniger wahrscheinlich, daß Menschen in jene Tiefen
sinken. Anstatt zu Vampiren zu werden, fallen Menschen nun in die
graue Welt. Das ist ein Zustand, den wir offensichtlich anstelle des Vam-
pirismus eingeführt haben. Gewiß ist dieser besser, wenn auch schlimm
genug.

Das Leben in der grauen Welt nach dem Tode ist auf die Verknüpfung des Astralkörpers mit dem ätherischen Doppel zurückzuführen. Es gibt Menschen, die keinen klaren Glauben an ein nachtodliches Leben haben, die aber trotzdem nach fortgesetzter Existenz hungern. Diese würden Ihnen unbestimmt sagen, daß sie an einen Zustand nach dem Tod glauben, in Wirklichkeit zweifeln sie aber stark daran. Da kein Leben außer dem physischen für sie Bedeutung hat, klammern sie sich verzweifelt an den physischen Körper, so sehr, daß nach dem Tode die ätherische Materie nicht vollständig von der dichten physischen Materie fortgezogen werden kann, wie es normalerweise der Fall ist. Dann haben sie es mit einer Person zu tun, die für ziemlich lange Zeit nach dem Tode in einem Zustand bleibt, der weder die eine noch die andere Welt ist. Die Person behält eine gewisse Menge ätherischer Materie, weshalb sie ihre astralen Sinne nicht vollständig gebrauchen kann, so daß sie nicht, wie es sein sollte, in die Astralwelt übergeht. Andererseits kann sie die physische Welt nicht im Griff behalten, weil sie ihre Gewalt darüber verloren hat, wenn auch noch immer etwas von der ätherischen Materie um sie herum übrig ist. Somit ist sie vorübergehend an das gebunden, was manchmal als graue Welt bezeichnet wird. In diesem Zustand erhält sie nur sehr wenige flüchtige Einblicke, gelegentliche Eindrücke jener Welt, aber sie befindet sich in einem sehr schwankenden, unbestimmten Zustand und kämpft immer darum, irgendwo das volle Leben zu erlangen. All das könnte in einem einzigen Moment von ihr abfallen, wenn sie es zulassen würde, aber häufig dauert es lange, bis sie das kann.

Der Chohan sagt, daß das wechselnde Leben um uns herum in den Herzen der Menschen gestaltet wird. Es ist wahr, daß unsere äußeren Umstände das Ergebnis unserer inneren Gedanken und Empfindungen sind. Manchmal klagen Menschen über den Zustand der Gesellschaft, Regierung, Politik, Religion, Handel und Erziehung. Diese spiegeln aber sehr genau den Zustand der Menschen wider, die unsere Städte bevölkern. Und selbst die weniger unmittelbar verursachten Zustände, wie Leid und Freude, wie geologische und klimatische Veränderungen, selbst solche wie Erdbeben und Überflutungen, werden zu unserer Umwelt aufgrund von Karma, was das Resultat unseres Fühlens und Denkens ist. Somit stellen wir uns gemäß unserer inneren Natur, unseren Herzen, an unseren Platz in der Natur; wir neigen dann dazu das mißzuverstehen, weil wir anstatt des Lebens die Formen betrachten.

Ein Großteil dessen, was den meisten Menschen als wirklich böse erscheint, kann trotzdem noch eine gute Seite haben. Auf der physischen

Ebene wäre ein Beispiel hierfür ein schreckliches Erdbeben wie jenes, das im Jahre 1908 einen Großteil von Sizilien und Kalabrien verwüstete und wobei über hundertfünfzigtausend Menschen umkamen, einige auf der Stelle, andere aber, so fürchte ich, unter großem Leiden. Viele Menschen würden das als etwas Böses bezeichnen. Für die Welt ist das nichts Böses. Dadurch wird ein großer Teil der Erdkruste angehoben und ihre Lage verändert; der Boden wird erneuert und dadurch wird der Welt Gutes getan. Denken Sie an den Vesuv in Italien und Sie werden sehen, wie nach einer gewissen Zeit die ganze ausgeworfene vulkanische Materie zu sehr fruchtbarer Erde wird. Beim Ausbruch aber wird menschliches Leben zerstört. Ein Unwetter, ein Erdbeben, eine große Flut ist überhaupt nichts Böses. Dadurch mögen einige Menschen von ihren physischen Körpern befreit werden, aber gewiß schadet ihnen das keineswegs. Alles, was sich bei solchen Katastrophen ergibt, ist eine Angelegenheit von Karma. Auf längere Sicht gesehen wirkt sich das ganz bestimmt zum Guten aus.

Der Theosoph sollte ganz klar verstehen, daß der Tod an sich nichts Böses ist, sondern oft als Belohnung kommt. Unsere allgemeine Einstellung dazu ist die Folge verkehrter religiöser Lehren. Jedem von uns ist der Selbsterhaltungstrieb eingepflanzt, der Instinkt zu versuchen, unseren physischen Körper vor Verletzung oder Zerstörung zu bewahren. Das ist ein sehr weiser und notwendiger Instinkt. Wir müssen unseren physischen Körper schützen, damit wir ihn so lange wie möglich erhalten, weil sich, wenn man das mit allem Respekt so ausdrücken darf, der Logos die Mühe gemacht hat, uns in diese Inkarnation zu stellen; somit ist es eindeutig unsere Pflicht, daraus unser Möglichstes zu machen.

Einige Menschen waren in ihrem Vertrauen auf den Schutz, den sie vom Meister für sich erwarteten, ein wenig töricht. Sie sagen: „Solange ich die Arbeit des Meisters tue, brauche ich keine Vorkehrungen gegen Infektionen zu treffen, wenn ich kranke Menschen besuche. Ich bin sicher, er wird für mich sorgen. Ich werde mich ins Wasser stürzen, obgleich ich nicht schwimmen kann. Ich bin sicher, er wird mir helfen." Vielleicht tut er das wirklich, wenn er das für der Mühe wert hält; aber welches Recht hat ein Mensch, ihm die Mühe zu bereiten, etwas zu tun, was er mit etwas gesundem Menschenverstand hätte selbst tun können? Gehört es zu unserer Aufgabe, jene zu besuchen, die an einer ansteckenden Krankheit leiden, so glaube ich, daß wir dadurch, daß wir die notwendigen Vorkehrungen treffen, dem Meister die Mühe ersparen sollten, anstatt blind auf seinen Schutz zu vertrauen. Wir sollten alles tun, was wir auf unserer Seite können. Entschließt der Meister sich dazu, zusätzlich Schutz zu gewähren, so ist das seine Sache. Es wäre äußerst verkehrt von uns, im voraus darauf zu spekulieren. Solche Eingriffe kommen vor, wir haben aber kein Recht, diese zu erwarten. In dieser Beziehung habe ich seltsame Dinge gesehen, aber niemals würde ich willentlich dem Meister die Mühe verursachen, mich besonders gegen irgend etwas beschützen zu müssen, wenn ich mich auf vernünftige Weise selbst schützen kann.

Der Selbsterhaltungstrieb ist zum Vorteil für die Rasse. Er ist eine gute Sache, aber der tapfere Mensch ist immer bereit, Schmerzen und Gefahren und selbst sein Leben für höhere Dinge zu riskieren. Der Mensch, der weiß, daß der Tod nicht das größte Übel ist, wird um der Abwendung eines größeren Übels willen ganz bereitwillig sein Leben riskieren, wie es Hunderttausende unserer Mitmenschen im Kriege taten. Wir wissen, daß der Tod nicht das Ende von allem ist, wie Menschen so oft glauben. Für uns ist eine Katastrophe wie jene von Messina nicht deshalb schrecklich, weil eine große Anzahl von Menschen plötzlich aus ihren Körpern auf die Astralebene geschleudert wurden. Als ich in Amerika war, brach in einem Theater in Chicago ein großes Feuer aus, wobei viele Frauen und Kinder umkamen. Einige unserer Mitglieder kamen zu mir und fragten: „Wie kann die Vorsehung tatsächlich die Welt regieren, wenn all diese unschuldigen Frauen und Kinder umkamen?" Ich entgegnete: „Glauben Sie, daß nur Männer die Belohnung verdienen, plötzlich von der Erde befreit zu werden?" Das war für die Betreffenden eine ganz neue Betrachtungsweise, d. h. daß es in Wirklichkeit Güte war, sie aus schwierigen Umständen verschiedener Art zu befreien, so daß sie unter besseren Umständen neu beginnen können.

Somit sollten wir also das Erdbeben nicht als etwas Böses betrachten, bloß weil dadurch plötzlich eine Anzahl von Menschen auf die Astralebene geschleudert wurde. Fälle, in denen Menschen verschüttet waren und langsam starben, gab es vergleichsweise wenig. Einige Menschen verbrannten und einige wurden unter Ruinen begraben. So etwas erscheint uns als schreckliches Leiden, aber genauso wie bei gewöhnlichen Fällen, müssen wir auch bei Extremfällen unsere Theosophie anwenden und erkennen, daß, wenn gelegentlich ein Individuum sehr viel leiden muß, es dadurch wahrscheinlich von seiner Karma-Last soviel abtrug, wofür sonst 20 durchschnittliche Leben benötigt würden. Während wir mit den Menschen, die auf solche Weise litten, das größte Mitempfinden haben und alles in unserer Macht Stehende tun sollten, um ihnen zu helfen, so sollten wir sie aber nicht so betrauern, als ob die ganze Sache sinnlos sei. Das ist eine kurze aber drastische Weise, sich von einer großen Menge Üblem zu befreien. Gewiß ist das schrecklich, wenn es vorüber ist; sehen Sie aber, wieviel dadurch gewonnen wurde.

Wir haben leidvolle Erfahrungen auf grobe Weise betrachtet – es ist nicht klug, eine Analogie zu weit zu treiben – bis zur langsamen natürlichen Heilung einer ernsten Krankheit einerseits und einer Heilung durch chirurgische Operation. Es ist schrecklich, eine chirurgische Operation über sich ergehen lassen zu müssen; ist sie jedoch vorüber, so sollte der Schaden behoben sein. Eine langsame Heilung, die sich über Jahre hinzieht, kann alles in allem noch mehr Leiden bedeuten. Ich glaube, wir müssen schreckliche Teile von Karma als karmische chirurgische Operationen auf uns nehmen. Mit den Toten haben wir im eigentlichen Sinne des Wortes kein Mitgefühl, weil wir wissen, daß diese viel besser dran sind als vorher. Den Verlust der trauernden Verwandten und Bekannten aber empfinden wir mit. Aber auch in solchen Fällen lassen Sie uns den Fehler berichtigen, wodurch Menschen dazu gebracht werden, Angst vor solchen Dingen zu empfinden und zu denken, Gott könne nicht mehr gut sein, weil Er sie zuläßt. Die Erfahrungen sind wirklich schrecklich, das Ergebnis des ganzen Prozesses aber ist unverändert gut.

Wir müssen allesamt über persönliche Standpunkte hinauswachsen, um zu sehen, wie alles zum Guten zusammenwirkt und wie sich bei anderen zu Füßen des Ewigen das Leben durch das Labyrinth des Karmas hindurchschlängelt. Der Chohan sagt, wir müssen das größere Wort lesen, den höheren Standpunkt bezüglich des Lebens einnehmen. Tun wir das, so werden wir Menschen niemals auf engstirnige Weise einstufen. Religiöse Menschen werden wir z. B. nicht bloß für Kirchenleute und Andersdenkende halten, sondern als hingebungsvolle Menschen. So werden wir auch Staatsmänner nicht nur als Konservative oder Radikale einstufen. Wir werden einen höheren Standpunkt einnehmen und unsere Kameraden gemäß dem Typus der in ihrem Leben dominierenden menschlichen bewußten Aktivität als Menschen mit Geist oder Liebe oder Willen betrachten. Wir werden sie gemäß ihren Strahlen einordnen und mit dieser tiefer gehenden Einstufung kommen wir dem Kern der Wirklichkeit näher und stellen fest, daß wir das Leben nun besser verstehen können.

Es ist sehr schwierig, all die verschiedenen Typen vollkommen zu verstehen, jedoch sollte man es versuchen. Der Adept hat ein umfassendes

Verständnis und Mitempfinden mit jedem möglichen Typus, aber dazu muß man ein Adept sein. Unsere Pflicht ist, das zu versuchen, wie unmöglich der Standpunkt des anderen Menschen auch auf den ersten Blick erscheinen mag. Man muß versuchen, ihn zu verstehen. Das soll nun keineswegs heißen, daß man den Standpunkt des anderen annehmen müsse. Wir haben genau so viel Recht zu unserer eigenen Anschauung wie der andere Mensch zu seiner, aber mit genauso großem Recht wie wir vertritt er seinen Standpunkt. Ein Mensch, der mit jenen mitempfinden kann, die vollkommen und grundlegend anders sind als er selbst, hat bereits einen beträchtlichen Schritt in Richtung Verstehen von zumindest einem Teil der Welt, in der er lebt, getan.

Es ist ganz klar, daß das, was der Meister hier sagt, ein deutliches Gebot für den Jünger darstellt – wir haben zu lernen, jeden Personentypus, so gut wie wir nur können, zu verstehen. Wann immer wir irgendwie Einfluß auf Menschen ausüben können, um sie aus ihrem alten Trott herauszubringen, ist das eine gute Sache. Das muß jedoch immer verständnisvoll geschehen, denn manchmal sind wir nicht in der Lage, eine Person aus dem alten Trott zu bringen. Es kann sein, daß wir sie durch das, was wir sie lehren, in Wirklichkeit in einen weniger wünschenswerten Zustand bringen können. Das habe ich selbst erlebt. Jene, die sich noch an die ältere theosophische Literatur erinnern, werden wahrscheinlich noch wissen, daß diese mit der Kirche nicht gerade sehr einverstanden war. Mme. Blavatsky selbst war ein wenig ungeduldig mit den orthodoxen Repräsentanten der Religion. Sie kannte offensichtlich viele Beispiele dafür, wie sich unwissender religiöser Glaube auf die Geister und Seelen von Menschen einengend und hemmend auswirkte. Manchmal griff sie die engstirnigen religiösen Glaubensvorstellungen, die gelehrt wurden, auf ziemlich ernste Weise an. Ich glaube, sie nahm sich nicht immer die Zeit, um Menschen zu erzählen, daß es bei allen Dingen eine höhere Seite gibt. Sie war ein Todfeind jeder Form von Aberglauben und es ging ihr mehr darum, Menschen aus ihrem Aberglauben wachzurütteln, anstatt ihnen irgend etwas anderes zu vermitteln. Wahrscheinlich brauchten die Betreffenden gerade das Aufrütteln und mußten auf so drastische Weise behandelt werden. Wahrscheinlich hätte man sie nicht auf der Stelle zu unserer Lebensanschauung bringen können.

Ich weiß, wie es bei Dr. Besant aussah, wenn ihre Angriffe auf das Christentum noch heftiger als die Mme. Blavatskys waren. Sie wandte sich in der Londoner ‚Hall of Science‘ an große Scharen von Freidenkern. Wenn sich darunter ein überzeugter Christ oder ein Geistlicher

befand, der die Orthodoxie verteidigte, so war es interessant, ihr zuzuhören, denn wahrscheinlich war sie der größte Diskussionsredner jener
Zeit. Ich habe sie diskutieren gehört, bevor sie zur Theosophie kam und
hinterher. Die theosophische Diskussion ging viel nachsichtiger vonstatten als es vorher ihre Art war, jedoch war diese nicht annähernd so interessant. Sie wies sehr sanft und freundlich auf die Schwachstellen der anderen Seite hin und überging so viele unpassende Fragen wie sie nur
konnte, aus Rücksicht auf die Gefühle der anderen Seite. Als ich sie vorher diskutieren hörte, nutzte sie ihren Vorteil bis zum letzten aus und ge-
staltete die Diskussion viel interessanter – wenn auch nicht gerade ange-
nehm für ihren Gegner.

Ihre Wortgewalt war nachher noch genau so groß, jedoch gebrauchte
sie diese mit so viel mehr Nachsicht, daß einem das in diesem Maße in
der Diskussion nicht mehr so auffiel wie früher. Nun besaß sie, was vielleicht in ihren Freidenker-Tagen nicht der Fall war, die Fähigkeit, jedermann zu verstehen. Sie hatte diese so wunderbare Kraft, jedoch hat sie
diese durch entschiedene Arbeit erlangt. Sie ist dadurch in sie hineingewachsen, daß sie für andere um Verständnis warb und sich in deren Lage
versetzte. In ihren Freidenker-Tagen, als ich sie diskutieren hörte, versetzte sie sich ganz gewiß nicht in die Lage ihres Gegners, den sie durch
ihre fehlerlose Logik und die Härte ihrer Angriffe manchmal dazu
brachte, etwas Unsinniges zu stottern.

Der Mensch, der alles verstehen, der sich diese erweiterte Lebensauffassung vollkommen zu eigen machen will, muß sich auch mit den niederen Reichen identifizieren, muß so weit wie er nur kann, die Natur als
Ganzes begreifen. Er muß zu einer sympathisierenden Haltung gegenüber den großen Devas kommen, den Naturgeistern, den Geistern der
Bäume und der ländlichen Gegenden. Das scheint uns in der modernen
Zivilisation verlorengegangen zu sein, obgleich wir hier und dort einen
Poeten antreffen, einen Autor oder Künstler, der das noch hat. Weil sie
das hatten, konnten Männer wie Ruskin und Turner so schreiben und
malen, wie es bei ihnen der Fall war.

Im alten Griechenland betrachteten wir die Dinge sehr viel anders als
die Menschen heutzutage. Alles in der Natur hatte damals eine viel größere Bedeutung für uns mit Ausnahme der wenigen, die künstlerisch ver-
anlagt sind. Wir dachten weniger an Geld und Geschäfte und freuten uns
mehr an der Natur. Einen solchen Standpunkt sollte man verstehen. Bei
der Entwicklung des niederen Verstandes und dabei, ihn durch das Ge-
schäftsleben und die praktische Seite des Lebens zu schärfen, ist unseren

modernen Rassen viel verlorengegangen, wenn sie dadurch ohne Frage
auch viel gewonnen haben – die Fähigkeit, vieles auf einmal zu bewerkstelligen und auch die Konzentration unter ausgesprochen schwierigen
Umständen, inmitten des schrecklichen Lärms, des Tumults und der Ra-
serei in dieser Zivilisation. Im alten Griechenland gab es nichts derglei-
chen, wir konnten nicht mit solcher Geschwindigkeit herumreisen, aber
wir sahen viel mehr, wenn wir reisten.

Ich glaube, wir sollten versuchen, die alte Lebensanschauung bis zu
einem gewissen Grade zurückzuerobern, indem wir einen Blick haben
für das Leben, die Herrlichkeit und Schönheit in der Welt, die uns überall umgibt. Die heutzutage vom Menschen erzeugte Umwelt ist kaum
schön, in jenen Tagen aber, als der Mensch die Natur besser verstand,
verdarb man ihre Form nicht annähernd in dem Maße wie heute. Die
Griechen verstanden es, Tempel zu bauen, die inmitten der allerschön-
sten natürlichen Umgebung nicht fehl am Platze waren. Vielleicht werden auch wir lernen, Schönheit mit Nützlichkeit zu verbinden. Z. B. können wir vielleicht lernen, ein Gebäude wie eine Kathedrale zu errichten,
das als Fabrik benutzt werden kann, aber es ist einer der Schwachpunkte
der Zivilisation, daß sie sich in all ihren tieferen Aspekten außerhalb der
Harmonie mit der Natur befindet, so daß es bei uns einer Kultivierung
bedarf, um zu dem zu gelangen, was den Griechen angeboren war – Harmonie mit der Natur. Liest man Ruskins „Queen of the Air", so beginnt
man ein bißchen davon zu verstehen.

Lassen Sie uns versuchen, rundum Fortschritte zu machen. Wir alle haben in der Vergangenheit in Rassen gelebt, deren Hauptaugenmerk auf
Schönheit lag, die Muße und Großzügigkeit im Leben besaßen. Deshalb
liegt das bei uns allen im Ego verankert. Bei unserem gegenwärtigen Leben wird das in großem Ausmaß unterdrückt, aber man muß sich dem
nur wieder zuwenden und die Barriere wird durchbrochen werden. Das
kann geschehen und ist die Sache wert, auch dann, wenn es nur aus
einem selbstsüchtigen Motiv heraus geschieht, weil wir dann das Leben
umfassender genießen werden.

Einige Menschen gibt es, die Disharmonie mit der Natur empfinden,
die sagen, wir seien von „üblen Einflüssen" umgeben und die Welt sei
voller Skorpione, Schlangen und Tiger. Bei einer Schlange, einem Skor-
pion oder einer Hornisse gibt es keine angeborene Schlechtigkeit, sondern diese Tiere sind alle ausgesprochen leicht reizbar und in ihren Methoden – so würden wir das nennen, wenn sie menschlicher Natur wären
– gänzlich skrupellos. Sie laufen Amok und stechen oder beißen jeden,

der sich gerade in der Nähe befindet, wenn sie gerade geärgert werden, aber man kann sie nicht als boshafte Kreaturen bezeichnen, denn das geschieht nicht aus Bosheit. Sie stecken voller Leben und so stürzen sie umher und verletzen jeden, der ihnen zufällig in den Weg gerät.

In den astralen und ätherischen Regionen ist das genauso. Dort gibt es eine Menge niederer Typen von Naturgeistern, die nicht boshaft sind, die es nicht darauf anlegen, Böses zu tun, jedoch sind das beim Umgang mit ihnen sehr unerfreuliche Kreaturen, von der Sorte, die man meiden sollte. Glücklicherweise ist es auf der Astralebene leichter als in der physischen Welt, solche Dinge zu meiden, weil dort ein starker Wunsch ausreicht, sie von Ihnen zu vertreiben. Kreaturen dieser Art werden Sie ausnutzen, wenn Sie sich ihren Einflüssen öffnen. Viele davon haben, wie ich bereits erklärte, Freude daran, einen Menschen in ungeheurer Wut zu sehen. Dabei ist es ihnen völlig egal, worüber er sich ärgert. Ich bin gar nicht sicher, ob sie überhaupt wissen, daß dabei ein Mensch im Spiele ist. Finden sie jedoch einen Strudel lebendiger grober Schwingungen vor, der ihnen paßt, so stürzen sie sich hinein und kosten ihn aus; stimulieren ihn und versuchen, ihn auf jede nur mögliche Weise voll auszunutzen.

Schwingungen von Grausamkeit werden von einigen dieser Kreaturen in höchstem Maße ausgekostet, und es besteht kein Zweifel daran, daß sie darauf erpicht sind, von jemandem, der dieses Laster hat, Besitz zu ergreifen und ihn zu größerer Grausamkeit zu treiben, die der Mensch selbst nicht hätte ausdenken können. Lassen Sie zu, daß ein Zorngefühl von Ihnen Besitz ergreift, so können Sie alles mögliche tun und sagen, was Sie nicht im mindesten zu tun wünschen. Dasselbe trifft für Grausamkeit zu und gewiß auch für Eifersucht, Neid und Haß. Stürzt ein Mensch sich in irgendeine dieser Leidenschaften, so ist das so, als würde der Astralkörper plötzlich lebendig und rachsüchtig, weil eine Anzahl solcher Kreaturen von ihm Besitz ergreift. Für uns ist es sehr schwierig, ihnen überhaupt freundliche Gefühle entgegenzubringen. Natürlich denken wir an die schlechte Wirkung, die sie auf uns ausüben. Dennoch tut das arme Ding aber nichts anderes, als sich auf seine Art zu vergnügen. Das ist natürlich keine Entschuldigung dafür, daß wir es von uns Besitz ergreifen lassen. Wir müssen uns darüber stellen. Aber wir müssen daran denken, daß jede Art von Intensivierung dieser Art möglich ist; wenn wir unsere Mitmenschen studieren, so müssen wir ihnen das zugute halten.

Um uns herum bewegen sich ungeheure Kräfte, von denen die meisten Menschen nicht die mindeste Vorstellung haben. Wir alle kennen das im allgemeinen. Wir wissen, daß Kräfte wie die öffentliche Meinung Druck auf uns ausüben, ohne daß wir das so empfinden, aber wir erkennen vielleicht nicht ganz die ungeheure Kraft des Evolutionsgesetzes und die vielen verschiedenen Einwirkungsarten auf uns. Gott verbirgt sich in Materie, aber er ist nicht tot, weil er sich dort verbirgt. Fortwährend wirken seine Aktivität, seine Kräfte auf all seine Kreaturen ein. Erfolgt eine Einwirkung in starkem Maße auf den Menschen, so erregt ihn das und das ist ein bißchen so, als würde man einen Teich aufwühlen. Das ganze Wasser wird in Bewegung gebracht und was immer sich im Teich befindet, wird umgewühlt und gelangt an die Oberfläche. Der Teich mag durch den Prozeß zunächst einmal sehr schlammig werden, dabei erfährt man aber, was auf dem Grunde lag. Es ist besser, daß das Wasser aufgewühlt wird, selbst wenn es schlammig wird, als würde man es träge werden und sich hoffnungslos zum Schlechteren verändern lassen. So bringt manchmal all die Erregung, die Teil Seines göttlichen Lebens ist, im Menschen nicht erwünschte Eigenschaften hervor.

Es könnte vielleicht den Anschein haben, daß es für eine Person besser wäre, wenn sie nicht aufgerüttelt werden würde, aber das ist nicht so. Durch das Aufrütteln ist der Mensch zunächst einmal lebendiger geworden, wenn auch auf unangenehme Weise; aber es ist besser, daß die unerfreulichen Eigenschaften an die Oberfläche kommen. Dann wird der Mensch darüber Bescheid wissen und seine Freunde, die sie auch sehen, können ihm helfen, während die schlechten Eigenschaften sonst unbemerkt bleiben und äußerst schlechte Wirkungen hervorbringen könnten, wenn sich später die Gelegenheit zur Aufrüttelung ergibt. So werden manchmal durch dieselbe göttliche Kraft nicht wünschenswerte Aktivitäten hervorrufen. Wir dürfen sicher sein, daß Er, der alle Dinge tut, sie gut tut. Er weiß, was Er tut, und wühlt Er ekelhafte Materie irgendeiner Art auf, dann deshalb, damit diese beseitigt wird, wenn das zur betreffenden Zeit für die Evolution auch nicht immer als gut oder verheißungsvoll erscheinen mag. Wir müssen immer daran denken, daß jeder Mensch, den wir sehen, sich auf einer anderen Stufe der Evolutionsleiter befindet, so daß das, was für den einen gut, ja sogar notwendig ist, für einen anderen schädlich sein kann. Wir müssen beobachten und lernen, vollkommen unparteiisch zu sein und das, was passiert, nicht voreilig beurteilen. Alle Leben befinden sich im Logos und sind eindeutig Teil Seines Lebens. Daraus folgt, daß all diese Dinge tatsächlich Seine Aspekte und Ausdruck von Ihm sind. Auf diese Weise besteht eine Verwandtschaft zu all diesen Offenbarungen und ihnen gegenüber Pflichten. Wir mögen Gelegenheiten haben, einem zu helfen und dem anderen nicht. Wir müssen nehmen, was uns in den Weg kommt, und tun, was wir können.

10. Lerne, verständnisvoll in die Herzen der Menschen zu blicken.

Erforsche die Herzen der Menschen, damit du erkennst, was die Welt ist, in der du lebst und von der du ein Teil sein willst.

In dieser Regel wird das Wort Herz symbolisch gebraucht. Wir müssen in die ganze menschliche Natur blicken, so weit wie wir können, nicht nur in die Gefühle des Menschen, die gewöhnlich vom Herzen repräsentiert werden, sondern auch in seinen geistigen Prozeß. Es ist unsererseits erforderlich, daß wir ein tiefes Verständnis für ihn haben; um das haben zu können, müssen wir nach der Manifestation des Egos in ihm suchen.

Sehen wir, daß Menschen um uns herum sich anders verhalten als wir, so rufen wir oft aus: „Was hat den Menschen bloß dazu bringen können?" Wir können uns nicht vorstellen, daß wir die bestimmte Sache unter irgendwelchen Umständen tun würden, und wir können nicht einsehen, warum unser Mitmensch das tut. Die meisten von uns haben wohl vor langer Zeit viele solcher Rätsel aufgegeben, weil ihnen Verständnis fast unmöglich scheint. Ich kann z. B. nicht begreifen, warum sich riesige Mengen von Menschen einen Boxkampf anschauen. Ich vermag nicht nachzuvollziehen, welcher Art das Interesse daran ist, weil für mich das Ganze eine brutale Darbietung ist. Ginge es ums Bezahlen, so würde ich es vorziehen, zu bezahlen, um irgendwo hinzugehen und das nicht mit ansehen zu müssen. Denke ich sorgfältig darüber nach und versuche, das zu ergründen, so komme ich zu dem Schluß, daß das, was anziehend wirkt, vielleicht eine Darstellung von Geschicklichkeit ist, zwar von der brutalen und herabwürdigenden Sorte, aber dennoch geht es dabei um Geschicklichkeit und vielleicht auch um Mut und Durchhaltevermögen.

Genauso stehen viele Menschen an Straßenecken herum, lachen schallend und reden mit groben und heiseren Stimmen. Was sie daran schön finden, kann ich nicht im mindesten verstehen, aber trotzdem gibt es solche Menschen. Es handelt sich bei ihnen um eine große Gruppe von menschlichen Wesen, die wir mehr oder weniger zu verstehen versuchen müssen.

Menschen tun alle möglichen Arten von seltsamen Dingen. Manchmal geraten sie wegen nichts Bestimmtem in ekstatische Eifersucht. Bei

302 Licht auf den Pfad

anderen Gelegenheiten sieht man Menschen, die davon, was andere über sie reden, in höchstem Maße berührt werden. Sie wenden ihre Vernunft an und sagen, daß es nicht im mindesten eine Bedeutung habe, was andere reden, weil es ihnen nicht schadet. Trotzdem bleibt die Tatsache bestehen, daß sie sehr krank wurden und ernsthaft leiden mußten. Wir sollten versuchen einigermaßen zu verstehen, warum das geschieht. Gern gebe ich zu, daß das in vielen Fällen ausgeschlossen ist, aber trotzdem müssen wir ganz eindeutig versuchen, unsere Mitmenschen zu verstehen, warum?

Manche Menschen mögen sagen, daß das kein interessantes Studium ist. Es ist für uns persönlich nicht interessant, wenn wir darüber nachdenken; vom höheren Standpunkt aus betrachtet ist es das aber doch. Da wir davon ausgehen, daß wir etwas weiter als jene Leute entwickelt sind, so ist es eindeutig unsere Pflicht, ihnen zu helfen. Ohne Verständnis wird unsere Hilfe aber oberflächlicher Natur sein. Es ist wohl wahr, daß die meisten Dinge, für die sich diese Menschen interessieren, für uns nicht interessant sind, aber das ist nur ein Symptom dafür, daß wir ihnen in bezug auf das Alter der Seele ein wenig voraus sind. Die Seele wächst, und mit dem Wachsen werden die Menschen verständiger.

Kleine Kinder tun alle möglichen Dinge, die wir nicht verstehen können. Jungen und Mädchen von 14 oder 15 haben eine Anzahl von Beweggründen, die uns etwas näher sind, aber trotzdem wissen wir immer noch nicht, warum sie tun, was sie tun. Wir müssen uns in unsere eigene Jugend zurückversetzen, um überhaupt erkennen zu können, was sie tun und wie Dinge sie prägen. Das ist immer schwierig. Ich weiß das gut, weil ich hin und wieder mit Jungen und Heranwachsenden sehr viel zu tun hatte. Legen Sie ihnen auf bestimmte Weise eine Idee dar in der Hoffnung, daß sie diese vielleicht so annehmen wie Sie selbst, so ist das manchmal auch der Fall; häufig jedoch betrachten sie die Sache von einem ganz anderen Gesichtspunkt aus und entscheiden darüber aus Gründen, die uns nie in den Sinn gekommen wären. Manchmal können Sie erkennen, was sie dabei im Sinn haben, manchmal aber auch nicht. Lehrer und andere Menschen, die sehr viel mit Jungen und Mädchen zu tun haben, sollten es Teil ihres Berufes werden lassen, die bizarren Gedanken- und Gefühlsgänge zu verstehen versuchen, weil sie dann wahrscheinlicher vermeiden, die jungen Leute zu verletzen.

Das ist ein Extremfall, aber dasselbe müssen wir mit den Erwachsenen um uns herum tun. Haben Sie das Verlangen, ihnen zu helfen, so müssen Sie versuchen, sich an ihre Stelle zu versetzen. Das ist hier mit

„verständnisvoll in die Herzen der Menschen blicken" gemeint. Jene Menschen haben ihre Vorurteile und Sie selbst haben Ihre eigenen. Es ist höchst wahrscheinlich, daß die Vorurteile in gewisser Weise voneinander abweichen; deshalb müssen Sie den Standpunkt der anderen Person entdecken und Zugeständnisse machen. Bemühen Sie sich darum, herauszufinden, wie der andere zu seinem Standpunkt kommt und warum bei ihm ein bestimmtes Vorurteil existiert, so können Sie ihm dann vielleicht helfen, damit er darüber hinwegkommt.

Ein Vorurteil ist in der Tat eine verzwickte Sache. Gewöhnlich ist dieses so stark und so eingefahren, daß der Mensch nicht weiß, daß es vorhanden ist. Er glaubt nicht, daß er irgendeine Hilfe benötigt; daher ist es oft schwierig, die Hilfe ohne Kränkung oder Verärgerung des anderen zu gewähren. Es ist aber ein sehr großer Vorteil für einen Menschen, wenn ihm irgendwie dazu verholfen wird, sich von seinem Vorurteil zu befreien. Um bei dieser Arbeit Erfolg zu haben und es geschickt anzufangen, müssen Sie einfach herausfinden, warum der andere Mensch dies oder jenes denkt und wie es zu seinem Vorurteil kam. Ihr eigenes Vorurteil in dieser Sache muß entschieden beiseitegelegt werden, sonst bringen Sie den anderen nur von einem falschen Standpunkt zum nächsten.

Die Ursache für die meisten Fälle seltsamer menschlicher Interessen liegt im Astralkörper. Der Mentalkörper befindet sich erst im Entwicklungsprozeß. Diese Tatsache zeigt sich an all den Phänomenen, die uns nach dem Tode auf der Mentalebene umgeben. Geht ein Mensch, der am Durchschnitt gemessen zur höheren Klasse gehört, in die Astralwelt über, so kann er völlig am Leben auf jener Ebene vernünftigen Anteil nehmen, obgleich das nur einige tun und andere nicht. Bei einigen gruppiert die Materie ihrer Körper sich bald um und dadurch werden sie in ihren Fähigkeiten stark eingeschränkt. Die Fähigkeiten des Astralkörpers sind gut entwickelt, sie stehen zum Gebrauche bereit, obgleich viele Menschen nicht wissen, was sie tun und wie sie diese gebrauchen sollen. Gehen jene auf die Astralebene über, die sich mit der Sache etwas vertraut gemacht haben, so befinden sie sich in einem Bewußtseinsträger, der sie umfassender zum Ausdruck bringt als der physische Körper. Erreichen Sie aber die Himmelswelt, so ist das im allgemeinen nicht so.

Dort treffen wir sie meistens dabei an, daß sie im Mentalkörper arbeiten und darin so sehr eingeschlossen sind, daß er eigentlich mehr eine Kapsel als ein Ausdruck ihres Lebens für sie ist. Das ist gemeint, wenn in den alten Büchern so stark betont wird, daß Menschen in der Himmelswelt von allen anderen so abgeschlossen sind. Oft wurde das so dar-

gestellt, als wäre das ein „Sperrgebiet" der Mentalebene. Das ist es
nicht, jedoch schließt sich der Mensch in seiner eigenen Kapsel ein und
nimmt deshalb überhaupt keinen Anteil am Leben auf der Mentalebene. Er bewegt sich nicht frei und verkehrt mit Menschen, wie er es auf
der Astralebene macht. Die einzigen Öffnungen in seiner Kapsel, durch
die das Leben von außen ihn erreichen kann, sind jene Fenster, die er für
sich schuf, indem er seinen Mentalkörper in bestimmten Richtungen
entwickelte. Was immer der Mensch mit seinem Mentalkörper getan
hat, öffnet ihn für mentale Einflüsse. Was immer es sein mag, er wird das
Resultat während seines Himmelslebens ernten und kann dadurch bis zu
einem gewissen Grade mit der Außenwelt kommunizieren. Die Auswirkungen, die er auf die Bewohner jener Ebene hervorzurufen imstande
ist, werden im ganzen gesehen viel geringer sein als jene, die sie auf ihn
ausüben, weil er sich auf dieser Ebene häufig überhaupt nur durch sehr
enge Kanäle zum Ausdruck bringen kann.

Eben diese Tatsache, die wir in den früheren Tagen unseres theosophischen Studiums lange Zeit nicht verstanden, zeigt, daß der Mentalkörper des durchschnittlichen Menschen nur teilweise entwickelt ist. Betrachten wir die Manifestationen hier in der physischen Welt, so werden
wir feststellen, daß dasselbe zutrifft. Wahrscheinlich hat jeder bei anderen Menschen diese Einschränkungen erfahren. Wir können sie auch bei
uns feststellen, wenn wir das wünschen, aber diese Dinge sehen wir eher
bei anderen als bei uns. Sprechen Sie mit Fremden über Theosophie, so
werden Sie z. B. feststellen, daß einige das mit großem Eifer aufnehmen,
während andere nicht wissen, worüber Sie eigentlich reden. Sie hören
zu, was Sie sagen und sagen: „Ja, ja", haben aber offensichtlich kein Interesse daran. Der Grund für diesen Unterschied zwischen Menschen ist
gewöhnlich der, daß einige der Menschen in Vorleben bereits mit solchen
Ideen in Berührung kamen und andere nicht. Jeder, der im alten Indien
oder Ägypten geboren wurde oder der achtbar genug war, um in die Mysterien in Griechenland oder Rom eingeführt zu werden, wird bereits
mit diesen Vorstellungen in Berührung gekommen sein. Einige werden
sich in die Sache sehr vertieft und dadurch jenen Teil ihrer Mentalkörper
entwickelt haben, der in der Lage ist, über solche Ideen zu denken. Andere können das nicht verstehen und sie befassen sich auch nicht damit.
Würden Sie sie dazu bringen, eine Seite über Theosophie zu lesen, so
könnten die Betreffenden sich an nichts erinnern.

Das Gehirn muß in der Richtung erzogen werden, in der wir wünschen, daß es arbeitet; genau das tun wir in der Theosophie. Jene Men-

schen, die sie bereitwillig und eifrig aufnehmen, tun das zum Teil, weil
dadurch viele Fragen beantwortet werden, die Sie sich selbst stellten,
und teilweise, weil sie bereits in anderen Leben in gewissem Maße in solchen Bahnen dachten. Ihr Gehirn ist bereits bereits geöffnet, was diesen
Teil von ihnen anbelangt. Für die Person, deren Gehirn überhaupt noch
nicht geöffnet ist, was den philosphischen Teil von ihm anbelangt, ist es
eine sehr schwere Arbeit, wenn sie versucht, Theosophie zu verstehen.
Sie geben der Person eine einfache Erklärung, und wahrscheinlich wird
sie nur ein paar der allgemeinen Ideen aufnehmen. Es ist eine Tatsache,
daß Menschen gut darauf vorbereitet werden müssen. Der durchschnittliche Mensch vermag darin nichts zu finden. Dabei will ich nicht im mindesten von Klugheit oder Dummheit seinerseits sprechen, sondern einfach von der Tatsache, daß er mit diesen Gedankengängen nicht vertraut
ist. Er benötigt entsprechende Vorbereitung. Zum größten Teil erhält er
diese durch Religion, und in Religion sollte er allmählich geübt werden.
Eine umfassend entwickelte Religion sollte in der Lage sein, jeder Men-
schenklasse etwas zu geben. Zu Beginn tun alle Religionen das. Im
Laufe der Zeit geht aber bei der einen ein Teil, bei einer anderen ein anderer verloren, und manchmal entwickeln sich die Religionen in nicht
wünschenswerten Bahnen.

Wollen wir versuchen, die Menschen zu verstehen, so müssen wir an
den Grad ihrer Entwicklung oder Nichtentwicklung denken. Wir müssen
bedenken, daß der Mentalkörper noch nicht vollkommen entwickelt ist
und deshalb notwendigerweise der Kausalkörper, der höher ist, noch
weniger entwickelt ist. Manchmal neigen Menschen, die Theosphie studiert und daher eine Menge vom Leben verstanden und ihren Verstand
in dieser Richtung entwickelt haben, dazu, sich auf ihren Lorbeeren auszuruhen und zu glauben, sie hätten nun alles getan, was für die Entwicklung ihres Geistes notwendig ist. Häufig ist das aber nicht der Fall, und
früher oder später müssen sie eine Form der intellektuellen Arbeit oder
des mentalen Trainings aufnehmen.

Was wir bei jedem Menschen zu studieren versuchen sollten, ist das
Wirken der Seele, jedoch gibt nicht jeder Mensch uns dazu Gelegenheit;
bei unserem Bemühen um Verständnis müssen wir das berücksichtigen.
Einerseits müssen wir immer das Höchste von jedem erwarten, wir müssen vertrauensvoll annehmen, daß er tun wird, was wir meinen, daß er
tun müßte; denn die Tatsache, daß wir mental diese Haltung annehmen,
wird ihm dabei sehr helfen. Immer wieder stellt man fest, daß, wenn ein
Mensch, der vielleicht in dunkle Transaktionen verwickelt wurde, ehren-

haft behandelt und ihm gezeigt wird, daß von ihm ebenfalls Ehre erwartet wird, sich dazu aufschwingen wird. Begegnen wir ihm andererseits mit Argwohn, so wird er wahrscheinlich diesen Argwohn bald verdienen. Trotzdem darf man von Menschen nicht zuviel erwarten. Wir sollten davon ausgehen, daß sie ihr Höchstmögliches tun werden, und sollten versuchen, sie durch unsere Gedanken dabei zu unterstützen. Scheitern sie jedoch, so sollten wir mit ihnen nicht ungeduldig oder ihnen böse sein, denn der Entwicklungsprozeß geht langsam vonstatten; ein Mensch kann davon nur soviel zeigen, wie er schon entwickelt hat.

Es ist niemals sinnvoll verärgert zu sein, weil jemand unseren Standard nicht erreicht. Wir sollten einen Menschen nicht für das tadeln, was er ist, dafür daß er auf dem Punkt der Entwicklung steht, den er eben erreicht hat. Ist eine Person hoch entwickelt und scheitert irgendwie, so mag man meinen: „Das ist schade, weil er es viel besser weiß", aber es gibt keinen Grund zu völlig nutzloser Verärgerung. Während wir also das Beste von unseren Mitmenschen annehmen und immer versuchen, ihnen dabei zu helfen, sich gemäß ihrer Entwicklung bestmöglich zu verhalten, müssen wir es philosophisch nehmen, wenn ihnen das nicht gelingt. Wir dürfen weder Ärger noch Ungeduld zeigen, sondern müssen einfach versuchen, ihnen dort zu helfen, wo sie stehen. Diese Lektion sollen wir, wie ich glaube, lernen, wenn uns gesagt wird, daß wir in die Leben und Herzen der Menschen blicken und sie zu verstehen versuchen sollen.

Nun folgt eine lange Anmerkung Meister Hilarions, die wir am besten Stück für Stück behandeln. Er sagt:

Von einem vollkommen unpersönlichen Gesichtspunkte aus, sonst ist dein Blick gefärbt. Darum muß Unpersönlichkeit zuerst verstanden werden.

Gewöhnlich sprechen wir vom Unpersönlichsein, wenn wir „gerecht oder ausgeglichen sein" meinen, wenn wir nicht unseren Entschluß, nichts von unseren eigenen Neigungen oder Abneigungen ins Spiel bringen, wenn wir so handeln, wie ein Richter es auf dem Richterstuhl tut. Der Meister meint aber mehr als das. Er versteht die Unpersönlichkeit in der Bedeutung des Zustandes, in dem die Persönlichkeit vollkommen transzendiert wurde, so daß wir nicht nur im persönlichen Leben alles mit vollkommener Objektivität betrachten, sondern auch die Dinge vom Standpunkt des Egos aus. Das ist etwas, was viel schwieriger zu erringen ist. Das umfassend zu tun, würde bedeuten, daß man den Kausal-

körper vollkommen entwickelt hat. Im allgemeinen entwickelt die
Menschheit noch den niederen Mentalkörper. Schüler des Okkultismus
versuchen, etwas mehr als das zu tun, aber bislang gibt es unter ihnen
vergleichsweise wenige, die den Kausalkörper mit einer Art von Bestimmtheit gebrauchen können. Zu Beginn muß deshalb der Schüler für
sich selbst herausfinden, wie die Einstellung der Seele aussehen würde,
dem dann Folge leisten und alles andere zerstören.

Es ist schwierig, unpersönlich zu sein. Kommt es zwischen zwei Menschen zum Streit, von denen einer ein persönlicher Freund ist, den Sie
durch und durch gut kennen, während der andere ein Fremder ist, so ist
es menschlich kaum möglich zu vermeiden, in gewisser Weise für den
Freund Partei zu ergreifen. Für die Parteilichkeit haben Sie guten Grund
– Sie wissen mehr über jene Person, und je mehr Sie über sie wissen,
desto besser werden Sie sie verstehen können und desto mehr Zugeständnisse werden Sie ihr machen.

Wir können kaum verhindern, daß wir zugunsten unseres Freundes
ein wenig voreingenommen sind. Ich glaube nicht, daß wir immer erkennen, wie sehr wir Geschöpfe der Umstände und Umgebungen sind. Vielleicht werden wir in einem bestimmten Vorort einer großen Stadt geboren. Wir wachsen auf und kennen einen gewissen engen Kreis. Aus diesem Kreis wählen wir einige Freunde. Bald mag man umziehen und
dann neue Freunde an anderen Orten gewinnen, aber am Anfang sind
die Freundschaften, die wir eingehen, im allgemeinen eine Frage
dessen, wo wir uns gerade aufhalten. Wären wir in einem anderen Vorort
geboren, so hätten wir wahrscheinlich eine ganz andere Gruppe von
Freunden.

Manchmal verlieben sich Menschen, die zusammengebracht wurden,
und heiraten. Sie können nicht verstehen, daß sie, sofern sie irgendwo
anders geboren worden wären, für eine andere Person wahrscheinlich so
ähnlich empfunden haben würden. Räumliche Nähe macht viel aus. Ich
weiß, Karma kommt in vielen Fällen auch ins Spiel, aber diese Dinge
sind sehr häufig eine Frage der Nähe. Von unserer menschlichen und anderen Umgebung werden wir sehr stark beeinflußt. Deshalb ist es
schwierig, in die Herzen der anderen Menschen zu blicken und schließlich in unsere eigenen Herzen.

Wir haben die Gewohnheit, über alles so zu denken, als passierte es
uns. Viele Menschen sind unfähig, einen höheren Standpunkt einzunehmen und zu sehen, wie die Wirkung auf die Nation als Ganzes aussieht.
Heutzutage, wo fast jeder ein Stimmrecht hat, gibt es dafür sehr viele

Beispiele. Menschenmassen können nur daran denken, wie das Ergebnis der Wahl sich möglicherweise auf sie persönlich auswirkt, sie scheinen unfähig dazu zu sein, zu verstehen, daß es eine Pflicht gegenüber der Gemeinschaft gibt. Nicht, daß sie willentlich dem Denken an sich selbst vor dem Denken an die Gemeinschaft Vorrang geben, aber sie merken überhaupt nicht, daß es einen höheren Standpunkt gibt.

Es gibt drei Wege, auf die die Seele entwickelt werden und auf unser Leben einwirken kann, wie ich bereits erklärt habe. Eine davon ist die der großen Wissenschaftler und Philosophen der Welt, die nicht nur den niederen Verstand entwickelt haben, sondern in beträchtlichem Maße auch den höheren, so daß ein Großteil seiner mehr abstrakteren Art des Denkens, seiner wunderbaren verstehenden Art des Denkens in ihr Denken hineinkommt, obgleich sie das vielleicht in ihren Schriften nicht zum Ausdruck bringen können. Jene, die von dieser Art angezogen werden, müssen die Stufen durchlaufen, ein großer Wissenschaftler oder Philosoph zu sein. Die buddhische Entwicklung wird viel später kommen.

Zweitens ist es durch die höheren Empfindungen, wie starke Zuneigung, Hingabe oder Mitgefühl, möglich, das buddhische Prinzip in hohem Maße zu erwecken, ohne den dazwischen liegenden Kausalkörper besonders zu entwickeln, jedoch nicht ohne Einwirkung auf ihn, weil alle buddhische Entwicklung sehr starke Rückwirkungen auf die kausale hat. Die Arbeitsmethode der meisten unserer Schüler ist jene, die höheren Gefühlsregungen zu gebrauchen und von dort aus auf die buddhische Hülle einzuwirken. Damit will ich nicht sagen, daß sie bereits einen buddhischen Bewußtseinsträger entwickelt haben, in dem sie ständig leben können. Das wäre eine höchst wünschenswerte Sache, liegt aber vielleicht noch außerhalb der Reichweite der meisten. Jedoch bewirkt der Gebrauch der höheren Gefühlsregungen ohne Frage Schwingungen in der buddhischen Materie. Dadurch wird der bis jetzt ungeformte buddhische Bewußtseinsträger aufgewühlt, so daß viele von seinen Schwingungen hinterherkommen und über des Menschen Astralkörper schweben. Somit kann man eine beträchtliche Menge an Einfluß jener Ebene gewinnen, bevor der Bewußtseinsträger überhaupt voll entwickelt wurde.

Es gibt auch einen anderen und obskureren Pfad, auf dem der Wille zur Tätigkeit aufgerufen wird. Gerade so wie der Astralkörper auf den buddhischen und der niedere auf den höheren mentalen Bewußtseinsträger reagiert, so reagiert der physische irgendwie auf den nirvanischen. Ich weiß sehr wenig darüber, wie das funktioniert. Aber der Weg der meisten Schüler ist der der Hingabe an die Meister und starkes Mitgefühl mit ihren Mitmenschen.

Die Erkenntniskraft ist unparteiisch: Niemand ist dein Feind, niemand dein Freund; einer wie der andere ist dein Lehrer. Dein Feind wird zu einem Geheimnis, das ergründet werden muß, selbst wenn es Jahrtausende dauern sollte, denn der Mensch muß verstanden werden.

Haben Sie Freunde, so können Sie in der Tat sehr dankbar dafür sein, aber in diesem bestimmten Falle betrachten Sie sie unpersönlich, wie von oben. Sagen Sie: „Diese sind meine Freunde, warum sind wir als Seelen zusammengebracht worden?" Dann werden Sie wahrscheinlich feststellen, daß es zwischen Ihnen entweder große Ähnlichkeiten gibt oder Sie ergänzen sich; Sie passen in Ihren Schwingungen gut zusammen und ergeben so ein zufriedenstellendes Ganzes.

Genauso ist von einem unpersönlichen Standpunkt aus betrachtet kein Mensch Ihr Feind. Macht sich jemand törichterweise dazu, so sagen Sie: „Warum tut er das?" Diese Empfindung könnte er mir gegenüber nicht haben, wenn ich selbst ihm in der Vergangenheit nicht dafür einen Grund geliefert hätte. Ich will sehen, ob ich nicht den Grund entdecken kann, und ob es nicht einen Weg zur Änderung seiner Einstellung gibt.

Dein Freund wird zu einem Teil von dir, einer Erweiterung deiner selbst, ein Rätsel, schwer zu lösen. Nur ein Ding ist noch schwerer zu erkennen – dein eigenes Herz. Erst wenn die Bande der Persönlichkeit gelöst sind, kann das tiefe Geheimnis des Selbstes erschaut werden.

Wie gut man eine Person auch immer kennen mag, jahrelang, so berührt man doch manchmal bei ihr eine Bewußtseinsschicht, die seltsam ist. Es ist gesagt worden – wahrheitsgemäß, wie ich glaube – daß kein menschliches Wesen je ein anderes vollkommen kennt, auch nicht nach einem langen gemeinsamen Leben. Der Adept muß das wissen. Das ist der eine große Trost dabei, wenn man mit dem Meister in Verbindung steht. Wir sind so absolut gewiß, daß die Meister um so vieles mehr über uns wissen als wir über uns selbst, daß sie uns wirklich durch und durch kennen. Wir erkennen bei uns Schwächen und Mängel und wir versuchen, so weit wie wir können damit wirksam umzugehen, aber wir können auch andere Mängel haben, die wir nicht erkannten, die bei ernsten

Notfällen oder in Momenten der Anstrengung zum Vorschein kommen. Geschieht so etwas, so ist es ein Trost zu denken, der Meister weiß darüber Bescheid, und er wird früher oder später alles an die Oberfläche bringen, was wir noch nicht kennen; er wird uns bei der Beseitigung helfen. Jene, die der Meister durch Jüngerschaft näher an sich heranzieht, haben zumindest diesen Trost, daß sie nicht hoffnungslos schlecht sein können, auch wenn sie aus berechtigter Bescheidenheit schlecht genug über sich denken mögen.

Auf allen Stufen der inneren Entwicklung muß die notwendige Arbeit durch uns geschehen, wobei unser Wille dahinterstehen muß. Selbst der Meister kann das nicht für uns tun, obgleich er uns durch seinen Magnetismus, seine Zuneigung und sein Mitgefühl sowie durch den indirekten Einfluß, den er durch seine verschiedenen Schüler auf uns ausübt, helfen kann und das auch tut. Er kann uns nur dann auf dem Wege voranhelfen, wenn wir Karma erzeugen, das das zuläßt. Wir müssen uns für die Gelegenheit tauglich machen, und wird sie uns geboten, so werden wir dadurch, daß wir sie vollkommen annehmen, bereit für die nächste.

Ohne das hat der Meister nicht das Recht, zu helfen, weil auch er dem großen Karmagesetz untersteht. Wie bereitwillig er auch immer sein mag, uns geradewegs auf die Adeptenstufe zu heben, so kann er das doch nicht. Daß wir aber seine unschätzbare Hilfe auf dem Wege erhalten werden, sobald wir sie verdienen, ist ganz gewiß, denn selbst er ist ein Freund in der allgemeinen Bedeutung dieses Ausdrucks. Er kann uns nichts geben, was wir nicht verdient haben. Wirklich kann er uns nur dann helfen, wenn wir mit ihm eins geworden sind.

Erst wenn du abseits von ihm stehst, wird es sich deinem Verständnis offenbaren. Dann, und nicht früher, kannst du es erfassen und leiten. Dann, und nicht früher, kannst du all seine Kräfte gebrauchen und sie einem würdigen Dienste weihen.

Hier denkt der Meister eindeutig an das höhere Selbst, das Ego in seinem Kausalkörper, das von dem niederen Selbst Besitz ergreift und es leitet. Wie wir vorher schon gesehen haben, muß all dieses auf verschiedenen Stufen verstanden werden entsprechend der Tatsache, ob es darum um Schüler oder den Adepten selbst geht. Für einige ist die Aufgabe, die, daß das Ego in seinem Kausalkörper lernen soll, die Persönlichkeit hier unten zu steuern und zu lenken. Andere haben die Aufgabe, daß die Monade vom Ego Besitz ergreifen und es leiten soll. Ist das erreicht wor-

den, was beim Adepten der Fall ist, so wird selbst Er sich noch darum bemühen müssen, daß das Nächsthöhere über der Monade, was immer es
sein mag, diese zu einem vollkommenen Ausdruck von sich werden läßt.

11. Betrachte am ernstlichsten dein eigenes Herz.

**12. Denn durch dein eigenes Herz kommt das eine Licht, welches das
Leben erleuchten und es deinen Augen klar machen kann.**

Bevor Sie nicht Gott in sich zu erkennen vermögen, können Sie ihn
außerhalb nicht finden. Durch Ihr eigenes Herz kommt das eine Licht,
das das Leben erleuchten und es vor Ihren Augen klar machen kann. Dabei, es hervorzubringen, kann von außen sehr viel geholfen werden. Ihr
Meister kann Ihnen das Licht nicht geben, wenn er Ihnen auch helfen
kann, es in Ihnen zu erwecken. Es muß von innen kommen, und es ist im
Innern, ob Sie das nun wissen oder nicht.

Es sollte für uns wirklich ein sehr großer Segen und eine Ermutigung
sein, daß in der theosophischen Lehre die Tatsache, daß das Göttliche in
uns ist und wir notwendigerweise ein Teil davon sind, so stark betont
wird. Wir vergessen das so manches Mal und lassen es zu, daß uns das aus
dem Bewußtsein schwindet, so daß wir zeitweilig einen kurzsichtigen
Standpunkt einnehmen und unfähig sind, die Weite und Tiefe und die
Herrlichkeit Seines Plans zu erfassen. Die Menschen vergessen oder wissen vielleicht nie, daß sie eins mit dem Göttlichen sind und daß sie nur
durch ständige Annäherung an das Göttliche sich wirklich entwickeln
oder Glück erlangen können oder auch irgendeine Wahrheit, die sie mit
dem Rest der Welt in Einklang bringt. Von allen Mystikern wurde universell erkannt, daß wir in Wahrheit nur durch den Gott im Innern mit dem
Gott außerhalb in Berührung kommen können. An anderer Stelle sagt
der Meister: „Wenn du Ihn nicht in dir findest, so brauchst du woanders
nicht nach Ihm zu suchen."

5

Regel 13

C. W. L.: An dieser Stelle von Teil II in „Licht auf den Pfad" erfährt die Numerierung der Regeln eine Änderung. Nun haben wir es nicht mehr mit Gruppen von drei Aphorismen aus dem alten Manuskript zu tun, gefolgt von einem Kommentar des Chohans, sondern Regel 13, zu der wir jetzt kommen, wird vom Chohan gegeben.

13. Sprache kommt nur mit Wissen. Erlange Wissen und du wirst Sprache erlangen.

Die Anmerkung Meister Hilarions lautet hierzu wie folgt:

Es ist unmöglich, anderen zu helfen, ehe du nicht selbst etwas eigene Sicherheit erworben hast.

Man kann das theosophische Denksystem durch und durch studieren, es von allen Gesichtspunkten aus betrachten, es mit anderen Vorstellungen, die die Lage der Dinge in der Welt zu erklären versuchen, vergleichen und schießlich zu dem Schluß kommen, daß Theosophie die allerbeste Hypothese bezüglich der Welt ist, und sie folglich als wahr akzeptieren. Ich glaube, das kann man nicht ganz als Wissen bezeichnen, aber zumindest ist das eine umfassende und vernünftige Überzeugung, von der man mit Gewißheit ausgehen kann.

Prüfen wir die orthodoxe christliche Darstellung, so werden wir sofort erkennen, daß es ihr an Stabilität mangelt, daß sie unbeständig ist. Obgleich sie den Anspruch erhebt, für alles Gültigkeit zu haben, kann man kaum behaupten, daß eine befriedigende Theorie geboten wird. Deshalb haben viele Christen Angst davor, zu denken. Kommen wir jedoch zu den theosophischen Erklärungen des Lebens, so sehen wir, daß wir uns auf einer festen Grundlage befinden. Angenommen, jemand kommt als Fragender von außen. Er mag die Empfindung haben, daß einige unserer Aussagen zu stark, direkt und positiv sind, und er mag fragen:

„Welchen Beweis haben Sie dafür, daß die Dinge so sind?" An der Genauigkeit einiger bestimmter Aussagen mag er zweifeln, aber betrachtet man die Philosophie als Ganzes, so könnte niemand bestreiten, daß es sich dabei zumindest um eine klar gegliederte und verständliche Theorie handelt; ist diese wahr, so bezieht sie alles ein. Das ist in vielen Fällen alles, worauf bezüglich wissenschaftlicher Theorien Anspruch erhoben werden kann. Wir haben eine gewisse Anzahl von Tatsachen vorliegen. Die Hypothese muß über diese Tatsachen Rechenschaft ablegen; hier ist eine, die deutlich besser als die anderen ist, die besser als alle anderen erklärt, was beobachtet worden ist. Deshalb akzeptieren wir diese einstweilen als wahr.

Als ich an das theosophische Wissen herankam, war ich bereits Priester der Anglikanischen Kirche, doch ich zweifelte an vielen der von der Kirche dargelegten Dogmen und vermied immer, irgendwelche Dogmen zu predigen, sondern lehrte Ethik und illustrierte sie. Hier, in der Theosophie fand ich eine vernünftige Theorie, und weil diese so vernünftig war, war ich natürlich bereit, sie zu akzeptieren. Ich hatte damals wenig Beweise, aber in jener Phase doch so viele dafür, wie wir sie für eine große Zahl von Tatsachen in der Astronomie haben. Ich hatte soviele Beweise, wie wir z. B. für viele weit verbreiteten Theorien in der Chemie oder Physik haben. Durch jene Theorien werden gewisse Erfahrungen erklärt, aber es gibt eine beträchtliche Menge anderer Dinge, die noch nicht erklärt werden können.

Dann kam für mich der weitere Schritt, daß ich Mme. Blavatsky traf und in Verbindung mit ihr gewisse Dinge sah, die einige ihrer Behauptungen bewiesen. Dadurch wurde natürlich noch nicht notwendigerweise die Wahrheit von allem anderen bewiesen, aber sehr bald, innerhalb von drei Jahren, nachdem ich zur Gesellschaft stieß, war mir aus eigenem Wissen die Existenz der Großen Lehrer, die sie beschrieben hatte, bewußt. Diese Tatsache als bewahrheitet zu finden, war ein guter Beweis bezüglich der Wahrheit der anderen Aussagen, besonders deswegen, weil diese alle zueinander paßten und ein perfektes System ergaben.

Später war ich in der Lage, selbst viele dieser Fragen zu erforschen, und so weit wie ich jetzt gekommen bin, habe ich in irgendeiner der großen Wahrheiten, die Mme. Blavatsky uns darzulegen versuchte, keinen Irrtum feststellen können. In ihren Büchern vermittelte sie eine riesige Menge von Lehren. Was die Bedeutung einiger davon betrifft, so bin ich noch nicht in der Lage, darüber aus eigenem Wissen zu sprechen. Es gibt

auch einige Aussagen, die ich noch nicht verstehen kann; aber je mehr
ich selbst erfahren habe, desto mehr habe ich erkannt, wieviel sie wußte.
Deshalb habe ich aufgehört, nach Fehlern zu suchen, von denen sie
zugab, daß viele davon in ihren Büchern vorhanden seien. Stießen wir
auf irgendeine Sache, so verstanden wir diese zunächst einmal nicht; wir
dachten, das sei einer der Fehler. Später fanden wir aber heraus, daß der
Fehler bei uns lag, wir hatten nicht vollkommen verstanden. Zweifellos
bestehen Irrtümer, und wenn wir erheblich mehr wissen, werden wir sie
wahrscheinlich entdecken. Ich vermute, daß gewisse Aussagen zu dieser
Art gehören, aber bevor ich nicht genau weiß, daß das so ist, bin ich
nicht bereit, das zu behaupten – man zieht vor, die Aussagen Mme. Blavatskys mit großem Respekt hinzunehmen.

Haben wir selbst eindeutiges Wissen, so ist es wahr, daß wir dann mit
größerer Überzeugung sprechen können. Das habe ich in bezug auf
mich selbst gesagt. Menschen sagten, daß sie Gespräche mit mir überzeugend fanden. Andere, ohne Wissen aus erster Hand, die aber weitaus
redegewandter sind als ich, stellten diese Dinge von ihrem Standpunkt
aus dar, und doch haben die Leute gesagt: „Ja, aber wissen Sie das?" Ich
habe geantwortet: „Ja, das tue ich, aber wie können Sie wissen, daß das
bei mir so ist, wenn ich Ihnen gegenüber auch behaupte, daß das so sei?"
„Das wissen wir nicht", lautete die Antwort, „aber irgendwie fühlen wir
es, wenn ein Mensch über etwas spricht, das er selbst weiß, oder über etwas, was er nur gelesen und studiert hat." Es gibt alle möglichen Analogien für die Anschauung, daß es unmöglich sei, anderen zu helfen, bis
Sie selbst einige Gewißheit erlangt haben. Wollen Sie eine Person aus
dem aufgepeitschten Meer heben, so müssen Sie mit Ihren Füßen auf
Felsen stehen.

Weiß eine Seele, so überträgt sich ihre Gewißheit auf andere Seelen;
diese erkennen jene Gewißheit, obwohl sie hier unten auf der physischen Ebene mit dem Gehirn wahrscheinlich keine Gründe dafür angeben könnten, aber sie empfinden es, wenn ein Mensch wirklich weiß.
Bevor ein Mensch nicht selbst weiß, wäre es ihm unmöglich, anderen in
bezug auf ihre höhere Entwicklung zu helfen oder dabei, Jünger ihrem
Meister näherzubringen.

Dieser Unterschied wird in den theosophischen Handbüchern deutlich hervorgehoben. Die meisten davon wurden von Dr. Annie Besant
geschrieben. Die ersten drei – „Die sieben Prinzipien des Menschen",
„Reinkarnation" und „Der Tod und was dahinter ist" – sind geschrieben
worden, bevor sie selbst irgend etwas von diesen Dingen sehen konnte.

Sehr bald erkannte sie, daß die Geheimlehre, so wunderbar wie sie ist, für den durchschnittlichen Schüler sehr schwierig ist, und daß er nicht ein Zehntel vom Inhalt versteht, wenn er kein Vorstudium hatte, um sich darauf vorzubereiten. So machte sie sich mit der für sie charakteristischen Energie an die Arbeit und erstellte einige Zusammenfassungen für ihre Leute, indem sie diese einfach aufgrund ihres eigenen Studiums der Bücher schrieb sowie aufgrund von Antworten auf Fragen, die sie Mme. Blavatsky gestellt hatte. Ich bezweifle, daß jemand anders allein die Geheimlehre genommen haben könnte und aus dieser die Dinge herausholte, wie Dr. Besant es tat. Sie besaß die wunderbare Fähigkeit, Dinge zu verbinden und diese klar zu machen. Zu der Zeit jedoch, als sie zum 4. Leitfaden über Karma gelangte, begann sie die Dinge selbst zu schauen. Dann schrieb ich „Die Astralebene" und „Devachan" und sie schrieb den 7. Leitfaden „Der Mensch und seine Körper". Als sie das letztgenannte Buch schrieb, hatte sie inzwischen vollkommen gelernt, selbst zu sehen. Diese beiden Leitfäden zeigen, daß sie das, worüber sie schrieb, aus erster Hand wußte. In den anderen Büchern zitierte sie und obwohl sie die Zitate mit wunderbarer Geschicklichkeit einwob, enthalten die ersten drei Leitfäden vieles, das nicht ganz klar und schwer zu verstehen ist. Oft sagte Dr. Besant, sie möchte diese am liebsten überarbeiten, aber sie schrieb immer andere Bücher und fand nie die Zeit dazu. Sie hatte dabei auch die Vorstellung, daß das historische Dokumente seien, aus denen hervorgeht, was wir zu jener Zeit wußten und was nicht.

In den frühen Tagen hatten die meisten von uns eine sehr unvollkommene Vorstellung über den Plan der Dinge; unsere Theorien waren sehr lückenhaft. Mr. A. P. Sinnetts „Esoterischer Buddhismus" war die erste Bemühung darum, einigermaßen vollständige und systematische Aussagen zu machen. Das Buch basierte ausschließlich auf einer großen Zahl von Briefen, die Sinnett durch Schüler des Meisters Kuthumi erhielt. Zunächst schrieben wir alle Antworten direkt diesem Meister selbst zu. Später aber merkten wir, daß diese, wenn man das so ausdrücken kann, aus seinem „Amt", aus seiner Umgebung stammten. Die Briefe enthielten eine ungeheure Menge an Informationen, die hauptsächlich Antworten auf von Sinnett vorgelegte Fragen waren. Das war die Grundlage für Mr. Sinnetts frühere Bücher. Mrs. Besant hat die meiste Arbeit getan, um theosophisches Wissen für uns in tabellarische Form zu bringen. Sie hat Tatsachen auf eine Weise zusammengefaßt, daß derjenige, der sie vor sich hat, sie lesen kann. In jenen frühen Tagen mußten wir viel intensiver

studieren, um theosophische Wahrheiten begreifen zu können. So großartig ihre Werke auch zu jener Zeit waren, kann man doch den Unterschied darin selbst erkennen, zwischen der Zeit, wo sie ihr Wissen nur
Büchern entnahm und später, als sie die Dinge selbst schaute. Mme. Blavatsky sah viele Dinge selbst, aber ihr Verstand – soweit wir diesen verstehen konnten, denn es war ein sehr gigantischer Geist – funktionierte
etwas anders als unserer. Dieser war, wenn man das mit Respekt und
Hochachtung sagen darf, vom atlantischen Typus. Er konzentrierte sich
auf ungeheure Ansammlungen von Fakten, unternahm jedoch nicht
viele Anstrengungen, diese zu ordnen. Swami T. Subba Row sagte, daß
die Geheimlehre ein Haufen kostbarer Steine sei. Es ist keine Frage, daß
es sich dabei um kostbare Steine handelt, aber man muß sie für sich
selbst ordnen; sie hat das nicht für uns getan, weil sie die Notwendigkeit
dazu überhaupt nicht empfand.

Im Laufe meines Studiums stieß ich wiederholt auf Gedanken, die mir
ganz neu waren; ich notierte sie, wobei ich sie nicht unbedingt für Entdeckungen hielt, sondern als Ideen, die mir neu waren. Vielleicht Monate
oder ein oder zwei Jahre später, habe ich auf den „Esoterischen Buddhismus" oder die Geheimlehre zurückgegriffen und festgestellt, daß die
Gedanken, die mir neu erschienen, eindeutig in jenem Buch enthalten
waren, vielleicht nicht mit so vielen Worten ausgedrückt, jedoch eindeutig darin enthalten. Gewiß sollten aus vielen Gedanken, die uns unlängst
neu erschienen, von uns Folgerungen abgeleitet werden. Ich kann erkennen, wie jene Wahrheiten aus anderen Gedanken folgen; ich frage mich
nun, wie ich so dumm sein konnte, diese Folgerungen nicht vollzogen zu
haben. Zu derselben Erfahrung kommt es auf eindrucksvolle Weise bei
jeder Initiation. Der Wissensschlüssel, der dabei übergeben wird, ist eine
absolut selbstverständliche, einleuchtende Sache. Wir sagen uns:
„Mensch, wie kann es angehen, daß ich das nicht selbst erkannt habe?"
Aber wir erkennen das nicht, niemand erkennt das, bis es ihm gesagt
wird. Wir brauchen keinen Beweis für die Aussage, sie spricht für sich
selbst, sie versteht sich absolut von selbst. Dort hatten wir die Tatsache
vor uns, sie starrte uns unser ganzes Leben lang ins Gesicht und wir sahen
sie nicht. War man je auf seine intellektuelle Entwicklung stolz, so zerbricht bei einer Erfahrung in dieser Richtung der Stolz sehr bald.

Nur die Meister sind in der Lage, jemandem umfassend zu helfen. Ihr
Wissen ist universell und es reicht ebenso in alle höheren Welten. Sie
scheinen all das in ihren Gehirnen gespeicherte Wissen nicht zu benötigen, wie wir es tun, aber sie sind in der Lage, eine gewisse Kraft auf all

das von ihnen Gewünschte zu richten und durch den Gebrauch dieser
Kraft dann und dort darüber alles zu wissen. Es mag sein, daß der Meister irgendeine Information wünscht. Diese braucht er nicht irgendwo
nachzulesen, wie das bei uns der Fall wäre, sondern er würde sein all-
sehendes Auge auf den Gegenstand richten und sich dadurch das Wissen
irgendwie aneignen. Ich glaube, das muß mit dem „sich vom Unwissen
zu befreien" gemeint sein. Es ist offensichtlich, daß man niemals auf unsere Weise all das Wissen erlangen könnte. Es ist deutlich gesagt, daß die
letzte Fessel, die der Arhat abzuwerfen hat, avidya ist – „Nicht-Wissen".
Würden wir fragen: „Was bedeutet das? Was müssen wir wissen?", so
würde uns gesagt werden, „alles im Sonnensystem". Man schreckt be-
stürzt zurück, weil man einige wenige Erfahrungen mit den niedrigeren
Ebenen dieser Welt hat und ebenso auf verschiedenen höheren Ebenen
Bewußtsein entwickelte. Ich kann eindeutig sagen, daß, obgleich das
der Pfad ist, auf dem universelles Wissen erlangt wird, man doch, je weiter man vorankommt, mehr und mehr bedrückt wird von der Empfindung des allumfassenden Nichtwissens. Jedesmal, wenn man sich zu höheren Ebenen aufschwingt, sieht man, obgleich man die Dinge versteht,
die man zu verstehen versucht hat, gleichzeitig, daß sich vor einem immer weitere und noch weitere Felder erstrecken, die man nicht kennt. Je
mehr ein Schüler erlangt, desto mehr gibt es für ihn zu lernen; wie gering
ist damit verglichen all das, was er glaubt erlangt zu haben. Selbst das ist
nur die halbe Schwierigkeit, denn jedes neue Aufschwingen vermittelt
einen neuen Gesichtspunkt bezüglich all der Dinge, die man schon
wußte; so muß man diese vom neuen Standpunkt aus immer wieder neu
erobern.

In der Richtung, die wir bis jetzt einzuschlagen gelernt haben, ist der
Versuch nicht sehr hoffnungsvoll. Wenn wir das universelle göttliche Wissen haben sollen, so muß es eine gänzlich andere Möglichkeit geben, dieses zu erlangen, die sich beim Voranschreiten eröffnen wird. Ich behandle die ganze Sache nunmehr philosophisch, weil es eine andere
Möglichkeit nicht gibt. Ich lerne alles, was ich aus den Richtlinien, mit
denen wir derzeit vertraut sind, lernen kann. Wenn ich eine neue Methode erkenne, wende ich diese an, aber ich erkenne auch, daß ich in
Wirklichkeit dadurch niemals das höhere Ziel erreichen werde. Es muß
noch eine vollkommen neue Methode geben, Wissen zu erlangen. Ich
glaube, daß wir durch das buddhische Bewußtsein, von dem ich bereits
gesprochen habe, einen Eindruck bekommen, worum es sich dabei handeln könnte. Beim buddhischen Bewußtsein muß man keine Tatsachen

mehr äußerlich sammeln, sondern man kann sich in das Bewußtsein all dieser Dinge, egal ob es nun um Mineralien, Pflanzen oder Devas geht, hineindenken und diese von innen heraus völlig verstehen. Dann stellt man fest, daß alles irgendwie Teil des eigenen Bewußtseins ist. Auf diese Weise läßt sich das möglicherweise herausfinden.

Wenn du die ersten einundzwanzig Regeln gelernt hast und mit entwickelten Kräften und befreitem Sinn in die Halle des Lernens eingetreten bist, dann wirst du finden, daß in dir ein Born ist, aus dem Sprache hervorquellen wird.

Die Halle es Lernens bezieht sich zu Anfang auf die Astralwelt; in einer späteren Phase meint der Meister mit demselben Ausdruck wahrscheinlich etwas viel Höheres als diese. Zunächst einmal, wenn für den Aspiranten nur astrale Erfahrungen möglich sind, gibt es sehr viel, das er in der Astralwelt lernen kann. Das ist für ihn eine völlig neue Sache; es entfalten sich neue Kräfte, und er stellt fest, daß sich ihm in verschiedenen Richtungen neue Perspektiven eröffnen, die es ihm ermöglichen, alles von einem neuen Gesichtspunkt aus zu betrachten. Zunächst einmal gibt es eine weitere Dimension. Daneben gibt es die Fähigkeit, durch jedes materielle Ding hindurchzublicken. Ferner übersetzt jeder Beobachter alles durch seinen Gefühlskörper, und das ist sehr verschieden von dem Versuch, die Dinge mittels des physischen Körpers zuerkennen. Folglich gibt es in jener höheren Welt sehr viel zu lernen und zu tun, weil die Menschen dort eben am meisten Hilfe benötigen. Dort finden wir all die jüngst Verstorbenen vor in ihren vielen verschiedenen Zuständen und Entwicklungsstufen, so daß hauptsächlich dort die Arbeit für diejenigen, die sich außerhalb des physischen Körpers in Schwierigkeiten befinden, getan werden kann.

Es gibt eine spätere Phase, wo der Mensch auf dieselbe Weise in seinem Mentalkörper frei wird, so wie die meisten von uns im Astralen frei sind, wenn wir unseren physischen Körper verlassen haben. Schüler des Meisters werden gelehrt, besonders den Mentalkörper zu entwickeln, bis sie imstande sind, diesen so leicht wie den astralen zu gebrauchen. Dann werden sie gelehrt, wie man den Mayavi-rupa bildet, d. h. einen zeitweisen Astralkörper, nicht den Astralkörper, den der Mensch von Natur aus hat, sondern eine vorübergehende Materialisation auf der Astralebene, die nur jene bilden können, die gelernt haben, sich in ihren Mentalkörpern zu bewegen.

Die nächste Stufe ist zu lernen, den Kausalkörper frei zu gebrauchen. Dann erhält der Mensch, egal welchen niederen Körper er auch gebrauchen mag, das neue Bewußtsein bis zu einem gewissen Grade aufrecht. Durch den astralen oder mentalen Körper kann er nicht die ganzen Fähigkeiten des Kausalkörpers gebrauchen, weil diese einen Schleier bilden, eine Beschränkung darstellen, aber trotzdem wird er die Erinnerung an seine Kausalerfahrung mit sich tragen. Hat er ebenfalls das durchbrochen, was als Schleier zwischen Astral- und Mentalkörper dient, so wird er sich physisch an alles erinnern, was er in den höheren Welten tut, so daß seine Existenz fortdauern wird. Im Kausalkörper wird sein Bewußtsein ungebrochen sein, nicht nur im Schlafen oder Wachen, sondern auch im Leben und im Tode, weil es sich dabei um ein permanentes Bewußtsein handelt. Tritt der Mensch in die nächsthöhere Halle des Lernens ein, die Buddhiebene, so wird er von allem, was er sieht, unmittelbare Kenntnis bekommen. Er wird imstande sein, sich in andere hinein zu begeben und auf andere Weise diese in sich hineinzuziehen und sie so umfassend zu verstehen.

Wenn ein Mensch seine Kräfte entwickelt hat und seine Sinne auf diesen hohen Ebenen von den Ketten befreit, so wird er sicher sehr viel berichten können. Gleichzeitig wird er sich durch große Schwierigkeiten, das auszudrücken, immer behindert finden. Er sieht und weiß; deswegen kann er ein Großteil mehr sagen als der Mensch, der kein eigenes Wissen hat. Er kann das sehr überzeugend zum Ausdruck bringen und dennoch wird er bei all seinen Bemühungen und selbst bei all seinem Erfolg in bezug auf gewisse Menschen immer wissen, daß er nicht die Hälfte davon, was er gesehen hat, zum Ausdruck bringt. Was er in einem Reiche jenseits der Worte erlebt hat, läßt sich anderen nicht mit Worten mitteilen.

Hingebungsvolle Menschen erheben sich dann und wann in einen ekstatischen Zustand, in dem sie einen flüchtigen Eindruck von höheren Ebenen gewinnen. Ist man einmal mit jenem Bewußtsein in Kontakt gekommen, so wird man dies in den Beschreibungen, die einige christliche Heilige und auch Hindu-Yogis gaben, sofort wiedererkennen. Die heilige Theresa spricht von solchen Erlebnissen, der heilige Johannes vom Kreuz, Franz von Assisi und auch andere erwähnen dies ein- oder zweimal. Christen erreichten einen Zustand, den sie in christlicher Terminologie beschrieben, während ein Theosoph ihn mehr mit theosphischen Begriffen beschreiben würde. Er würde davon in Beziehung auf die Meister sprechen, die Christen in bezug auf Christus.

Es ist eine große Sache, wenn man mit der hinter dem Phänomenalen
liegenden Wirklichkeit in Berührung kommt oder, besser gesagt, der hinter den Formen liegenden Wirklichkeit näherkommt, weil ein Bruchstück der persönlichen Erlebnisse weitaus mehr zählt als eine sehr große
Menge von Instruktionen, die man vom Hörensagen kennt. Haben wir
nur den Hauch von einer persönlichen Erfahrung, so werden wir feststellen, daß die Worte nur so aus uns heraussprudeln. Wir fühlen, wir haben
anderen etwas zu sagen, etwas, das wir sagen müssen, etwas, das uns mit
der Verpflichtung gegeben wurde, es der Welt mitzuteilen, so daß wir all
diese herrlichen Wirklichkeiten bezeugen. Der Meister sagt, daß Sie,
wenn Sie diese Dinge unmittelbar wissen, in sich jenen Springbrunnen
finden werden, aus dem die Worte sprudeln. Sie fühlen, Sie müßten und
sollten jene großen Dinge berichten, die der Herr für Sie getan hat, um
es in christlicher Terminologie auszudrücken.

Man möchte den Menschen sein Wissen nicht wahllos aufdrängen,
aber man findet, daß jene, die eindeutiges Wissen irgendeiner Art aus erster Hand besitzen, immer bereit sein sollten, dafür Zeugnis abzulegen.
Jene, die persönlich einige der großen Meister gesehen hatten, ihnen begegnet waren und sich daran erinnern, sollten, so glaube ich, immer bereit sein, diese Tatsache zu bezeugen, weil die äußere Welt, wenn sie von
solchen Dingen hört, immer dazu neigt, zu sagen: „Nun, gibt es jemanden, der diese großen Wesen gesehen hat?" Ich möchte das, was ein Meister ist, nicht abwerten, indem ich es jenen darlege, die das nicht verstehen können. Fragen solche Menschen sogar bei öffentlichen Treffen:
„Haben Sie einen dieser großen Meister gesehen?", so antworte ich: „Ja-
wohl, aber das ist keine Sache, die ich in einer öffentlichen Versammlung
zu diskutieren wagen würde." Es ist ziemlich wahrscheinlich, daß in
einer solchen Versammlung einige Menschen dabei sind, die sich über
die Vorstellung lustig machen. Obgleich solche Menschen vielleicht
nichts sagen, so können sie diesbezüglich doch im Unglauben sein. Wenn
das auch für den Meister keinerlei Bedeutung hat, so ist es doch nur fair,
wenn wir bedenken, daß es für den Lästerer wohl einen großen Unterschied bedeutet. Der Mensch, der sich über große Menschen wie die
Meister lustig macht, erzeugt für sich eine besonders böse Form von
Karma. Das habe ich immer und immer wieder gesehen. Sieht es also
manchmal so aus, als hielten wir diese Dinge zurück, so ist unser wahrer
Grund dafür nicht nur die natürliche Unvereinbarkeit, die wir empfinden, wenn wir den Unwissenden und Törichten für uns heilige Namen
als Gegenstand des Spottes preisgeben, sondern das geschieht aus Rück-

sichtnahme auf die Unwissenden und Törichten, damit diese karmisch für ihre Zukunft nicht sehr unerfreuliche Erfahrungen anhäufen. Ich kann das nicht ganz erklären, aber ich weiß bestimmt, daß es so ist. Immer und immer wieder habe ich das gesehen, viel zu häufig, um es für reinen Zufall zu halten oder die Folge einer Art von Unfall.

Kein Mensch hat das Recht, über einen religiösen Lehrer zu spotten. Er mag ihm nicht glauben oder es nicht für seine Pflicht empfinden, diesem zu folgen, aber zumindest würde kein Mensch mit zarten Empfindungen jemals über den religiösen Glauben anderer spotten. Der Mensch, der das tut, tut etwas, was grundsätzlich falsch ist, unabhängig von der Art der vermittelten Lehren.

Es wäre vielleicht gut, wenn in allen Richtungen eine gesunde Vorsicht walten würde, daß man gegenüber nichts und niemandem eine verächtliche Haltung einnehmen sollte, weil selbst in dem, was uns unglaubhaft und unverständlich erscheint, immer einige Bruchstücke der Wahrheit vorhanden sein können. Jeder Effekt – selbst ein Aberglaube – hat eine Ursache. Mag auch die Form, in der er sich uns jetzt präsentiert, lächerlich erscheinen, so werden wir beim Rückverfolgen der Sache doch feststellen, daß zu Beginn etwas Wahrheit vorhanden war und daß immer noch etwas daran ist.

Nach der dreizehnten Regel kann ich dem, was bereits geschrieben ist, keine Worte mehr hinzufügen.

Damit meint Meister Hilarion, daß der Chohan in seinen Ausführungen all das einschließt, was er ruhig sagen kann. Seine Anmerkung schließt er mit den Worten:

Meinen Frieden gebe ich dir. △

Diese Anmerkungen sind nur für jene geschrieben, denen ich meinen Frieden gebe, für jene, welche mit dem inneren Sinne ebenso wie mit dem äußeren lesen können, was ich geschrieben habe.

„Meinen Frieden gebe ich dir" kann, wie wir schon in Teil I gesehen haben, vom Meister nur zu den Jüngern gesagt werden, die wie er selbst sind oder zu anderen, die die buddhische Stufe erreicht haben und mit ihm durch das Erreichen jenes Bewußtseinszustandes eins sind.

Angenommen, Menschen tauschen untereinander einen Gruß wie „Friede sei mit dir" aus und die Antwort wäre: „Und Friede mit dir." Was geben sie sich? Stellen wir uns einmal vor, sie befinden sich auf derselben Stufe, und von jedem geht ein starker Friedenswunsch oder Gedanke zum andern. Das wäre ein echtes Geschenk, eine ganz bestimmte materielle Sache. Aber das geschieht auch, wenn man jemandem, den man liebt, einen liebevollen Gedanken sendet. Man übermittelt ihm ganz eindeutig einen kleinen Teil des eigenen Astralkörpers als Träger der Gedankenform. Ebenso kann man höhere Materien übermitteln, bis zur Buddhiebene, sofern jemand sich bis zu dieser Stufe entwickelt hat.

Es ist gut zu wissen, daß man in solchen Fällen tatsächlich etwas Materielles gibt. Häufig glauben Menschen nicht, daß der Wunsch wirklich etwas ist. Senden Sie einen guten Wunsch aus, so ist das ein genauso materielles Geschenk wie ein Buch oder ein Edelstein es wäre, nur besteht Ihr Geschenk aus astraler und mentaler Materie. Das ist ein Geschenk, das sowohl der Ärmste als auch der Reichste machen kann.

Angenommen, man bekommt von einem Priester den Segen erteilt: „Der Friede Gottes, der jenseits allen Verstehens ist, sei mit dir." Das wiederum ist ein ziemlich deutlicher Vorgang. Der gute Wunsch eines Priesters, den man ebenso gut bekommen könnte, wäre nur ein unendlich kleines Bruchstück von dem, was von ersterem kommt. Erteilt ein Priester zeremoniell einen Segen im Namen Gottes, so übt er seine Priesterfunktion aus. Er bezieht Kraft aus jenem Reservoir, das der Christus genau zu diesem Zwecke eingerichtet hat. Aus diesem Reservoir wird geschöpft, wenn die Eucharistie zelebriert wird, nur wird aus einer anderen Schicht geschöpft und das Resultat ist eine andere Kraft. Es hat Große gegeben, die sich dazu entschlossen, eine besondere Abteilung des Reservoirs einzurichten, die zuerst von ihnen selbst gefüllt wurde und später von ihren Anhängern. Das tat Christus selbst bei seiner Geburt in Palästina. Deshalb fließt Friede und Segen einer viel höheren Ordnung, als ein Mensch einem anderen zu geben vermag, durch den Willen des Priesters einer Kirchengemeinde zu. Das ist nicht des Priesters Eigentum, sondern stammt aus einer höheren Quelle.

Wird einem der Segen eines Bischofs erteilt, so hat man es mit derselben Sache auf einer höheren Ebene, einer umfassenderen Ausgießung zu tun. Der Bischof macht, wenn er den Segen erteilt, drei Kreuze anstatt lediglich eines, wie der Priester es tut. Das geschieht, um die dreifache Kraft, die er aussendet, auszudrücken. Damit will ich nicht sagen, daß er in seiner Eigenschaft als Bischof diese Kraft nicht vermitteln würde, wenn er nur ein Kreuz schlüge. Der Grund für die drei Zeichen ist, daß ihm dieselbe Kraft in dreifacher Variation auf einer höheren Stufe als der von einem Priester vermittelten zur Verfügung steht. Wenn einer unserer großen Meister zu jemandem sagen würde: „Friede sei mit dir", so würde er ihn in einen noch viel umfassenderen und höheren Frieden einhüllen.

Der Segen des Christus selbst ist das Höchste, was diese Erde erteilen kann. Der Herr der Welt steht in Wahrheit noch darüber, aber in seinem Wirkungsbereich hat er eher Kraft anstatt Segen zu vermitteln. Ich glaube, wir können sagen, daß der Segen des Bodhisattva der höchste ist, den die Welt uns geben kann. Wieviel jeder, der zum Empfang in der Lage ist, von dem Frieden und Segen tatsächlich aufnehmen kann, liegt nicht im mindesten am Bodhisattva, sondern völlig am Individuum. Seine Kraft ergießt sich wie der Sonnenschein. Wolken der Erde können in den Weg geraten, die Auswirkung der göttlichen Kraft trüben, aber trotzdem ist sie vorhanden – eine herrliche und wunderbare Kraft.

Die meisten Menschen sind auf eine Weise viel zu materialistisch eingestellt, und auf andere Weise nicht materialistisch genug bei ihrer Empfindung bezüglich dieser höheren Tatsachen. An uns hängt so viel Materialismus, daß wir, bevor wir nicht eindeutig sehen können oder wenigstens eine Sache selbst empfinden, kaum seine Existenz anerkennen können. Trotzdem sind wir andererseits nicht materialistisch genug in unseren Vorstellungen. Die Menschen sollten verstehen, daß wir, wenn wir von einem von den Großen oder sogar von Christus ausgegossenen Segen sprechen, damit etwas so Bestimmtes wie die Elektrizität oder einen Wasserstrahl meinen. Durch Materie manifestiert sich für uns spirituelle Kraft. Wird uns also ein Segen erteilt, so ist das eine wirkliche, bestimmte Kraft, die uns Gott näher bringen kann.

6
Regeln 14 bis 21

C. W. L.: Regel 14 ist noch einmal ein Kommentar des Chohans, nicht so sehr zum Vorausgegangenen, sondern mehr eine Vorbereitung auf eine weitere Gruppe von drei Aphorismen, die die Nummern 15, 16 und 17 tragen.

14. Nachdem du den Gebrauch der inneren Sinne erlangt, die Begierden der äußeren Sinne besiegt, die Wünsche der Einzelseele überwunden und Wissen erlangt hast, bereite dich nun, o Schüler, den Weg wirklich zu betreten. Der Pfad ist gefunden: Mache dich bereit, ihn zu wandeln.

Es erscheint seltsam, daß uns, wenn wir über die Mitte dieses Buches hinaus sind, gesagt wird, daß wir uns erst jetzt wirklich auf den Weg begeben. Das bezieht sich natürlich auf eine höhere Etappe des Weges. Genauso wie wir zunächst vom Probepfad sprechen und dann, nachdem die erste Initiation stattgefunden hat, vom eigentlichen Pfad, so spricht der Chohan hier davon, den Pfad wirklich zu betreten. Derselbe Begriff ist auf verschiedenen Stufen anwendbar. Der Arhat begibt sich auf einen neuen Weg, jenen der nirvanischen Ebene, einer größeren Wirklichkeit als jene der buddhischen Ebene. Der Asekha oder volle Adept betritt einen noch höheren Pfad, in einer noch tieferen Wirklichkeit.

Dieser Pfad scheint kein Ende zu haben. Mit Sicherheit können wir nicht von irgend etwas Endgültigem sprechen. Wir können sagen, daß die Leiter vor uns aufragt – bis sie sich in den weit jenseits unseres Verstehens liegenden Herrlichkeiten verliert. Wir wissen mit ziemlicher Bestimmtheit, daß vor uns noch eine Millionen von Jahren dauernde Entwicklung liegt. Welcher Art schließlich das Ende sein wird, wer könnte das sagen? Aber daß wir das Bewußtsein unseres Sonnenlogos erreichen werden, wissen wir. Uns könnte das gut als ein Ende erscheinen, aber trotzdem habe ich keine Zweifel daran, daß sich dahinter weitere Herrlichkeiten erstrecken – wie es jedoch endgültig sein wird, darüber können wir nichts sagen. Selbst wenn uns solche Dinge dargelegt werden könnten, ist es auf unserer gegenwärtigen Entwicklungsstufe ziemlich sicher, daß wir sie nicht verstehen würden.

Wenn der Chohan vom Besiegen der Begierden der Einzelseele spricht, so meint er die Begierden, die das Ego eventuell selbst hat. Diese sind nicht solcher Art wie das, was wir hier unten unter Begierden verstehen. Auf einer hohen Stufe des Pfades sind zwei Fesseln abzuwerfen, die ruparaga und aruparaga genannt werden; diese werden als „Begehren nach Leben in einer Form" und „Begehren nach formlosem Leben" interpretiert. Erreicht man das Egobewußtsein, so stellt man fest, daß zwei Spielarten des Lebens vor ihm liegen, jenes in seinem Kausalkörper, was Leben in einer Form ist, und das buddhische Leben, das Leben ohne Form im gebräuchlichen Sinne des Wortes ist.

Das Ego hat somit Erfahrungen eines Bewußtseins in einer Form und eines Bewußtseins ohne Form. Beide sind wunderbar jenseits aller Beschreibung, weil das Leben des Egos in der Form Leben unter Ebenbürtigen, unter anderen Egos bedeutet. Ist es sich jener Stufe bewußt, so genießt es die Gesellschaft all der brilliantesten Intellekte, die die Welt je hervorbrachte einschließlich des großen Reiches der Engel und des Menschenreiches. Das Leben des Egos auf seiner eigenen Stufe ist herrlich jenseits jeglicher Vorstellung. Würde man sich eine Existenz in der Gesellschaft der großen Menschen der Welt vorstellen – Künstler, Poeten, Wissenschaftler und sogar unserer Meister – und sich zudem noch ein Verstehen hinzudenken, das hier unten nicht möglich ist, nur dann würde man beginnen, eine ungefähre Vorstellung vom Leben des Egos zu haben.

Ist man so weit in der Entwicklung fortgeschritten, kann man erkennen, daß das ein Leben von äußerster Anziehungskraft ist. Für einen Menschen, dem jene Möglichkeit offensteht, würde es ein immenses Opfer bedeuten, wenn er davon keinen Gebrauch machen und sagen würde: „Ich habe nicht mehr das geringste Begehren danach."

Eine noch größere Entsagung wäre es, wenn ihm jenseits davon und darüber das formlose Leben möglich wäre, das Leben auf der Buddhiebene, welches nicht nur jene Gesellschaft mit sich bringt, sondern das wirkliche Einswerden mit allem und einen Großteil mehr. Dann würde er sagen: „Selbst nach diesem Leben habe ich kein Begehren, ich bin absolut frei von Begierde. Schickt mich der Logos durch unsere Meister in eine dieser Richtungen – entweder ins Leben in der Form oder jenseits davon – so werde ich höchst freudig, höchst dankbar die Arbeit anneh-

men und versuchen, mein Bestes zu tun, aber ich habe kein Begehren
nach dem einen oder anderen; ich bin gleichermaßen bereit, mich auf
der physischen Ebene zur Arbeit schicken zu lassen. " Ich glaube, nur wenige Menschen haben die geringste Vorstellung davon, welch schrecklichen Fall ein Leben auf der physischen Ebene nach einer solchen Erfahrung bedeutet. Der Abstieg auf diese niedrige Stufe bedeutet selbst
unter wünschenswertesten Umständen, selbst in der schönsten Umgebung, aus einem herrlichen Licht wieder in das Dunkel zu fallen. Es
bedeutet, gefangen zu sein, gebunden und hilflos zu sein, weil all die
Kräfte der höheren Welten so verfeinerter Art sind, daß sie hier unten
nicht benutzt werden können.

In einem der frühen Meisterbriefe wurde von jenen gesagt, die mit
dem nirvanischen Bewußtsein in Berührung gekommen waren, daß sie
sich, als sie daraus hervorkamen, wochenlang in einem Zustand tiefer
Depression befanden. Ich kann mir vorstellen, daß das für einige unserer indischen Brüder zutrifft, die das in hoher Ekstase – in Samadhi – erlebt haben. Sie empfanden den Abstieg ins physische Leben außerordentlich deprimierend. Jene, die Schüler der Meister sind und Erfahrungen mit den höheren Stufen haben, wurden gelehrt, sich nicht zu gestatten, wegen des Abstieges in irgendeine Beschränkung oder Umgebung
niedergeschlagen zu sein.

Wer sich opfert, um zu dienen, muß bereit sein, alles vollkommen aufzugeben, wenn es erforderlich ist. Er muß bereit sein, hinab gesandt zu
werden in irgendeine Umgebung und alles aufzugeben auf die Dauer des
Lebens in einer höheren Form oder des formlosen Lebens, das noch höher steht. Nur so vermag er jene zwei Fesseln vollkommen abzuwerfen.
Der Arhat muß das tun. Man kann die vierte Initiation erlangen und
doch noch einen Anflug von Begehren nach diesen höheren Reichen haben, so daß wir nicht unnötig verzweifelt sein brauchen. Es bedeutet
aber eine hohe Entwicklung und einen starken Sinn für die Notwendigkeit zum Dienen, um von solcher Seligkeit völlig unabhängig zu sein.
Die Versuchung ist hier weitaus größer als man es sich vorstellen könnte.

**15. Erfrage von der Erde, der Luft und dem Wasser die Geheimnisse,
die sie für dich bergen.**

Die Entfaltung deiner inneren Sinne wird dich befähigen, dies zu tun.

In dieser Regel haben wir den ursprünglichen Aphorismus im ersten
Satz vor uns und den Kommentar des Chohans im zweiten. Über das,
was hier angedeutet wird – daß wir in engere Verbindung mit der Natur
kommen müssen, wenn wir sie wirklich verstehen wollen – habe ich bereits etwas gesagt. Alle Religionen – selbst einschließlich vieler Stam-
mesriten, die man kaum als Religionen betrachten kann, haben – soweit
wir wissen – eine Theorie der Kosmogenesis, darüber, wie es zur Existenz der Welt oder des ganzen Sonnensystems kam. Das hat einen
Grund. Vom Weltlehrer wurde den Unterrassen der Menschheit, zu denen er zu verschiedenen Zeiten kam, stark eingeprägt, daß sie versuchen
sollten, das Universum zu verstehen, von dem sie einen Teil darstellen.

Je mehr wir vom ganzen Evolutionsplan verstehen, desto mehr können
wir damit in Harmonie leben und fähig werden, damit bis ins winzigste
Detail zusammenzuarbeiten. Menschen, die diese Erfahrung nicht machten, ist es, so fürchte ich, unmöglich zu verstehen, was unter „mit der Natur in engere Berührung kommen" gemeint ist. Der Autor spricht nicht
unbestimmt, sondern aus seinem vollkommenen und eigenen Wissen heraus, wenn er hier sagt: „Erfrage von der Erde, der Luft und dem Wasser
die Geheimnisse, die sie für dich bergen." Diese Geheimnisse würden
den Menschen helfen, diese große und wunderbare Evolution zu verstehen. Selbst ein wenig Kenntnis davon würde die Menschen zumindest vor
der Gefahr bewahren, egozentrisch zu sein. Viele Menschen sind ganz un-
mißverständlich egozentrisch gewesen, weil sie die absurde Idee hatten,
all diese Reiche seien eigens für den Menschen geschaffen worden. Wenn
es also Gemüsepflanzen gibt, nun, in der Bibel heißt es, daß Gott sie dem
Menschen zur Nahrung gab. Wenn es Tiere gibt, so wird angenommen,
daß (obgleich ich nicht glaube, daß das ausdrücklich gesagt wurde) Gott
diese als Diener der Menschen vorgesehen hat, daß sie nur existieren, um
den Menschen zu dienen und viele davon offensichtlich nur deshalb, um
vom Menschen verzehrt zu werden. Das steht nicht in der Bibel. Dort
steht, daß uns die Samen und Früchte als Nahrung gegeben wurden. Die
Vorstellung, daß alles nur für den Menschen existiert, ist stark betont
worden; daß die Luft geschaffen wurde, damit er sie atmen kann, daß das
Wasser existiert, damit er es trinken oder damit waschen kann, und daß
sich alles um den Menschen als Zentrum dreht. So ist es aber keineswegs.

Wir stellen die höchste tierische Entwicklung dar. Wir halten uns für
ein Reich neben dem Tierreich, jedoch bleibt die Tatsache bestehen, daß
wir die höchste jener Kreaturen sind, die grobe physische Körper haben.
Es gibt sehr viele Wesen, die höher stehen als wir, die mentale und astrale

Körper haben. Es gibt andere, die physische Körper bis hinunter zur ätherischen Materie nur bei zeitweiligen Materilisationen gebrauchen.

Wollten wir eine Evolution den anderen vorziehen und sagen, das Sonnensystem bestünde einzig und allein für diese, so sollten wir dabei eher an die große Devaevolution als an die menschliche denken, weil diese gewiß weit höher hinaufreicht und zusammengenommen weitaus herrlicher als unsere ist. Es gibt sehr viele andere Entwicklungslinien, die ihre physischen Erfahrungen auf anderen Weltenketten abgeschlossen haben und nun die höheren Ebenen als ihre Welten gebrauchen. Zum Beispiel mischen sich jene Evolutionen, die sich auf der Stufe der buddhischen Ebene befinden, überhaupt nicht in die drei niederen Welten ein, in denen wir uns entwickeln. Da sie sich bereits auf jener Höhe befinden, wo ihre niedrigste Stufe die Mentalebene ist, die für uns bereits sehr hoch ist, so kann es gut angehen, daß diese weitaus wichtiger als wir sind.

Soweit es uns gelang, das zu prüfen oder zu sehen, wird nirgendwo Raum verschwendet oder gibt es unbewohnten Raum. Ich erinnere mich an eine Aussage, die einst bei einem spiritualistischen Treffen, an dem ich teilnahm, gemacht wurde, bevor ich etwas über Theosophie wußte. Die sich mitteilende Wesenheit sagte, daß ihrer Anschauung nach der Raum dicht vollgestopft mit dem war, was sie als Geister bezeichnete; darüber hinaus erstreckten sich jenseits des Raumes bis in den Himmel dichte Massen höherer Wesenheiten, die sie Engel nannte, Engel verschiedener Arten, die nach unten strömten und sich wieder erhoben. Die Wesenheit sagte: „Die ganze Luft ist, so weit ich sehen kann, dicht mit diesen höheren Wesen vollgestopft." Diese schilderte sie so, als sei deren Aufmerksamkeit auf den bestimmten Kreis gerichtet, in dem wir saßen. Ich habe keinen Zweifel daran, daß eine gewisse Gruppe von Wesenheiten wohl auch daran teilgenommen hat. Davon einmal abgesehen und ganz allgemein: Der ganze Raum wird für Evolutionen genutzt, die gar nichts mit uns oder mit unserer Gruppe von Parallel-Entwicklungen zu tun haben.

Der ganze Raum ist absolut voller Leben. Mehr als dreiviertel der Erde ist von Wasser bedeckt. Menschen können darin nicht leben, aber dieser ungeheure Raum ist trotzdem in hohem Maße von Leben bewohnt. Die feste Erde steckt ebenfalls voller Leben einer Art, die sich durch sie hindurchbewegt, wie wir uns durch die Luft bewegen, ohne daß uns ein Hindernis bewußt wäre. Das findet auf einer niedrigeren Stufe als der menschlichen statt. Auf gewisse Weise ist jenes Leben klüger, im ganzen gesehen jedoch niedriger als unseres und so völlig anders, daß dessen normale Entwicklung für uns von Übel wäre.

Vieles von diesem Leben ließe sich mit gewöhnlichen Worten gar nicht erklären, jedoch kann man es empfinden, wenn man sich von seinem Körper entfernt und sich unter es mischt und es beobachtet. Das möchte ich jedoch niemandem raten, bis er die höheren Kräfte hat und die anderen erwähnten Eigenschaften erworben hat, weil Sie sich in ernste Gefahr begeben könnten, besonders unter diesen niederen Kräften, die außerordentlich stark sind, jedoch nicht von irgendwelchen Erwägungen heraus, wie wir sie verstehen, geleitet werden. Was wir unter ethischen Erwägungen verstehen, existiert bei einigen dieser Evolutionen überhaupt nicht. Alles ist ganz anders als das, was wir kennen. Aber wir müssen all dies wissen, bevor wir selbst die Stufe des Göttlichen erreichen und eins damit werden können, weil all das genauso das Leben des Logos ist wie es das Leben in uns ist; um Ihn zu verstehen, müssen wir alles verstehen.

16. Erfrage von den Heiligen der Erde die Geheimnisse, die sie für dich bewahren.

Der Kommentar hierzu lautet:

Der Sieg über die Begierden der äußeren Sinne wird dir das Recht dazu geben.

Die Heiligen der Erde sind gewiß unter anderem unsere Meister. Ich glaube, daß hier auch die großen Engel gemeint sind. Wir können mit ihnen in Berührung kommen und viel von ihnen lernen, aber wir können auch – wie es bei uns der Fall war – viel von unseren eigenen Meistern lernen, denn Sie vermittelten uns durch ihre Jünger viel Wissen, wofür wir sonst lange Zeit benötigt hätten, um es selbst zu erwerben. Sie sagten uns zu Beginn, es sei unsere Sache, die uns gelehrten Dinge selbst zu verifizieren. Das haben wir getan, und so sind in vielen der späteren theosophischen Bücher viel mehr Einzelheiten enthalten als in den früheren Büchern, die zum Großteil auf dem basieren, was uns gelehrt wurde.

Sich bei einem Meister zu erkundigen, bedeutet nicht immer, ihm eine Frage zu stellen. Es gibt daneben noch andere Wege. In manchen Fällen haben wir genau das getan. Wir formulierten bestimmte Fragen, und

wenn sich die Gelegenheit bot, so stellten wir sie, man kann sagen, in gesprochenen Worten, natürlich mit der Einschränkung, daß es auf den höheren Ebenen keine gesprochenen Worte im herkömmlichen Sinne gibt.
Manchmal stellten wir solche Fragen einem Meister, wenn er eine Muße-
stunde hatte und bekamen eindeutige Antworten darauf. Bei der alltäglichen Arbeit gibt es viele Dinge, wobei wir gern die Gunst genießen würden, seine tiefere Einsicht zu kennen, doch es ist nicht daran zu denken,
ihn damit zu belästigen, eine Antwort zu geben. Wie bereits erklärt
wurde, ist es einem Schüler möglich, seine Gedanken neben die des Meisters zu legen und so, ohne das Bewußtsein des Meisters zu bemühen, zu
sehen, wie er über die betreffende Sache denkt. Dabei wird er nicht an-
gerufen. Das geschieht einfach so, indem wir uns auf die Kommunika-
tionslinie zurückziehen und unsere Gedanken neben seine legen können. Das bedeutet, daß man selbst zunächst über die Frage nachdachte
und zu einem Schluß kam, der als der beste erscheint. Dann vergleicht
man den Entschluß mit dem, wie der Meister über die Sache denkt, um
zu sehen, ob es einen Unterschied gibt. Gibt es einen, so ändert man auf
der Stelle seine eigenen Gedanken, weil man weiß, daß er viel weiser
und sein Denken sehr genau ist.

Somit gibt es also Wege, den Meister zu konsultieren, ohne ihn überhaupt zu bemühen. Trotzdem gibt es auch andere Fälle, wo das nicht die
geeignete Kommunikationsmethode ist, wo wir schlechthin auf eine Gelegenheit warten müssen, eine Frage stellen zu können und die Antwort
zu bekommen. Um sich erkundigen zu können, muß man sich aber ganz
gewiß zunächst einmal selbst zu einem Punkt bringen, wo man keine Störung verursacht, wenn man sich dem Meister nähert.

Einige von uns haben die Pflicht, jede Nacht, wenn wir einschlafen, in
die Häuser unserer betreffenden Meister zu gehen, um Aufträge zu bekommen, um zu sehen, ob es irgendwelche besonderen Instruktionen
für uns gibt. Manchmal ist das der Fall. Manchmal treffen wir den Meister an, wenn er offensichtlich tätig ist, sehr stark beschäftigt. Dann erregen wir seine Aufmerksamkeit nicht, sondern gehen still wieder weg und
setzen unsere gewöhnlichen regelmäßigen Arbeiten fort. Das würde natürlich jeder Schüler tun. Zunächst würde er prüfen, ob der Meister ihm
zur Verfügung stehen könnte; wenn er glaubt, etwas Wichtiges zu berichten zu haben, so würde er nicht an sich, sondern an den Meister denken.
Manchmal sind neuere Kandidaten von der Wichtigkeit dessen, was sie
getan haben, sehr erfüllt oder damit, daß sie etwas fragen möchten; sie
stehen herum und warten und drängen sich der Aufmerksamkeit des

Meisters auf, so daß er sich für einen Moment von der Sache abwendet,
die er gerade tut.

Der ältere Schüler ist immer höchst vorsichtig damit, welcher Art die
Gedanken und Gefühle sind, die er über die Kommunikationsverbin-
dung zwischen ihm und dem Meister sendet, so daß es nicht den leisesten
Mißton gibt. Das erfordert viel Sorgfalt vom Schüler, weil es sehr häufig
Mißtöne gibt, für die der Schüler nichts kann. In einer großen Stadt wird
es z. B. häufig Umgebungen geben, die sehr unerfreulich sind; in einer
Menschenmenge während der geschäftigen Zeit des Tages, inmitten
eines schrecklichen Höllenlärms, gibt es alle Arten von klatschenden
und hineinkrachenden Schwingungen, die in gewissem Maße auf eine
Person übergreifen können. Bis zu einem gewissen Grade kann man sich
schützen und muß wirklich sorgfältig darauf bedacht sein, daß keine solche Schwingungen, wenn sie auf einen einwirken, auf den Meister übertragen werden. Es ist nicht so, daß der Meister damit nicht durch einen
einzigen Gedanken fertig werden würde, aber man möchte ihm nicht
einen einzigen unnützen Gedanken verursachen. Seine Zeit ist so kost-
bar, die Ausströmung seiner Kraft ist so wertvoll, daß der Schüler nicht
möchte, daß die geringste Menge davon verschwendet wird. Er lebt für
die Arbeit wie der Meister und es ist Teil seiner Pflicht, dafür zu sorgen,
daß die große Gunst, die er genießt, indem sein Guru ihn zu einem
Außenposten von sich selbst macht, ihm nicht die geringste Mühe bereitet. Es ist leicht zu verhindern, daß diese Störungen den Meister erreichen, wenn man die Stufe erreicht hat, wo man weiß, wie das zu geschehen hat. Inzwischen ist es die Beherrschung der Begierden der äußeren
Sinne, die einem das Recht gibt, in eine solche Berührung mit den Meistern zu kommen, daß man sich bei ihnen erkundigen kann.

**17. Erfrage von dem Innersten, dem Einen, sein letztes Geheimnis,
das es für dich durch alle Zeiten hütet.**

Das Innerste, das Eine ist für die Persönlichkeit zweifellos das Ego,
für das Ego jedoch die Monade. Was es für die Monade ist, weiß ich nicht
mit Bestimmtheit, weil ich die Monade noch nicht sehen kann. Man
kann das dreifache Atma sehen, das die dreifache Manifestation der
Monade ist. Daraus läßt sich eine Menge folgern, von Angesicht zu Angesicht habe ich das jedoch nicht gesehen. Unsere Meister haben es,
aber was sie sehen und was sie wissen, können sie uns nicht in vollem
Umfange mitteilen, das ist ganz klar. Die Monade soll ein Funken des

göttlichen Feuers sein, aber wir glauben auch, daß bei der ersten Manifestation des Systems der Logos sich durch Seine sieben Minister ergoß – „die sieben Geister vor dem Throne Gottes". Ich weiß es nicht, aber ich kann mir vorstellen, daß für die Monade, die durch eine dieser glühenden Farben auf ihrem Wege aus dem göttlichen Feuer hervorgegangen sein muß, jener große Minister oder Planetengeist, durch den sie hervorging, gut das Innerste sein kann – und so mutmaßen wir weiter in bezug auf noch höhere Wesenheiten. Für uns sind diese Dinge nicht verständlich und können nicht in Worten ausgedrückt werden. Auf eine Weise, die für uns sehr geringe Bedeutung hat und dennoch in der Meditation große Bedeutung haben kann, sendet Gott einen Teil von Sich hinunter in die Materie und teilt diesen Teil so auf, daß er Geist und Materie wird – zwei Manifestationen derselben Sache. Bei alledem bleibt Er doch hinter allem, unbegrenzt, allgegenwärtig und unverändert. Das Innerste, das Eine barg während aller Zeitalter für uns immer Geheimnisse, weil von Anfang an das innere Selbst, die Monade gewisse Dinge wußte. Wir wissen nicht, welche Dinge die Monade von Anfang an weiß. Die Monade ist ein Funken des göttlichen Feuers und der Logos, der das Feuer ist, weiß alles.
Der Kommentar zu Regel 17 lautet:

Der große und schwere Sieg, das Bezwingen der Wünsche der Einzelseele ist das Werk von Zeitaltern; erwarte daher seinen Lohn nicht, ehe du die Erfahrungen von Zeitaltern gesammelt hast. Wenn die Zeit gekommen ist, diese siebzehnte Regel zu erlernen, steht der Mensch auf der Schwelle, um mehr als Mensch zu werden.

Das klingt ziemlich übertrieben, aber wir müssen voraussetzen, daß der Schreiber weiß, wovon er spricht. Wir müssen bedenken, daß all dies auf zwei Stufen zu verstehen ist. Geht es um die Begierden der Persönlichkeit und ihrem Ablegen zugunsten der Bestrebungen der Seele, so ist das sicherlich keine so schwierige Sache. Eine viel höhere Sache ist es, die Begehren der individuellen Seele zugunsten jener der Monade abzulegen. Heißt es, daß das Zeitalter dauern kann, so ist man gern bereit zuzugeben, daß das wohl wahr sein kann; doch, sollte es, wenn Sie das erst einmal auf einer Stufe immer und immer wieder geschafft haben, für Sie keine unüberwindliche Schwierigkeit darstellen, das auf einer anderen und höheren Stufe zu bewerkstelligen, denn das, was zu tun ist, ist dieselbe Sache, wenn auch aus einem völlig anderen Gesichtspunkt heraus. Bei jenen, die sich langsam auf der breiten Hauptstraße des mensch-

lichen Fortschrittes voranbewegen, wird es zweifellos Zeitalter dauern,
gewöhnlich jedoch nur ein paar Leben, wie wir gesehen haben, für jene,
die nun den Pfad betreten und dem Berghang trotzen.

Kann man einen Blick hinter den Schleier in die Pläne der Hierarchie
tun, so stellt man fest, daß diese gewohnheitsmäßig mit großen Zahlen
rechnet. Dort werden die Pläne mit einer wunderbaren, fast tödlichen Gewißheit niedergelegt; es sieht so aus, als könne überhaupt nichts dazwi-
schenkommen. Die Adepten legen ihre Zukunft in Blöcken von 10 000
Jahren oder so fest und sagen: „In diesen 10 000 Jahren werden wir die und
die Arbeit getan haben." Und sie tun die Arbeit. Die Arbeit verteilt sich
dabei jedoch nicht notwendigerweise gleichmäßig auf einen solchen
Block. Aus dem, was ich beobachtet habe, habe ich den Eindruck, daß es
einen festgelegten Plan geben könnte, wonach eine gewisse Menge in den
ersten 200 Jahren getan werden muß, soviel in den nächsten und so weiter,
so daß nach 1000 Jahren ein bestimmtes Ziel erreicht worden ist. Es sieht
so aus, als würde in diesen kleineren Abschnitten von 200 Jahren die be-
schriebene Teilarbeit nicht immer vollbracht werden, doch das, was nach
ihrer Kalkulation im Verlaufe eines größeren Zeitblocks von 1000 Jahren
erledigt werden soll, geschieht immer. Geht die Arbeit zu Beginn langsam
voran, so geschieht sie am Ende beschleunigt.
Jene Völker oder Nationen, denen zuerst Gelegenheit geboten wird, die
Arbeit zu verrichten, nehmen diese Gelegenheit nicht unbedingt wahr,
aber es wird immer dafür gesorgt, daß ein Ersatz da ist. Scheitert ein
Mensch oder eine Nation, dann wird die nächste Reihe herangezogen und
die Arbeit wird getan, obgleich diese ein wenig verzögert werden mag.
Das britische Empire hatte eine Probe dieser Art in bezug auf den großen
Krieg zu bestehen. Es erhob sich bei der Notlage als Ganzes und erwies
sich als würdig. Hätte es das nicht getan, so wäre eine andere große Nation
dafür vorbereitet worden, seinen Platz einzunehmen, die die Arbeit jedoch ein oder zwei Jahrhunderte später getan haben würde, weil sie eine
ziemliche Strecke Wegs zurückliegt. Nun, da wir unsere Gelegenheit soweit nutzten (und ich hoffe, wir werden damit bis zum Ende fortfahren),
wird jene andere Nation längere Zeit für ihre Entwicklung haben und deshalb wird der Fortschritt ein gesunder und leichter zu erreichen sein, und
sie wird bei ihrer Entwicklung nicht einem solchen Druck ausgesetzt sein,
wie es der Fall gewesen wäre, wenn wir gescheitert wären.

Die Theosophische Gesellschaft und auch jedes ihrer Mitglieder
befindet sich in einer ähnlichen Lage. Jedes Mitglied, das sich bei der allgemeinen Arbeit als gut erweist oder Anzeichen dafür aufweist, das in

naher Zukunft zu sein, wird in bezug auf einige der für die Gründung der 6. Unterrasse oder der 5. Wurzelrasse zu unternehmenden Bemühungen geprüft werden. Bei alledem ist natürlich keine Pflicht zum Dienen oder kein Zwang vorhanden. Alles wird sich früher oder später zur Vollkommenheit entwickeln und wir können dafür so lange brauchen wie wir möchten. Die weiseste Politik ist jene, beständig unser Bestes zu tun, nicht aber uns einem Druck aussetzen, den wir nicht permanent ertragen können.

Bei einer solchen Arbeit ist es ein beträchtlicher Vorteil, wenn man weiß, zu welchem der Strahlen man gehört. Die meisten von uns in der Theosophischen Gesellschaft befinden sich auf einem der fünf Strahlen von 3 bis 7, viele sind jedoch dabei, auf den ersten und zweiten Strahl überzuwechseln, um unter den zwei großen Meistern, die die Gesellschaft gründeten und die der Manu und der Bhodisattva der 6. Wurzelrasse sein werden, zu deren Gründung es in ca. 700 Jahren kommen wird, gehören. Viele unserer Anhänger werden in jener Rasse geboren werden, aber es gibt andere, die es vorziehen werden, weiterhin in der 5. Rasse zu arbeiten und dabei zu helfen, diese zu der Vervollkommnung zu bringen, die noch vor ihr liegt. Andere werden es eher vorziehen, sich den großen Genies zuzugesellen, die gewiß in der 5. Unterrasse an ihren höchsten Punkt kommen werden, als den beiden Meistern in der Pionierarbeit für die nächste Rasse zu folgen.

In Australien und Amerika und an einigen anderen Plätzen gibt es jetzt eine besondere Gelegenheit für jene, die bei der Entwicklung der 6. Unterrasse mithelfen wollen, weil diese dort rasch eingeführt werden wird, während es in den älteren Ländern nur isolierte Vertreter davon gibt. Viele von jenen, die im großen Krieg getötet wurden, sind bereits wiedergeboren worden, obgleich bis jetzt nichts darauf hindeutet, daß sie ihre früheren Länder verlassen haben, um in die neuen Länder zu kommen. Jene des neuen Rassetyps, die in den alten Ländern verbleiben, werden wahrscheinlich aufgrund des Drucks der alten Vorstellungen und konservativen Gebräuche mehr Schwierigkeiten haben als die anderen.

Bei all diesen Unternehmungen ist niemand jemals unentbehrlich. Was unsere eigene theosophische Bewegung anbelangt, so können wir ganz sicher sein, daß die Großen hinter ihr stehen und sich um diese als Ganzes kümmern werden. Kürzlich erst habe ich, weil ich ein gutes Stück an kirchlicher Arbeit wiederaufnehmen mußte, festgestellt, wie streng jene Organisation geleitet wird. Wie intim könnte die Beziehung

zwischen jenen, die die Kirche hier unten lenken, und dem wahren dar-
überstehenden Oberhaupt der Kirche sein, wenn jene, die hier unten arbeiten, sich zu Kanälen machen würden, wie sie es eigentlich sein sollten. In vielen Fälle geschah das nicht, sondern es ist beklagenswerter-
weise wahr, daß man häufig aus egoistischen Motiven und Interessen
heraus arbeitete. Jene, die das taten, verschlossen sich eben dadurch vor
einer ungeheuren Menge an spiritueller Kraft, Nützlichkeit und Effi-
zienz, die sie sonst hätten in Anspruch nehmen können. Aber erst vor
kurzem habe ich herausgefunden, wie ungeheuer die Möglichkeiten sind
und wie wenig die meisten Menschen darüber wissen. Aufgrund dessen,
was ich bereits gesehen habe, bin ich ganz sicher, daß dies in vielen anderen unvermuteten Beziehungen ebenso zutreffend sein muß.

Niemals wieder werde ich überrascht sein, wenn ich Spuren der Arbeit
der Großen Weißen Loge bei etwas feststelle, das als solches gut ist, egal
ob es nun klein oder groß ist, denn keine Gelegenheit wird ausgelassen,
nicht einmal die geringste. Wo immer bei einer Bewegung irgend etwas
Gutes vorhanden ist, so wird es gerade in dem Maße, wie es gut ist, gebraucht. Bei dieser Bewegung mag es vieles geben, was nicht gut ist; das
ist bedauerlich und muß beiseitegelassen werden, aber mit dem Ausnüt-
zen jeder Unze von vorhandenem Guten scheint das nichts zu tun zu
haben. Es mag Fanatismus geben, Verfolgung, Stolz, Selbstsucht und
viele andere Eigenschaften, die bei einer Bewegung oder Person nicht
wünschenswert sind. Vor dreißig Jahren hätte ich vielleicht gedacht, daß
jene Eigenschaften wahrscheinlich verhindert hätten, daß Besitzer solcher Eigenschaften überhaupt nützlich sein können. Natürlich stehen
solche Eigenschaften ernsthaft im Wege; ist jedoch in der Person irgendeine gute Eigenschaft vorhanden, so kann sie dem Umfang dieser guten
Eigenschaft entsprechend gebraucht werden.

Diese von der Bruderschaft angewandte Methode ist höchst ermutigend. Wir sind uns alle sehr wohl bewußt, daß wir so weit von der Vollkommenheit entfernt sind, daß wir vielleicht denken: „Wie kann ein Meister irgend etwas von mir gebrauchen, wo ich doch so oft Fehler mache?"
Es ist aber unsere Pflicht, unser Bestes zu tun; was dann immer bei uns
an Gutem vorhanden ist, wird der Meister gebrauchen. Gleichzeitig
wird uns von ihm eine größere Pflicht auferlegt: Wir müssen uns von dem
befreien, was es ihm schwierig macht, uns zu gebrauchen. Gebrauchen
wird er uns so viel wie er kann; lassen Sie es uns ihm also leicht machen,
indem wir uns zu perfekten Kanälen machen.

Für menschliche Wesen gibt es viele Entwicklungsrichtungen, und viele

Leben sind nötig, um die Merkmale einer Richtung vollkommen zu entwickeln. Die meiste Zeit dieses Lebens verbrachte ich damit, die psychische Seite meiner Natur zu entwickeln, indem ich das Hellsehen lernte
und darüber schrieb. Ich trat in unsere Gesellschaft ein und habe mit Sir
William Crookes gearbeitet. Jener Mann verbrachte sein Leben mit dem
Studium der Chemie und er wußte vollkommen darüber Bescheid. Immer und immer wieder dachte ich: „Wenn ich nur dein Wissen hätte oder
du meine Hellsichtigkeit, welche Arbeit könnten wir tun!" Es erscheint
bedauerlich, daß man in einem Leben nicht beide dieser Entwicklungs-
formen haben kann. Man braucht ein ganzes Leben, um sich einer davon
zuzuwenden. Sir William Crookes verbrachte sein Leben mit dem Studium der Chemie und in seine nächste Inkarnation wird er nicht mit dem
detaillierten Wissen zurückkehren, sondern mit der Fähigkeit, all das
fast auf der Stelle aufnehmen zu können. Ich verbrachte dieses Leben
damit, die psychische Seite zu entwickeln. Ich weiß nicht, wieviel ich davon auf meinen nächsten Körper zu übertragen imstande sein werde,
aber ich werde davon soviel übertragen wie ich nur kann. Dann werde
ich in einer dieser anderen Richtungen beginnen, wenn mir die Arbeit es
erlaubt. In der Zwischenzeit müssen aber jene, die unsere besondere Arbeit zu tun bereit sind, sich damit befassen, und wir haben nicht viel Zeit
für andere Dinge.

All diese Dinge müssen wir eines nach dem anderen erlangen. Das
wird geschehen, weil wir nicht eines davon verlieren, wenn wir es fallenlassen und eine andere Sache aufnehmen. Befassen wir uns also in diesem Leben gerade mit der theosophischen Entwicklung, so kann im
nächsten Leben die Öffnung des Intellekts und große Hingabe viel leichter erlangt werden, weil wir in diesem Leben diese Übung gehabt haben.
Es wird der weitere große Vorteil bestehen, daß wir praktisch gewiß sein
werden, keinen Mißbrauch damit zu treiben, wenn wir sie erworben
haben.

Wir müssen rasch vorwärtsdrängen. Vielleicht sind wir der höheren
Entwicklung viel näher als wir es wissen. Wenn wir ein oder zwei Leben
lang damit verbringen müssen, jene Fähigkeit zu erlangen, was bedeutet
das schon? Vor uns liegt sehr viel Zeit. So lassen Sie uns also unser Ziel
hoch stecken und unser Möglichstes versuchen, soviel an Spiritualität,
Intellekt und innerem Wissen zu entwickeln wie wir können. Wir graben
uns durch eine Mauer der Unwissenheit und der Vorurteile hindurch, die
wir im Laufe vieler Leben um uns errichtet haben. Wir sind so etwas wie
ein Mensch, der versucht, einem Gefängnis zu entkommen. Er gräbt

weiter und er weiß nicht, wann die Picke die Wand durchbrechen wird.
Ist die Belohnung fällig, so kommt sie plötzlich. Wir müssen noch viele
Dinge erarbeiten, aber vielleicht kommt die Entwicklung rasch. Deshalb müssen wir den Meistern in den Fußstapfen folgen und lernen, was
immer sie uns lehren.

Regel 18 ist noch einmal ein Kommentar des Chohans. Er warnt den
Aspiranten davor, niemals seine Vorsicht und Aufmerksamkeit zu verlieren, sondern sich immer vor sich selbst zu fürchten, wie ein römischer
Philosoph es ausdrückte, obgleich er aufgehört hat, irgend etwas zu
fürchten.

**18. Das Wissen, welches nun dein ist, ist nur darum das deine, weil
deine Seele eins geworden ist mit allen reinen Seelen und mit dem Innersten. Es ist ein anvertrautes Gut, mit dem der Höchste dich belehnt hat.
Verrätst du es, mißbrauchst du dein Wissen oder vernachlässigst du es,
dann ist es selbst jetzt noch möglich, daß du von der Höhe, welche du erreicht hast, herabstürzt. Selbst auf der Schwelle weichen Große noch zurück, unfähig, die Last der Verantwortlichkeit zu tragen, unfähig, weiter
zu gehen. Darum sieh mit Ehrfurcht und Bangen diesem Augenblick
entgegen und sei auf den Kampf vorbereitet.**

Daß selbst Große auf der Schwelle noch zurückfallen, erscheint unmöglich. Je näher Sie ihrer Stufe kommen, desto unmöglicher erscheint
das, weil so etwas wie Selbstsucht auf jener Stufe ganz unmöglich erscheint. Jedoch muß es so sein, denn die Aussage stammt von jemandem, der weiß, wovon er spricht. Das Denken an sich selbst ist sehr subtil und taucht in unerwarteter Maske auf Stufen auf, wo es so etwas nicht
mehr geben sollte. Deshalb täten wir gut daran, die Warnung zu beachten und nicht zu bald zu glauben, daß wir vor Attacken von Selbstsucht
sicher sind. Das ist die einzige Fessel, die uns zurückhalten kann, aber
sie zeigt sich in vielen Formen und ist wirklich sehr subtil.

Die letzten drei Aphorismen bilden noch einmal eine Gruppe. Nr. 19
ist ein vorbereitender Kommentar des Chohans.

**19. Es steht geschrieben, daß für den, der auf der Schwelle der Gött-
lichkeit steht, kein Gesetz gegeben werden kann, daß es für ihn keinen
Führer geben kann.**

Der Jünger auf dieser Stufe befindet sich völlig jenseits des Bedürfnisses nach äußerlicher Belehrung. Er hat das Buch der Natur auf allen fünf Ebenen der menschlichen Entwicklung gelesen. Er befindet sich am Punkte des Überwindens der letzten Fessel – avidya. Fortan kommt das Gesetz des Lebens vollkommen aus ihm selbst. Deshalb ist kein Kommentar möglich. Der Chohan sagt:

Doch, um den Jünger zu erleuchten, mag das letzte Ringen also beschrieben werden:

Halte dich fest an dem, was weder Stoff noch Dasein hat.

20. Lausche nur jener Stimme, welche lautlos ist.

21. Schaue nur auf das, was für den inneren und den äußeren Sinn gleich unsichtbar ist.

Friede sei mit dir.

ZUVERLÄSSIGE FÜHRER UND RICHTUNGSWEISENDE GRUNDLAGENWERKE

Alle diese Handbücher sind zuverlässige Führer und richtungweisende
Grundlagenwerke
HIRTHAMMER VERLAG · Frankfurter Ring 247 · 8000 München 40